호모 글로칼리쿠스

왜 세계화, 세계 지역화가 아닌 지역 세계화인가?

호모 글로칼리쿠스

왜 세계화, 세계 지역화가 아닌 지역 세계화인가?

Globally Thinking, Locally Acting!

LOCAL ← Korean culture is the only *global and local* culture in the world! → GLOBAL

Think Global, Act Korean!

지은이 **박치완**

HOMO Glocalicus

HU:iNE

뒤서던 바람이 날 밀치고 앞서갔다
그 바람에 내가 뒤따르던 바람의 꽁무리를 놓치고 말았다
두 바람을 불러 세워보려고
맘 자리에 연(鳶)을 띄워본다
아버지 바람, 아들 바람
한 손에 한 바람씩 쥐고서
입동도 보냈고, 서설도 지나고 있다
그리움이 사무친다
'사랑했다', '사랑한다' 외쳐본다
이름이 있어도 부를 수 없는
불러도 아무 대꾸 없는
바람 같이 왔다 가버린

프롤로그
똑똑한 바보, 호모 글로칼리쿠스

조용필의 노래 가사 중에 "웃고 있어도 눈물이 난다"라는 구절이 있다. 필자는 한 때 이를 <논리와 사고> 과목을 가르치며 수강생들에게 즐겨 언급하곤 했다. 수업 내용도 형식논리학을 몇 주 가르치고 나머지 시간은 철학 일반에 대한 내용을 비판적 사고, 창의적 사고에 초점을 맞추어 강의를 했다. 수강생들의 반응은 형식논리학만을 강의할 때와 비교해 그리 나쁘지 않았던 것 같다.

필자는 지금도 논리로 모든 것을 설명하려는 입장에 동의하지 않는다. 세상은 논리적으로만 보면 분명 모순덩어리일 수 있다. 반면 역설(paradox, contradiction)은 비모순의 법칙, 즉 "흰 것은 희다"라는 동일성의 논리로부터의 일종의 '자유 선언'에 해당한다. "웃고 있어도 눈물이 난다"는 것 역시 이렇듯 논리적으로는 분명 모순에 해당하지만, 사람들은 이를 거리낌 없이 받아들이고 '이해'하는 데 전혀 어려움을 느끼지 않는다.

역설은 '삶의 논리'다. 간혹 지하철을 타고 이동하다 보면 "현실과 이상은 다르다"며 중얼거리는 승객을 목격하게 되는데, 그는 자신의 삶, 그가 살아가는 나날이 모순적으로 느껴지기에 아마 이런 표현을 한 것일 게다. 허나 현실이 어디 그에게만 모순으로 느껴지겠는가. 삶이, 현실이 온통 모순투성이인 것을! 이상(理想)을 추구하는 존재인 유한자(有限者) 인간이 실존한다는 것 자체가 이미 존재론적으로 역설을 수용해야 하는 상황 안에 내던져진 것임을 모르는 사람은 없을 것이다.

역설의 논의 무대를 예술로 옮겨보면 어떨까? 만해 한용운은 <반비례>라는 시에서 “당신의 소리는 침묵이여요. (…) 당신의 그림자는 광명이여요”라고 적고 있다. 『님의 침묵』은 역설에 대한 이해 없이는 그 깊이를 헤아릴 수 없는 시편들이 대부분이다. 그뿐인가. 들뢰즈는 『차이와 반복』에서 <chaos>와 <cosmos>를 결합해 <chaosmos>란 신조어로 21세기 철학의 밑그림을 제시한 바 있다. 쟝켈레비치는 『순수와 불순』에서 “모든 인간은 순수와 불순 사이(entre les deux)에 존재하며, 항상 이 두 길 위에 존재한다”며, 역설을 그의 철학과 윤리의 인식론으로 강조하고 있다.

역설은 이렇듯 삶의 현장에서는 물론이고 예술의 영역, 철학의 영역에서도 결코 간과할 수 없는 매우 중요한 세계인식의 바로미터이다. 동일한 관점에서 우리는 상대/절대, 특수/보편, 로컬/글로벌이라는 개념쌍 역시 서로 상대를 배제하는 모순의 관계가 아니라 상대를 자신 안에 기꺼이 품는 역설의 관계로 보아야 한다. 영어에 <oxymoron>이란 단어가 있다. 이는 그리스어 <oxy(예리한)>와 <moron(바보)>이 결합된 것으로, 현대적으로 풀이하면 ‘똑똑한 바보’ 정도가 될 것이다. 21세기가 요구하는 인간형은 어쩌면 똑똑한 바보가 아닐까?

그렇다. 21세기가 요구하는 인간형은 이성과 감성을 ‘동시에’ 사용하는 인간이다. 합리와 비합리, 로컬과 글로벌을 아우르는 통섭형 인간을 21세기는 요구하고 있다. 단적으로 말해, 자신의 믿음에 절대가치를 부여하면 타자의 의견을 무시하는 인간이 아니라 타자의 의견을 자신의 그것과 같은 무게로 인정하며 대화하는 인간을 21세기는 원하고 있다. 이를 우리는 이 책에서 ‘호모 글로칼리쿠스(Homo Glocalicus)’로 명명하고자 하며, 특히 장소성을 강조해서 인간에 대한 새로운 정의를 하고자 한다.

모든 인간은 장소적 존재다. 장소적 존재로서 인간은 구체적 장소, 즉 로컬에 뿌리를 두고 있다. 로컬은 삶의 현장이며 문화의 태반이다. 로컬은 공동체의 울타리이며 국가의 다른 이름이다. 따라서 '지역-세계인'이 아니고서는 '세계적 지역인'이 될 수 없다. '글로벌'만을 절대 가치로 여기는 오늘날 우리가 로컬, 즉 지역에 대한 연구를 가벼이 여겨서는 안 되는 이유가 여기에 있다. 주지하듯, 절대-보편-글로벌은 상대-특수-로컬에 대한 이해 없이는 개념 자체가 성립불가능하다. 로컬리티 연구는 글로벌리티 연구와 지향점이 다른 것이 아니다. 로컬리티 연구도 글로벌리티 연구도 결국은 인간과 사회에 대한 연구이며, 로컬들 간의 역학관계에 관한 연구이다.

인문학이 로컬들 간의 역학관계에 관한 연구를 포함한다면, 인문학자는 자신의 로컬, 로컬리티를 참구(參究)해야 할 책임으로부터 자유롭지 못하다. 요인즉 '글로벌 보편주의'라는 유령을 마치 신(神)인 양 떠받들어야 하는 시대는 지났다는 것이다. 돌려 말해 '로컬에서 인문학 하기'란 "우리가 어디서, 누구를 위해 학문을 하는가?"의 물음과 직결돼 있다. 한국에서 인문학을 한다는 것은 미국인을 위해 인문학을 한다는 것이 아니란 뜻이다. 마찬가지로 중국에서 인문학을 한다는 것은 독일인을 위해 인문학을 한다는 것과 그 목표도 그 지향점도 다른 것이고, 다른 것이어야 한다.

그런데 그동안 우리는 인문학을 하면서도 인문학의 장소성에 대해 고민하지 않았던 것 같다. 인문학을 마치 수학이나 물리학처럼 연구해온 것이다. 필자가 이 책에서 화두로 제안한 '호모 글로칼리쿠스'는 앞서도 언급했듯 일차적으로 '장소적 인간' 연구에 그 핵심이 있으며, 장소적 인간의 시각에서 볼 때 로컬과 글로벌은, <chaosmos>나 <oxymoron>이 그렇듯, 분리해서 사유할 수 없다. 즉 로컬과 글로벌을 동시에 사유해야 하는 것이 호모 글로칼리쿠스의 임무이다. 이런 점에서 호모 글로칼리쿠스는 문자 그대로 '경계인'이며 로컬과 글로벌을 문화로 연결하는 '호모 쿨투랄리스(Homo Culturalis)'이다.

문화적 인간으로서 호모 글로칼리쿠스는 각각의 문화는 모두 고유성과 특수성을 가지고 있다는 사실을 누구보다 잘 이해하는 인간이다. 굳이 호모 글로칼리쿠스를 거론하지 않더라도 대부분의 문화는 동일성으로 묶이기보다는 차이와 이질성으로 분화된다. 때문에 사실 타문화는 외부적 타자에 의한 접근이 녹록하지 않을 수밖에 없다. 비록 컴퓨터, 인터넷과 같은 현대의 획기적인 기술문명의 발달에 힘입어 타문화와의 교류가 직간접적인 행태로 수월해졌고 또는 여행이나 문화답사 등의 기회로 타문화를 접하는 기회가 많아졌으며, 따라서 타문화를 대하는 시선들이 과거에 비하면 훨씬 부드러워졌음에도 불구하고 여전히 모든 문화는 나름의 '벽'을 치고 있으며, 독립성 및 각자성을 대변하고 있다. 바로 이것이 문화의 본질이라고나 할까. 그 벽을 우리는 한 문화가 자기보존을 위해 취하는 '이유 있는 저항', 즉 정당방위라 할 수 있다.

문화는 비록 현대와 같이 지구촌 전체가 동일 시간대에서 일희일비(一喜一悲)하는 '글로벌 시대'가 되었다고는 하지만 여전히 한 국가의 국민과 영토를 지탱시켜주는 마지막 보루라는 것을 잊어선 안 된다. 그리하여 자본, 정보, 기술, 지식의 교류에 국경이 어디 있느냐고 주장하는 호모 이코노미쿠스(Homo Economicus)의 주장과는 다르게 '문화들' 간에 '관용의 정신(l'esprit de tolérance)'이 널리 통용되기 위해서는 여전히 넘어야 할 산이 높다는 것이 일반적 평가이며, 이는 부인할 수 없는 엄연한 현실이기도 하다. 시대변화와 무관하게 문화들 간의 장벽은 여전히 높다는 뜻이다. 이런 이유 때문에 우리는 실제 서로 다른 문화들이 융합되어 '제3의 문화'가 탄생하는 경우를 목격한 적이 없다.

이론적으로는 물론 '제3의 문화'에 대한 논의를 얼마든지 자유롭게 펼칠 수 있다. 하지만 현실적으로 이와 같은 '지식의 유희'는 허용되지 않는다. 이는 최소한 문화만큼은 늘 '예외'가 작용한다는 말과 같다. 실제 많은 국가들의 지리적 영토 위를 시장·경제의 세계화 물결이 양식(상식) 없는 불량자(不良者)처럼 자유분방하게 휘젓고 다니지만, 그럼에도 불구하고 문화적 영토는 끝내 침범하지 못한다. 경제영토의 주인이 자본과 자본가라면 문화영토의 주인은 국민이고 시민이기 때문이다.

물론 그렇다고 해서 우리가 문화를 하나의 고정된 실체로 보아야 한다는 순혈주의적 입장을 취하는 것 역시 시대를 거스르는 발상이라 할 수 있다. 문화는 H. 베르그송의 전문 용어로 빗대 말하면 '변화하는 운동체(le mouvant)'에 가깝다고 볼 수 있다. 부언컨대 하나의 생명체(le vivant)로서 사생존망(死生存亡)의 과정을 따르는 것이 문화란 뜻이다. 하지만 여기서 우리가 잊어서는 안 되는 것이 하나 있다. 그것은 다름 아닌 모든 문화가 생성하고 또 소멸하는 '장소'는 그럼에도 불구하고 여전히 지리적 공간의 제한을 받는다는 사실이다. 이를 일러 우리는 문화영토(cultural territory)라고 정의할 수 있을 것이다.

문화영토는 기본적으로 그 최소 단위가 국가이다. 문화영토와 한 국가를 동일한 범주로 했을 때, 우리는 결국 문화로부터 국가가 또는 국가로부터 문화가 분리되지 않는다는 사실을 알 수 있다. 그리고 이와 같은 전제는 결국 문화는 한편으로는 하나의 생명체 또는 하나의 운동체로서 지리적으로 고정된 장소에서 자기변화 과정을 겪게 되지만, 다른 한편으로는 타국가나 타문화와 끝없이 교류한다는 것을 의미한다. 교류과정에 있어 중요한 것은 힘의 균형이며, 그 균형이 깨질 때는 하나의 문화(영향을 받은 문화)가 다른 문화(영향을 주는 외부 문화)에 의해 최악의 경우는 붕괴나 소멸도 가능하다.

하나의 문화에는 이렇게 늘 내외적인 요인이 함께 작용한다. 이 책에서 우리는 하나의 문화가 내적으로 붕괴되거나 또는 소멸하는 경우는 논외로 하더라도, 작금의 세계화 물결에서 보듯 외적 충격이 지나치게 셀 경우 문화적 정체성이 허약한 문화일수록 그 토대가 흔들릴 수 있다는 점에 주목하고자 한다. 돌려 말해 하나의 문화가 얼마나 오래 지속될 수 있느냐의 문제는 내적인 요인 못지않게 외적인 요인의 영향이 크게 작용한다는 것이다. 그리고 더 근본적으로는 문화적 정체성을 지키려는 의식이 국민들에게 살아 있지 않고서는 그 어떤 문화도 영속될 수 없다는 것이다.

이렇듯 문화의 생명은 자문화를 사랑하는 국민의 의식과 타문화와의 관계를 어떻게 잘 유지하느냐에 달려 있다고 해도 과언이 아니다. 이 책의 제목을 필자가 감히 '호모 글로칼리쿠스'라고 정한 것도 바로 여기에서 착안한 것이다. 모든 문화는 그것을 향유하는 집단에 의해 코드화(내면화)되어 있기 마련이다. 또 그렇게 코드화된 것들은 다양한 경로를 거쳐 다양한 방식으로 표출된다. 그리하여 자문화이건 타문화이건 '문화'를 이해한다는 것은 기본적으로 그 문화의 심층을 이해한다는 말과 같다. 해서 우리는 다시 묻게 된다. 한 국가 또는 한 문화권의 시민들이 공유해온 역사, 관습, 가치관 등을 이해한다는 것이 생각처럼 그리 쉬울까?

<호모 글로칼리쿠스>는 기본적으로 이와 같은 문제의식과 문화적 물음으로부터 출발한 것이다. 그리고 이 책에서 필자가 화두로 삼고 있는 또 다른 주제는 글로컬라이제이션(glocalization), 즉 '지역 세계화'이다. 지역 세계화는 글로벌라이제이션(globalization), 즉 세계화의 대응 개념이다. 주지하듯, <globalization>을 프랑스에서는 <mondialisation>으로 번역해 다소 부정적 의미로 사용하고 있지만 중국에서는 <全球化>로, 일본에서는 <グローバル化>로 번역하며 상당히 긍정적인 의미로 사용하고 있는 편이다. 한국에서는 영어를 그대로 음차하여 <글로벌라이제이션>이라 표현하기도 하고, <세계화> 또는 <지구화>, <전지구화>, <범지구화> 등으로 번역하기도 한다. 번역어를 어떻게 사용하든 중요한 것은 '세계화'는 기본적으로 신자본주의, 경제민주주의의 가면을 쓰고 전 세계를 시장화, 상품화하는 것을 모토로 한다는 것이 그 본질이다. 이렇듯 세계화 과정에서는

문화도 마치 물질적인 상품의 거래처럼 그 가치를 폄하하는 게 일반적이다. 문자 그대로 '문화를 사고 파는' 것이 세계화, 더 정확히 말해 '문화 세계화'의 목표인 것이다. 문화를 사고판다는 것은 한 국가, 한 사회공동체의 정체성으로서의 문화가 위기를 맞이하고 있다는 반증이기도 하다. 소위 '글로벌 문화(global culture)'는 바로 이와 같은 '소비문화'의 탄생과 궤를 같이 해 등장한 소위 '국제적 트렌드'인 셈이다.

재삼 강조하지만 '글로벌 문화'는 세계화의 시스템 하에서 작동되는 '강자의 문화'에 다름 아니다. '글로벌 문화'는 전 세계를 오직 소비의 무대로 여기는 일종의 할리우드 문화나 맥도날드문화를 지칭한다고 해도 과언이 아니며, 이는 결국 경제 강국들이 자국의 문화를 경제 성장의 핵심 요소로 여기게 되면서부터 등장한 자본주의의 확대·재생산 이념에 다름 아니다. 그런데 여기서 우리가 유념해야 할 것은 이 '글로벌 문화'라는 개념 속에는 기본적으로 '국적이 없다'는 사실을 직시할 필요가 있다. '국적이 없다'는 것은 한편 국경을 초월해 있다는 의미로 이해될 수도 있지만, 다른 한편 전 지구촌의 시장을 무대로 "문화를 팔겠다"는, 즉 철저하게 돈벌이를 하려는 자들의 상술(商術)이 은폐되어 있다는 것을 의미한다.

작금에 전 세계적으로 관심이 집중된 '문화산업', '문화 콘텐츠 산업'도 정확히 이에 편승한 신종 경제 이념이다. 많은 나라에서 이제는 자국의 문화적 자원들을 하나의 산업적 가치, 상품 가치로 여기는 시대가 되었으며, 이를 통해 자국의 지지부진한 경제를 성장시켜보겠다는 것이 결국 경제 강국들의 속셈인 것이다. 이들은 철저히, 공동체 구성원들을 위한 문화 증진이나 문화 향유를 목표로 하는 것이 아니라 오직 문화의 상품화를 꾀하는 데 관심을 집중시키고 있다. 이렇듯 21세기에 들어 세계경제는 문화산업을 매개로 지각변동을 하고 있다. 실제 국내에서 자주 거론하곤 하는 '문화 콘텐츠 산업'도 이 과정에서 출현한 것이라고 할 수 있으며, 이는 역설적으로 경제의 세계화가 '문화의 세계화'라는 옷으로 스스로를 변장한 것과 다르지 않다. 하지만 문화를 경제라는 경쟁의 범주 안에 포함시켜서는 안 된다는, 즉 '예외'로 해야 한다는 목소리가 이에 비례하여 높은 것도 또한 주지의 사실이다.

최근 우리 정부에서도 동남아권에서의 한류 열풍으로 많은 경제적 수익을 올린 후 문화 콘텐츠 산업의 중요성을 널리 인지하고 정부, 민간기업, 문화계 할 것 없이 '세계로'를 외치고 있다. 한류를 통해 '세계인'의 마음을 사로잡겠다는 장밋빛 청사진을 방송이나 신문지면 등에서 종종 접하곤 하는데, 이는 어디까지나 아전인수격 해석에 불과하다. 본말이 전도되어 있다는 증거는 '세계인'에서 '세계'가 아시아 전역을 말하는 것도 아니고, 더더욱 지구촌 전체를 말한다고 볼 수도 없기 때문이다. 콘텐츠 소비국가들의 문화 코드를 전적으로 무시한 채 한류 콘텐츠가 일본, 중국, 대만, 태국 등 동아시아를 넘어 세계 곳곳에서 소비되기를 바라는 것은 어디까지나 우리의 무용한 탐심(貪心)의 표현에 지나지 않는다. 이는 곧 우리가 부지불식간에 부르짖고 있는 '세계로' 또는 '세계화'라는 구호가 과연 번지수가 제대로 된 것인지를 묻게 되는 이유와도 정확히 맞닿아 있다.

물론 이렇게 우리 문화에 대한 관심이 높아졌다는 것은 아주 고무적인 일이라 하겠다. 하지만 그 취지와 방향을 이 시점에서 다시 한번 점검해볼 때가 되었다는 게 필자의 생각이다. 1995년 김영삼 정부에 의해 '세계화 원년'이 선포된 이래 그동안 과연 우리 정부에서는 얼마나 체계적인 준비를 해왔냐는 것이다. 필자의 판단에 따르면 우리의 '세계로', '세계화' 외침 속에는 크게 두 가지 문제점이 있다고 생각하는데, 그 하나는 "뱁새가 황새를 따라가려 한다"는 속담에서처럼 자신의 능력 범위 밖에 있는 것을 마치 자신의 현실인양 착각하고 있다는 데 있다. 물론 그런 장밋빛 미래를 꿈꾸는 것은 자유이다. 하지만 이에 부가하여 과연 '한국적인 문화'가 대체 어떤 것을 일러 하는 말인지 고민해보아야 한다. 요인즉 '한국적인 문화'에 대한 우리 국민의 공감대가 형성되었다고 보기는 아직 이른 상태라는 것이다. 그렇다면 우리는 다음 질문에 직면하게 된다. 대체 '무엇'을 세계 시장에 내놓겠다는 것인가? 세계시장에 내놓겠다는 것이 (문화)상품인가 아니면 (한국)문화인가?

바로 이 물음은 필자가 문화 콘텐츠 연구에 몸담은 이래 줄곧 필자를 괴롭혀온 근원적인 질문이라고 해도 과언이 아니다. 이명박 정부에서 주창한 것처럼 김치, 막걸리, 비빔밥을 과연 "한국적인 '문화"라고 할 수 있는가? 하지만 이에 동의할 한국인은 그리 많지 않을 것이다. 어쩌면 세계화에 대한 지나친 환상이 우리가 이러한 물음을 제기하는 것 자체를 가로막고 있는지도 모른다. 우리 모두가 세계화의 역효과에 대해 침묵하는 것도 같은 맥락에 기인한 것이라 할 수 있다. 세계화가 이렇게 정체모를 상태로 한국인에게서 내면화 과정을 겪고 있기 때문에 결국 우리의 문화적 로컬리티(cultural locality)에 대한 의식 및 인식 자체를 오히려 불투명하게 만드는 결과를 초래하고 있는지 모른다.

주지하듯 로컬리티, 로컬리제이션[1]은 특히 문화 콘텐츠 산업의 현장에서는 필수적인 연구주제요, 실천적 고려의 대상이다. '한국적인 것'을 우리가 해외에 수출할 때는 물론이고, 해외의 문화상품들이 우리나라로 수입될 경우에도 항상 문제가 되는 것은 로컬이다. 앞서 필자가 제시한 지역 세계화 개념이 화두로 등장한 배경이 바로 여기에 있다.[2] 더 구체적으로 이야기하자면 로컬, 로컬리티는 실제 모든 문화

---

1 <localization>은 현지화, 지역화, 토착화 등으로 번역될 수 있는데, 본 저서에서 우리는 문맥에 따라 이를 자유롭게 사용할 것이다.

2 <globalization>과 <localization>의 합성어인 <glocalization>은 국내에서 세방화, 세역화, 세계 지역화, 지구 지역화 등으로 번역하고 있는데, 이들 번역어는 모두 <local>보다 <global>에 비중이 있는 번역이라고 할 수 있다. 이 책에서 우리는 지역 문화(local culture)의 중요성에 강조점을 두는 관계로 <지역 세계화>로 번역하기로 한다. 그리고 필자는 그 방향도 지역에서 세계로 나아가는 것이 바람직하지 작금의 일방적 세계화에서처럼 경제 강국들에서 경제 소국들로 침투하는 <세계 → 지역화>는 오히려 지역 문화 자체를 파괴시킬 뿐이라는 입장이다. 그리고 <local>의 번역어인 '지역'은 한 국가 내

의 출발점이자 종착지이다. 다시 말해 문화가 생산되고 소비되는 장소가 바로 로컬이다. 그 때문에 당연 문화 코드는 단위 문화, 문화권에 따라 다를 수 있고, 다른 것이 정상적인 것이다. 문화 코드는 정신분석학에 비유하자면, 무의식이 의식의 모태요 의식의 조정자라는 의미와 다르지 않으며,[3] 소비자의 구매 행동분석에 비유하자면, 소비자의 상품 구매 동기, 선호도 등을 결정하는 것은 제품의 질이나 가격도 물론 중요하게 작용하지만 소비자의 감성이 더 결정적으로 작용한다는 말과도 같다. 그리고 최근 그레마스의 문화기호학의 '의미생성모델'을 문화 콘텐츠의 컨셉 설계에 적용하여 문화 코드를, 비주얼 이미지가 포착되는 표층구조와 콘텐츠의 서사구조를 창출하는 중간단계의 스토리텔링과 구분하여, 콘텐츠의 핵심 컨셉을 창출하는 원동력, 문화원형을 함유하고 있는 심층구조라는 구체적 연구도 제시되어 있다.[4] 실제 동일 콘텐츠 상품이라고 할지라도 해당 지역과 국가의 코드의 차이로 인해 성패가 엇갈리게 되는 경우가 있는데, 바로 그 때문에도 우리는 문화 코드의 분석을 심도 있게 진행할 필요가 있다.

재삼 강조하지만 문화 코드는 로컬리티로서의 문화적 특수성을 대변하는 일종의 집단적 문화표현양식이다. 문화 다양성 개념도 바로 이 로컬리티로서의 문화적 특수성에 기초한 것이다. 문화 보편주의적 시각으로 한 문화의 특수성을 '문화상대주의'라는 비판해온 문화제국주의적 시각으로부터 우리는 이제 자유로워질 때가 된 것이다. 문화 제국주의적 문화관의 연장선상에 있는 '글로벌 문화'는 경제 강

의 지방(regional) 정도로 이해해서는 곤란하다. '지역 세계화'에서 '지역'은 <global>의 상대 개념이기 때문에 적게는 한 국가를 지칭할 수도 있고, EU와 같이 국가 연합을 지칭할 수도 있다는 것을 미리 밝혀둔다.

3 클로테르 라파이유는 실제 '무의식적 의미(the unconscious meaning)'를 '문화 코드'로 정의하며, 문화 코드는 자동차, 음식 형태, 인간관계 등 주어진 모든 것에 적용 가능하다고 강조한다 – C. Rapaille, *The Culture Code*, New York: Broadwa Books, 2006, p.5.

4 백승국, 『문화기호학과 문화 콘텐츠』, 다홀미디어, 2004, 특히 제3장(<문화 콘텐츠 컨셉 설계를 위한 의미생성모델>) 참조.

국들을 대변할 뿐이다. '글로벌 문화'는 결국 문화 다양성을 파괴하는 자본과 상품의 문화일 뿐이며, 시장의 확대나 타문화의 지배가 목표라는 것이다. 타문화와의 공생이나 교류를 염두하고 있지 않은 '글로벌 문화'는 문화적 뿌리나 문화적 토대를 중시하는, '국적 있는 문화'와 구분할 필요가 있는 것도 이 때문이다. '글로벌 문화'가 여전히 제국주의적인 시각의 연장선상에 놓여 있다는 것은 결국 '글로벌 문화'가 '반문화'에 다름 아니라는 의미와 통한다. '하나의 세계'라는 겉치장과는 달리 속내는 결국 경제 강국들의 문화를 수입하고 소비하라는, 다시 말해 그들 문화에로의 동질화(cultural homogenization)가 이루어지기를 바라는 것이 '글로벌 문화'의 궁극 목표라고나 할까.

이제까지 우리가 개략적으로 설명한 '호모 글로칼리쿠스', '문화 코드', '지역 세계화'에서 공통분모는 모두 '문화'이지만, 그 의미와 맥락이 서로 동일하지 않다는 것을 이 자리에서 분명히 할 필요가 있다. 그리고 무엇보다도 '문화'와 '문화 콘텐츠(상품)'를 정확히 구분해야만 한다. 왜냐하면 특히 후자는 상품화된 문화만을 지칭하는 것이 일반적이기 때문이다. 밀려드는 세계적인 문화 콘텐츠 상품들, 즉 경제 강국들이 생산·보급하고 있는 영화, 음악, 게임, 출판, 애니메이션 등은 경제약소국들의 문화적 토대를 뒤흔들면서 탈영토화를 가속화시키고 있다. '트로이의 목마'라 하던가! 이들 문화를 가장한 문화 콘텐츠 상품들에 의해 지구촌의 다양한 문화들이 획일화 일로에 처해 있는 현실을 직시할 필요가 있는 것도 이 때문이다. 문화의 뿌리를 공고히 하고, 문화 영토에 새 생명을 불어넣는 일, 즉 재영토화시키는 일이 문화 세계화에 맞서는 유일한 방법이라고나 할까.

이 책의 구성은, 비록 장별로 서로 독립적인 내용을 담고 있다고 볼 수도 있지만, 크게는 '호모 글로칼리쿠스'와 '지역 세계화'라는 두 개의 화두가 교직(交織)되어 있다고 보면 될 것이다. 필자가 이 책에서 우리 문화를 장밋빛 환상으로 포장하지 않은 것도 이 때문이다. 한류에 대한 언급과 평가를 유보한 것도 같은 이유 때문이며, 우리의 로컬 문화관, 문화 의식을 고양해야 한다는 주장을 배면에 배제한 것도 같은 이유에서다. 기인우천(杞人憂天)인지 모르지만, 그 정도로 우리가 우리 문화를 지키고 가꾸려는 노력을 등한시하고 있다는 게 필자의 기본적 판단이다. 아니 그래서 이와 같은 다소 '아날로그적인' 의견을 이 책의 날줄로 삼게 된 것인지 모른다.

이 자리를 빌어 그동안 '글로컬'이란 화두로 함께 고민해온 김평수 박사를 비롯하여, 홍종열 박사, 김성수 박사, 조소연 박사, 임준철 박사, 구모니카 박사, 김기홍 박사에게 감사의 뜻을 전할까 한다. 그리고 얼마 전 글로컬창의산업연구센터(GCIC)의 정착을 위해 많은 노력을 해왔던 유제상 박사가 운명을 달리하는 비운을 GCIC회원들이 함께 겪어야 했다. 이 자리를 빌어 고인의 명목을 다시 한 번 빌며, 동학들이 있어 필자는 늘 행복했고, 특히나 이들과 더불어 '글로컬'이라는 연구주제를 비롯해 문화 콘텐츠 연구의 핵심 논제라고 해도 과언이 아닌 '비쥬얼 텍스트', '다문화-상호문화', '문화원형', '트랜스 미디어' 등과 같은 개념을 붙들고 함께 보낸 시간에서 필자는 기본적으로 학문연구란 결코 홀로, 자기만족을 위해 하는 것이 아니라 동학들과 함께 고민하는 과정에 새로운 안목이 열린다는 아주 중요한 교훈을 얻기도 했다.

이 책을 마무리하는 이 순간에도 필자에게는 "문화 콘텐츠란 무엇인가?"라는 근원적인 질문이 목에 가시처럼 남아 있다. '문화 콘텐츠학'이 어주구리(漁走九里) 신세에서 벗어나려면 연구 대상을 분명히 하는 것 못지않게 인식론과 방법론을 공고히 하는 것도 시급해 보인다. 문화 콘텐츠학에 대한 나름의 애정이 깊어지면서 이렇게 해야 할 일들이 오히려 늘어만 간다는 것을 절감하고 있다. 부담도 되지만 먼지 쌓인 '죽은 문자'를 살려내는 작업을 할 때보다는 그래도 즐거운 마음으로 연구에 임하고 있다.

우리는 현재 학문을 시장에서 저울질하는 시대를 살아가고 있다. 시장이 원하는 지식이 유용한 지식이라고 사람들은 참 쉽게도 말한다. 모두 경영학(?)을 하라는 말인가? 문제는 이런 요구를 하는 사람들이 실은 지식의 소비자, 구매자라는 점이다. 이런 기준에서 보면 이 책은 독자나 청중이 원하고 기대하는 책의 수준에 벗어난 것일 수도 있다. 게다가 이론적인 주장이 다소 강한 편이라서 일반 독자들이 읽는 재미를 느끼는 것과는 거리가 먼 것일 수도 있다. 하지만 필자는 감히 그동안 필자가 가져온 '문화 콘텐츠학'에 대한 10여 년 간의 애정의 일부를 이렇게나마 일단락을 짓고 싶었다. 너른 아량으로 필자의 집필 의도와 기획을 공감해주는 독자가 있기를 기대하며 '호모 글로칼리쿠스'에 대한 밑그림을 이렇게 제안해본다.

2019년 입동에
저자 삼가 씀

목차

<일러두기>

- 각주 번호는 각장별로 붙였으며, 그림과 표의 번호도 마찬가지다.
- 『오래된 미래: 라다크로부터 배운다』, 『로컬의 미래. 헬레나와의 대화』의 저자는 동일인인데 전자는 H. 노르베지-헤지로, 그리고 후자는 헬레나 노르베리 호지로 번역하고 있다. 서로 다른 장에서의 인용이라 역자를 존중해 그대로 두었으며, 참고문헌에서만 전자에 맞추어 정리했다.
- 참고문헌은 책의 마지막 부분에 일괄 정리했다.
- 외국논문의 권/호의 표시는 Vol./ No.으로 통일하였다.
- 출판지는 필요하다고 판단되는 경우에 한해서만 표시했다.
- <globalization>을 '글로벌라이제이션' 또는 '세계화'로 <glocalization>을 '글로컬라이제이션' 또는 '지역 세계화'로 이중표기를 한 경우가 많은데, 이는 어디까지나 문맥을 고려해서다.
- 호모 글로칼리쿠스(Homo Glocalicus)는 필자가 '지역(local)과 세계(global)를 동시에 사유하는 인간'의 의미로 조어한 것이다.

호모 글로칼리쿠스

HOMO Glocalicus

1

HOMO Glocalicus

로컬 문화가 매개되지 않은 글로벌 문화가 과연 존재할까?

"자신의 고유한 문화를 소유하지 않는 사회는 이 세상 어디에도 존재하지 않는다." - J.-P. 바르니에.

"공동체와 땅에 기반한 로컬 중심의 경제체제를 구축해야 한다는 말이 불가능한 꿈처럼 들릴지 모른다. 모두가 땅에서 살면서 노동의 열매를 따 먹는 무슨 로컬 유토피아로 돌아가자는 말이 아니다. 사실 현대 경제에서 우리가 이용하는 모든 것은 대지, 즉 땅이 허락하는 것임을 알아야 한다." - H. 노르베리 호지.

제1장

로컬 문화가 매개되지 않은 글로벌 문화가 과연 존재할까?

문화적 지역성은 동양문화권/서양문화권, 불교문화권/기독교문화권과 같은 대(大)구분을 따를 경우만 보더라도 그 세차(細差)로 인해 교집합을 형성하지 못한 경우가 허다하다. 같은 불교 문화권에 속하지만, 한국 불교, 일본 불교, 티벳 불교, 인도 불교, 베트남 불교가 그 색깔이 다르고 또 다를 수밖에 없는 것이 그 단적인 예라 할 수 있다. 그렇다면 이러한 세차, 즉 동일 문화권 내에서의 차이는 대체 어디에서 연원(淵源)하는가?

그 차이는, 와쓰지 데쓰로우가 『풍토와 인간』에서도 밝히고 있듯, 일차적으로 자연 환경의 영향 때문에 생긴 것이라고 볼 수 있다.[1] 풍토(風土)가 다르면 국민성, 사고방식, 생활 패턴, 가치관 등이 달라지며, 결국 문화가 달라질 수밖에 없다는 것이 와쓰지 데쓰로우의 지론(持論)이다. 이렇듯 문화는 일차적으로는 자연환경과 자연조건의 영향을 받아 형성되며, 주어진 자연을 극복하려는 인간의 창의적 노력은 그다음의 일이다.

이와 같은 차이는 단지 풍토를 달리하는 국가들 사이에서만 발견되는

---

1 와쓰지 데쓰로우, 『풍토와 인간』, 박건주 옮김, 장승, 1993 참조.

것이 아니다. 심한 경우는 동일 국가 내에서도 이러한 차이는 얼마든지 발생할 수 있으며, 그 지역의 풍토적 특징으로 인해 문화적 갈등과 충돌이 야기되는 경우도 얼마든지 있다.[2] 이러한 지역성의 불가피한 표출은 당연 표층이 아닌 심층, 즉 한 사회적 공동체 구성원들의 문화적 코드에 뿌리를 두고 있다. 따라서 문화 코드는 개인의 소관사항과는 거리가 멀다고 할 수 있으며 철저히 집단적 무의식의 발로라는 점을 잊어선 안 된다. 바로 이 코드, 즉 시니피에의 차이로 인해 한 국가 내에서도 중앙과 지방간 또는 지방과 지방간 문화적 이질감이 생기기도 한다.[3] 그런가 하면 이러한 이질감은 문화 형성의 또 다른 층위인 종교, 세대, 경제적 여건 등과 복합적으로 얽혀 한 국가의 존폐에까지도 영향을 미칠 수 있다.

아주 가까운 예로 경상도와 전라도로 특칭(特稱)되는 한국 사회에서의 지역 갈등의 문제도 이러한 지역성이 '비이성적'으로 표출된 경우라고 할 수 있다. 주지하듯 그 뿌리는 박정희 정권 이후 계속된 지역 간 불균형 발전이 선거 때마다 대한민국의 온 국민의 정서를 자극하여 정치적으로 악용된 것이 원인이라 할 수 있다.

이러한 지역 갈등의 문제를 사람들은 대개 '극복해야 할 과제'라고 치부하는 경향이 있다. 그렇다면 우리는 단박에 궁금증이 생길 것이다. 어떻게 이를 극복한다는 것인가? 그런데 우리가 겪고 있는 지역 갈등의 문제를 비판하기는 쉽지만, 그 해법을 제시하기는 쉽지 않다. 아니, 설

---

2 한 국가 내에서 관측되는 지역성도 있기 때문에 <locality>가 좁게는 한 지방을 뜻할 수도 있지만, 넓게는 EU나 BRICs처럼 몇 개의 국가가 연합된, 그 자체가 곧 <globality>를 대변하는 경우도 있다는 것을 잊어선 안 된다.

3 우리나라의 경우도 1995년 지자체 실시 이후 지방 정부들이 많은 노력은 하고 있지만 여전히 서울과 지방 간의 격차는 심한 편이며, 이를 극복하기 위한 다양한 연구들이 쏟아지고 있는 것으로 안다. 충북대 강형기 교수가 『지역창생학』(생각의 나무, 2010)이란 저서를 출간해 눈길을 끌고 있는데, 그 요지는 시장을 읽어 가능성을 찾아내고, 장소를 읽어 자원을 발굴하며, 인재를 모아 그 연대와 협력으로 새로운 원동력을 창조해내는 것으로 요약될 수 있다. "가장 지역적인 것이 가장 세계적이다"는 저자의 말 속에서 우리는 지방의 독자적인 문화자원의 개발과 이의 콘텐츠화가 얼마나 중요한 것인가를 새삼 반성하게 된다.

사 합리적으로 수긍이 가는 해법이 제시된다고 해도, 갈등 자체가 완전히 해소되는 것은 아니다. 그렇다면 이유가 뭐겠는가? 이는 단순히 지리적 경계의 문제라거나 일시적으로 제기된 문제가 아니라 그동안 켜켜이 축적된 정치, 경제 등 아주 복합적인 요소들이 함께 작용하고 있기 때문에 그렇다. 그리고 그 복합적인 요소들은 거미줄처럼 얽혀 있어 그 본질을 파악하는 것이 쉽지 않을 수도 있다.

때문에 필자는 물음과 해법의 방향과 목표를 달리하여 지역성의 표출이 꼭 갈등만을 야기하며, 과연 갈등을 양산(量產)하는 결정적인 요소인가, 라고 묻고 싶다. 또 반드시 이를 '극복해야 한다'는 선입견에 사로잡힐 필요가 있을까라는 의문도 생긴다. 왜냐하면 문화적 지역성을 극복해야 한다며 대개는 내재적 차이, 즉 세차를 일소시키고 갈등의 근원을 중성화시키는 것이 마치 해법인 것처럼 착각하는 경우가 많기 때문이다.

오랜 역사적 과정 속에서 이렇게 내재화된 차이를 부정하는 것은 곧 그 역사를 부정하는 것과 다르지 않으며, 그렇게 역사를 부정하는 것은 본인이 삶을 영위해온 현실을 부인하는 것과 같다. 차이를 부정하고 각기 동일성만을 유지하려 하거나 타자의 차이를 일소시켜 자기와 동화되기를 바라기 때문에 실제 갈등, 편견이 지속되는 것이다.

따라서 해법은 어쩌면 차이를 부정하는 데 있는 것이 아니라 그 차이를 적극적으로 받아들이고 인정하는 데서 찾아야 하는 것 아닐까? 돌려 말해, 왜 그러한 차이가 발생했는지 그 원인을 정확히 짚어보아야 한다는 뜻이다. 원인들에 대한 성찰을 하다보면 당연 현실적으로 지표면으로 부상한 차이가 필연적인 결과일 때도 있을 것이다. 특히 이 경우라면 차이를 배제하려고 할 것이 아니라 어떻게 이를 '생산적으로' 수용하고 포용할 수 있을지를 고민해야 마땅하다.

문화 세차가 그렇듯, 문화 코드도 늘 지역성을 대표한다. 즉 각기 서로 다른 문화 코드는 집단적으로 무의식 속에 내재화되어 있는 차이가 표출된 것이다. 그렇다면 어떻게 이와 같은 내재화되고 구조화된 차이를 부정하거나 배제하지 않고 '살릴' 수 있을까? 차이를 생산적으로 살리기 위해서는, 재삼 강조하지만, 먼저 타자를 자기와 구분하여 배제시키는 배타적인 이분법적 사유 틀부터 과감히 버려야 한다. 주어진 현실을 보다 큰 맥락에서 그리고 역사적 과정 속에서 살펴볼 필요가 있다는 뜻이다. 그때가 아니고서는 타(지역)문화를 자문화와 동일 선상에 놓고 "감 놓아라, 배 놓아라" 말할 자격이 없다.

요인즉 보다 큰 인식의 틀, 말하자면 차이, 더 나아가 차이들의 공존을 허용하는 사유 틀이 우리에게 필요하다는 뜻이다. 그리고 그러한 차이, 차이들은 각기 기나긴 역사와 전통 속에 뿌리를 내리고 있기 때문에 일시적으로 표출된 몇몇 시니피앙만으로는 그 본질을 파악할 수도 없고, 파악되었다고 착각해서도 안 된다.

그렇다면 다시 묻자. 대한민국이 경상도와 전라도로만 이루어진 국가인가? 그렇게 생각할 사람은 아무도 없을 것이다. 박 씨 성이나 이 씨 성으로만 이루어진 국가인가? 당연 그렇지 않다. 고유한 지역 공간에 뿌리를 둔 차이들은 이런 이유 때문에 우리가 부정하거나 배제하지 않고 오히려 함께 '아울러야' 한다. 그리고 대한민국이라는 한 문화권 안에 사는 우리 모두에게 감정적으로 반응할 정도의 차이도 분명 존재하지만, 그럼에도 동질성이나 유사성 또한 적지 않게 공유하고 있다는 것 또한 부인할 수 없는 사실이다.

논의의 범위를 넓혀 한일 간의 관계의 경우도 이 두 측면은 동시에 관측된다. 축구나 야구와 같은 운동 경기처럼, 아주 특별한 예이긴 하지만, 양국 국민들 모두가 거의 감정적으로 상대와 직대면(直對面)하는 경우도 있다. 반면 한류 열풍 이후 특히 일본에서는 역사적 맥락에서의 갈등이나 문화적 차이의 문제가 아니라 순전히 개인적 차원에서 <겨울연가>의 주인공 욘사마를 좋아하고, 이를 통해 한국에 대해 호감을 갖는 일본인들(특히 여성들)이 대거 늘어났던 것도 우리가 잘 알고 있는 사실이다. 욘사마 열풍을 빗대 "<겨울연가>적인 한국을 소비한다"는 말

이 나올 정도다.[4]

이처럼 한국과 일본은 정치나 외교 분야에서와는 달리 대중문화 부문에서는 서로 공감도가 높은 편이며, 심지어는 상대에게서 모방본능을 발동시키는 일면도 관측되고 있다.[5] 한마디로, 문화적 유사성과 지리적 근접성에 기초하여 한일 간의 쌍방향적인 문화 교류가 날이 갈수록 활발해지고 있다는 것은 문화교류의 차원에서 평가할 때 고무적인 일이라 하겠다.

이렇듯 최소한 한국문화와 일본문화, 중국문화 간에도 문화 대차적 차원에서는 비록 동양문화권에 속하지만 문화 세차의 차원에서는 '동질성'보다 '차이'가 훨씬 크다는 것을 간과해서는 안 된다. 문화 대차적 차원에서 한국문화는 유럽이나 아랍, 아프리카의 문화권과 비교할 때는 일본문화, 중국문화와 당연 '유사성'과 '근접성'이 크다. 바로 그 유사성과 근접성으로 인해 한국, 일본, 중국은 문화 간 소통의 측면에서 유럽이나 제3세계보다 수월하게 상대 국가를 이해하는 것이 사실이다. 때문에 우리가 지역성을 언급할 때는 차이만을 대항력으로 부각시킬 것이 아니라 지리적 근접성에 따른 문화적 유사성도 함께 고려해야 하며, 이는 일본이나 중국의 입장에서도 마찬가지일 것이다.

문화 대차의 관점에서 타문화를 피상적으로 기술해놓은 것들이 타문화를 이해하는 데 있어 어느 정도는 유익하고 유용한 측면이 있음을 인정은 하지만 그럼에도 불구하고 문화 세차의 관점에서 이를 재고해보면 전혀 타문화의 핵심을 건드렸다고 말하기 어렵다. 극단적으로 말하면, 문화는 동일 문화권의 사람들이라고 할지라도 개인적으로 취향(goût culturel)의 차이를 보이는 게 현실이란 뜻이다.

대한민국에서 문화 세차가 동서의 갈등 문제라면 일본에서 문화 세차

---

4 히라타 유키에, 『한국을 소비하는 일본 - 한류, 여성, 드라마』, 책세상, 2005 참조.

5 毛利嘉孝, 毛利 嘉孝(2004), 『日式韓流–「冬のソナタ」と日韓大衆文化の現在』, せりか書房, 2004, p.47 참조.

는 남북의 갈등문제라 할 수 있을 것이다. 남북으로 좁고 길게 뻗어 있는 일본 열도는 위도 차가 심하고 기후도 아한대에서 아열대에 걸쳐있어 지역 간 문화적 격차가 한국보다 훨씬 심하다고 알려져 있다. 자연환경의 차이가 주거문화의 차이로 연결되는 것도 이 때문이다.

> "〔각 지방의 민가의 특징을 볼 때〕 공법(加法)은 물론 구획이나 외관 장식에 있어서도 기후와 풍토가 같은 지역은 획일성을 띠는 것은 당연하며, 그것이 역으로 각 지방의 특징, 즉 지방성을 나타내는 결과가 된 것이다."[6]

마찬가지로 일본에서는 음식문화도, 사면이 바다로 둘러싸여 있기 때문에 전반적으로는 어식(魚食)이 발달해 있지만, 지역에 따라 어식의 종류나 조리법 등에서는 큰 차이를 보인다. 이는 음식문화 역시 풍토 및 자연조건에 영향을 받는다는 뜻이기도 하다.[7] 중국에도 남미북면(南米北麵)이란 표현이 있는데, 이는 단지 음식에 관한 문화적 차이가 음식의 차원에만 그치지 않는다는 것을 시사한다. 중국의 남방인이 개방적이고 국제적이며, 북방인이 폐쇄적이며 중화적(中華的)이라는 뜻도 남미북면이란 표현 속에 함께 포함되어 있다. 이는 또한 남방인이 경제와 오락을 주로 논한다면 북방인이 정치와 사상을 즐겨 논한다는 것과도 상통한다. 중국의 다민족 포용 정책도 결국 이러한 지역성, 즉 풍토적 차이, 다시 말해 문화적 세차를 기본적으로 고려한 것이라 할 수 있다.[8]

바로 이런 이유 때문에 타문화에의 접근과 타문화 연구의 본질적인

---

6 川島宙次, 『滅び行く民家−屋根·外観』, 東京: 主婦と生活社, 1973, p.2.

7 박경아, 「문화코드로 읽는 일본의 문화콘텐츠」, 『문화콘텐츠와 문화코드』, 한국외국어대학교 출판부, 2011, p.224 이하 참조.

8 현대의 중국인에게 사상적으로도 송명유학이 내면적 도덕의식을 강조한다면, 무위의 도를 기치로 하는 노장사상은 친환경적 정책에 부합하며, 백성의 이로움을 가치관으로 하는 묵가는 실용주의 노선과 닮은 점이 많고, 이 모든 것들의 현재성이 중국의 지도이념으로 작동되고 있다.

장애물이 문화 세차에 웅크리고 있다는 것을 직시할 필요가 있다. 계량적이고 도식적인 통계를 통해 타문화를 통속화(vugariser)시켜서는 안 된다고 버나드 라이르는 강조한 것도 이 때문이리라.[9] 최근 많은 탈식민지 연구들에서도 문화는 로컬의 고유성과 특수성이 서구 유럽의 보편성보다 본질적이며 우선적 관심의 대상이 되어야 한다고 역설(力說)하는 경우가 많은데, 이는 결코 우연의 소산이랄 수 없다. 결국 근대적 문화관인 문화 대차적 구분법에서 벗어나 각 문화의 고유성과 특수성을 제대로 인식해야만 비로소 타문화의 문화적 세차, 코드에의 접근이 가능하다는 것을 의미한다.

우리가 이상의 개략적 설명을 통해 이야기하고자 하는 바는 다음 두 가지다. 첫째는 한 국가 내에서도 문화적으로 지역차가 존재하듯, 국가 간에 문화적 차이가 존재하는 것은 너무도 당연한 논리다. 그리고 두 번째는 바로 그 지역성이 곧 문화 코드의 형성에 있어서 결정적 영향을 미친다는 점이다.

이렇듯 지역성이 문화 코드의 형성에 있어서 결정적 영향을 미칠 수밖에 없는 것은 그곳에서 사는 사람들의 삶이, 탈맥락화를 지향하고 조장하는 포스트모던 문화나 글로벌화된 현대의 자본문화와 달리, 철저히 로컬 내에 뿌리를 내리고 있다는 증거다. 뒤집어 표현하면, "로컬 문화에 의해서 매개되지 않은 문화는 구체적인 삶의 양식(형식)"이라고 볼 수 없다.[10] 로컬에 기반한 삶의 심층적 의미를 해석하고 번역하는 문제가 현대에 이르러 타문화 이해의 핵심 논제로 재부상하게 된 것도 이 때문이다.[11]

---

9 B. Lahire, *La culture des individus. Dissonances culturelles et distinction de soi*, La Découverte, 2004 참조.

10 하용삼, 「모던·포스트모던문화 그리고 로컬 문화」, 『대동철학』 제52집, 2010, p.106 참조.

11 김현미, 『글로벌 시대의 문화번역 - 젠더, 인종, 계층의 경계를 넘어』, 또 하나의 문화, 2005 참조. 저자는 이 책에서 전통적으로 문화번역자들(문화인류학자, 민족지학자 등)은 초월적인 관찰자로서 중립적 언어를 통해 타문화를 '번역'함으로써 '객관주의'에 헌신했는지는 모르지만 결과적으로는 제국주의에

이런 시각에서 볼 때 지역성은 결코 근대의 보편 문화(Universal Culture)나 현대의 글로벌 문화(Global Culture)의 반명제가 아니라는 것을 알 수 있다. 지역성은 오히려 모든 문화의 형성 과정에 있어 모체로 작용하며, 문화라는 공동체적 가치의 소산지(所產地)라고 말하는 것이 더 적절한 평가이리라. 그리고 바로 이 지역성이 문화 세차의 시근(始根)이며, 그러한 세차들이 곧 세계의 문화(들)는 하나의 색에 의해 지배되는 것이 아니라 다양한 색의 어울림에 기초하고 있음을 역설(力說)한다. 결국 문화 간 교류와 대화의 과정에 있어서도 이와 같은 세차나 다양성이 기본적으로 전제되고 인정되어야 한다.

이상과 같은 간추림으로부터 우리는 다음과 같은 두 가지 사실을 유추해낼 수 있다. 첫째, 문화는 로컬에 뿌리를 둔 정체성의 특수화이지 결코 익명의 보편성에 의존한 추상적 구성물이 아니다.[12] 둘째, 문화 교류 역시 보편성보다는 특수성과의 교집합이 이루어졌을 때 마침내 현지에 적응한 것이라고 할 수 있다.

한류가 유독 아시아권에서 많은 파장을 일으키고 있는 것도 이와 무관하지 않다. 중국 칭화대의 인홍(尹鴻) 교수가 한류를 중국과의 문화적 유사성에 기초해 평가한 것에서도 알 수 있듯 결국 양국이 일종의 "'특수한' 보편성"을 공유하고 있기 때문이다.

> "중한(中韓) 양국의 문화는 (…) 그 근원, 생활방식, 가치관념 상에서 모두 유사성을 띤다. 한국인이 훌륭한 점은 그들의 문화적 실체가 아시아적인 문화 근원을 가지고 구미 문화의 포장을 통과함으로써 중국인

봉사하는 데 그쳤고, 문화 단위 간에 항존하는 갈등, 교차점이나 접경지대에 대해 소홀히 했다고 비판하면서 문화적 차이에 대한 의미 있는 해석이 가능하려면 문화번역자가 '창작행위자'로 거듭나야 한다고 강조한다. 그리고 이를 제대로 수행하려면 기호의 추상성에 의존할 뿐인 '글로벌 스탠더드'를 추종하기 보다는 '로컬'의 구체적 '현장'이나 '현상'에 천착할 필요가 있다고 제안한다(*ibid.*, pp.7~9, 52~53).

12 알프레드 그로세르, 『현대인의 정체성』, 심재중 옮김, 한울, 2002 참조.

들이 수용하는 데 있어 수월했[던 게 한류 성공의 원인이라 할 수 있]다."[13]

마찬가지로 최근 일본에서 출간된 『한류 핸드북』에서도 오구라 키죠(小倉紀藏)와 코하리 스스무(小針進) 역시 이점에 주목하고 있다.

> "왜 중화권에서 한류와 일본 대중문화가 인기일까? 한류 스타나 일본의 아이돌이 가까운 존재라고 느껴서 흉내낼 수 있는 대상이라고 보기 때문이다. 서구권의 것은 흉내낼 수 없다. 이러한 점, 즉 문화의 유사성이라는 의미에서 중화권은 서로 통한다. 한국인의 이름은 특히 중화권 사람과 닮았다. 우타다 히카루라는 이름은 중화권에서는 있을 수 없지만, 가수 박지윤은 홍콩 이름이라도 있을 수 있는 경우라서 훨씬 더 친숙한 면이 있는 것이다."[14]

이렇듯 중국과 일본을 비롯하여 동아시아 전역에 걸쳐 "문화의 상호 영향력이 강해지고 있는 것"[15]은 기본적으로 서로가 한자문화권이라는 가치를 공유한 데 기거(基據)한 것이다. 인도 전역이 아니라 유독 인도의 동북부에서 한류가 유행한 것도 그렇고, LA나 밴쿠버 등 북미 지역에서 한류가 붐을 일으킨 것도 그곳에 중국인 이민자나 일본계가 많이 살고 있기 때문에 가능한 성과였다는 것이다. 하지만 이와 달리 유럽이나 그 밖의 국가들에서 한류는 여전히 크게 인기를 끌지 못하고 있는 게 현실이다. 유럽 국가 중에서도, 타문화에 대한 수용성이 높은 편인 프랑스는 다소 예외라고 할 수 있지만,[16] 영국, 독일 등에서는 한류가 거

---

13 이상의 내용은 강진석, 「중국 역사문명과 문화 코드」(제10기 매경-외대 차이나 CEO 글로벌 전력과정 강의록(2010. 9. 8), pp.26, 38~40, 57 참조.

14 小倉紀藏, 小針進, 『韓流　ハンドブック』, 東京: 新書館, 2007, p.17 - 일부 수정.

15 *Ibid.*, p.18.

16 실제 프랑스는 유럽에서 한류의 중심국가라고 해도 과언이 아니다. 2011년 1

의 힘을 발휘하지 못하고 있다. 그렇다면 한류 수용이 왜 이와 같이 로컬 별로 차이를 보이는 것일까?

그 이유는 아주 간단한 데서 찾을 수 있다. 영국이나 독일은 한국과 지리적 근접성과 문화적 유사성, 즉 공유 가치가 적거나 거의 전무하기 때문이다. 반면 영국은 인도와 그리고 독일은 터키와 부분적으로 문화적 가치를 공유하고 있다. 인도의 마살라 무비가 흥행하는 나라가 있고 그렇지 못한 나라가 있는 것과도 같은 이치다.

문화적 측면에서 서로 공통분모가 적거나 거의 전무하다는 것은 결국 지역성 자체가 문화교류에 있어서는 물론이고 문화 콘텐츠 상품의 소비과정에 있어서도 충분히 걸림돌이나 장애물로 작용할 수 있다는 것을 의미한다.[17] 하지만 바로 이 지역성은, 앞서 우리가 한 국가 내에서도 존재한다고 했듯, 한 국가나 한 문화권의 심층이자 뿌리를 이루고 있다는 점이다. 그리고 바로 이 지역성이 곧이 살아있고 존중되어야만 문자 그대로 '다양한 문화들'이 글로벌 자본이나 시장의 세계화 위협에 흔들리거나 위협받지 않은 채 자기의 고유성을 지키며 제 빛깔을 발휘할 수 있다.

이런 이유 때문에 우리가 별 깊은 고민 없이 새롱거리는 '글로벌화', 즉 '한국문화의 세계화'라는 구호는 그 자체로 이미 우리 앞에 엄연히 주어진 현실과 거리가 먼 나라의 이야기일 뿐만 아니라 사리에도 어긋난 것

월 프랑스 TV2는 한국의 K-POP, 드라마, 영화 등을 중심으로 아시아에서 불고 있는 한류 열풍을 소개한 바 있고, 한국관광공사의 초청으로 프랑스의 한류 팬 50여 명이 단체로 4월 9일부터 2주간 한국을 방문한 적도 있다 - ≪뉴스와이어≫, 2011년 4월 21일자 참조: 프랑스 한류 팬들, "아이돌 스타 만나러 한국 왔어요"

17 바로 이와 같은 이유 때문에 박재복은 한국문화 콘텐츠 상품의 해외 마케팅 전략을 다음과 같이 3단계로 진행시켜야 할 것이라고 제안하고 있다. 1단계: 문화적 유사성과 지리적 근접성이 높은 국가(중국, 대만, 홍콩, 싱가포르, 베트남)를 거점시장으로 아시아 지역 공략, 2단계: 상대적으로 시장 개척 가능성이 큰 중동, 동유럽, 중앙아시아, 중남미를 공략하여 한국문화 콘텐츠 시장 확대, 3단계: 고품질 전략상품을 개발해 미국, 유럽, 일본 등 영상 콘텐츠 선진국들 공략 - 박재복, 『한류, 글로벌시대의 문화경쟁력』, 삼성경제연구소, 2005, p.126 참조.

이라는 점을 정확히 인식할 필요가 있다.[18] 남이 준비해 놓은 무대 위에서 주연도 아닌 주제에 앵무새나 꼭두각시처럼 연기를 대신해 주어야 할 이유는 없지 않은가. 게다가 그 연기가 '보이지 않는 손'에 의해 조종을 받고 있는 것이라면, 문제는 더욱 심각하다. 그 터무니없는 세계화라는, 조정받는 연기와 동원된 관객을 위한 소극(笑劇)을 멈추기 위해 우리가 할 수 있는 선택은 단 한 가지밖에 없다. 모든 고유한 문화는 각기 주어진 시공간과 독립적이지 않다는 것을 깨닫는 것, 바로 그것이다.

> "어떤 문화와 어떤 전통도(aucune culture-tradition) 역사적으로 그리고 지리적으로 위치한 사회와 관련되어 있다. 문화는 그것에 자양분을 제공하는 사회와 독립적으로 생존할 수도 없고 전달되지도 않는다. 역으로 말하면 자신의 고유한 문화를 소유하지 않는 사회는 이 세상 어디에도 존재하지 않는다. 모든 문화가 사회화〔코드화〕되어 있는 것도 이 때문이다."[19]

바르니에의 위 주장은 다소 강한 편이라 할 수 있으며, 일견 문화 간 교류를 원초적으로 거부하는 것처럼 비칠 수도 있다. 하지만 이렇게 그의 주장을 이해해서는 곤란하다. 왜냐하면 그가 이렇게 주장을 펴는 배경에는 맥도날드, 코카콜라, 디즈니랜드로 대표되는 미국화의 횡포를 겨냥해 각기 문화적 정체성에 대한 방어를 해야 한다는 데 그 핵심이 있기 때문이다.[20] 역으로 말하면 그 정도로 미국화는 '반문화적'인 경향

18 물론 문화의 세계화를 경제의 세계화나 정치의 세계화와 같은 맥락에서 분석하는 학자도 있다.

19 J.-P. Warnier, *La mondialisation de la culture*, coll. ≪Repères≫, La Découverte, 3e éd., 2004, p.7. 저자는 문화 세계화(mondialisation de la culture)는 기본적으로 산업 발전의 결과물이지만, 모든 문화산업의 정상적 야심은 그들이 생산한 상품이 세계시장(marché mondial)을 점유하는 데 있다고 비판하고 있다.

20 바르니에는 '일방적 세계화'를 맥도날드, 코카콜라, 디즈니랜드로 대표되는 '미국화(américanisation)'라고 구체적으로 거명하고 있으며, 이로부터의 저항은 일종의 정당방어이자 문화적 정체성에 대한 방어라고 강조하고 있다

이 짙고 제 로컬의 역사와 전통을 무시하는 게 일반적이라는 것이다. 바르니에를 통해 우리가 재삼 확인하는 바는 결국 모든 문화는 주어진 지리적·사회적·역사적 배경 하에서 코드화되어 있다는 점이다. 이는 모든 문화가 기본적으로 시공간 속에서 구성되고 재구성된다는 의미와 다르지 않다. 이 두 명제를 종합해서 다시 정의하면, "모든 문화는 시공간 속에서 특수한 코드화 과정을 거친다"로 요약될 수 있을 것이다. 요인즉 주어진 시공간 안에서만 비로소 자기규정성(self-reference)을 갖는 것이 문화적 정체성의 핵심이라는 사실이다.

전통적으로 문화 형성의 바로미터는 이미 주어진 환경으로써의 공간도 중요한 요소였지만 변화하는 시간에도 상당한 비중을 두었다. 시간과 달리 공간은 고정되어 있는 것이라고 여겼기 때문이다. 그런데 여기서 시간은 기본적으로 로컬 공간 안에서 작동될 때 유의미성으로 연결되는 것이기 때문에 결국 공간과는 무관한 것일 수 없으며, 이러한 시공간의 차이로부터 '안'과 '밖', '동일성(동질성)'과 '차이(이질성)'가 생기게 되는 것이다. 그렇다면 공간적으로 이렇게 문화 간의 계역(界域)이 존재하는 것을 우리는 하나의 '필연적 귀결'로 받아들여야 하는 것 아닌가? 그렇다.

그런데 현대에 이르러 기술, 자본, 상품, 서비스 등의 이동이 자유로운 글로벌 시대가 되면서부터 시간, 즉 축적된 전통과 역사는 무시되고 오직 일시적인 공간 안에서의 이동성만이 역설적으로 부각된다. 소쉬르의 전문용어를 빌려와 표현하자면, '통시성'은 사라지고 '공시성'만이 주인 행세를 하게 된 셈이다. 바꿔 말해 역사적 맥락과 전통은 전적으로 간과한 채 오직 동일 공간 위에 '함께 존재한다'는 사실만이 강조된 것이다. 물론 그 공간은 현실적 공간, 물리적 공간이기보다는 조작된 공간이며, 나아가서는 그 가상공간이 현실적 공간, 물리적 공간을 지배하는 역전 현상이 발생했다는 것이 문제다.

(*ibid*., pp.103~104).

20세기 이전에는 전혀 상상할 수도 없었던 기술적으로 조작된 공간, 가상공간은 지리적 거리만 좁힌 것이 아니다. "바로 지금 모든 것이 존재한다"[21]는 비지속적이며 순간적인 시간관 또한 이로부터 파생된 것이다. 이렇게 시공간이 압축됨으로써 우리가 얻은 것은 뭐고 또 잃은 것은 뭘까? 생활 속도가 빨라졌고, 정보통신기술과 매스미디어의 발달로 새롭게 탄생한 '지구촌(the Global Village)'을 얻은 것이다.[22] 소위 하나의 세계(the world as a whole)라는 이데올로기가 등장한 것이다. 반면 그로 인해 상대적으로 잃은 것은 격리되었던 '세계들'이 서로 상대에게 속속들이 노출되어 갈등은 더 심화되었고, 특히 경제 단위들(국가이건 기업이건) 간의 경쟁이 더욱 치열해진 것이다. 단적으로 말해, 다양한 외부적 개입과 간섭이 노골화된 것이다.

여기서 우리가 염두에 두어야 할 것은 이 단일화/획일화 과정에서 한 사회나 공동체의 가치관, 행동 양식을 대변하던 문화 코드들까지도 무장해제 당하고 있다는 점이다. 한마디로, 시공간 속에서 고유하게 생성된 모든 문화적 차이들이 그 고유 가치를 상실하고, 곡면(曲面)에 켜켜이 쌓인 의미들까지 평면(平面)화되기에 이른 것이다. 이는 근본적으로 전 세계를 단일 세계로 네트워크화하여 '관리'하려는 "익명의, 통제 불가능한 새로운 지배자들"[23]이 의도하는 세계상이기도 하다.

다소 심악(甚惡)한 표현이라 할 수도 있겠지만, 이들 세계화론자들에게 "타자나 타문화는 존재하지 않는다." 그들의 눈에 세계는 오직 동일한 평면 위에 배치된 노리갯감, 아니 먹잇감에 불과하다. D. 하비가 지적한 대로,[24] 그 결과 다양성은 등질화/동질화되고, 차이들은 자신의 고유

---

21 데이비드 하비, 『포스트모더니티의 조건』, 구동회·, 박영민 옮김, 한울, 2009, p.282.

22 마샬 맥루한, 브루스 R. 파워스, 『지구촌』, 박기순 옮김, 커뮤니케이션북스, 2005 참조.

23 마크 페로, 「우리를 불편하게 하는 세계화」, 『프리바토피아를 넘어서』, 최연구 옮김, 백의, 2003, p.239.

24 데이비드 하비(2009), *op. cit.*, pp.283~284.

한 가치를 포기할 것을 강요받는다.

'네트워크', '흐름(이동)', '상호연계' 등을 앞세워 세계는 하나의 이웃이라고 강조하는 세계화론자들의 주장대로, 서로 다른 문화 간 이동과 교류는 전례 없이 활발해졌는지 모른다. 하지만 이에 비례하여 각국의 문화적 정체성은 점점 희석되어가고 있고, 심하게 표현하면 거의 모든 경제 소국들에서 문화적 정체성의 해체 과정이 본격화되고 있다고 해도 과언이 아니다. 개인과 사회, 국가와 문화를 연결시켜주었던 고리가 문자 그대로 '헐거워진' 것이다. 현대처럼 문화가 글로벌 시장의 제물로 전락하게 된 데는 신기술의 패러다임 등장과 궤를 같이해 시공간이 압축된 것과 무관하지 않다. 그렇게 압축된 시공간 위에서 이동되는 것들은 그렇다면 무엇인가? 굳이 유형, 무형을 구분할 필요도 없이 다양해졌다.

> "상품, 자본, 사람, 지식, 이미지, 범죄, 공해, 약품, 의상 그리고 신념 등 모든 것이 지역 경계를 넘나들고 있다."[25]

사실 A. 맥그루의 이러한 경험적 현실에 기초한 세계화론에 대해 비판을 반박하기는 쉽지 않아 보인다. 혹자는 상품, 자본, 사람, 지식, 이미지, 범죄, 공해, 약품, 의상 그리고 신념 등이 지역 경계를 넘나들고 있다는 사실에 근거해 지역 간의 상호연계의 필요성이나 상호연계가 강화되어야 한다는 의미로 곡해할 가능성도 있어 보인다. 하지만 J. 톰린슨이 정확히 지목하고 있듯, 세계화론자들이 아무리 상호연계성을 강조한다고 해도 "완강히 버티고 있는 세계 속의 장소와 사람 간의 거부할 수 없는 '물리적 거리'"는 여전히 상존하고 있다. 이는 톰린슨의 말대로 "세계화의 어떠한 기술적·사회적 변형으로도 떨쳐낼 수 없는 현상이다."[26]

바로 이런 이유 때문에 우리는 세계화론자들의 계략에 흔들리거나

---

25 A. McGrew, "A Global Society?", S. Hall, D. Held and A. McGrew(eds), *Modernity and its Futures*, Cambridge: Polity Press, 1992, p.65.

26 존 톰린슨, 『세계화와 문화』, 김승현·정영희 공역, 나남출판, 2004, p.15.

속는 일 없이 그 이면을 정확히 장악(掌握)할 필요가 있다. 왜냐하면 그 이면을 자세히 들여다보면 실제 이들의 감언이설(甘言利說) 뒤에는 다국적기업들이 실제 모든 것을 조정하고 있다는 것을 어렵지 않게 확인할 수 있기 때문이다. 특히 지구촌의 소비자들 앞에 전시된 고부가가치의 상품들은 대부분 이렇게 다국적 기업에 의해 "저임금 나라"에서 "제조된 부품들의 조립으로 만들어진다." "공장 없는 다국적기업"은 "구상, 마케팅, 판매만 전담"하고 나머지 모든 것은 "제3세계의 값싼 인건비"에 의존한다.[27] 그렇게 지역 경계의 규제나 관세와 같은 장애물을 철폐해가면서 자본과 시장의 세계화는 자기제어 기능을 상실한 채 온 지구촌을 마치 제집처럼 드나들며 휘젓고 다니고 있는 것이다.[28]

우리가 본 장에서 문화 또는 문화적 정체성을 글로벌시장 경제의 거래상품, 즉 소비적인 콘텐츠 상품들과 구분해야 한다고 강조하려는 것도 이런 이유 때문이다. 문화는 기본적으로 국적도 없고 지역문화도 도외시한 채 오직 시장에서 단지 일회용 상품처럼 소비되는 '상품'과 구분되어야 하며,[29] 더더욱 교역의 대상에서 문화는 최소한 '예외'로 할 필요가 있다고 믿기 때문이다. '문화'라는 용어에 이렇게 '예외'란 단어가 따라 붙는 것은 4반세기 전만 해도 찾아보기 드문 일이었다.[30] 프랑스 문

---

27 도미니크 쁠리옹, 『신자본주의』, 서익진 역, 경남대 출판부, 2006, pp.31~32. 실례로 프랑스의 텔레커뮤니케이션 그룹인 알카텔(Alcatel)은 2001년 6월 전 세계에 산재해 있는 약 120개의 생산기지를 모두 하청기업들에게 양도하고 '공장 없는' 기업을 통해 고부가가치 부분만을 관리하겠다고 결정한 바 있다.

28 3개국 이상의 사업장을 가지고 있는 기업으로 정의되는 다국적(초국적) 기업의 수는 1994년 유엔무역개발회의(UNCTAD)의 통계만 보더라도 38,747개에 이르며, 전 세계무역의 3분의 2를 점유하고 있다 - 구춘권, 『지구화, 현실인가 또 하나의 신화인가』, 책세상, 2000, pp.26~27 참조.

29 보드리야르에 따르면, 현대와 같은 소비의 사회는 "소비자의 구매 충동을 유혹하여 (…) 최대한의 투자와 경제적 잠재력의 한계에까지 이르도록" "소비를 끝없이 조장한다"는 특징이 있다. 이렇게 소비되는 상품은 이미 그 고유한 기능을 잃고 단지 하나의 사물(objet)나 기호(signe)로 소비되는 데 그친다 - 장 보드리야르, 『소비의 사회』, 이상률 옮김, 문예출판사, 1992 pp.12~15 참조.

30 문화적 예외 개념은 1993년 GATT(관세 및 무역에 관한 일반협정) 회담 당시 미국이 스크린 쿼터제의 폐지를 주장하며 문화상품을 교역대상에 포함시킬 것을 주장한 데 대해 프랑스가 '문화적 예외'를 선언하며 반발한 데서 세계적

화정책의 기본 방향이라고 할 수 있는 문화적 예외(cultural exception) 개념은 기본적으로 오직 시장에 기반을 둔 신자유주의적 세계화의 횡포에 대항해 한 국가, 나아가서는 EU와 같은 지역문화권 전체의 문화적 가치를 존중하고 유지하기 위한 불가피한 조치라 아니 할 수 없다.[31] 프랑스, EU뿐만 아니라 이제는 세계의 많은 나라가 자국의 문화적 정체성을 유지·보호하기 위해 '문화적 예외'를 인정해달라고 강력히 요구하고 있는 상태다.

우리가 문화비평가 G. 소르망의 진단에 주목하는 것도 이 때문이다. 그에 따르자면, "글로벌 문화란 존재할 수 없다."[32] 요인즉 "통신과 이민, 경제 교류 등"에 대해서는 특별히 문화-국경이 큰 힘을 발휘하지 못한다고 할 수도 있지만, 그렇다고 해서 그런 방식으로 현재 '확대되어가고 있는 문화'가 곧 '글로벌 문화'인 것은 아니다. 그 속에서 우리는 전혀 지역문화들의 구체적이고 개별적인 특징도, 공통된 특징도 찾아볼 수 없다. '글로벌 문화'라는 수사 속에는 경제 강국들의 상술 문화만이 암중 모색되고 있을 뿐 모든 지역문화의 보편성과 같은 이념은 기대할 수 없다.

부언컨대 글로벌 문화는 경제 강국들의 다국적 기업들이 추구하는, 그런 거대한 공룡과도 같은 탐욕의 문화로 지역문화들을 모욕하고 세속화/자본화시켜 지구촌 전체를 금력(金力)이 지배하는 세계로 전환하는 것이 목표일 뿐이다. 정체불명의 '글로벌 문화'라는 개념은 따라서 다음 둘 중 하나일 확률이 높다. i) 경제 강국들에 의해 철저히 계산된 '세

이슈가 되었으며, 프랑스는 이러한 입장을 국제적 포럼에서나 EU 차원에서 수차례 표명하였고, 이를 제도적으로 반영하고 있다.

31 문시연, 「프랑스의 "문화적 예외"에 관한 연구」, 『프랑스문화예술연구』 제5집, 2001; S. Regourd, *L'exception culturelle*, P.U.F., coll. ≪Que sais-je?≫, 2004. 참조.

32 기 소르망, <해외칼럼: 글로컬로 가는 한국문화>, ≪중앙일보≫(2006. 9. 28) 참조. 전문은 다음과 같다: "우리가 세계화된 세상에 살고 있다는 사실은 상식에 속한다. 통신과 이민, 경제 교류 등으로 세계화의 영향을 받지 않는 사회는 거의 없다. 세계화는 경제적 부와 정신적 개방의 원천이 됐다. 이제 세계화되지 않았다는 것은 더 이상 행운이 아니다. **그러나 문화에는 그런 세계적 문화가 없다**." - 필자 강조.

계화'라는 이데올로기의 전파와 확산을 위해 가공된 것, ii) 아니면 이를 추진하는 과정에서 직면하게 된 지역문화들의 저항을 희석시키기 위해 세계화의 필요성을 강조하려는 고도의 우회 전략.

하지만 조나단 프리드먼도 강조하고 있듯, "문화의 출발점은 특수성, 즉 차이에 대한 또는 유사한 일을 처리하는 상이한 방식에 대한 인식이다. 〔서로〕 구별된 〔문화적〕 집단에 차이를 부여할 수 있는 곳에서만 문화 혹은 문화들이 존재한다."[33] 그런데 이를 전적으로 무시하고 오로지 미국의 헤게모니를 계속 유지하기 위해 모든 국가가 '미국식의 예외주의'[34]를 따르라는 것인가? 대체 이런 억지스러운 역설을 어떻게 수용하라는 것인가? 어찌 문화적 정체성은 물론이고 문화적 자존심까지도 포기하라고 윽박지를 수 있느냐는 것이다.

하지만 어쩌면 이런 선후당착(先後撞着) 때문에 각 로컬국가에서는 자국의 문화에 대한 인식의 중요성을 자각하는 계기가 되었는지도 모른다. 부언컨대 많은 나라에서 시장·경제의 글로벌화의 폐해를 감지하고서 자국의 문화적 뿌리에 대해 재고하는 기회를 갖게 된 것이다. 20세기가 "이데올로기의 정치" 시대였다면, 21세기에 들어서서는 이렇게 문화적 "정체성의 정치의 시대"가 된 것이다.[35] 문화적 정체성의 문제가 정치적 이념 이상으로 영향력을 행사하는 시대가 되었다는 뜻이다.

1945년까지는 미국의 민주주의와 구소련의 공산주의가 양극 체제를 이루어 전 세계가 이들 두 국가를 중심으로 편을 갈라서 이념적으로 대립하던 시절이었다. 그때까지를 우리는 '이데올로기의 정치 시대'라

33 조나단 프리드먼, 『지구화 시대의 문화 정체성』, 오창현·차은정 옮김, 당대, 2009. p.364.

34 '미국식의 예외주의'란 미국에서도 예외주의를 표방하고 있기에 써본 표현이다. 이는 프랑스가 미국 중심의 세계화에 대한 비판으로 제기한 '문화적 예외'와 달리 미국이 서구 유럽의 국가들과 다른 독특한 역사와 국가 발전 과정, 정치 및 종교제도를 가지고 있다는 의견 표명으로써 '미국우월주의'나 '미국패권주의'를 노골적으로 선언한 것이나 다름없다, 이에 대해서는 세이무어 마틴 립셋, 『미국 예외주의 - 미국에는 왜 사회주의 정당이 없는가』, 문지영, 강정인, 하정복 옮김, 후마니타스, 2006 참조.

35 조너선 색스, 『차이의 존중』, 임재서 옮김, 말·글빛냄, 2010, pp.29~30 참조.

고 부를 수 있다. 하지만 구소련 붕괴 후 그와 같은 대립적 유형의 정치적 이데올로기는 이제 지구상에서 그 흔적을 찾아보기 힘들다. 많은 사람이 의심 없이 말하곤 하듯, 미국식의 민주주의가 구소련식의 공산주의에 판정승을 한 것이다. 그래서 사람들은 자신 있게 외친다. 미국식의 민주주의와 미국식 자본주의가 결국 승리했노라고!?

그러나 과연 그럴까? 우리가 여기서 분명히 해야 할 것은 양극 체제가 무너짐으로써 미국이 패권을 쥐고 전 세계를 상대로 주인 행세를 하고 있다는 사실이다. 하지만 공산주의가 그랬듯, 자본주의도 유연성을 잃고 자신의 이데올로기에 갇혀 경화(硬化)되기 시작하면 스스로 붕괴되는 길을 맞이할 수밖에 없다는 점이다. 일종의 이익사회(Gesellschaft) 모델의 변종이라고 할 수 있는[36] 미국식의 신자유주의가 이미 붕괴할 기미를 보인다는 것을 우리는 이미 목격하고 있지 않은가.

주지하듯 현재 미국은 자국의 무역수지 적자와 경기 둔화를 금리를 조절하는 방법이나 양적 완화 정책 등 미봉책을 통해 메우고 있다. 세계화 구도 속에 달러화가 기준화폐로서 여전히 강력한 힘을 행사하고 있다고는 하지만 미국 내부의 정치적 문제, 걸프전과 이라크전 등을 치러오면서 과도하게 전쟁비용 등을 지출한 결과 현재 미국 경제는 '흔들리고' 있는 것이 현실이다.

J. 색스가 21세기를 정체성 정치의 시대라고 진단한 이유가 어디에 있겠는가? 그 이유는 간단하다. 한 나라의 정체성은 단순히 경제력/자본력만으로 지켜지는 것이 아니라는 뜻이다. 군사력만으로 정체성이 지켜지는 시대도 이미 지났다. 문화적 정체성의 중요성이 정치의 중요 아젠다

36 이익사회(Gesellschaft)와 공동사회(Gemeinschaft)는 독일의 사회학자 퇴니스(F. Tönnies)의 사회에 대한 분류로 전자는, 전통적인 규율과 일반적 연대감(혈연, 지연 등)에 의해 유지되는 공동사회와 달리 후자와 달리, 선택의지에 의해 형성된 수단적 결합체로 이해타산적인 관계에 따라 끝없이 긴장 관계를 유지하는 이익사회를 말한다. 물론 그는 모든 사회적 조직은 이 특징을 동시에 가지고 있다고 보았다. 한데 현대로 넘어올수록 사회는 점점 게젤샤프트가 지배적인 경향이라고 생각하며, 국가 간의 관계에 있어서도 이는 마찬가지가 아닌가 생각된다.

로 급부상한 이유가 여기에 있다.

많은 나라에서 자국의 문화를 정부 차원에서 나서 적극 보호하고, 이를 새로운 산업화의 도구로 삼는 것도 필경 같은 이유 때문일 것이다. 우리의 귀에도 너무도 익은 '문화 콘텐츠 산업', '문화 창조 산업', '문화 창의 산업' 등도 모두 이런 맥락에서 등장한 신성장 산업들이라 할 수 있다. 이런 상황이다 보니 심지어는 자국의 문화적 차이를 오히려 부각시키는 현상들까지 목격되고 있는 현실이다.

아마 중국이 대표적이라고 할 수 있을 것이다. 중국은 정부 차원에서 미국식의 세계화 풍기(風氣)를 '관리'하겠다고 선언한 지 오래되었다. 물론 중국에서 세계화를 관리하겠다는 것은 서구 중심적인 담론에서처럼 세계화를 탈 근대적·탈 국가적 현상으로 보지 않고 자국의 개혁개방을 위한 동력으로 십분 활용하겠다는 저의가 깔려 있다. 중국의 '현대화 프로젝트'는 고정불변의 목표로 정해놓은 상태지만, 그럼에도 외국 영화의 수입 규제, 개인 출판의 제한 등 유독 문화시장에 대해서만큼은 전혀 융통성을 보이지 않고 있다. 왜 그럴까? 이는 중국의 문화, 아니 당 지도부의 권위와 정통성을 유지하기 위한 필수 불가결한 선택이기 때문이다.[37]

그런가 하면 남아프리카공화국에서도 중국과 마찬가지로 타보 음베키 대통령 주도로 '아프리카의 부흥' 운동을 전개한 바 있다. 아프리카 대륙이 상호 협력하여 과거의 서구제국주의와 식민주의의 억압과 착취로부터 벗어나 민주주의, 평화, 안정의 문제 등을 범 아프리카적 제도와 절차를 통해 공동으로 확립하고, 가난, 무지, 후진성의 고정관념에서 탈피해야 하며, 경제 강대국들과의 관계에서 진정한 아프리카의 독립을 강화하면서, 현재 진행 중인 세계체제 내에서의 지위와 역할을 강화

---

37 윤시앙 얀, 「세계화 관리: 중국의 국가권력과 문화적 이행」, 버거(P. L.) & 헌팅턴(S. P.), 『진화하는 세계화』, 김한영 옮김, 아이필드, 2005, pp.38~79 참조. 실제 우리나라도 동북공정 등을 통해 직면하고 있는 문제지만 중국은 세계화의 관리에만 그치지 않고 이에 한발 더 나아가 이제는 새로운 유형의 문화적 세계화를 강력히 주장하고 있다는 점도 주목해야 한다.

해야 한다는 것이다. 한마디로, "아프리카적 예외성"을 살려 아프리카가 세계문화를 선도해가는 당당한 주체로 우뚝 서자는 것이다.[38]

세계의 거의 모든 지역과 국가를 쥐락펴락하고 있는 '세계화'라고는 하지만, 이 거센 파도를 이렇게 강력히 거부하는 움직임 또한 병존하고 있다는 사실을 우리는 정확히 주시할 필요가 있다. 우리도 이제는 부화뇌동하며 계속 미국 주도의 시장경제의 세계화만을 추종할 것이 아니라 우리의 문화적 중심부터 바로 잡고 이에 적절히 대처하지 않으면 안 될 때이다.

물론 "세계경제에 대한 참여와 글로벌 문화에 대한 거부를 병행하여 균형을 맞춘다는 것"이 말처럼 그리 쉬운 일이 아니라는 것을 모르는 바는 아니다.[39] 그리고 실제 많은 나라가 자국의 (경제) 성장과 고용 기회를 늘리기 위해, 비록 그 자체가 힘이 작용하는 측면도 없지는 않지만, 시장경제의 세계화로부터 자유롭지 못한 것이 현실이다. 하지만 주지하듯 시장경제의 세계화는 단지 "자본 측에 유리한 경제정책을 일상화하려는 일종의 정치적 프로젝트"[40]일 뿐인 것을 모르는 사람은 없다. 또한 이런 방식의 세계화가 온 인류를 천국의 문에 이르게 할 것이라고 믿는 사람도 없다. 더더욱 모든 인간이 추구하는 행복이 단지 자본의 소유 정도나 경제력에 비례한다고 생각하는 사람도 없다.

최근 문화 대국이라고 자처하는 러시아에서도 구소련의 붕괴 이후 경제의 세계화라는 일종의 내침(來侵)에 직면해 경제침체의 수렁에서 허덕이고 있다. 페레스트로이카 이후 서구·미국식 자본주의 문물의 무분별한 수용과 확산이 러시아의 사회적 불안정을 초래한 것이다. 하지만

---

38 앤 번스타인, 「세계화, 문화, 개발 - 남아프리카는 서양의 곁가지 이상이 될 수 있는가?」, 『진화하는 세계화』, *op. cit.*, pp.346~351 참조. 세계화와 개발을 미끼로 파괴된 아프리카 지역에 대한 연구들은 많은데, 이러한 문제들을 총체적으로 분석한 글로는 J.-P. Peemans, "Territoires et mondialisation: enjeux du développement", *CETRI*, Vol.15, 2001(전체 특집 주제는 <Territoires, développement et mondialisation>) 참조.

39 버거(P. L.) & 헌팅턴(S. P.), *op, cit.*, p.24.

40 구춘권, *op. cit.*, p.30.

러시아의 선택은 문화 대국답게 전통에 대한 반성과 재해석을 통해 자신들의 새로운 문화적 정체성을 확립하는 데서 문제의 실마리를 찾고 있다.[41] 그리고 최소한 문화적 정체성 찾기만은 1990년대 후반 이후 계속되고 있다는 점에 우리는 주목해야 한다. "이러한 모색은 단순한 과거로의 회귀가 아닌 그것에 대한 반성과 비판, 현대에 맞는 재해석을 동반한다."[42]

『판도린』 시리즈의 저자인 역사 추리 소설가 아쿠닌(Б. Акунин)의 작업을 통해 우리는 그 실례를 엿볼 수 있다. 발라바노프(А. Балабанов), 미할코프(Н. Михалков) 감독의 '민족주의 블록버스터' 작품들에서도 러시아의 문화적 정체성에 대한 스토리가 구심점을 이루고 있다. 이들의 작품은 모두 '러시아적 가치'로 무장돼 있으며, 그런 점에서 포스트소비에트 문화산업의 견인차 역할을 하고 있는 것으로 평가받기도 한다. 이문영이 미할코프의 작품을 분석하면서 강조한 대로, "러시아만의 가치, 러시아적인 공유성으로 새로운 국가 정체성"을 건설하고 있는 것이다. 미할코프의 영화 철학은 이와 같은 "러시아적인 가치와 러시아적인 영웅을 보여줌으로써 국가 신화 창조에 기여해야 한다"는 데 핵심이 있고, 그 점에서 그의 영화는 "다분히 소비에트적"[43]이라 할 수 있다.

결국 소설이든 영화든 이러한 "복고 바람"은 특히 "2000년대 들어 러시아 사회에서 뚜렷하게 감지되고 있으며, '과거에 대한 노스탤지어'라는 대중적 정서를 정확하게 반영한 것"이라는 점이 우리가 주목해야 할 바다.[44] 물론 러시아도 영국이 그랬듯, 또 인도, 일본, 중국이 그렇듯, 자신들의 로컬이 곧 글로벌이라는 믿음을 가지고 있는 대표적인 나라이

41 김현택, 「포스트 소비에트 러시아 문화와 민족 정체성」, 『슬라브학보』 제21권 2호, 2005 참조.
42 장정희, 「러시아의 문화 코드와 문화 콘텐츠」, 『이문논총』 제30집, 한국외국어대학교 대학원 편, 2010, p.112.
43 이문영, 「현대 러시아 영화 산업의 변화와 블록버스터」, 『슬라브학보』 제17권 2호, 2007, p.281.
44 *Ibid.*

다. 그리고 현재의 러시아인들, 영국인들, 인도인들, 일본인들, 중국인들은 하나 같이 자신들의 전통과 역사 속에서 자신들의 문화적 정체성을 창조적으로 재구성해내면서, 이를 통해 자국의 사회적 안정과 경제적 번영을 도모하는 것은 물론 국민들의 일상적 행복도 증대시키려고 노심초사하고 있다는 점이다.

바로 여기에 우리에게 중요한 교훈이 있다. 즉 이들 나라는 글로벌라이제이션, 즉 자본주의의 유령인 세계화라는 외풍(外風)에 크게 흔들리지 않고 오히려 이를 호기(好氣)로 삼아 자신들의 문화적 정체성을 내적으로 승화시키는 것은 물론이며 자신들의 로컬 문화를 세계적 수준으로 승격시키고 있다는 것이다. 이들 나라는 동양인이라면 모두에게 익숙한 표현인 온고이지신(溫故而知新)의 정신을 구체적으로 구현하고 있는 셈이다.[45] 현대와 같은 급변하는 시대 속에서 중요한 것은 결국 어떻게 온고지신이나 술이부작(述而不作)의 유의미성을 계승하느냐 그렇지 못하느냐에 달려 있다고 해도 과언이 아니다. 그리고 더 중요한 것은 로컬 문화가 강고한 국가는 변화를 슬기롭게 이겨내지 결코 변화에 휩쓸리지 않는다는 점이다.

물론 우리는 유산(遺産)을 딛고 살지 유산으로만 살지는 않는다. "'로마에는 이제 로마가 없다'고 말하지만, 그래도 로마는 여전히 로마이다."[46] 그렇다면 대한민국은 이들 국가처럼 강한 문화(Strong Culture)를 소유하지 못한 탓에 늘 그렇게 외부 문화의 개입에 줏대 없이 매양 흔들리는 것인가?[47] 반만년의 역사는 대체 어디에서 숨 쉬고 있는, 누구

---

45 참고로 강진석은 온고이지신(溫故而知新)과 공자가 『논어』에서 강조한 술이부작(述而不作)이 고전과 전통을 중시하는 중국인의 사유방식이자 문화적 정체성의 바로미터라고 강조하고 있다 - 강진석, *op. cit.*, pp.68~73 참조.

46 올리비에 돌퓌스, 『세계화』, 최혜란 옮김, 한울, 1998, p.64.

47 헌팅턴은 문화를 강한 문화(Strong Culture)와 약한 문화(Weak Culture)로 구분하면서, 동아시아와 동남아시아 - 그중에서도 일본, 중국, 인도 - 의 문화는 특히 강한 반면, 아프리카 문화들과 유럽의 몇몇 문화는 상대적으로 약하다고 분석하고 있다 - 피터 L. 버거 & 새뮤얼 P. 헌팅턴, 『진화하는 세계화』, 김한영 옮김, 아이필드, 2005, pp.26~27 참조.

의 역사인가? 외부에서 밀어닥치는 힘에 근간까지 되똑거리는 작금의 KOREA, 그 중심을 잡아 줄 우리 문화의 핵심은 대체 무엇이란 말인가?

2

HOMO
Glocalicus

글로컬 의식의 겸비만이 글로벌 문화에로의 획일적 동질화를 막을 수 있다

"글로벌리스트들은 우리 모두를 다 같은 음악을 듣고 다 같은 음식을 먹고 다 같은 방식으로 살게 만들고 싶어 한다. 그들이 바로 진정한 의미에서 다양성의 적이며 또한 자유의 적이다." - D. 듀크.

제2장

글로컬 의식의 겸비만이 글로벌 문화에로 의 획일적 동질화를 막을 수 있다

로컬이 붕괴된 상태로 글로벌을 꿈꾼다는 것은 공염불이나 다름없다. '그런 글로벌', 즉 로컬에 뿌리를 두지 않은 '글로벌 세계'는 이 지구상 어디에도 존재할 수 없다. 그런 점에서 글로벌 세계는 우리의 현실세계가 아니라 하나의 허구적 가상세계나 다를 바 없다. 왜냐하면 글로벌 세계는 자기규정성을 가진 실체를 가지고 있는 것이 아니라 어쩌면 논의의 편의상 우리가 유추한 '허구적 세계'에 불과하기 때문이다.

우리가 현실 생활 속에서 '글로벌'이라는 용어를 빈번히 사용하기 때문에 글로벌 세계는 실제 존재하는 것 아니냐고 반문할 수도 있다. 하지만 철학에서도 자기규정성을 갖지 못한 존재를 인정하지 않듯, 글로벌은, 마치 나무와 숲의 관계에서처럼, 전적으로 로컬에서 출발한 개념이기에 그것이 그 자체로 존재하는 것이라고 착각해서는 곤란하다. 부언컨대 나무가 없이는 숲이 존재할 수 없듯, 로컬이 존재하지 않은 상태에서의 글로벌은 상상할 수 없다. 이는 마치 '요정'이란 단어를 우리가 사용하기 때문에 요정이 존재하는 것이라고 억지를 부리는 것과 하등 다를 바 없다. 물론 '요정'과 비교하면 '글로벌'은 훨씬 더 구체적인 존재처럼 여겨질 수도 있다. 글로벌 세계를 우주계 안의 지구(the Globe)와 혼동해서도 곤란하다. 글로벌은 요정에 비해 우리의 삶에 있어 유용한 '무엇'일 수는 있지만, 그럼에도 그것은 어디까지나 경제·경영 마인드를 가진 사람들이 만들어낸 '유용한 허구'일 뿐이기에, 이에 기만당하는 일은 없어야 할 것이다.

물론 이 지구상에는 자신들의 로컬 자체가 곧 글로벌 시장과 글로벌 체제를 주도하는 경제·문화 강국들이 엄연히 존재한다. 하지만 문제는 바로 이들 국가가 경제·문화 소국들을 상대로 글로벌 세계에 대한 장밋빛 환상을 유포시키면서 자신들의 입지를 강화하려는데 목표가 있다는 것을 잊어선 안 된다. 지구촌 전체가 '하나'라는 것을 믿어달라는 것인데, 이는 지구촌 전체의 인류의 평화와 복지를 위한 구상과는 거리가 있다. 단적으로 말해 자신들이 꿈꾸는 글로벌 세계에 저항하는 로컬 의식을 약화시켜 현재보다 더 강력하게 경제 중심의 세계로 지구촌을 재편하려는 것이 이들의 꿍꿍이라는 것이다.

이들 간악한 세력은 '경제의 자유화'라는 목표 달성을 위해 '정치의 민주화' 및 '문화의 보편화'까지 동원하여 전 세계가 소위 '생활소비주의'로

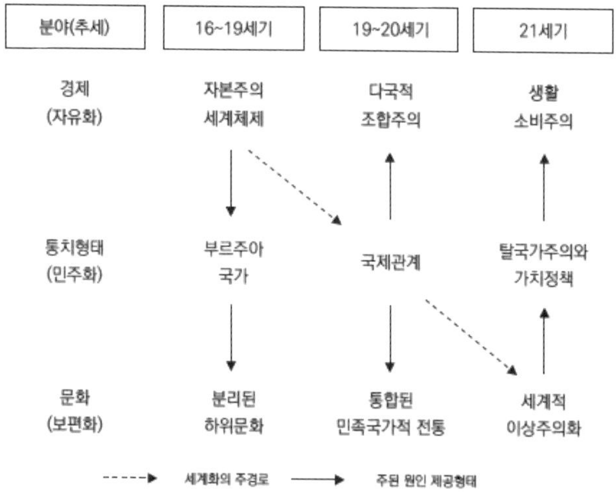

그림1. 시대별 세계화 경로

전락하기를 꿈꾼다. 그뿐인가. '탈국가주의'라는 신출귀몰한 사상까지 전면에 배치시켜, 그것이 마치 '이상적인 글로벌화'를 이끌어내는데 지름길이라도 되는 양 포장하고 있다.[1]

하지만 그래도 천만다행인 것은 최근 들어 대부분의 로컬 국가가 이 글로벌 체제에 대해 회의적인 입장을 가지고 있으며, 오히려 이를 극복할 수 있는 대안적 세계화에 대한 관심이 고조되고 있다는 점이다. 실제로 '지구촌' 개념, 즉 '하나의 글로벌 세계'라는 의식은 허상일 뿐이고, 각국의 위정자들은 모두가 자국의 경제적 이익에만 관심이 있다. G7, G20의 수장들은 기회만 주어지면 '글로벌 체제'의 안정화를 외치지만, 각기 동상각몽(同牀各夢)이다.

오늘날과 같이 글로벌 시장과 경기의 불확실성 및 변동성이 날로 심해지는 상황에서 체결되고 결렬되고 또다시 체결되는 것이 국제간 협약이다. G. 들뢰즈와 F. 가타리의 전문용어를 빌려 표현하면, 자본주의라는 '욕망의 기계'는 이렇게 한쪽의 '흐름'을 다른 쪽에서는 '단절'시키고, 또 그 역도 마찬가지인 끝없는 욕망만을 서로 교환하면서 기실 자본주의 내에 포함된 불안정과 위기의 원인이 무엇인지에 대해서는 철저히 침묵한다.

그림2. 글로벌라이제이션의 폐해를 형상화한 것. 세계화를 통해 점점 부유해지는 북반구의 선진국들과 이에 비례하여 갈수록 가난과 기아, 빈곤에 시달려야 하는 남반구의 저개발국가들의 비극을 풍자하고 있음.

자본주의는 오직 그 노마드적인 욕망의 노예가 되어 있기 때문에, 사람들은 마치 '정신분열증환자'와 같은 모습을 보이게 된다고나 할

1 말컴 워터스, 『세계화란 무엇인가?』, 이기철 옮김, 현대미학사, 1998, pp.197~200 참조. 본문에서 인용한 도표는 같은 책, p.198에서 인용.

까.[2] 신자유주의적 경제 이념이 내세운 완전경쟁, 무한경쟁을 우리가 이성적으로 판단해 보았을 때 '황당무계한 것'이라고 보아도 틀리지 않는 이유가 여기에 있다. 게다가 겉으로는 완전경쟁, 무한경쟁을 외치면서도 정작 속으로는 자국과 자국 기업의 실속만을 챙기며 경제 강국들은 비굴하기 그지없는 행태를 보여주고 있다. 하지만 어떻게 패자는 없는 승자만의 게임이 존재할 수 있는가? 또 스스로 패자이기를 원하는 국가가 이 지구상 어디에 있겠는가? 많은 사람에게 행복을 선사하기는커녕 정신분열증만을 안겨줄 뿐인 독점이나 독식을 이제는 우리 모두가 경계하고 대안을 마련해야 한다. 적어도 인류 전체를 위해 공생과 공존이란 이념에 우리가 희망을 걸어야 하는 이유가 바로 여기에 있다. 바로 그때 타자, 타국가, 타문화를 '환대'할 수 있는 시각이 열릴 수 있을 것이며, 국가 간은 물론이고 로컬과 글로벌 간 진정한 호혜원칙이 마침내 작동될 수 있을 것이다.

우리 대한민국은 GDP 대비 무역의존도가 80%가 넘는 나라다. 이는 해외시장에서 살아남아야 결국 생존이 가능하며 경제의 성장이 가능하다는 의미와 다르지 않다. 이는 또한 대한민국은 예전처럼 몇몇 국가와만 관계를 잘 유지하는 것 못지않게 앞으로는 다자간 관계를 융통성 있게 유지해야 한다는 역설이 숨어 있다.

그렇다면 묻지 않을 수 없다. 다자간 관계를 잘 유지하기 위해서는 어떻게 해야 할까? 당연 각국의 문화나 문화 코드에 맞추어 그 정책들을 차별화하고, 이를 유연하게 전개시키는 고차의 전략과 지혜가 필요하다. 그리고 이러한 전략과 지혜는 정부의 정책입안자들이 기본적으로 글로컬 의식(glocal consciousness)으로 무장되었을 때 마침내 작동되고 발휘될 수 있다. 만일 이들이 글로컬 의식을 갖추고 있지 못한 상태라면, 우리의 문화적 로컬을 공고히 해야 할 필요성도 느끼지 못할 것이며, 정작 자신이 서 있는 곳은 돌아보지도 아니한 채 전적으로 강자들

2 G. Deleuze, F. Guattari, *L'Anti-Oedipe - Capitalisme et schizophrénie*, Minuit, coll. ≪Critique≫, 1972, chap. 1: Machines désirantes 참조.

의 생존 경쟁 무대일 뿐인 글로벌의 늪에서 헤어나지 못할 것이다.

그렇다면 이 자리에서 진지하게 다시 한 번 자문해보자. 대한민국이 과연 대외 관계에서 이와 같은 글로컬 의식에 기초한 정책들을 전개하고 있는가? 아니면 어리석게도 여전히 글로벌의 환상에 빠져 완전경쟁, 무한경쟁이라는 깃발을 들고 있는가? 주지하듯, 완전경쟁, 무한경쟁 시스템은 양면성을 지니고 있다. 이는 해외시장을 보다 쉽게 공략할 수 있다는 점에서는 분명 우리에게도 긍정적으로 작용하는 측면이 없지 않을 것이다. 하지만 외국의 유수 다국적 기업들과 국내 시장에서도 경쟁해야 한다는 점은 역으로 큰 부담으로 다가올 수도 있다. 특히 대외 경쟁력이 없거나 약한 분야는 무역역조 현상을 감내해야 하는 원치 않은 상황이 전개될 수도 있다. 그리고 심할 경우는 충분히 국가 경제를 위기로 몰아넣을 수도 있다.[3] 한미 FTA, 한EU FTA 체결을 놓고 대한민국의 "경제영토가 넓어졌다", "FTA 강국이다"고들 섣부른 분석들을 한 바 있지만, 이는 어디까지나 우리가 국제무대에서 패자가 아닌 승자일 거라는 전제 하에서 가능한 주장이라는 것을 잊어선 안 된다. 승자만을 본위(本位)로 하는 완전경쟁, 무한경쟁의 맹점이 바로 여기에 있다. 재삼 강조하지만, G2, G7, G8, G20 국가가 추종하는 신자유주의, 신자본주의는 인류 전체의 공생보다는 자국 기업의 독점이나 독식에 의해 다분히 '사적인 이익'만을 확대재생산하는 것을 목표로 한다.[4] 1989년 경제학자 존 윌리암슨은

그림3. <워싱턴 컨센서스>의 위험성을 경고하는 삽화 © torrentpien flickr.com

3 이미 한·EU FTA 발효를 놓고 이런 분석들이 나오고 있는 현실이다 - ≪연합뉴스≫, 2011년 5월 29일자 기사 참조: "<한·EU FTA D-30> 화학·기계 타격 예상"

4 도미니크 뺄리옹, 『신자본주의』, 서익진 역, 경남대 출판부, 2006, p.42.

(J. Williamson)에 의해 작성되었고, 세계은행(IBRD)과 국제통화기금(IMF)이 지지한 <워싱턴 컨센서스(Consensus of Washington)>에 보면 신자유주의의 핵심이 어디에 있는지 아주 선명히 드러나 있다.[5]

i) 국경의 개방

ii) 보호관세 및 규제 철폐

iii) 시장에 의한 금리 결정

iv) 모든 기업의 민영화

v) 공공서비스의 전반적 사유화

vi) 공공비용과 사회적 비용의 감축

vii) 다국적 기업들의 지적 재산권에 대한 법적보호

여기서 우리가 주목해야 할 것은 vii)이 아닐까 생각된다. 신자유주의와 신자본주의의 알속이 바로 여기에 있기 때문이다. i) ~ vi)은 결국 다국적기업의 이익을 보호하기 위한 사전 포석에 불과하다. 그런데 생각해 보라. 어떻게 하나의 국가가 다국적 기업을 위해 복무해야 하며, 초국가적 기업의 뒷전이란 말인가? 하나의 국가가 자국의 기업과 국민을 보호하기보다 외국기업들의 투자를 보호해야 한다는 것인가? 이것이 대체 이성적으로 수용 가능한 국제적 협의(協議)이며 합의(合議)인가?

이런 이유 때문에 <워싱턴 컨센서스>는 경제 소국들의 입장에서 보자면 결국 군사적 위협이나 전쟁 선포보다 더 폭력적인 요구라고 할 수 있으며, 합리적·인도적으로는 도저히 수용하기 힘든, 상대 국가의 사정을 전혀 고려하지 않은 일방적 담의(談議)라 아니 할 수 없다. 우리가 경

5 *Ibid.*, pp.42~43 참조. 모두 10개로 제안된 내용을 필자가 7개로 요약한 것이며, 원래는 1980년대에 심각한 경제 위기에 직면한 라틴아메리카의 '잃어버린 10년'을 구제 조치하기 위한 시카고학파의 아이디어였던 것이 지금은 마치 글로벌라이제이션의 환상을 불어넣는 이데올로기처럼 작동되고 있으며, 소련 공산주의의 붕괴 이후 미국 중심의 자본주의의 한 극단을 보여주고 있는 것이 바로 이 <워싱턴 컨센서스>의 내용이라고 해도 과언이 아니다.

계를 늦추어서는 안 되는 것은 바로 이런 얼치기 담론들을 경제 강국들과 다국적 기업들에서 정치적·외교적 로비를 통해 계속 유포시키면서 서로 손을 맞잡고서 국제적 협약(協約)까지 도출해낸다는 사실이다.[6] 그리고 이러한 협약(脅弱)이 관철된다는 것은 결국 신자유주의와 신자본주의가 기본적으로 불평등 원칙에 기초하고 있다는 것을 여실히 보여준다. 프랑스의 사회학자 피에르 부르디외가 오직 시장의 자유화를 제일 가치로 내세우는 글로벌라이제이션을 일러 먹이를 찾아 "전 세계를 배회하고 있는" "하나의 유령", "경제와 사회적 현실을 단절시키는", "경제적·사회적 구조들을 괄호 안에 넣어 생략해버리는 허구", "어쩔 수 없이 끌려가야 하는 끔찍한 기계"라고 비판한 이유가 여기에 있다.[7] 또 그가 "국가, 오로지 그것만이, 우리가 원하든 원치 않든 간에, 신자유주의라는 새로운 신념을 인간 완성의 지고의 형태로 보는 그런 회계사의 시각에서 벗어나게 해줄 것"이라고 역설하는 이유도 마찬가지다.[8]

필자는 부르디외가 비판한 이러한 점들이 우리가 글로벌을 슬로건으

---

6 IBM, 『IBM 한국보고서』, 한국경제신문사, 2007 참조. 세계 최대의 IT 서비스 및 컨설팅사 IBM이 분석한 대한민국의 경제 현실은, 비록 우리 스스로는 FTA 강국이라고 큰소리치고는 있지만, 선진국의 문턱에 들어서기 위해서는 넘어야 할 산이 많음을 지적하고 있다. 대한민국 경제에 대한 외부의 평가가 그리 낙관적이지 않다는 뜻이다. 그 이유는 우리의 기업들이 리스크 회피 경향이 강하고 일본이나 미국처럼 원천기술의 개발에 투자하기보다는 여전히 모방자 전략을 꾀하고 있기 때문이며, 혁신 사령탑의 부재, OECD 평균을 웃도는 높은 규제 수준 등도 지적하고 있다. 그리고 10년 후 대한민국의 미래와 제2의 경제 도약을 위한 방법들까지 제시하고 있는데, 그 중에서 눈에 띄는 것이 <기업의 발목을 잡는 모든 규제를 철폐하고 정부는 기업의 조력자로 거듭나라>, <초우량 글로벌 기업만이 국가 성장 이끈다>와 같은, 마치 <워싱턴 컨센서스>에서와 똑같은 주장을 하고 있다는 점이다. 우리는 여기서 세계화론자들이나 다국적 기업에서는 기본적으로 국가보다 기업을 우선시하고 있다는 사실을 재삼 발견하게 된다. 오직 자신들이 꿈꾸는 시장 기능에 장해물이 없기만을 바라며, 성장이 최우선 과제인 것이다.

7 피에르 부르디외, 「신자유주의에서 벗어나기」, 『프리바토피아를 넘어서』, *op. cit.*, pp.19~23.

8 *Ibid.*, p.27. 국가의 개입, 더 나아가서는 강한 국가의 필요성에 대해서는 A. Faujas, "*Le démantèlement progressif du 'consensus de Washington'*", *Le Monde Economique*, 7 avril 2010, p.4.

로 외칠 때 반드시 고려해야 할 것들이라고 생각한다. 단적으로 표현해, 오직 자유-시장만을 신성시하며, 다국적 기업이나 초국적 기업의 사적-이윤 추구를 위해 국가를 무력화시키기까지 하는 글로벌라이제이션의 광기를 전 인류를 위한 유토피아로 착각해서는 곤란하다는 뜻이다. 기실은 유토피아가 아니라 다국적 기업의 기업주나 초국적 기업의 주주들에게 사적인 이익만을 챙기게 하는 프리바토피아(privatopia = priver + utopia)가 곧 글로벌라이제이션의 본래 모습이기 때문이다.

결국 글로벌라이제이션을 대의로 내세웠을 때, 나중에 감당하게 될 책임은 이미 힘을 잃어버린 정부나 국가가 아니라 국민, 시민이 떠안아야 한다는 사실 또한 명심해야 한다. 주지하듯, 우리는 1997년 11월 IMF 사태를 통해 이를 직접 경험한 바 있다. 대외 무역의존도가 높은 대한민국이 경제적으로 글로벌 국가를 지향할 것인가 말 것인가, 글로벌 국가인가 아닌가를 우리 스스로가 결정하는 주체라고 믿는 것은 큰 오산이다. 현재에도 이미 달러, 원자재 값의 요동에 의해 우리 경제는 풍전등화 신세다. 하루를 단위로 들락날락하는 외부 자금이 수천억 원에서 수 조 원에 이른다. 역으로 이야기하자면, 바로 그런 이유 때문에도 '로컬 국가'인 대한민국을 지키려는 노력이 선행되어야 한다는 것이고, 이를 기반으로 외부를 향해 눈길을 돌리더라도 돌려야 한다는 것이다. 물론 글로벌을 꿈꾸고, 글로벌하게 생각하는 것(Think Global) 자체가 잘못되었다고 말하려는 것은 아니다. 하지만 이보다 더 중요한 것은 바로 로컬하게 행동하는(Act Local)데 있다는 것을 잊어선 안 된다.

실제 대부분의 국가가 그렇게 자신들의 로컬을 지키면서 대외 관계를 펼쳐나가고 있고, 로컬을 지키는 것이 글로벌 시대가 되었기 때문에 바뀌어야 하는 것은 아니다. 이런 입장에서 보자면 로컬의 토대를 강화하는 작업을 등한시하는 우리 정부의 태도에는 분명 문제가 있다고 생각된다. 지피지기를 고려하지 않은 우리 정부의 글로벌에 대한 허황된 자신감은 국제관계나 대외경쟁력 면에서 볼 때 전혀 설득력이 없다. 이런 태도는 우리를 더욱 취약한 환경에 처하게 할 수도 있다. M. 리안이 "문화는 우리가 '문화들' 사이를 여행할 때, 자신의 문화보다도 다른 '문화들'을 통해 반추할 때 보다 분명하게 보이는 법"이라고 말한 것도 이 때문이다.[9] 바로 이런 이유 때문에 우리에게 글로컬 의식이 필요하다는 것이다.

우리의 핵심 질문이 바로 여기에 있다. 그리고 이에 부가하여 문화적으로 우리가 과연 글로벌 수준에 있는가 아니면 여전히 로컬 수준에 머물러 있는가도 진지하게 성찰해보아야 한다. 감히 말해, 우리 대한민국 국민 대다수의 문화 의식은 로컬에 천착해 있다고 볼 수 없다는 것이 필자의 생각이다. 글로벌에 지나치게 경도되어 어느새 자신이 서 있는 로컬에 대한 의식, 즉 문화적 정체성이 희석되어버렸다고나 할까. 기업, 학교, 국가 할 것 없이 이구동성으로 글로벌만을 외치다 보니 글로벌에 물들어 공동체에 대한 의식이 약한 것은 말할 것도 없고 문화 의식까지도 희석되고 왜곡되어 있는 상태라는 것이다. 축구에 비유하자면 공격전략 세우기에만 몰두한 것이고 수비전략에 대해서는 전혀 무관심했다고나 할까. 글로벌 문화에 의해 우리 문화의 어떤 부분들이 어떻게 외래문화에 잠식되고 있는지에 대해서는 아무런 반성이나 자각 없이 오직 타문화권, 타국가에게 우리의 문화 콘텐츠 상품을 팔려는 데만 골몰하고 있는 것이 문제라는 것이다.

이러한 한국식의 '유사(類似)' 문화 우월주의를 타문화권, 타국가에서는 과연 어떻게 생각할까? 우리의 경제적 수준이 후진국들이나 개발도상국들과 비해 우위를 점하고 있다고 믿기 때문에 이런 터무니없는 우월주의를 갖는 것일까? 하지만 이러한 문화 우월주의는 아주 잘못된 착각이다. 문화와 경제는 출발점이 다르고 추구하는 목표도 다르다. 축구경기도 문화 콘텐츠 상품도 공수 양면이 균형을 이루어져야만, 다시 말해 글로컬 의식이 갖추어져야만, 호모 루프스(Homo Lupus)들로 들끓는 시장의 게임에서 이길 수 있는 승산이 있는 법이다. 하물며 우리의

---

9 M. Ryan, *Cultural Studies. A Practical Introduction*, Wiley-Blackwell, 2010, p.viii.

로컬 문화 콘텐츠 상품들이 한류의 바람을 타고 전 세계로 펴져 나가 '경제 한류'를 만들어낼 수 있을 것이란 믿음이 과연 쉽게 성취될 수 있겠느냐는 것이다.[10] 이러한 착각과 거짓 믿음은 리얼리티를 반영한 것이 아니라 리얼리티에 가면을 씌워 리얼리티를 왜곡하는 측면이 강하기 때문에 어불성설에 가깝다는 게 필자의 생각이다.[11] 따라서 지금 우리는 신자유주의, 신자본주의의 세력을 확장시켜줄 뿐인 일방적 세계화의 강파(强波)에 대해 경계심을 늦추지 않은 채 우리의 문화적 정체성 세우기에 더 많이 고민해야 할 때라는 것이다. 그 이유는, 데이비드 하비도 우려하듯, 비록 "지역적 저항"이 "어떤 특수한 장소에서 번성할 수"는 있지만 그 저항마저도 종국에는 "특수한 개별 저항 운동의 범위 밖에 존재하는", "세계적으로 진행되는 자본주의의 역사적 시간의 행진에 종속"되어버리고 말 것이기 때문에 더더욱 그렇다.[12] 단적으로 말해, 세계화가 추진하는 자본의 재영토화로부터 자유롭기가, "〔신자유주의를〕 무너뜨리기가 무척이나 어렵다"는 뜻이다.[13] 비관적으로 이야기하자면, 이미 '불가능'한 수준이라고 말하는 것이 더 설득력 있는 표현일지 모르겠다.

이와 같은 보다 현실적인 정세(情勢)에 근거해서 평가하건대, 자본과 시장의 무시무시한 파괴력은 '글로벌리즘'의 본의(本意)와 정반대로 가고 있다는 것을 직시할 필요가 있다. 글로벌리즘은 세계를 하나의 공동

---

10 신승일 한류 문화 산업 포럼 회장은 아주 낙관적으로 한류와 FTA를 평가하면서 다음과 같이 주장하고 있다: "세계 인구의 0.7%, 면적의 0.06%밖에 되지 않는 한국이 FTA 덕에 세계에서 가장 넓은 60%의 '경제영토'를 가진 나라가 되었다. FTA로 늘어나는 '경제영토'는 한류와 상승작용을 해 '경제 한류'를 만들어내면서 선순환을 일으킨다." - 《중앙일보》 2011년 3월 4일자 기사 참조: "커가는 문화영토와 경제영토"

11 보드리야르의 시뮬라시옹 이론에서도 등장하는 이야기이지만 그다음 단계는 '리얼리티의 부재에 가면'을 씌우고, 그다음 단계는 '리얼리티와 아무 연관도 없는 시뮬르크르'를 생산하게 된다. 이것이 소위 "가상 실재가 실재보다 더 실재적"이라는 보드리야르의 기본 명제이다.

12 데이비드 하비, 『포스트모더니티의 조건』, 구동회·박영민 옮김, 한울, 2009, pp.280~281. 이런 점에서 하비의 현대문화에 대한 연구는 기본적으로 경제 결정론적 시각에서 벗어나지 못하고 있다는 비판도 가능하다.

13 피에르 부르디외, *op. cit.*, p.20.

체로 만들어, 환경·인구·식량·에너지 등의 문제를 개별 국가 차원이 아닌 전 인류의 협력으로 해결코자 하는 데서 출발한 이념이다. 누가 보아도 아주 이상적인 이념이다. 하지만 그 별종이라고 할 수 있는 '오직 경제'와 '오직 성장'이 목표인 글로벌라이제이션, 즉 세계화는 필연적으로 그늘을 만들어내며, 그 그늘 위에서 자본의 확장과 시장의 지배를 강화시키고 있다. 푸코가 제시한 감시와 통제(처벌)가 사회적 권력과 제도의 유지를 위해 '유순하고 유용한 개인(individus dociles et utiles)'을 필요했던 것이라면,[14] 자본의 반인도적 폭력, 아니 신자유주의자의 표현대로라면 '자유주의적 박애'는 한 사회나 국가를 넘어서 이제 전 세계와 온 인류를 대상으로 하고 있다.[15]

그런데 어떤 나라도 이 막강한 자본의 폭력, 파괴력을 막을 백신을 가지고 있지 않다는 데 실은 그 심각성이 있다. 그리고 그 결과는 주지하듯 쓰나미처럼 전 세계를 강타한 2008년 글로벌 금융위기로 나타났다. 글로벌 금융위기는 아시아, 라틴아메리카, 미국, 그리스를 대표로 하는 유럽을 번갈아 가며 요동쳤고, 그 끝이 어디인지는 아무도 예측할 수 없다. 찰스 P. 킨들버거는 17세기 화폐 변조 시대로부터 지난 400년간 전 세계적으로 발생한 수십 차례의 금융위기의 역사를 분석하여 시장은

---

14 M. Foucault, *Surveiller et punir. Naissance de la prison*, Gallimard, 1975 참조.

15 대표적으로 J. 사피르, N. 기요를 들 수 있다. 이들 신자유주의자들은 국제적인 지식 네트워크를 형성해 인권(Droit de l'Homme), 박애(philanthropie), 열린 사회(société ouverte) 등을 이념으로 내세워 현행의 글로벌 경제 시스템의 가치와 모델을 전파하는 데 앞장서고 있다 – J. Sapir, *Les Economistes contre la Démocratie: Pouvoir, mondialisation et démocratie*, Albin Michel, 2002; N. Guilhot, *The Democracy Makers: Human Rights and International Order*, New York: Columbia University Press, 2005; N. Guilhot, *Financiers, pilanthropes: sociologie de Wall Street*, Seuil, 2006 참조. 하지만 김성현도 지적하듯, 이들은 기본적으로 세계적인 영리적 자본들과 결탁해서 세계화의 파수꾼 역할을 할 뿐 복지나 분배 등과 같은 전통의 (사회) 민주주의 이념이나 기업의 사회적 책임에는 적극적으로 나서지 않는다. "중도로 포장해야 좌파를 낚을 수 있다"는 말이 나온 것도 이들의 이중행위를 지목해서다 - 김성현, 「국제투기자본과 시민사회」, 『2010년 한국외대EU연구소-한국프랑스정치학회 공동학술대회보』(2010년 18월 18일) 참조.

우리가 기대하는 것과는 정반대로 균형이라는 황금률에 따라 흐르는 것이 아니라 탐욕과 협잡, 강탈을 조장된다는 연구결과를 내놓은 바 있다. 킨들버거의 시각에서 보았을 때, 우리가 현재 전 세계적으로 겪고 있는 금융위기도 마치 '계속 피어오르는 질긴 다년생화'와 같다고 할 수 있다. 그리고 이러한 '투기적 광기'는 계속해서 '거품을 전염'시킬 것이기 때문에, 그 환경이 합리적으로 변화될 것이라고 기대할 수 없다.[16] 그래서 더더욱 국제적 수준에서 기존의 약화된 통제수단들을 강화하고 새로운 환경에 적합한 제도를 구축하는 것도 필요하겠지만,[17] 더 근본적으로는 우리 모두가 자본주의라는 욕망의 수레에 동승하지 않는 것이 더 빠르고 더 현명한 해결책일 수 있다. 글로벌 차원의 자본, 시장, 경제 환경이 자체적으로 조절 능력을 갖출 것이라고 기대하기는 힘들기 때문이다.

그러니 자가 백신이라도 만들어 우리 스스로에게 투여해야 할 때가 되지 않았느냐는 것이다. 단적으로 말해, 막연히 자본을 신비화하고 맹신하는 우리들의 잘못된 의식부터 변화시켜보자는 것이다. 그러자면 당연 글로벌이라는 정체불명의 마법으로부터 깨어나야 할 것이다. 그때 비로소 자신이 서 있는 로컬이 어떤 지경에 처해있는지 두 눈으로 똑똑히 확인할 수 있을 것이고, 로컬에 눈을 뜨고 나서 세상을 다시 바라볼 때, 그때 비로소 로컬과 글로벌이 조화롭게 결합된 글로컬 의식이 탄생할 수 있을 것이기 때문이다. 우리가 앞서 영국, EU의 경우에서도 확인했듯, 재패니메이션과 할리우드 및 발리우드 영화를 언급하면서도 역설했듯, '글로벌'은 실제 '글로컬'의 오명(汚名)이나 오용(誤用)에 불과하다.

---

16 찰스 P. 킨들버거, 『광기, 패닉, 붕괴: 금융위기의 역사』, 김홍식 옮김, 굿모닝북스, 2006, 제1장, 제3장, 제8장 참조. 그밖에도 P. Krugman, *Pourquoi les crises reviennent toujours?*, Seuil, 1999 참조.

17 쁠리옹 같은 경제학자는 현대의 자본주의의 3대 구성요소를 구체적으로 지목하면서 이를 공격하지 않으면 안 된다고 강조하고 있다. "그 첫째가 금융자본과 국제금융의 헤게모니이고, 둘째는 상품 논리의 지배이며, 그리고 끝으로 불평등을 조장하는 세계화 과정이다." - 도미니크 쁠리옹, *op. cit.*, p.147.

이들 국가에서는 글로벌과 로컬을 명호(名號) 상으로는 구분되지만, 실제로는 글로컬 의식의 실천에 다름 아니다.

우리에게 이처럼 글로컬 의식이 요구되는 것은 새가 날기 위해서는 두 개의 날개가 있어야 하는 이치와 크게 다르지 않다. 그런즉 당연 글로벌과 로컬 중 양자택일적 선택을 하기보다는 이제는 이 둘 다를 어떻게 조화시킬 것인지를 고민해야 할 때다. 글로컬 의식은 우리의 탈영토화되어 있는 의식, 다시 말해 로컬에 뿌리를 두지 않고 글로벌이란 환상만을 좇는 의식이 정체성을 가지려고 반성할 때 비로소 발현되는 의식이다. 주지의 글로컬라이제이션, 즉 지역 세계화 이념도 마찬가지로 이 글로컬 의식을 겸비할 때 다른 문화권으로부터 제기될 수 있는 저항을 수용할 수 있는 아량을 가질 수 있다. 역으로 말하면 글로컬 의식이 부재한 상태로 만들어진 문화 콘텐츠 상품들은 필연적으로 문화적 장벽에 직면할 수밖에 없다는 것이다.

이런 이유 때문에 우리의 목표는 글로컬 문화 콘텐츠 상품의 생산으로 궤도를 수정해야 하며, 이를 위해 '한국적인 것'에 대한 인식을 새롭게 할 필요가 있다. 한마디로, '무엇'에 해당하는 한국적인 것을 '어떻게' 창의적으로 신기술을 통해 만들어내느냐, 보다 많은 사람들이 보편적으로 받아들일 수 있는 내용을 포함시킬 것인지를 고민해야 한다는 것이다. 필자가 이 연구를 진행하면서 줄곧 강조해왔듯, 글로컬 문화 콘텐츠는 그 출발을 한국적인 것에 뿌리를 두고 있지 않으면 허명무실(虛名無實)한 것이 될 수밖에 없다. 세계의 시장을 두드려보겠다는 의지는 충분히 이해되고 높이 살만하다. 하지만 '세계인'을 위한다는 미명 하의 '보편성'이 실제로 성취되기는 쉽지 않다. 그렇게 만들어진 콘텐츠 상품은 실제 우리 자신에게도 감동을 주기 힘들 것이다. 우리 자신이 먼저 감동할 수 있을 때, 그때 비로소 세계인에게도 감동을 줄 수 있을지를 점쳐볼 수 있다는 뜻이다.

이런 점에서 지역적 특수성의 강조와 글로컬은 일견 서로 충돌하는 것처럼 비칠 수도 있다. 마치 제 나라의 특수성만을 강조하고 남의 나라 것을 배척하는 국수주의나 퇴행적 복고주의와 유사해 보일 수도 있기 때문이다. 하지만 갈수록 월리시(Wallish) 중심의 글로벌 문화의 세력은 확산되고 있고, 게다가 요즘 세대가 젊은 세대일수록 우리 문화에 대해 무관심하기 때문에, 비록 일정 정도는 맞부딪힘 현상이 예상된다고 할지라도 '한국적인 것'의 토착성을 '문화의 방어'의 차원에서 재삼재사 강조하지 않을 수 없다.

그림4. 사막에서 인터넷을 즐기고 있는 한 아랍인의 모습(광고 사진)

자문화를 보호해야 하는 이유를 우리는 줄기와 가지에 빈틈없이 가시가 나 있는 엄나무(Kalopanax pictus)에 비유해보면 어떨까 싶다. 예로부터 엄나무는 가시가 많아 민간에서는 귀신을 쫓아준다고 믿어 '귀신나무'라고도 했으며, 집안에 잡귀가 못 들어오도록 대문이나 안방 문 위쪽에 엄나무 가지를 걸어두는 풍습이 있었다고 전해진다. 무당이 굿을 할 때 귀신을 물리치는 도구로 사용했던 것도 같은 이유에서였다. 최근엔 그 다양한 약성(藥性)이 널리 인정되어 새순은 물론이고 꽃, 껍질, 뿌리까지 증상에 따라 복용하고 있는 것이 엄나무이다. 물론 여기서 우리가 엄나무를 끌어들인 이유는 이와 같은 엄나무의 기능이나 효험에 관한 이야기를 하기 위한 것이 아니다. 핵심은, 엄나무가 큰 것은 약 20m 가량 자라기도 하고, 수령(樹齡)이 몇 백 년씩 된 것들이 국내에도 많이 있는데, 어린 모나무일 때는 자신을 동물이나 인간으로부터 보호하기 위해 수많은 가시를 가지고 있지만 커갈수록 점점 가시가 줄어 나중에는 가시가 아예 없는 상태로 변신한다는 점이다. 앞장에서도 누차 강조한 바 있지만, 문화적 자긍심은 이와 같이 하나의 문화가 타자의 위협으로부터 스스로 자신을 보호할 수 있을 때, 다시 말해 자활(self-support)이 가능할 때 비로소 생기(生起)하는 것이다. 그런데 문제는 우리 문화의 토착성이 과연 자긍심을 가질 정도의 수준으로 로컬 한국에서 또는 타국가에서 공유되고 있느냐는 것이다. 만일 이러한 수준에 이른 것이 아니라고 판단한다면 글로벌(문화적 보편성)과 로컬(문화적 특수성)이라는 두 범주 간의 오류(category mistake) 혼동을 범해선 곤란하다. 글로벌 편향이 로컬의 가치를 부인하는 데서 파생된 것이라면 문제가 더욱 심각해진다. 앞서 글로벌과 로컬이 양자택일의 문제가 아니라 이 둘의 조화에 있다고 강조한 이유도 여기에 있다.

이렇게 '글로컬'이 화두가 된 데는 우리의 고민이 글로벌 편향에 대한 단순 비판에 그치지 않고 대안적 세계화를 마련해야 한다는 요구 때문이다. 대안적 세계화에 대한 윤곽은 서구/비서구, 보편/상대(특수), 동일성/차이, 문화/문화들이라는, 이 상반항들을 하나로 아울러 어떻게 상호 공간(inter-space)을 마련하느냐가 관건이라고 할 수 있다. 그렇다면 이 상호 공간, 즉 모순이 융합된 제3의 길(H. 바바), 어떤 것도 배제하지 않는 중도(I. 월러스틴)는 과연 현실적으로 개현(開顯) 가능한 것일까?[18]

바바와 월러스틴의 새로운 제안은 '이념적 지향'으로선 전혀 황당한 것이 아니다. 하지만 '현실적'으로 과연 제3의 길인 중도를 마련한다는 것이 쉬울까? 당연 쉽지 않고, 또 이를 마련하려고 해도 짧은 시일 내에 기대한 바를 달성할 수 없다는 것은 너무도 당연하다. 로컬과 로컬, 로컬과 글로벌 간의 '지속적 교류'가 일차적으로 전제되어야 하며, 또한 목표한 성과를 위해 인내심이 필요한 것도 사실이다.

제3의 길인 중도는 하늘에서 단박에 주어지지 않는다. 제3의 길인 중도를 위해 우리는 우리에게 익숙한 트랜스문화(trans-culture)나 크로

18 호미 바바, 『문화의 위치: 탈식민주의 문화이론』, 나병철 옮김, 소명출판, 2002; 이매뉴얼 월러스틴, 『유럽적 보편주의: 권력의 레토릭』, 김재오 옮김, 창비, 2008 참조.

스문화(cross-culture)[19]를 머릿속에 떠올릴 필요는 없다. 제3의 길인 중도는 타문화의 경계/영토를 붕괴시키거나 일시적으로 영향을 미치며 스쳐 지나가는 것과 같은 형태의 문화를 염두하지 않는다. 실제 크로스문화나 횡단문화는 타문화에 영향을 미치는 측면이 강하며 타문화를 수용하는 측면은 아주 미미한 편이다. 그런즉 트랜스문화, 크로스문화가 갖는 '이입(移入)문화적 특징 때문에 우리가 생각하는 것처럼 문화적 호류(互流)를 기대하기는 어렵다. 그런즉 트랜스문화, 크로스문화를 통해서는 결과적으로 문화적 상통(相通)이 발생할 수 없다는 것이 필자의 생각이다.

이런 이유 때문에 우리는 대안적 세계화를 정초 짓기 위해 방법론적으로 제3의 길인 중도를 언급한 것이며, 그 핵심이 '문화적 상통'에 있음을 재삼 강조하고자 한다. 기존의 문화와 이입문화 간 대등하고 형평성 있는 관계를 유지하면서 서로 막힘없이 통하는 수준에 이르렀을 때 소위 '글로컬'의 본래 의미가 완성된다는 뜻이다. 글로벌과 로컬의 조화를 상징하는 글로컬-문화 개념이 상호문화(inter-cultures) 개념을 통해 이론적 내실화를 기할 수 있을 것이라고 기대하는 것도 이 때문이다.

상호문화는 '상호(inter)'라는 접두어에서도 이미 그 의미를 유추할 수 있듯, 서로 다른 문화 간의 상호작용이 기본전제이며, 목표보다 절차와 과정을 중시한다는 특징을 갖는다. 이 점에 있어서 상호문화를 우리는, 월러스틴이 그의 '보편적 보편주의'를 "지금까지 지식의 체계로 구축해 놓은 그 어떤 것보다 훨씬 평등한 구조"라고 했던 것과 마찬가지로, "경직된 유효성과 유효화의 규범을 만들어낼 가능성이 있는 이론이나 교리보다 훨씬 더 **유연한 개념**"[20]이라는 것을 해득(解得)하는 것이 중요하

19 <cross>에는 i) (강, 바다를) 가로지르다, (문턱·경계선 따위를) 넘다, ii) (선을 그어)지우다, 말살하다, 라는 의미 외에도 iii) (동·식물을) 교잡하다, 잡종이 되다와 같은 뜻이 있는데, 우리는 이중에서 i)과 ii)의 의미로 <cross>의 의미를 사용한다.

20 마르틴 압달라-프렛세이, 『유럽의 상호문화교육』, 장한업 옮김, 한울, 2010, pp.69~70. 필자 강조.

다. M. 압달라-프렛세이가 '문화'를 현상학자들의 입을 빌려 "사람들이 객관적으로 살펴볼 수 있는 사회적 실체 그 자체가 아니라 **의미를 재구성해야 하는 경험**"으로 그리고 상호문화를 "선험적 이론을 표명하는 존재학이 아니라 **타인과의 관계**를 관찰하고 규명하면서 **서서히 구성되는 존재학**"[21]이라고 강조한 이유가 여기에 있다.

상호작용, 절차, 과정을 핵심으로 하는 상호문화 개념이 '관계'나 '소통', '교류'를 중시하는 것은 당연하다. 문화에 대한 "상호문화적 접근방식은 타자, 타문화를 의미의 조직망에 가두어 파악하거나 민족(인종) 중심적 토대 위에서 일련의 비교를 시도하는 데 그치지 않는다. 상호문화적 접근은 단자처럼 간주되는 개인이나 문화 자체가 아니라 그 관계를 중시한다."[22]

> "타인은 주체에 대립하는 것이 아니라 교류하는 존재이므로 집단과 개인 사이의 의사소통과 협상뿐만 아니라 갈등의 해소방안을 도출하는 데도 상당히 중요한 연구의 축이라 할 수 있다."[23]

상호문화 개념이 문화적 다양성과 문화적 이질성을 억압하고 지배하려는 트랜스문화나 크로스문화와 달리 윤리적 성찰에 주목하는 이유가 여기에 있다. M. 압달라-프렛세이가 레비나스의 윤리학을 응용하여 다음과 같이 강조한 것도 아마 같은 이유 때문일 것이다.

> "윤리는 타인을 타인으로 만나는 것이다. 이런 만남은 타인의 자유 요구, 복합성, 불투명, 모순에 대한 존중을 토대로 한다. 다양성의 윤리는 타인에 대한 행동이 아니라 타인과의 관계를 그 고유한 영역으로 삼는다. (…) 중요한 것은 타인에 대해서 타인과 함께 행동하는 것이다. 이

21 이매뉴얼 월러스틴, *op. cit.*, pp.72~73. 필자 강조.
22 마르틴 압달라-프렛세이, *op. cit.*, p.75.
23 *Ibid.*

는 결국 연대성의 실행 문제에 속하는 데, 이 실행은 어렵고 결코 완결되는 법이 없어 늘 새롭게 재구성해야 한다."[24]

상호문화, 글로컬 문화, 제3의 길인 중도를 "신자유주의의 잔해 위에서 신자유주의적 세계화의 망령을 쫓는" 그런 형태의 문화관과 혼동해서는 안 되는 이유가 여기에 있다. 왜냐하면 구춘권도 지적하듯, "전 세계가 필요로 하는 신자유주의에 대한 근본적 대안으로서 제3의 길"이 바로 우리가 추구하는 글로컬 문화관이기 때문이다.[25]

이제 세계화는 한두 나라가 나서서 그 흐름을 되돌려놓을 수 있는 임계점을 이미 벗어난 상태이다. 문자 그대로 '지구촌 전체'를 무대로 그 파괴력을 행사하고 있는 것이 세계화이다. 그 과정에 문화까지 세계화의 제물로 전락시키고 있으며, 소위 '글로벌 문화'는 초국가적 금융자본과 괘를 같이해 세계 전역을 종횡무진하며 전대미문의 폭력을 행사하고 있다. 특히 디지털 중심으로 변화된 환경 하에서 그 파급력이 얼마나 큰지는 형용하기도 힘든 상황이다. 좀 과장되게 표현하면, 날로 진화하고 있는 디지털기술은 현대사회를 '접수'했다고 해도 과언이 아니다. 디지털 기술은 우리네 삶의 곳곳에 침투하지 않은 영역이 없을 정도다. 국경도 없고 물리적 경계도 초월해 있다. 심지어는 오지며 사막까지도 자유자재로 이동하는 것이 디지털 기술이다. 그래서 이를 추종하는 자들은 디지털 기술과 그 세계(virtual world)를 유토피아로 여기며, 테크놀로지가 제공한 편의를 '축복'이라 칭송한다. "자유로운 교환의 이상향(un paradis du libre-échange)", "제7의 대륙"이라고까지 불리는 인터넷은 현대인에게 새로운 세계, 즉 가상세계를 선사한 것이 분명하다.[26] 디지털 케뮤니케이션 이론가인 P. 레비 같은 이는 "국경은 이제 지나간 세계

24 *Ibid.*, pp.88~89.
25 구춘권, 『지구화, 현실인가 또 하나의 신화인가』, 책세상, 2000, pp.113~114.
26 J. Attali, "Le septième continent", *Le monde*, 7 août 1997, p.10.

가 남겨놓은 폐허에 불과하다"고 말하고 있을 정도다.[27]

글로벌이라는 가상세계를 누비며 활개를 치고 다니는 이들 디지털 노마드들은 다양한 정보와 디지털 영상, 인터넷 게임, 유튜브 등을 통해 문자 그대로 '새로운 지식'을 몸에 익혀가고 있는 '신인류(new man)'라 해도 과언이 아니다.[28] 그런데 우리가 주목해야 할 것은 바로 이들 세대가 지역성(locality)보다는 세계성(globality)에 더 친근감을 가지고 있으며, "세계가 평평하다"고 착각하고 있는 자들이란 점이다. 이들 가상세계의 유랑자들에게 국가 단위의 공동체는 전혀 중요하지 않으며, 이들은 심지어 가족이나 사회, 전통, 역사에 소속되기를 거부하기도 한다. 그 어떤 것에도 소속되기를 거부하는 이들에게는 그래서 타자며 이웃도 무의미하다.

이들 자유주의자들에게는 사회 정의 또한 전혀 중요한 기제가 될 수 없다. M. 샌들이 이들을 일러 '아무 데도 소속되지 않은 자아(unsituated self)'라고 칭한 이유가 여기에 있다.[29] 오직 이해관계에 따라 이합집산을 반복하는 이들은 당연 독립적 개인이기를 자처하며, 불안정한 현실과 미래의 불확실성을 오히려 긍정적으로 수용하면서 카멜레온처럼 끊임없는 자기 변신을 꾀하는 데도 능하다. 바로 이것이 이들이 말하는 '이상적 인간형'이고 '이상적 사회상'이다. 따라서 이들에게 전통적인 가치관이나 사회적 질서의 요구 등은 전혀 호소력을 가질 수 없다. 런던정경대학교 사회학과 교수인 리차드 세넷의 지적대로라면, 이렇듯 천박화된 자본과 테크노롤지가 판을 치는 세상에서 개인은 자신의 삶의 서사(Narrative of Life)를 잃게 되며, 나아가서는 공동체 자체가 파괴될 수도 있다는 우려를 하고 있다.

---

27 P. Levy, *World Philosophie*, Odile Jacob, 2000, p.43.

28 D. Tapscott, *Grown Up Digital: How the Net Generation is Changing Your World*, McGraw-Hill, 2008 참조.

29 M. Sandel, *Liberalism and the Limits of Justice*, Cambridge University Press, 1982 참조.

"노동은 가족의 삶을 엉망으로 만들었고, 일터는 예전 동네와 같은 공동체가 아니라 낯선 이방인들이 스쳐 지나가는 간이역처럼 돼버렸다. 한곳에 정착하고 살기보다는 이리저리 옮겨 다니는 유목민처럼 떠돌이 삶이 글로벌 시대의 상징으로 자리 잡았다."[30]

전 세계의 인터넷족 사이에서 이렇게 사회·정치적 공동체에 대한 의식이 약화되고 있다는 사실, 즉 탈영토화 의식이 확대되고 있다는 것은 글로벌화가 얼마나 세계의 젊은이들의 문화적 로컬 의식을 마비시키고 있는지를 직접적으로 보여주는 방증이라 하겠다. 그런데 글로벌화는 전 세계에 원자화되어 있는 이들을 잇는 아교와 같은 역설적 기능을 동시에 수행하기도 한다. 'IT 게르'라고도 일컬어지는 가상세계 속에 이들만이 놀 수 있는 '새로운 영토'가 기술적으로 마련돼 있다는 점에서 특히 그렇다.[31] 그곳에서 이들은 '호모 모빌리쿠스(Homo Mobilicus)'로서 누릴 수 있는 모든 것을 누린다.[32] 이들은 또한 이렇게 테크놀로지에 전적으로 의지하며, 프란츠 파농이 비꼬아 비유한 바 있는 '하얀 가면'을 쓰길 자처한다. 디지털 기술, 그로 인해 앞당겨진 글로벌 세계, 호모 모빌리쿠스는 이에 대한 전적인 의존으로 인해 차후 콤플렉스를 낳을 것이고 결국 자기파괴, 사회적 존재감의 상실 등으로 이어질 것이라는 것을

30 리차드 세넷, 『뉴캐피털리즘』, 유병선 옮김, 위즈덤하우스, 2009, pp.5~6.

31 윤종록은 현대의 디지털 환경을 몽골인들의 이동식 주택인 '게르'와 결합하여 'IT 게르'라고 언급하면서, 그 속에서 사업, 취미, 여가, 여행, 교육 등 융합 서비스가 가능한 단계에 왔으며, 그런 점에서 IT 게르는 "글로벌 오피스로 기능하게 될 것"이며, "앞으로 우리는 지금의 가정뿐 아니라 인터넷 상에 구축된 이동식 주택, [즉] IT 게르에서 많은 시간을 보낼지 모른다"고 낙관하고 있다 - 윤종록, 『호모 디지쿠스로 진화하라』, 생각의 나무, 2009. pp.170~173 참조.

32 김성도, 『호모 모빌리쿠스』, 삼성경제연구소, 2008 참조. 이 책은 휴대전화를 생활화하고 있는 현대의 새로운 인간형에 대해 매체 인문학적 관점에서 분석한 것으로, 공동체 개념의 변화, 이율배반적인 특징을 지닌 기술의 효율성, 모바일 미디어를 통한 새로운 언어 풍경과 정신의 변형 등을 다루면서, 생명·문화·환경이 함께 어우러진 통합적인 생태학적 사유의 필요성과 새로운 공동체 윤리의 수립이 시급함을 강조하고 있다.

전혀 인식하지 못하고 있는 것이다. 스스로 '신인류'라 착각하며 오직 자신이 태어난 지역에 고립되고 구속되는 것으로부터만 자유롭고자 한다고나 할까.

하지만 이들 넷 세대(Net Generation)가 좇는 이러한 환상은 전 세계의 다양한 문화들의 동질화와 궤를 같이한다는 점에 그 심각성과 폐해가 충분히 예상되고도 남음이 있다. 같은 영화를 미국과 한국에서 동시에 개봉하며, 같은 전자게임을 한국과 일본에서 동시에 즐기는 일이 일상사다. 먹고 싶은 음식도 좋아하는 연예인도, 듣고 싶은 음악도 동일하다. 살고 싶은 주거지도, 가보고 싶은 여행지도 마찬가지다. 그리고 가장 극단적인 현상이 대개는 대중음악, TV 드라마, 게임, 만화, 캐릭터, 애니메이션 등 대중문화 부분에서 두드러지게 나타난다. 이름 하여 이것들이 주지의 '문화 콘텐츠 상품'이라고 회자되는 것들이며, 우리 정부에서 지원하는 분야도 아직은 이 범주에서 크게 벗어나지 못하고 있다.[33] 기초연구로서 먼저 수행되어야 할 새로운 문화 현상에 대한 연구나 문화콘텐츠학의 정립에 관한 연구보다는 가시적 결과물이 나올 수 있는 기술적 분야만을 지원하고 있다는 뜻이다. '왜'나 '무엇'에 관한 근원적 물음은 간과한 채 오직 '어떻게'를 위해 '동원된 잔치'를 계속하고 있다고나 할까.

우리가 진지하게 반추해보아야 할 질문이 바로 여기에 있다. 그렇다면 이들 신인류에게 잃어버린 삶의 서사와 역사 그리고 공동체의 의미나 국가의 중요성을 어떻게 환기시켜줄 수 있을까? 이것이 바로 우리 모두가 떠안아야 하는 과제라고 생각되며, 이는 동시에 글로벌 시대에 직면해 부상하고 있는 핵심적인 물음이 아닌가 싶다. 이 책에서 필자가 다소 아날로그적인 시선으로 문화적 정체성의 확립에 역점을 두고, 로컬리티로서의 문화, 국가를 재삼재사 강조한 것도 결국은 이와 같은 문제의식에서 연유한 것이다.

33 한국콘텐츠진흥원의 2010년 3월 22일자 보도자료("기발한 문화 콘텐츠에 20억 지원") 참조.

또 하나의 질문이 있다. 상품화된 대중문화 속에도 과연 엄밀한 의미의 '문화'가 존재한다고 말할 수 있는가? 이 역시 이제까지의 논의를 다소 궁지에 몰리게 하는 질문이 될 수도 있다. 하지만 이 물음은 우리가 문화 콘텐츠를 논할 때 간과해서는 안 될 아주 근원적 질문 중의 하나라고 생각된다. 문화 콘텐츠를 논할 때 문화적 상품의 생산과 판매에만 초점이 모아져 있기 때문에 문화라는 하드웨어보다는 '소프트한 창의성'만을 강조하는 누를 자주 범하게 된다는 뜻이다.

H. 아렌트가 생존해 있다면, 아마 이들 상품에는 "문화는 없다"고 강하게 반론을 제기했을 것이다. 그녀에게 대중문화는 '저질의 상업문화'를 사칭한 것이며, '문화가 대중화된 것'이 아니라 문화의 고유성과 본래성이 탈색되어 '여가', '기분전환' 수준으로 전락한 형태에 불과하다. 게다가 이마저도 대개는 부유한 자들에게만 기회가 주어지는, 그들이 무료한 시간을 보낼 수 있도록 기획된 '특판 상품'에 해당한다는 것이 아렌트의 지적이다. 그녀가 대중문화가 곧 문화의 위기를 몰고 온 장본인이라고 역설한 것도 이 때문이다.[34] 아렌트가 우리에게 전달하고자 하는 메시지의 핵심은 그러니까 문화, 문화적인 것을 소비상품이나 소비재와는 구분해야 한다는 것이다.[35]

그렇다면 다시 묻자. 문화 콘텐츠 상품들은 이러한 아렌트의 냉소적인 평가를 피해갈 수 있을까? 감히 말하지만, 우리는 아렌트의 이와 같은 비판을 피해갈 수 없다고 생각한다. 자칫 대중을 상대로 한 상품이 여러 나라에서 많이 팔리면 대수라고 착각할 수도 있기 때문이다. 하지만 아렌트처럼 만일 대중문화 속에 '문화'는 없고 단지 상술만이 있을 뿐이라고 한다면, 당연 그것이 사람들 사이에서 오래 기억되고 영속할 리 만무하다. 그리고 설사 문화 콘텐츠 상품이 독창성과 창조성을 겸비

34 H. Arendt, *La crise de la culture. Huit exercices de pensée politique*, trad. de l'anglais sous la dir. de Patrick Lévy, Gallimard, 1972; 박치완, 「소비사회와 예술(작품)에 대한 두 견해 - 장 보드리야르와 한나 아렌트의 가상 대화」, *op, cit.*, pp.148~149 참조.

35 *Ibid.*, pp.267~268 참조.

하고 있다고 해도 이는 결코 긴 생명력을 지닌 문화와는 비교할 수 없다. 많이 '팔리는' 것은 문화가 아니라 철저히 문화를 가장한 매품(賣品)에 불과하다.

매품은 기본적으로 시장에서 이익을 발생시켜야 살아남는다. 그래서 당연 문화, 문화적인 것과는 다른 논리를 추구할 수밖에 없다. 즉 자본의 논리에 따라 이윤을 추구하는 것이 곧 문화상품인 것이다. 문화상품이 장소와 지역을 가리지 않고 팔리기 위해, 더 많이 소비되기 위해 판촉과 광고에 많은 투자를 하는 것도 이 때문이다. 상품을 브랜드화시켜 많이 파는 것이 유일한 목표란 뜻이다. 그 끝에도 '문화'는 없다. 오직 '더 많이' 파는 수단만이 강구되고 있을 뿐이다. 이것이 매품의 논리다.

하지만 문화-상품과 달리 문화, 문화적인 것은 사람들 사이에서 널리 향유되면서 그들의 삶과 영혼을 풍요롭게 하며 전통의 가치 또한 고양시킨다. 문화 콘텐츠 상품이란 미명하에 타문화의 로컬시장들을 상대로 영업 이득만을 취하려는데 목표를 두어서는 안 되는 이유가 여기에 있다.[36] 문화 세차나 문화 다양성, 지역 세계화에 대한 인식이 채 자리도 잡기 전에 세계화로의 동질화가 가속도를 내고 있다는 것 때문에도 우리는 '글로벌 문화'의 횡포에 대해 더 진지하게 그 속내를 들여다볼 필요가 있다. 글로벌 문화는 약자를 착취하는 강자의 법과 다를 바 없기 때문이다.

충족되지 않을 무한 욕망만을 추구하는 국적 불명의 '글로벌쇼'는 이제 멈추어야 한다. 피터 위어 감독, 짐 캐리 주연의 <트루먼쇼>(1998)에 그 교훈이 숨어 있다. 이런 이유 때문에 우리는 로컬 의식을 자의식으로 삼아 글로벌쇼의 횡포에 대해 유비무환(有備無患)의 정신을 갖고 대비해야 한다. 현재 자신이 살아가고 있는 '지금 여기'에 대한 자각이 필요한 때라는 것이다.

왜 글로벌 문화의 횡포에 대해 우리가 고민하지 않으면 안 되는가에

36 T. J. Craig and Richard King(ed.), *Global Goes Local: Popular Culture in Asia*, Univ. of Hawaii, Press, 2002 참조.

대해 좀 더 부언하자면, 그것은 다음과 같은 아주 끔찍한 일이 일어나기를 원치 않기 때문이다. 글로벌 문화는, G. 호프스테드의 표현이 옳다면, 우리의 "정신 프로그램(mental programs)"[37]까지 동질화시켜버리는 파괴력을 가지고 있다.

정신 프로그램의 동질화? 여기서 우리가 유념해서 성찰해야 할 것은 디지털 세대가 좇는 가상세계는 물리·지리적 공간 개념이 크게 구속력을 발휘하지 못한다는 데 있다. 이들은 문화적 정체성뿐만 아니라 국경까지도 무의미하게 여기는 세대이다. 보드리야르가 "(현실의) 영토는 더 이상 (가상의) 지도를 선행하거나, 지도가 소멸된 이후까지 존속하지 않는다"[38]고 주장하게 된 근거가 여기에 있다. 그렇게 되면 결국 국경과 인종, 지리적 공간과 역사적 문화는 백지화되고 말 것이다. 설상가상으로 글로벌 문화는 가상세계의 새로운 기술과 결합되어 '탈국가론'까지 제시하고 있지 않는가. 토마스 프리드먼의 예측대로라면, <Globalization 2.0 시대>는 다국적 기업이 국가 위에 군림하는 시대라 한다. 이미 그런 시대적 흐름 안에서 우리는 하루하루를 살아가고 있다. 세계화가 더욱 가속화되면 울퉁불퉁한 지역 문화, 독립된 국가는 그 권위를 상실하게 될 것이고, 그 결과 우리는 모두 머지않은 미래에 국가를 잃은 난민, 문화적 무국적자로 떠돌게 될지 모른다.

글로컬 의식을 가지고 우리가 모두 최소한 자신의 문화적 뿌리만은 지켜야 하는 이유가 여기에 있다. 주어진 삶의 공간 안에 오랜 세월과 세대를 걸쳐 형성된 로컬의 상징으로서의 문화가 하루아침에 국적 불명의 글로벌 문화의 제물이 되는 것을 원하는 사람은 없을 것이기 때문이다.

37 거트 호프스테드, 『세계의 문화와 조직』, 차재호·나은영 역, 학지사, 1995, p.25.

38 장 보드리야르, 『시뮬라시옹』, 하태환 옮김, 민음사, 2001, pp.12~13.

HOMO Glocalicus

3

세계화에서 지역 세계화로, 문화 대차에서 문화 세차, 문화 다양성으로

"글로벌 문화가 모든 것을 포괄하지는 않는다. 많은 현상들은 서로의 관련점을 찾지 못한 채 겉돌고 있다. 모든 차이들이 서로 연결될 수는 없다. 예나 지금이나(물론 향후에는 상황이 개선되겠지만) 타인이 공감할 수 없는 것, 통합 불가능한 것이 글로벌 문화 속에 숨어 있기 때문이다." - J. 브라이덴바흐 & I. 추크리글.

"모든 풀잎과 새와 벌레부터 수많은 문화 속의 고유한 개인의 정체성에 이르기까지, 모든 곳에는 다양성이 필요하다. 다양성이 없이 생명은 공존할 수 없다." - H. 노르베리 호지.

제3장

세계화에서 지역 세계화로, 문화 대차에서 문화 세차, 문화 다양성으로

1. '창조경제'는 과연 로컬을 고려한 개발 이념일까?

오늘날 우리는 '제4의 물결'이라 불릴 만한 세기적 변동기를 맞이하고 있다. 변동의 핵심에 '문화'가 자리하고 있으며, 문화의 상품화, 즉 문화산업과 문화 콘텐츠 산업이 그 주역을 맡고 있다.[1] 한국의 '문화 콘텐츠 산업', 일본의 '콘텐츠 산업', 영국의 '창조산업', 프랑스의 '문화산업', 미국의 '정보산업' 및 '엔터테인먼트산업', 중국의 '창의산업' 등도 각기 그 명칭은 달리하고 있지만 지향하는 것은 큰 차이가 없다. 모두 문화산업과 문화 콘텐츠 산업을 통해 국가를 성장시키는 동력으로 삼겠다는 것이 목표이기 때문이다.[2]

---

1 특히 한국의 경우는 문화콘텐츠진흥원의 발족과 궤를 같이 해 국가 차원에서 이를 주도한지 벌써 20여 년 세월이 흘러가고 있으며, 40여 개의 종합대학에서 이미 문화 콘텐츠(학)을 가르치고 있다.

2 주지하듯 <문화>나 <콘텐츠>는 다양한 영역에서 사용되는 개념이며, 그 의미도 일의적(一義的)이지 않다. 하지만 우리는 이 책에서 <문화>를 정신적인 것, <콘텐츠>를 물질적인 것으로 그 의미를 단순화시켜 <문화 콘텐츠>는 이 둘이 적절히 조화를 이룬 것으로 이해하고자 한다. 이 둘이 조화롭지 못할 때, 다시 말해 현재처럼 삶의 총체로서 <문화>는 간과되고 오직 소비상품으로서

이렇게 주요 경제 강국들까지 나서서 문화 콘텐츠 산업에 온 에너지를 쏟아 붓고 있다는 것은 21세기가 물질적 재화만을 경제와 교역의 주요 평가 지수로 삼았던 시대와는 분명 다른 시대라는 것을 상징적으로 보여준다. 그렇다. 21세기는 문화의 시대다. 현대인이면 누구나 '문화 향유'를 하나의 기본권으로 생각한다. 문화의 습득을 매튜 아놀드처럼 "도덕적 완성을 향한 수단이자 사회적 선"[3]이라고 정의했던 시대, 즉 문화인과 야만인을 구분하던 시대는 이미 지났다는 것이다.

현대적 의미의 문화인(the cultured)은 그러니까 자신의 문화적 향유를 위해 그 소요 경비를 지출할 수 있는 자로 정의가 바뀐 것이다. 문화를 인류학적 시각이 아닌 현대와 같은 산업 문화적 측면에서 보면 "우리가 모두 문화적이라고 말할 수" 있는 그런 지경에까지 이르렀다.[4] 보드리야르의 주장대로라면, 현대와 같은 '소비사회'에서 사람들은 단지 필수품을 생산하고 소비하는 그런 시대를 지나 자신이 욕망하는 문화적 기호, 즉 선호하는 상표를 소비하는 시대로 돌입한 것이다.[5]

이렇게 누구나 문화를 향유할 수 있는 외적 환경이 주어졌다는 것은 결국 문화가 삶과 동떨어져 '저기 밖에' 또는 '저기 위에' 있는 것이 아니라 매일의 일상적 삶과 직결되어 있다는 의미와 상통한다. 어쩌면 많은 사람이 그렇게 자기 자신도 문화를 향유하는 자라고 믿고 싶은 것인지도 모른다. 그 정도로 현대인에게 문화는 세속화/대중화/상품화되어 있으며, 자신의 문화적 정체성에 대한 고민보다는 문화상품에의 접근 가능성, 즉 소비 가능성에 그 비중을 두고 있다. '창조'와 '경제'를 조합시켜 탄생한 '창조경제(Creative Economy)'라는 새로운 용어의 등장 배경에도 결국 이러한 시대적 흐름과 새로운 형태의 소비 심리가 정확히 일치

<콘텐츠>만 강조된 경우는 '문화라는 가면을 쓴 경제·자본의 논리'를 벗어나지 못할 것이라는게 필자의 기본적 생각이다.

3 크리스 바커, 『문화연구사전』, 이경숙·정영희 옮김, 커뮤니케이션북스, 2009, p.117에서 재인용.

4 *Ibid.*, p.118.

5 장 보드리야르, 『소비의 사회』, 이상률 옮김, 문예출판사, 1992 참조.

한 것이라 할 수 있으며, 문화 콘텐츠 산업이 그 중심에 있다는 게 우연이랄 수 없다.

창조경제라는 용어를 학계에 처음 소개한 영국의 경제학자 존 호킨스에 따르면, 창조경제는 '창조상품'을 만들어내는 모든 형태의 산업들로 구성된다.[6] 두 말할 것도 없이 이 창조상품이 곧 문화상품인 셈이며, 한국식 표현으로 바꾸자면 '문화 콘텐츠 상품'이라 할 수 있다. 그런가 하면 창조경제를 보다 구체적으로 상징들, 텍스트들, 소리들, 이미지들에 의해 지배되고 있는 현재 지구촌의 문화, 경제, 기술 사이의 복합적인 상호작용들로 정의한 보고서도 제출되어 있다.[7] 또한 리차드 플로리다(R. Florida)는 "창조경제는 경제 발전의 거의 모든 측면을 재구성하고 있다. 이제는 지식과 창조성에 의한 부의 창출이 경제성장의 원천이다. (…) 이에 따라 인적 자본 또는 인재가 생산의 핵심 요소가 되었다"[8]고 역설하기도 한다.

요약컨대 창조경제는 그 규모가 기하급수적으로 확대된 현대의 대중 소비문화 중심의 변화된 경제 환경을 설명하기 위해 만들어진 신개념이며, 특히 그 중심에 디지털 기술과 창의적 지식기반 및 그것을 소유한 글로벌 인재 등이 포함되어 있다. 하지만 우리가 여기서 분명히 해야만 할 것이 하나 있다. 창조경제의 모토나 목표는 여전히 전통 경제학

---

6 J. Howkins, *The Creative Economy*, Penguin Books, 2001, p.xiv. 여기서 우리는 호킨스가 창조경제를 지적 소유권(intellectual property)의 가치와 물리적 운반체(physical carrier)의 가치로 이루어진다고 본 점에 주목할 필요가 있다. 이러한 기준에 따라 그는 디지털 기술과 관련된 산업에서는 지적 소유권의 가치가 높을 것이고, 예술이나 문화 산업에서는 물리적 대상의 단위 가격의 가치가 높을 것이라고 전망하고 있다.

7 *Creative Economy Report 2008*, UNCTAD(United Nations Conference on Trade and Development), 2008, p.4. 그밖에도 이 보고서에서는 사회적 포용, 문화적 다양성, 일자리 창출, 지식기반 경제 활동 등을 창조경제 개념 속에 포함시키고 있으며, 우리가 주목할 점은 "아직 개념 정의가 완성되지 않은 새로운 개념"이라고 보고 있다는 점이다. 따라서 우리가 '창조'라는 수식어에 현혹되어서는 안 될 것이다.

8 리차드 플로리다, 『도시와 창조계급 —창조경제 시대의 도시 발전 전략』, 이원호·이종호·서민철 옮김, 푸른길, 2008, p.73.

의 연장선에 서 있다는 점이 바로 그것이다. 겉옷은 21세기에 맞게 변형시켰는지 모르지만 '성장'과 '개발'이라는 두 이념이 여전히 몸통을 이루고 있다는 뜻이다. 이는 결국 창조경제가 지향하는 것 역시 시장의 자유화, 규제의 완화, 지식재산권 보호 등을 기치로 하는 신자유주의(슈퍼자본주의)의 별칭에 다름 아니라는 것을 의미한다. 더 직접적이고 구체적으로 표현하자면, G7, G20 국가들, 다시 말해 경제 강국(공급자 및 생산자) 중심의 세계화 논리의 연장선에 있다는 것이다. 이는 "우수한 자들이 살아남아 인류는 계속 사회적으로 진화 발전한다"는 적자생존, 약육강식의 이론과 하등 다를 바 없다.

이런 이유 때문에 자본주의를 재구조화, 단일체계화하려는 창조경제 이념은 우리가 이 시대의 또 다른 화두 중의 하나라고 생각되는 지속가능성 개념과 대조(對照)해볼 필요가 있다.[9] 그 이유를 부연해보면 이렇다. 예를 들어 어떤 글로벌 기업의 단발성 창의는 예외 없이 다른 글로벌 기업들의 도전에 직면한다. 따라서 보다 장기적 안목의 전략, 즉 지속가능한 전략을 수립하는 것이 필수적이다. 그러기 위해서는 어떻게 해야 할까? 일순간의 기업 이득보다는 장기적으로 사회적 이득, 공공적 이득을 염두에 둬야 할 것이다. 상식적인 이야기 같지만, 실은 이러한 상식을 간과한 채 기업이나 정부, 학계 할 것 없이 오직 세계화만을 외친다. 마찬가지로 우리의 '세계화'라는 외침 속에도, 다른 선진 경제 강국들이 그렇듯이, 대한민국의 문화 콘텐츠 상품에 관심을 갖는 나라의 문화는 크게 배려하거나 고려하지 않는, 다분히 공급자 중심의 전략에 초점이 맞추어져 있다. 이런 방식의 구호만 앞서가는 세계화 전략이 단지 일시적으로 사고파는 '물질적인 것'에 국한된 것인지 아니면 한국의 고유한 문화 자체를 다른 나라와 함께 공유하자는 것인지 분명히 할 필요가 있다. 한류가 왜 반(反)한류나 혐(嫌)한류에 직면하는지, 그 원인을 되짚어

9 주지하듯 지속가능성 개념 속에는 경제(개발)와 환경(보존)이 결합되어 있다. 하지만 이는 보다 일반적으로는 특정한 과정이나 상태를 '유지할 수 있는' 능력을 뜻한다.

보는 것만으로도 우리의 이와 같은 문제 제기가 왜 중요하고 또 시급한지는 충분히 이해하고도 남음이 있으리라.

요인즉 '번영'이라는 양지가 있으면 반드시 '빈곤'이라는 음지가 있기 마련이라는 이치를 고려할 시점이 되었다는 것이다.[10] 번영의 비참!? P. 브뤼크네르가 지목한 이 역설적이고 모순적인 표현은 우리식의 세계화 전략의 문제가 어디에 있는지를 정확히 짚어준다. 창조경제든 세계화이든 기본적으로는 경제의 성장과 발전에만 목표가 있기에 문화 다양성을 지향하는 이 시대의 흐름에 역행하는 발상이라는 것이다.[11] 코헨과 케네디가 "세계성(globality)은 지역성(locality)에 의해 수정되고 변경된다"[12]고 강조한 이유가 어디에 있겠는가.

이제 우리는 자문화 중심의 나르시시즘과 일방향성에서 깨어나 "세계적이며 지역적인 것이 서로를 구성한다"[13]는 쌍방향성에 관심을 가질 때가 되었다. 지역성에 의해 세계성은 수정되고 변경된다는 코헨과 케네디의 언급은 결국 경제 강국 주도의 세계화, 창조경제가 더 이상 호소력도 정당성도 없다는 것을 말한다. 크리스 바커가 '글로컬라이제이션'에 대해 사전적으로 풀이하는 자리에서 보편성보다는 특수성과 다양성을 강조한 것도 같은 맥락에서 이해할 수 있다.[14] 바로 이것이 소위 글로컬라

---

10 이 표현은 파스칼 브뤼크네르가 쓴 책의 제목(『번영의 비참』, 이창실 옮김, 동문선, 2003)에서 차용한 것이다. 참고로 저자는 이 책에서 우리가 벗어나야 하는 것은 자본주의가 아니라 경제 만능주의라고 지적한 바 있다.

11 창조경제는, 비록 '창조'라는 수식어가 '경제'라는 용어 앞에 붙어있긴 하지만, UNCTAD의 보고서에서도 재삼 확인할 수 있듯 '변형된 자본주의'일 뿐이다 - *Creative Economy Report* 2008, p.65 참조. 또한 테리 플루(T. Flew)도 지적하고 있듯, 창조경제가 새로운 아이디어들과 경영혁신을 꾀해 취하려는 것 역시 전적으로 자국의 부이고 이득이라는 것을 잊어선 안 된다 - B. Haseman, "Creative Economy", J. Hartley(ed.), *Creative Industries*, Blackwell, 2005, pp.344~345 참조.

12 R. Cohen & P. Kennedy, *Global Sociology* (2nd ed.), New York University Press, 2007, p.62.

13 크리스 바커, *op. cit.*, p.42.

14 *Ibid.*, p.43. 이러한 주장에 그치지 않고 바커는 '문화'를 설명하는 항목에서는 "문화는 장소의 문제가 아니라 세계의 공간으로 확장되며 혼종화되고 잡종화된 문화적 의미와 실천이 문제가 된다"고 강조하면서 "문화들은" "뿌리를 갖

이제이션, '지역 세계화' 개념의 핵심이다.[15]

이러한 견지에서 우리는 '문화'라는 보다 근원적인 시각에서, 다분히 19세기의 문화 제국주의적 유산에 불과한 문화 대차의 편견을 일소하고, 문화 세차와 문화 다양성의 중요성을 재삼 강조해두고자 한다. 앞장에서도 이미 언급한 바 있지만, 문화 대차는 타문화에 대한 피상적인 문화적 접근일 뿐이다. 반면 문화 세차는 타문화의 심층에 접근하는 것이 목표다. 그런데도 문화 세차에 대한 고려 없이 앵무새처럼 국적 불명의 세계화만을 외칠 것인가? 우리의 이러한 맹목적 외침은 마치 한국이 문화(상품)의 주도적 공급자라는 착각을 일으키게 한다. 하지만 중국이나 일본을 비롯해 동남아 시장에서 이미 겪고 있듯, 반한류(反韓流)나 혐한류(嫌韓流) 현상도 결국 이러한 우리의 무지가 원인이라는 것을 직시할 필요가 있다.[16] 단적으로 말해, "한류(韓流)에 숨은 한류(寒流)"가 있다는 것을 인식하고 진단할 때라는 것이다.[17]

R. 로버트슨도 역설하고 있듯, 이제 우리는 우리의 시선을 <글로벌 → 로컬>에서 <로컬 → 글로벌>, 즉 <지역 → 세계화>로 전환시켜야 한다.[18] 본 장에서 우리가 문화연구 및 문화 콘텐츠 산업의 현안과 과제, 방향과 전망을 문화 세차와 문화 다양성 개념을 통해 보완하지 않으면

는 것이라기보다는 거쳐 가는 길을 새기는 것으로", "일시적인 결합체로" 파악하고 있다(*ibid.*, p.119). 제2장에서 구체적으로 논의했듯 이러한 시각은 다소 글로벌라이제이션, 즉 경제 강국 중심의 세계화에 경도된 느낌이 있으며, 문화들에 대한 피상적 분석이라는 것이 필자의 생각이다.

15 박치완·김성수·조소연 외, 『글로컬 문화 콘텐츠, 어떻게 그리고 왜?』, 한국외국어대학교출판부, 2009 참조. 참고로 이어령은 2002년 월드컵과 한국의 보신탕을 예로 들어 글로컬리즘(glocalism)이 새로운 문화 코드임을 강조하고 있다: "온 세상 사람들이 어느 지점에 살든 그곳이 중심이 되는 세기가 다가오고 있다."; "심층적인 코드를 해독하면 문화의 보편성과 상대성은 하나의 고리로 이어지고 글로벌과 로컬이 어울리는 '글로컬리즘'이 생겨난다." - 이어령, 『문화 코드』, 문학사상사, 2006, pp.127, 134 참조.

16 보다 자세한 분석은 김성수, 「글로컬적 관점에서 본 한류에 대한 재평가」, 『인문콘텐츠』 제18호, 2010, p.328 이하 참조.

17 이어령, *op. cit.*, pp.245~246 참조.

18 롤런드 로버트슨, 「세계 지역화: 시간-공간과 동질성-이질성」, 윤민재 편역, 『근대성, 탈근대성, 그리고 세계화』, 사회문화연구소, 2000, p.73 이하 참조.

안 된다고 생각하는 이유도 여기에 있다.

2. 문화의 지역성과 다양성의 고려를 위한 인식론적 밑그림

세계화는 동일성의 논리를 따른다. 말을 바꾸면 세계화는 배타적 논리를 견지하기에 타문화, 타국가, 즉 자신과 다른 '것들'을 고려하지도 않으며, 인정하지도 않는다.[19]

"모든 사람에겐 두 개의 고향이 있다"고 하던가? M. 포먼에 따르면, "하나는 그가 자라난 곳이고, 다른 하나는 미국"이라 한다.[20] 이 계고(戒告)에 비추어 볼 때, 우리는 과연 어떻게 행동하고 있는가? 자신이 자란 곳은 방치한 채 미국을 마치 고향으로 여기며 행동하고 있는 것은 아닌가? 그래서 '미국식의 세계화'를 추종하는 것 아니냐는 것이다.

그런데 문화의 측면에서는 물론이고 경제, 군사, 외교 등 여러 측면에서 과연 한국이 미국이나 다른 문화선진국들과 어깨를 겨룰 수 있는지? 그런 형편도 못되면서 만일 우리의 세계화 외침 속에 미국식의 (유사)배타주의나 문화 사대주의가 작동되고 있다면, 이는 분명 방향을 잃고 있는 것과 같다. 그리고 최소한 학문적으로는 경제 강국, 즉 승자만을 위한 전략 수립에 동조할 것이 아니라 경제 소국, 즉 낙오자, 피해자도 고려하면서 승자와 낙오자가 공생할 수 있는 길이 무엇인지를 고민해야 한다.

낙오자나 피해자, 패자 없는 승자는 존재하지 않는다. 마찬가지 이유

---

19 박치완, 「(문화-)세계화: 동일성의 폭력인가, 차이의 배려인가?」, 『이문논총』 제29집, 한국외국어대학교 대학원, 2009 참조. 타자 배제의 논리가 문화 분석과 연구에 적용된 예들을 우리는 이미 과거의 역사 속에서 익히 경험한 바 있다. 식민지 개척기의 영국화나 프랑스화가 그렇고, 20세기에 들어서서 미국화, 유럽화가 그 바통을 이었으며, 최근엔 중국화까지 언급되고 있다.

20 밀로스 포먼(Milos Forman)은〈뻐꾸기 둥지 위로 날아간 새>(1975, 〈아마데우스>(1984)로 우리에게 널리 알려진 체코의 영화감독임.

로 소비자가 없는 생산품은 폐기될 수밖에 없다. 게다가 경제는 운동 경기와 같이 승자와 패자를 가르는 게임이 아니라 기본적으로 인간과 인류의 공동 운명에 직결되어 있다. 바로 여기에 우리의 근본 물음이 있고, 우리가 문화 콘텐츠 산업의 세계화를 외치기에 앞서 문화 대차, 문화 세차, 문화 다양성 개념에 대해 진지하게 고민해야만 하는 이유가 여기에 있다.

세계화는 기본적으로 '문화관'에 대한 근본적 변화 없이는 포먼이 예견한 대로 '미국화'를 얼치기 식으로 모방하는 데 그치고 말 것이다. 그리고 더 중요한 사실은 현재 미국에서도 자신들의 '문화적 예외'를 인정해달라고 강변하고 있다는 점에 대해 우리의 더듬 감각을 긴장시켜야 한다.[21]

우리가 이렇게 세계화의 외침을 문화라는 화두를 통해 다시 견양(見樣)해보려는 이유는 한국식 세계화 전략을 인식론적으로 점검해보기 위해서이며, 이러한 점검 없이는 십중팔구 문화적 저항에 직면할 수밖에 없다는 것을 반면교사로 삼기 위해서다.

1) 문화 대차에서 문화 세차로

타문화를 자문화와 구분한다는 것은 대개 타문화를 고유한 측면에서 바라보지 않고 자문화를 기준으로 삼아 타문화를 '감 놔라 배 놔라'

21 미국 예외주의는 범박하게 정의해 미국이 유럽의 국가들과는 다른 역사적 문화적 기원을 가지고 있다는 데 기초한다. 그런데 미국 예외주의는 실제 미국 우월주의나 미국 패권주의와 무관하지 않다. 문제는 유럽을 상대로 자신들에게도 예외를 인정해달라고 하면서 왜 다른 국가들의 문화의 벽은 정치, 경제, 군사, 외교 등 온갖 수단을 동원해 계속 허물려고 하느냐는 것이다. 혹자는 "21세기에는 세계화에 앞장서거나 적어도 동참해야 하는 것이 우리의 당면 과제이다. 그러기 위해서는 이미 국제어가 된 영어를 잘 해야만 하고, 국제경쟁에서 뒤처지지 않아야만 한다."라고 강조하기도 한다. 하지만 바로 이러한 탈로컬적 생각들이 우리의 문화 의식 자체를 희석시킨다는 점을 진지하게 고민해 볼 필요가 있다 - 김성곤, 「21세기 문화와 세계화의 과제」, 『계간 사상』, 2001 봄호, p.38.

고 간섭하려는 의도와 맞물려 있다. 에드워드 사이드를 비롯해 많은 문화학자들이 지적하고 있듯, 서구의 제국주의적 문화가 대개 이러한 태도로 일관했고, 현재에도 여전히 그런 자기중심적 시선에서 벗어나지 못하고 있다.[22] 오늘날에도 세계 도처에서 끝없이 제기되고 있는 문화간의 갈등과 분쟁의 직접적 원인은 이렇듯 철저히 타문화에 대한 자문화의 우월의식과 타문화에 대한 왜곡된 인식에 기인하고 있다.

"각자는 자신이 '자기 쪽'에서 본 것을 '참'이라고 확신하고, 다른 쪽에서 본 것을 거짓이라고 거부하게 된다"고 했던가![23] 사람들은 이렇듯 일반적으로 자신이 보고 취하는 것만을 진리라고 여기는 경향이 강하며, 타자나 타문화를 진지하게 고려하지도 않은 채 일단 거부부터 한다. 하지만 타자 없이 나 홀로 존재하는 것이 불가능하듯, 타문화가 없는 자문화도 성립불가능하다. 물론 양립(兩立)이 쉬운 것은 아니다. 하지만 그럼에도 불구하고 언제나 상호의존적일 수밖에 없는 것이 자아/타자, 자문화/타문화의 관계이다.

이런 이유 때문에 우리는 이 모순적이고 역설적 관계를 어떻게 하면 약화(유연화)시킬 수 있을 지에 대해 고민해야 하고, 그러자면 한나 아렌트의 제안대로 자기와 자문화에 철저히 예속되어 있는 우리는 "정신을 이완(mentalité élargie)"시키는 것이 급선무라 하겠다.[24] 상호 배타적이면서 동시에 의존적인 관계, 이를 J.-J. 뷔넨뷔르제는 상충(相衝)적 관계(relation contradictoire)라고 정의한 바 있다. 그리고 그는 제3의 도

---

22 상세한 언급은 에드워드 사이드, 『문화와 제국주의』, 박홍규 옮김, 문예출판사, 2005 참조.

23 F. Jullien, *Un sage est sans idée ou l'autre de la philosophie*, Seuil, 1998, p.136.

24 H. Arendt, *La crise de la culture, Huit exercices de pensée politique*, Traduit de l'anglais sous la dir. de Patrick Lévy, Gallimard, 1972, p.281. 참고로 아렌트는 서양의 논리와 서양의 도덕이 모두 타자와의 대화를 통한 조화 모색(un accord potentiel avec autrui)보다는 일방적으로 자기중심의 논리(un accord avec soi-même)만을 전개해왔고, 바로 이 모순의 원칙(le principe de contradiction)이 정신은 물론 사유까지도 타자에 대해 배타적인 태도를 취하게 한 원인이라고 지적하고 있다.

약을 예비할 때 양자 간의 모순과 역설이 약화된다고 강조하고 있다.[25] 하지만 설사 제3의 도약을 상정하지 않는다 해도 최소한 우리가 서로 다른 두 입장이 둘 모두 공평한 것임을 인정하기만 해도, 다시 말해 상호 교류와 대화를 전제로 한 상충이라면, 두 입장 모두 각기 상대를 위해 자기 변모를 기대할 수 있다. 최근 동서비교철학자로 국내에서도 그 명성이 알려져 있는 F. 줄리앙의 설명대로 하자면, "(나의 관점에서의) 바로 이 측면은 또한 (타자의 관점에서의) 바로 저 측면이다(是亦彼也, 彼亦是也). 그리고 그 역도 마찬가지다."[26]

그런데 이러한 입장(관점)들의 맞섬, 차이의 대면은 현실 속에서는 역설적이게도 차이를 약화시키고 좁히는 방향으로 진행되는 것이 아니라 오히려 차이를 강화시키는, 그리하여 "차이가 공포를 유발하는"[27] 역효과가 산출된다는 사실이다. 이것이 바로 우리가 풀어야 할 과제이며, 문화 세차에 천착하지 않으면 안 되는 이유이다.[28] 차이의 대면을 맞섬이 아닌 수용으로 받아들이기 위해서는 먼저 타문화를 경계하는 시선부터 유화(宥和)시킬 필요가 있다. 또한 타문화에 대해 거리를 두고서 외부인의 입장에서 그것을 하나의 풍경처럼 구경할 것이 아니라 그 속에 직접 거(居)하는 입장에서 실마리를 찾아야 할 것이다. 왜냐하면 내 자

25 J.-J. Wunenburger, *La raison contradictoire: sciences et philosophie modernes: la pensée du complexe*, A. Michel, 1990 참조,

26 F. Jullien, *op. cit*., p.136.

27 M. Meyer, *Petite métaphysique de la différence. Religion, art et société*, Librairie Générale Française, coll. 《Le livre de Poche》, 2000, p.146.

28 문화 대차로 인해 문화들 간의 갈등과 오해가 생기는 것은 주지의 사실이다. 그런데 그 갈등은 문화들 간에 언어나 사회구조, 종교 등의 차이가 유사성에 비해 크면 클수록 이에 비례하여 심화된다. H. 트리앤디스는 이와 같이 문화들 간의 갈등 심화의 원인을 '문화 세차'라고 정의하며, 각 문화 내에서 삶의 기준(standards of living)이 되는 차이들은 하지만 충분히 문화 세차를 야기할 수 있다는 유보적 입장이다 – H. C. Triandis, "Culture and Conflict", *in* Larry A. Samovar, Richard E. Porter, Edwin R. McDaniel(eds), *Intercultural Communication: A Reader*, Wadsworth Pub Co., 2008, p.18: "Cultural differences often cause miscommunications and conflict. Conflict is greater when the two cultures are very different than when they are similar. Technically this difference is called *cultural distance*."

신이 직접 그 속에서 삶을 일구고 가꾸어본 경험이 없는 한 그 문화의 심층에 다가설 수도 이해할 수도 없기 때문이다. 타문화를 제대로 이해하려면 직접 타문화 속에서 살아보는 게 가장 좋은 방법일지 모른다. 그것이 힘들다면, 최소한 긴 시간을 두고 진지하게 타문화를 배우고 익히는 자세가 필요하다.[29] 긴 시간이 요구되는 것은 다음과 같은 이유 때문이다.

문화란 기본적으로 모든 사회구성원들의 삶의 집합체요 결과물이다. 그 때문에 어떤 문화도 일견(一見)으로 관찰·분석될 수 없다. 더 적극적으로는, 타문화와의 대면을 피할 수 없는 하나의 운명으로 받아들이는 것이 필수적이다. 타문화를 이렇게 자문화처럼 피할 수 없는 운명으로 받아들이게 되면, 최소한 국적이나 문화가 다른 두 남녀가 결혼한 경우처럼, 문화 간 대화는 관찰자, 분석자로 머물 때와는 차원이 다르게 심화될 수 있고, 당연 상대 문화를 더 세세하게 알려는 노력을 하게 될 것이다.

그동안의 단절, 무지로 인한 불통(不通)을 극복하기 위해 문화 간의 대화는 이렇듯 타문화를 관찰자의 입장에서 단정하기보다는 끝없는 탐색의 과정을 통해 확대시키고 심화시켜나가는 자세가 필요하다. 그렇지 않고서는 문화 간의 단절은 좁혀질 수도 없고 상대 문화의 심층을 공유할 수도 없다. 우리가 <문화 대차에서 문화 세차로>라고 소제목을 붙인 이유가 여기에 있다. 요인즉 문화 대차라는 서로 다른 문화와 문화 간의 외적 분석의 관계를 문화 세차라는 내적 심화의 관계로 전환시켜야 한다는 것이다. 전자가 동일성에서 차이로 넘어오는 단계로써 타문화를 관찰하고 분석하는 단계라면, 후자는 차이에서 다양성으로 그 지평을 이동시켜 타문화를 하나의 운명처럼 받아들이는 단계이며, 타문화를

---

29 도널드 데이비슨의 "언어의 의미는 자애의 원리에 의해 결정된다(principle of charity)"는 의미론적 행동주의도 넓은 의미에서는 이러한 우리의 설명과 무관하지 않아 보인다 – D. Davidson, *Problems of rationality*, Oxford: Clarendon Press; New York: Oxford University Press, 2004 참조.

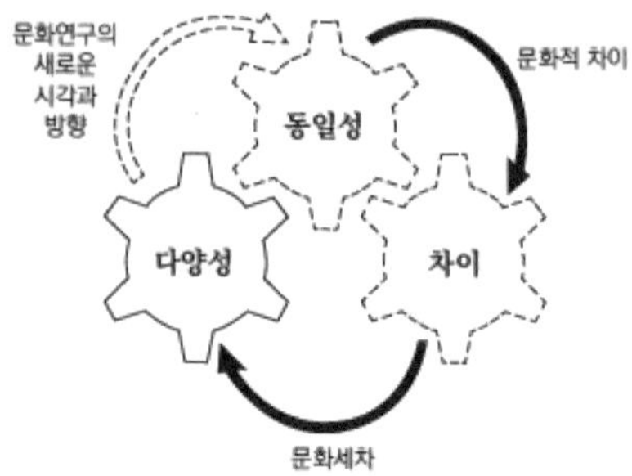

그림1. 문화연구와 분석의 동향 및 새로운 방향

편견 없이 있는 그대로 수용하면서 자문화와의 거리를 좁히기 위해 끝없이 노력하는 단계이다.[30]

여기서 중요한 것은, <그림1>에서 보듯, 동일성, 차이, 다양성은 각기 독립변수가 아니라 서로 맞물려 상호 매개적 역할을 한다는 점이 특징이다. 그리고 이렇게 동일성과 차이 그리고 다양성이 서로 잘 매개될 때 문화연구는 균형성을 유지한 채 타문화의 심층에 육박할 수 있다. 이와 같은 상호매개적 시각에서 보면, 문화 대차에 의존해 여전히 자문화 중심적으로 타문화를 관찰·분석하고 평가하는 것, 즉 동일성의 논리를 연장·강화시키는 것이 우리가 일차적으로 극복하지 않으면 안 될 과제라고 생각된다. 그런데 많은 문화연구들이 실제 소수자며 이주 노동자, 여성 문제 등 그동안 소외된 상태에 있었던 집단에게 초점을 맞추어 문화 세차의 초기 형태를 제시하고 있음에도 불구하고, 앞서 지적한 바 있듯, 결과적으로는 문화 세차의 수준에까지는 이르지 못한 채 문화 대차의 문제점만을 지적하는 데 그치고 만다는 점이다. 문제는 이렇게 문화 논의가 계속해서 동일성과 차이의 범주 안에서 회돌이 하는 한 문화 세차는 물론이고 문화 다양성에 접근할 수 있는 길이 원천 봉쇄된다는 점이다. 이를 극복하기 위해서는, 앞서도 언급했듯, 문화 논의를 표면에서 심층으로, 외적 분석의 관계에서 내적 심화의

30 문화 세차란 표면문화가 아닌 심층문화에 접근하는 것을 목표로 하며, 서로 다른 문화들 간의 상대적 차이를 유사성과 상이성에 준해 규명한다는 점이 동일성을 무기로 한 문화 대차와 결정적으로 다른 점이다. 결국 한 문화의 정체성은 바로 이 문화 세차로 인해 다른 문화와 구별되는 것이지 피상적인 문화 대차로 구별되는 것이 아니다. 한국의 문화 콘텐츠 상품들이 다른 문화권의 국경을 자유롭게 넘나들기 위해서도 결국은 다른 나라와의 문화 세차에 대한 고려 없이는 그곳에서 지속적인 경쟁력을 확보할 수 없을 것이다 - 박치완, *op. cit.*, p.46 이하 참조

관계로 전환시켜야 한다. 그리고 문화들 간의 관계를 지배/종속 관계, 즉 권력 관계에서 상호 평등한 관계, 즉 향유 관계로 재정립시켜야만 한다.

문화 대차가 최소한 문화 세차로만 전환되어도 문화는 차이를 학습하고 차이를 동일성과 함께 향유하는 것으로 바뀔 수 있다. 그리고 거듭 강조하지만 문화는 정치·경제적으로 '힘 있는' 문화, 또는 세속적으로 표현해 '고급문화'를 기준으로 해서 번역·교류되어야 하는 것이 아니라 각 문화가 보존하고 있는 개성과 특징, 즉 특수성과 상대성을 인정할 때고, 이를 전제로 문화변용(Acculturation)이 진행된다는 점에 유념해야 한다.[31] 이는 기본적으로 문화가 하나의 고정된 실체가 아니라 '살아 있는 다양체(le corps multiple vivant)'로서 작용하고 기능한다는 것을 의미한다. 더 직접적으로 표현하자면, 설사 동일한 문화권 속에서라고 해도 각자가 다르게 향유할 수 있는 것이 문화이다. 따라서 문화는 동일성의 논리와 문화 대차의 틀을 깨고 문화 세차의 과정을 거쳐 궁극적으로는 문화 다양성에 이르러야 한다.

2) 문화 세차에서 문화 다양성으로

다양성을 모태로 하는 문화는 아래 <그림2>에서 확인할 수 있듯, 동일성과 차이를 모두 포용한다. 그런 점에서 다양성은 문화연구에 있어서는 물론이고 문화 콘텐츠 연구나 기획의 방향을 잡는데 있어서도 중요한 변수 중 하나라 할 수 있다. 하지만 여기서 우리가 신중을 기해야 할 것이 하나 더 있다. 그것은 본 연구가 시론적(試論的) 제안이라는 데도 그 원인이 있다고 할 수 있지만, 아직은 문화 다양성이 철학적·인식론

31 <문화변용> 개념은 인간이 한 문화의 구성원이 되기 위해서는 다양한 지식과 기술을 습득하는 '사회화 과정'을 거친다는 뜻으로, '상황 구속적'이라는 한계를 지니고 있다. 하지만 여기서 우리는 그 결과보다 과정에 초점을 두고자 한다 - 크리스 바커, *op. cit.*, p.121 참조.

적 차원에서 그 토대가 공고하게 마련된 상태라고 보기는 어렵다는 점에서도 그렇다. 역설적으로 말하면 이런 이유 때문에 본 장에서 우리가 그 인식론적 밑그림을 제시해보려는 것이다.[32]

그렇다면 왜 문화 세차에서 멈추지 않고 문화 다양성에로까지 나아가야 하는가?

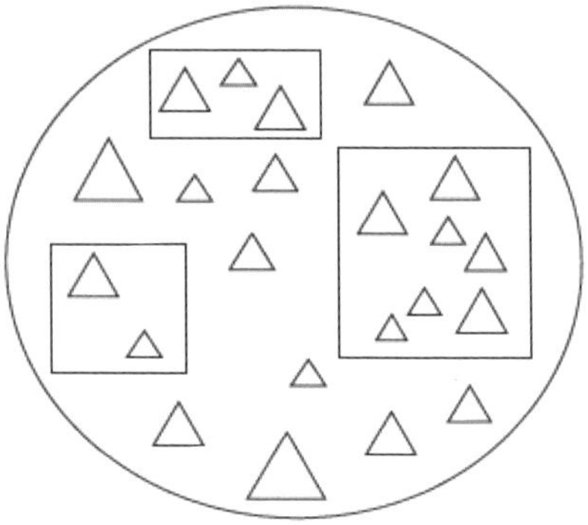

그림2. 문화의 신(新)개념도
〔△: 동일성(I), ㅁ: 차이(D), ○: 다양성(P)〕

문화 다양성이 토대가 되어야만 i) 작금의 문화 제국주의적 세계화 전략의 맹점이 어디에 있는지를 정확히 파악할 수 있고, ii) 본 연구의 핵심 화두인 지역 세계화의 본래적 의미를 파악할 수 있다고 믿기 때문이다. 부언컨대, 동일성의 논리만을 반복하면서 문화적 동질성의 세계적 확대를 꿈꾸는 현행의 세계화 전략이 문화 다양성과 교집합을 이루지 못한다면, 소위 '지역적 문화들'로부터 강한 저항에 직면할 수밖에 없을 것이기 때문이다. 물론 지역성의 지나친 강조 또한 문화 대차에 대해서는 일정 정도 사고 전환을 요구한다는 점에서는 의미 있는 작업이라고 할 수 있다. 하지만 엄밀한 의미의 지역 세계화를 설명하는 데 있어서 또한 그 한계가 있다. 다시 말해 "원자적 요소(atomistique élément)"로서 문화를 부각시켜 문화 대차에 저항하는 것만이 우리가 도달해야 할 궁극목표는 아니라는 것이다.

문화 다양성 개념을 통해 우리가 언급하려는 것은 이와 달리 "정합적

32 물론 M. 화이트 같은 학자는 이제 "철학은 문화의 철학(philosophie comme philosophie de la culture)"이라고 강조하면서 "경험적 진리들"의 중요성에 대해 역설하면서 "정합적 실용주의(pragmatisme holiste)"를 새로운 철학적 인식론으로 제시한 바 있다 – M. White, *Une philosophie de la culture. Du point de vue pragmatiste*, J. Vrin, 2006, pp.177~184 참조.

총체(holistique totalité)"로서 문화관이다.[33] 부언컨대 정합적 총체로서 문화관이 정립된 상태여야 우리는 비로소 문화 다양성, 문화의 세계성과 지역성을 한 논의 테이블 위에 올려놓고서 균형 있게 논할 수 있고, 바로 그때라야 세계적인 것의 지역화와 지역적인 것의 세계화를 상호연관적으로 인식할 수 있게 된다.

문화 다양성과 정합적 총체로서 문화관은 이렇듯 문화를 하나의 유기적·관계적으로 바라본다는 데 의의가 있다. <그림2>에서 보듯, 다양성은 동일성과 차이를 모두 포섭하며 또한 문화 대차와 문화 세차가 '종합'을 의미하는 원안에서 각기 제 고유한 위치를 잃지 않도록 한다는 데 있다. 이렇게 다양성을 출발점으로 삼을 때 동일성의 배타성과 차이의 파편화가 동시에 극복될 수 있으며, 두 경향 모두 서로에게 무관하지 않고 서로에게 영향을 미친다는 것 또한 설명이 가능하다.[34]

이런 까닭에 여기서 우리가 요지(要旨)로 삼고 있는 문화 다양성을 문화상대주의와 혼동해서는 곤란하다. 문화상대주의가 일반적으로 문화의 파편화와 이질화만을 극단적으로 강조하는 입장이라면, 우리가 문화 다양성 개념을 통해 제시하려고 한 것은 서로 다른 문화들, 상대적 문화들 간의 크로스오버,[35] 즉 일종의 '문화혼종화'를 염두하고 있기 때

33 J.-J. Wunenburger, *L'imaginaire*, P.U.F., coll.《Que sais-je?》, 2003, p.11. 뷔넨뷔르제는 이미지, 상징, 신화를 포함하는 상상계의 문화 설계도(plan culturel)를 이와 같이 '정합적 총체' 개념을 통해 일신시킨 대표적 학자로 G. 뒤랑을 언급하고 있다. 뒤랑의 사상에 대한 보다 상세한 언급은 박치완, 「질베르 뒤랑의 제3의 논리와 시니피에의 인식론」, 『철학연구』 제39집, 고려대학교 철학연구소, 2010 참조.

34 크리스 바커는 <글로컬라이제이션>에 대해 풀이하면서 우리와 동일한 입장을 취하고 있다: "대체로 자본주의적 근대성은 세계적 협조의 수준과 양을 증가시키기 때문에, 세계의 문화적 동질화의 한 요소를 수반한다. 그러나 파편화, 이질화, 혼종화의 메커니즘들 또한 작동하기에, 이는 세계 문화의 동질화 또는 이질화라고 하는 어느 한 측면의 문제가 아니라 오히려 이들 두 경향이 현대 생활의 풍경을 생산하기 위해 함께 작동하는 방식의 문제라 할 수 있다." - 크리스 바커, *op. cit.*, p.43.

35 <문화상대주의>와 <문화적 상대성>은 문화 보편(절대)주의를 거부한다는 점에서 공통점이 있고, 문화 다양성을 인정한다는 점에서도 유사한 측면이 있다. 여기서 우리는 일부 아프리카나 중동지역에서 자행되고 있는 여성할례

문이다.

바로 이런 이유 때문에 우리는 앞서 이를 '종합'이라는 원에 비유했던 것이다. 신수사학의 대가인 M. 메이에르는 이 "시대가 요구하는 정신"이 곧 "종합의 정신"이라고 강조한 바 있다.[36] 메이에르에게 '종합'은 오늘날과 같은 "파열의 세기(siècle des déchirures)"[37]를 아우르기 위한 새로운 지도 이념이요, "사유 자체"가 새로운 방향을 잡기 위한 이정표이자 "물음들의 창조(création de questions)"와 직결된 하나의 정신의 운동이다.[38] 그리고 특히 그는 이러한 언급을 한 뒤에 "위계적 인간(l'homme de la hiérarchie)"은 "문화의 적(l'ennemi de la culture)"[39]이라고 역설한다. 이게 무슨 뜻일까? 요인즉 이 시대를 상징하는 다양성의 물결을 파악하지 못하고 과거에 연연해하거나 과거에 누렸던 위계를 그대로 유지할 수 있다고 착각하는 과거주의자들은 이 시대가 요구하는 종합의 정신을 위배하는 자는 말이리라. 메이에르의 이 언급 속에는, 앞서 우리가 살펴본 동일성의 논리나 거의 같은 논리를 뒤집어 전개하는 데 그친 포스트 모더니스트들에 대한 비판도 포함돼 있다.

메이에르의 이와 같은 언급에 빗대어 강조하건대, 분리·구분보다 종합·혼종화가 문화연구, 문화 콘텐츠 기획의 새로운 방향이라는 것이다. 뒤집어 말하면 이제까지 동일성과 차이라는 꼬리표를 달고서 무대 전면에 부상해 있는 그런 문화만이 문화의 전모(全貌)는 아니라는 것이

와 같이 인류의 보편적 가치에 위배되는 극단적인 문화상대주의를 단지 문화적 상대성과 구분할 뿐이다.

36 M. Meyer, *Qu'est-ce que la philosophie?*, Librairie Générale Française, coll. 《Le livre de Poche》, 1997, p.14. 이런 이유 때문에도 우리는 문화라는 개념이 이런 저런 '견해'의 옷을 입고 지리·영역적 구분이나 이론적 체계화가 이루어지기 이전 단계인 '원초적 현실'에로 거슬러 올라가야 한다고 생각한다. 종합의 정신, 총합의 지혜가 발휘되지 않음으로써 결국 전망이라곤 없는 의견들만 분분하게 되고, 문제가 되는 문화 격차나 갈등은 전혀 줄어들 기미를 보이지 않기 때문이다.

37 *Ibid.*, p.23.

38 M. Meyer, *De la problématologie. Philosophie, science et langage*, P. Mardaga, 1986, p.348.

39 *Ibid.*

다. 그 이유는 문화는 사람들이 몸소 느끼고 체험한 삶의 역동적·복합적인 하부구조이지 결코 지적으로 분류되고 지리적으로 경계가 나뉘는 그런 피상적인 상부구조가 아니라는 것이다.[40] 더 정확히 말하면 동일성과 차이로 분류되고 구분된 상부구조의 밑바탕에는 예외 없이 다양성이 꿈틀거리고 있다는 것!

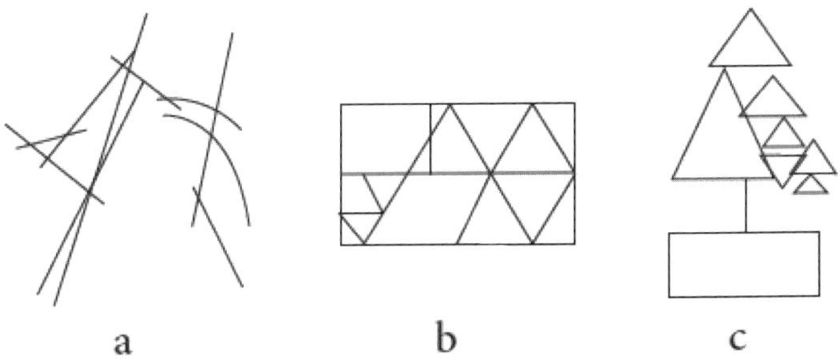

그림3. 제3의 미래의 문화 형태

다양성으로서의 "문화는", 리오타르의 지적처럼, "자신의 이야기를 정당화하기 위해 어떤 특별한 절차를 필요로 하지 않는다."[41] 다시 말해 문화는 외적인 규모나 발전의 정도가 권위를 부여하는 것이 아니라 "스스로 권위를 지닌다."[42] 그렇다. 모든 문화는 각기 스스로 권위를 지니고 있다. 스스로 권위를 지닌 문화는 당연 동일성이나 차이라는 이념적·외부적 구속 상태로부터 자유로우며 자신을 있는 그대로 마음껏 표현할

40 신옥근, 「한국과 퀘벡의 다문화주의와 문학: 이주문학과 타자의 문제」, 『프랑스문화예술연구』 제26집, 2008, p.206 참조. 저자는 최근 다문화주의라는 개념이 그 의미가 제대로 규명도 되지 않은 채 다소 무분별하게 사용되고 있는 경향이 없지 않다고 언급하면서, 사이비 다문화주의(faux multiculturalisme)와 부티크 다문화주의(boutique multiculturalisme)를 비롯하여 사이비 복수주의(faux pluralisme)를 경계해야 한다고 지적하고 있다.

41 장-프랑수아 리오타르, 『포스트모던적 조건』, 이현복 옮김, 서광사, 1992, p.59.

42 *Ibid.* 리오타르는 이야기(récit), 이야기적 지식(savoir narratif)과 관련하여 이와 같이 주장하고 있으며 "문화 속에서 무엇이 말해지고 행해질 권리를 갖는가를 규정하는 (…) 이야기는 문화의 일부이기 때문에 그로써 스스로 정당화된다(*ibid.*)고 강조하고 있다.

수 있고, 이는 다른 문화도 마찬가지다. 그리고 이렇게 다양성을 기본전제로 해야만 각각의 문화는 그 역사나 형태를 불문하고 각기 제 고유한 색깔과 목소리를 가질 수 있게 된다.

여기서 중요한 것은 이렇게 스스로 권위를 가진 다양한 문화들이 <그림3>에서 보듯, 만일 새로운 형태로 종합되고 혼종화될 수 있다면, 또 그것이 실제 진행되고 있는 문화변용의 현주소라고 한다면,[43] 이렇게 형성된 문화를 우리는 21세기형의 문화, 즉 문화본질(보편)주의나 문화상대주의와 구분되는 의미에서 '제3의 문화'라고 칭할 수 있을 것이다. 여기서 a, b, c 각각은 <그림2>에서 언급한 I와 D가 자유롭게 결합된 상태이며, 기본적으로는 P에 도달하기 위한 예비적 단계라 할 수 있다. 부언컨대 <그림3>에서 우리가 제시한 a, b, c는 물론 지구상에 현존하는

43 1990년대에 세계화, 탈식민주의에 대한 논의의 맥락에서 등장한 <혼종성(hybridity)>, <혼종화(hybridization)> 개념 속에는 이전의 개별적 문화 요소들이 결합되어 새로운 형태의 문화적 정체성이 생긴다는 의미가 있고, 기본적으로 고정된 중심 문화가 존재하고 이를 불안정하게 하는 주변 문화가 갈등을 야기하는 양상을 설명하는 데 주로 쓰였던 개념이다. 하지만 현재는 정보·통신 기술의 급속한 발달로 다른 문화와의 접촉이나 교류 등이 훨씬 더 수월해졌다. 그 결과 이제는 혼종성이나 혼종화에 대해 반응하는 자극 감성이 약해진 것도 사실이다. 그리고 최근에는 논의의 영역이 문화들 간의 관계에서 '동일 문화권에서의 혼종성'의 문제, 화적 정체성 자체가 혼종적'이라는 주장까지 제기되고 있다. "정체성은 결코 순수하지도 않고 고정되지도 않으며, 연령, 계급, 젠더, 인종 그리고 국적의 접합을 통해 형성된다." - 크리스 바커, *op. cit.*, p.388. 여기에 우리의 주의력이 요구된다. 바커도 마찬가지지만 일반적으로 세계화 추수주의자들은 이 혼종성을 '세계화의 문화 논리'로 기정사실화하는 경향이 있기 때문이다 – M. M. Kraidy, *Hybridity: Or the Cultural Logic of Globalization*, Philadelphia, 2005 참조. 하지만 필자가 보기에 이러한 경향은 다분히 '피상적'으로 드러난 문화들 간의 접촉과 교류를 설명하는 데 그칠 뿐 그 심층은 건드리지 못하고 있는 것으로 판단된다. 문화의 뿌리, 즉 그 문화적 무의식으로서 코드를 파악하는 것이 그래서 중요하고, 재삼 강조하지만 문화 세차를 밝히려는 진지한 노력이 수반되지 않으면 안 되는 이유가 여기에 있다. 피터 버크가 정확히 지목하고 있듯, 혼종화 과정(the processes of hybridization)은 해당 문화의 역사에 대한 연구를 비롯하여 그 구성원들에게 혼종성을 형성시킨 "과거만큼이나 현재를, 실천만큼이나 이론을, 특수한 사건만큼이나 일반적 과정을" 함께 고려해야 하며, 또한 "경제, 사회, 정치적 국면" 못지않게 "생활 태도, 정신 상태, 가치, 어법(expression), 상징 등에 이르기까지 문화 트렌드 전반을 연구하지 않으면 안 된다 – P. Burke, *Cultural Hybridity*, Cambridge: Polity Press, 2009, p.5.

그런 문화 형태는 아니다. 하지만 오늘날과 같이 서로 다른 문화들이 빠른 속도로 교류, 융섭(融涉)하는 과정에서 충분히 나타날 수 있는 형태이며, 특히 c는 가장 건전한 미래형 문화패턴라 할 수 있다. 어떻게 하면 문화적 타자들을 수용하면서도 문화적 고유성과 독자성을 잃지 않을 수 있는지를 고민한 결과 우리는 이와 같이 위험을 무릅쓰고 감히 문화를 패턴화 해보았다.[44] 21세기는 더 이상 문화지배의 시대가 아니라 문화의 공유·향유의 시대라는 화두를 나름 해명해보기 위해서다.

3. 세계화에서 지역 세계화로

문화연구, 문화 콘텐츠의 지역 세계화 전략을 고민하는 자리에서 우리가 이렇게 철학적·인식론적 구상을 전개하게 된 까닭은, 본장의 서론에서도 이미 예시했듯, 성급한 세계화 외침은 필경 저항의 장벽과 암초에 직면할 수밖에 없고, 이를 기획단계에서부터 미연에 방지해야 한다는 점을 적시하기 위해서이다. 그 장벽과 암초를 미리 예상하고 지역화 전략을 짠 경우라면, 분명 그 타격이 적을 것이다. 하지만 지역화 전략 자체를 사전에 준비하지 않았다면, 상상을 초월하는 손실도 예상해야 한다. 이는, 앞서 살펴보았듯, 문화 대차로부터 오는 것이 아니라 문화 세차를 간과한데 그 원인이 있다.

문화 세차는 문화들 간의 심층에 뿌리를 내리고 있기 때문에 단번에, 쉽게 '파악되지 않는 거리(distance a-perçue)'를 가지고 있다. 바로 그 거

44 <문화의 패턴화> 개념은 기본적으로 문화의 다양성을 기초로 하는 개념이며, 서로 다른 요소들, 특징들의 총합에 의해 새로운 형태의 제3의 문화가 탄생할 수 있다는 것을 전제로 한다. 이런 전제로 루스 베네딕트는 문화적 특징들의 분석에만 치중했던 전통의 인류학적 문화관, 즉 도식적 문화 분석에 대해 반기를 들고 문화의 통합적 연구, 즉 문화의 복합적 구성에 대해 진지한 고민이 필요한 때임을 강조하고 있다. 그녀에게는 문화(사회)뿐만 아니라 개인도 마찬가지로 다양성과 복합성의 구성체이다 - 루스 베네딕트, 『문화의 패턴』, 이종인 옮김, 연암서가, 2008, pp.87~103 참조.

리를 좁혀야 세계 지역화든 지역 세계화든 모색할 수 있는 법이다. 필자가 근년에 연구한 바에 따르면 지역 세계화에 성공한 사례는 얼마든지 찾아볼 수 있다. <인터넷 야후>에서 국가별로 웹 디자인을 차별화한 것도 그렇고,[45] <맥도날드>가 중국시장에 진출하기 위해 계속해서 광고 전략에 변화를 꾀한 것도 그렇다.[46] 그런가 하면 한국에서 현지화에 실패해 철수한 다국적 기업들도 적지 않다. 가까운 예로 한국시장에 1993년 진출해 2006년에 철수한 <까르푸>와 1998년에 진출해 2006년에 철수한 <월마트>가 대표적이다. 그런가 하면 <마이크로 소프트>가 <한글과 컴퓨터>의 인수를 포기한 것도, 부끄러운 일이긴 하지만, 한국인들의 한글 사랑이 크게 작용한 것이라는 분석 결과도 보고돼 있다.[47]

이들 사례는 우리에게 무엇을 일깨워주는가? 누차 강조하지만, 글로벌 시각을 갖지 못해서 문제가 되는 것이 아니라 기본적으로 로컬 자체의 문화 코드가 서로 다르다는 것을 간과한 것이 문제라는 것이다. 이는 문화상품의 공급자가 아니라 소비자가 열쇠의 주인이라는 말과 같다. 세계경제의 성장 동력이 중국, 인도를 중심으로 한 아시아에 있다고 판단하고 세계의 유수 글로벌 기업들이 최근 들어 아시아를 집중 연구하고 있는 것도 바로 지역화의 중요성 때문이다.[48] 같은 맥락에서 우리가 세계시장을 무대로 수출을 해야만 국부(國富)를 늘릴 수 있다면, 더더욱 우리는 '우리 밖'의 세계를 보다 체계적이고 디테일하게 연구해야 한다. 이러한 우리의 주문은 선택 사항이 아니라 일종의 당위에 가깝다.

굳이 강조할 필요도 없이 지구상에는 다종의 문화들이 존재한다. 그 문화들마다 각기 독특한 색깔, 즉 개성을 지니고 있다. 자신의 정체성을 십분 과시하는 문화도 있으며, 그 반대의 경우도 많다. 개인 중심의 문화도 있지만, 집단 중심의 문화도 있다. 물질적 부를 중요하게 여기는 문화

45 박치완·김성수·조소연 외, *op. cit.*, pp.133~163 참조.
46 *Ibid.*, pp.107~133.
47 *Ibid.*, pp.205~208.
48 T. J. Craig and Richard King(ed.), *Global Goes Local: Popular Culture in Asia*, Univ. of Hawaii Press, 2002 참조.

도 있지만, 정신적인 가치를 중요하게 여기는 문화도 있다.[49] 때문에 "다양한 문화에서 정상 상태(정상성)의 범위는 일치하지 않을 수" 있다.[50]

사실 이런 이유 때문에 우리가 개별 문화의 특성과 코드를 무시한 채 문화 대차로 문화를 분류하는 것은 이제 더 이상 의미 있는 작업이 아니라는 사실을 깨달아야 한다. 그런데 우리가 세계화를 외칠 때면 어찌된 영문인지 예외 없이 문화 대차적 입장에 선다. 그뿐 아니라 은연중 유사제국주의적 시각을 발동시키기까지 한다. 필자가 심히 의문을 제기하는 점이 바로 이것이다. 그리고 이렇게 타문화를 자문화 중심의 시선으로 판단·평가해서는 결코 지역 세계화에 성공할 수 없다는 것이 필자의 기본적 생각이다. 바꿔 말해 문화 세차, 문화 다양성에 대한 이해가 시급한 시점이라는 것이다.

글로컬 개념은 <그림3>에서도 예시했듯, 기본적으로 문화의 혼종화를 전제로 한다. 문화의 혼종화는 중심문화/주변문화라는 그동안의 문화적 이분법을 탈피해 문화들 간의 자유로운 교류와 융섭에 핵심을 둔다. 부언컨대 문화 간의 분리나 구분보다 종합과 관계를 중시한다. 그런데 우리의 현실은 불행히도 여전히 "자본주의 경제체계, 세계 정보체계, 국가체계, 그리고 세계 군대 질서의 확장주의"[51]가 지배적이다. 특히 문화 다양성의 경우도 그 논의는 무성하지만 전혀 현실을 반영하지 못하고 있는 실정이며, '서구적인 것'이 늘 판단의 기준으로 작용하고 있다. 더 정확히 말하면, 서구인들은 여전히 '서구적인 것'이 '세계화의 기준'이라고 역설하고 있고, 비서구인인 우리도 여기에 일정 정도 동조하며 우리 현실에 맞는 적실한 해석체계를 갖는 데 실패하고 있다.

여기서 '서구적인 것'이란 곧 경제 강국 중심의 세계화 논리와 다르지 않으며, 바로 이 논리 속에는 변형된 자본주의가 힘을 행사하고 있다.

---

49 박치완·김평수 외, 『문화 콘텐츠와 문화 코드 – 글로컬 시대를 디자인하다』, 한국외국어대학교 출판부, 2011 참조.
50 루스 베네딕트, *op. cit.*, p.392.
51 크리스 바커, *op. cit.*, p.274.

경제 강국은 이렇게 경제뿐만 아니라 기술, 미디어, 사상까지 동원해 문화의 세계화, 지식의 세계화를 꾀하고 있다. 이들이 문화(콘텐츠)산업을 제1의 국가전략으로 삼는 이유도 여기에 있다.[52] 그뿐인가. 심지어는 경제 소국들의 로컬 발전 전략까지도 이들이 직접 수립하며, 이들의 시각으로 해당 로컬을 자신들의 세계화의 논리에 포섭시키는 것을 일종의 사명으로까지 여기는 예도 종종 있다.[53] 한마디로 세계화의 원칙은 서구적인 것과 자본주의를 모방하고 추종하지 않으면 안 된다는 식의 주장이다. 그 단적인 예는 브라이덴바흐와 추크리글의 『춤추는 문화: 세계화 시대의 문화적 다원화』에서도 엿보인다.

> "원래 서구의 것이었던 여타 개념들도 이제는 '진정한 세계화의 원칙'이 되었다."[54]

> "전 세계적으로 사회는 서양의 사상과 제도를 수용하고 변형시켜 왔다. 이제 그것은 각 문화의 일부가 되었으며, 그 역사적 뿌리라는 것은 그것을 실제로 이용하는 사람들에게는 별로 중요하지 않다."[55]

이들 공저자가 부제로 내세운 '문화적 다원화'는 결국 초국가 형태의 글로벌 문화, 즉 서구문화가 여전히 중심을 전유(專有)하고 있는 시장경

52 S. Lash & C. Lury, *Global Culture Industry*, Polity Press, 2007 참조. 여기서 우리는 일찍이 아도르노와 호르크하이머가 1946년에 「문화산업 - 대중기만으로서의 계몽」이란 논문에서 문화산업에 의해 생산된 상품은 대중의 계몽이나 민주주의에 기여하기보다는 오히려 권위주의적이며 표준화되어 있어 누구도 그러한 상품으로부터 벗어날 수 없게 한다는 점을 지적한 것에 대해 주의를 기울일 필요가 있다(크리스 바커, *op. cit.*, p.122 참조). 창조경제가 변형된 자본주의에 불과하듯 글로벌 문화산업도 결국 아도르노와 호르크하이머가 오래전에 지적한 문화산업의 범주를 크게 벗어나지 못하고 있는 것이다.

53 A. Dirlik, "The Global in the Local", R. Wilson and W. Dissanayake(eds.), *Global Local*, Duke University Press, 1996 참조.

54 요아나 브라이덴바흐와 이나 추크리글, 『춤추는 문화: 세계화 시대의 문화적 다원화』, 인성기 옮김, 영림카디널, 2003, p.143. 필자 강조.

55 *Ibid.*, p.37. 필자 강조.

제의 세계화의 길을 따르느냐 그렇지 못하느냐에 물음의 핵심이 있다. 이러한 서구 중심적 논리를 강화하기 위해 그들은 심지어 '지리적 공간'으로서의 국가 개념까지 거부한다.[56] 국가는 이미 현대와 같은 탈지역화, 세계화의 추세 및 인터넷 시대의 흐름에 역행하는 고전적인 이념일 뿐이라는 것이다. 그래서 우리는 그들의 논지에서 세계화의 폐해에 대해서는 그 어떤 언급도 찾아볼 수 없다. 이들은, 창조경제 이념이 그렇듯, 오히려 세계화의 유용성과 효용성만을 일방적으로 강조하고 있다. 각 문화에 고유한 문화적 권리와 문화적 정체성 그리고 역사적 전통에 대해 채문할 때가 아니라는 것이다. 한마디로, 작금의 세계화 물결을 거역할 수 없는 하나의 '당위'가 아니겠냐는 식의 억지 주장을 편다.

이런 이유 때문에 브라이덴바흐와 추크리글은 거대 자본과 국경을 무시하고 침범하는 경제 권력(Power Economy)이 인간과 문화 위에 군림하는 상황인데도 불구하고, "고유한 문화의 가치와 표준"을 포기할 수밖에 없다는, "자아에 대해 충실하기도 쉽지 않다"는 객담까지 마다하지 않는다.[57]

바로 이러한 입장, 즉 서구적인 것과 신자유주의로 세계가 재편될 필요가 있다는 입장에 서 있기에 브라이덴바흐와 추크리글은 문화비평가들(생태론자, 인종학자 등), 탈세계화론자들을 일러 "잃어버린 파라다이스"를 추종하는 자들이라고 폄하하기까지 한다.[58] 세계화 시대의 파라다이스는 우리가 그리로 되돌아갈 수 없는, 과거의 "단순한 삶"에서 찾으려고 해서는 안 된다는 것이다. 그래서 이들은 "'자연과 조화롭게' 사는 것은 불가능하다"며, 필요하다면 시골의 "농가에서 휴가"를 즐길 수는 있으나, 중요한 것은 "현대인들이 필요로 하는 대량소비"를 "철저히 누리는", "돈이 많은 사람들"이 아니고서는 결코 현대가 요구하는 "고귀

---

56 *Ibid.*, p.145 참조.

57 *Ibid.*, p.168: "지역적·민족적 사회라는 보호된 공간은 글로벌화를 통해 깨진다. (…) 시장이 함께 작용하는 세계에서 인간이 자아에 충실하기란 참으로 어려우며, 심지어 불가능하기까지 하다."

58 *Ibid.*, p.169 참조.

한 야만인"이 될 수 없다고 역설한다.[59]

브라이덴바흐와 추크리글에 따르자면 결국 세계화 시대의 권위는 소비능력의 여부가 결정한다는 말이 된다. 바로 이것이 이들이 말하는, 현대인이 분명 '자기모순'인줄 익히 알면서도 딱히 거역할 방법이 없는, 문화 변화에 대한 "인류학적 관점"[60]에 따른 세계에 대한 새로운 해석이라는 것이다. 문제는 이렇듯 대개의 세계화론자들은 철저히 보드리야르가 『소비의 사회』에서 가정했던 것처럼 '풍요로 넘쳐나는 사회'를 분석모델로 삼아 자신들의 주장을 전개하고 있다는 사실이다.[61] 또 그것이 문명화, 서구화, 근대화, 문화화로 나아가는 길이라는 것이다.

그러나 이러한 비상식적이고 일방적 견해는, 필자가 「(문화-)세계화: 동일성의 폭력인가, 차이의 배려인가?」에서도 언급한 바 있듯, 동일성의 폭력, 즉 경제 강국에게 경제 소국의 문화지배를 정당화시켜주는 것에 지나지 않는다는 점이다. 바꿔 말해 문화 세차나 문화 다양성은 이런 논리가 지배적인 한 진지하게 고려의 대상이 될 수 없다.

브라이덴바흐와 추크리글도 인정하듯, "글로벌 문화"는 "권력으로부터 결코 자유로운 공간이 아니다."[62] "모든 것[국가, 문화]을 포괄하는" 이념도 아니다.[63] 이렇게 문제가 어디에 있는지를 파악했다면, 우리는 감히 다음과 같은 반론을 펼 수 있어야 한다. 이제 더는 서구적인 잣대를 들이대지 말라고! "식민적 권력 매트릭스(colonial matrix of power)"[64]

---

59 *Ibid.*, p.171 참조.

60 *Ibid.*, pp.175, 27~31. "점증하는 글로벌화는 학문으로서의 인류학에 하나의 도전이다. (…) 그리고 이러한 점에서 글로벌 문화인류학의 가장 중요한 연구대상은 변화와 글로벌 접촉이다."(*ibid.*, p.29)

61 존 어리가 대도시 중심의 소비도시가 산업도시를 대체했다고 본 까닭도 여기에 기인한다고 볼 수 있다 - J. Urry, *Consuming Places*, Routledge, 1995 참조.

62 요아나 브라이덴바흐와 이나 추크리글, *op. cit.*, p.210. 이어지는 문장은 다음과 같다: "모든 차이는 합의를 봐야 하고, 자신의 입장을 옹호해야 하며, 큰 목소리를 갖지 못한 사람은 묻히고 만다. 글로벌 문화는 모든 문화의 동등한 참여 하에 생겨나지 않았으며, 그 자체가 공명정대한 세계의 발전을 촉진하는 것도 아니다. 그 구조와 요소 대부분은 사실 서구에서 기인한 것이다."

63 *Ibid.*, p.215.

64 월터 D. 미뇰로, 『라틴아메리카, 만들어진 대륙: 식민적 상처와 탈식민적 전

는 이제 거둬들여 폐기처분하라고!

한국에서의 문화연구, 문화 콘텐츠 연구 및 기획에 있어서도 우리가 반면교사로 삼아야 할 것이 바로 이점이다. 강자에게는 다 내어주고, 약자들에게는 다 내놓으라는 식의 세계화 전략은 전혀 설득력이 없다는 뜻이다. 현실적 측면에서도 이러한 전략은 호소력이 있을 수 없다. 그 일차적 이유는 문화가 사고파는 물건과는 다른 것이기 때문이고, 두 번째로는 '물질적 재화'만을 제일 가치로 내세워 '인간'과 '문화'를 배제하는 세계화라면,[65] 이미 그것은 파스칼 브뤼크네르가 정확히 지적한 바 있듯, 인류에게 "(번영의) 비참"만을 안겨줄 뿐이기 때문이다.

전통 경제를 '창조'라는 개념으로 재신화(再神話)화시킨다고 해서 달라지는 것은 아무것도 없다. 문화산업에 '글로벌'을 붙여 수식한다고 해서 그 산업이 세계화되는 것도 아니다. 우리가 놓쳐서는 안 되는 것은 오히려 세계화 과정에서 혹 "지구상 인류의 대다수가 잊혀지고"[66] 있는 것은 아닌지 주시하는 데 있다. 이에 추가해 우리가 경계하지 않으면 안 될 것이 하나 더 있다. 그것은 바로, 이글에서 우리가 누차 강조해왔지만, "문화의 재난"[67]은 스스로가 로컬에 속해 있다는 사실을 망각하거나 포기할 때 일어난다는 점이다. 월리시(Wallish)가 우리의 모국어인 한글을 대체하는 일이 일어난다면, 글로벌 인재를 육성한다는 미명하에 국지(國志)는 내팽개치고 '세계사'를 가르치는 나라에서라면, 그것은 우리 모두가 세계화라는 정체불명의 '시뮬라크르'에 혼을 빼앗기고 있다는 반증이 아니고 무엇이겠는가.

환』, 김은중 옮김, 그린비출판사, 2010, p.8. 아르헨티나 출신으로 미국의 듀크대학교의 교수인 미뇰로는 16세기부터 시작된 서구 유럽(스페인, 포르투칼, 네델란드, 프랑스, 연국, 독일, 미국, 이탈리아 등)의 "전 지구적 차원의 식민성의 논리는 소련 붕괴와 세계무역센터 빌딩의 붕괴가 발생한 2000년 까지도 변한 것이 없으며", "한국과 남아메리카가 유사한 입장에 놓여 있다"고 분석하면서, 그는 "탈서구화 없이는 탈신민화가 불가능하다"고 강조하고 있다((*ibid.*, pp.7~11).

65 장 피에르 바르니에, 『문화의 세계화』, 주형일 옮김, 한울, 1999, p.121.

66 파스칼 브뤼크네르, *op. cit.*, p.30.

67 거트 호프스테드, 『세계의 문화와 조직』, 차재호·나은영 역, 학지사, 1995, p.341.

경제 강국들의 치밀한 세계화 전략에 맞서 저항할 힘을 상실한 사회, 로컬이 글로벌에 의해 전방위적으로 포위된 국가는 초국가적 기업과 글로벌 금융자본의 먹이로 전락할 가능성이 매우 높다. 부언컨대 문화적으로 자기구성(self-constitution)이나 자기정체성(self-identity)에 대한 반성, 즉 성찰적 근대화(reflexive modernization) 과정을 제대로 거치지 않은 나라에서의 세계화 외침은 오히려 초국가적 금융자본에 노출되어 문화 주권, 국가 주권을 침해당할 확률이 높다.[68] '글로벌'이라는 상상의 공동체에 속해 경제 만능주의의 노예가 될 것인지 우리의 로컬 문화를 강화해 진정으로 <지역 → 세계화>를 실현할 것인지, 선택은 우리에게 달려 있다. <지역> 없는 <세계화>만 횡행활보(橫行闊步)하는 미래를 원치 않는다면, 그 선택은 이미 정해진 것이나 다름없다. 문화적 정체성의 유지가 세계화의 유령을 떨쳐버릴 수 있는 최후의 보루이다.

> "지역화는 과거로의 회귀가 아니다. 단지 전통문화의 장점을 인정하는 것이다. 전통문화는 지역의 자원과 지식에 의지해서 사람들의 물질적 필요를 채웠고 환경피해를 최소화했다. 그리고 공동체의 유대를 최우선에 두어 소속과 안정을 바라는 사람들의 심리적 욕구를 충족시켰다. 우리는 전통문화가 주는 교훈을 기억하면서 현재 우리에게 닥친 위기를 해결하는 방법을 찾아야 한다."[69]

---

68 P. Hopper, *Understanding Cultural Globalization*, Polity Press, 2007, pp.166~167 참조.

69 헬레나 노르베리-호지, 『로컬의 미래. 헬레나와의 대화』, 최요한 옮김, 남해의 봄날, 2018, p.85.

4

HOMO Glocalicus

글로컬 시대의 문화 해석: 단일보편문화론에서 특수복합문화론으로

"문화는 시간과 공간을 넘어서 다양한 양식을 가지며, 그 다양성은 인류를 구성하는 사람과 사회의 정체성과 문화적 표현의 독특성과 다원성에서 구현된다." - <문화적 표현의 다양성 보호와 증진을 위한 협약>, 전문 7.

"세계화 관련 담론도 로컬 배경을 가진다. 세계화는 따라서 특정한 로컬 문맥으로부터의 세계적인 지배라고 해석될 수 있다. 세계화가 로컬에 어떤 영향을 주는지를 이해하는 것이 중요한 것만큼이나 로컬이 실제 얼마나 세계적인지, 다른 한 편 어떤 것을 일러 세계 속의 로컬이라고 하는지를 파악하는 것이 관건이다." - R. 코르프.

제4장

글로컬 시대의 문화 해석: 단일보편문화론에서 특수복합문화론으로

1. 4개의 기표로 점철된 21세기

21세기를 수놓고 있는 무수한 시니피앙(記表)들이 존재하지만, 지구촌에 존재하는 대부분 국가의 초미의 관심사는 아마도 경제의 성장에 집중돼 있는 것이 아닌가 싶다. 미국이나 중국, 일본 등 경제 초강국을 비롯해 신흥개발도상국인 대한민국도 이에 대한 '절대 믿음'을 포기하지 못하고 있다. 경제의 성장에 대한 의심 부재, 무방편적 망상에 사로잡혀 있는 21세기의 미래, 즉 '오직 성장'에 쏠린 일종의 '신앙심'은 경제 사이클에서의 둔화기나 하강기 자체를 전면 부인한다. 현대자본주의에 대한 근원적 반성이 화급한 이유가 여기에 있다. 그런데 문제는 어떤 국가도 앞장서서 이미 통제 불능상태에 다다른 '신자유주의라는 고양이'에게 방울을 달려고 하지 않는다는 사실이다. 세계경제를 쥐락펴락하는 미국이나 중국, 유럽연합, 일본마저도 인류공동체의 미래를 위한 공공적이고 윤리적인 해법을 찾는 대신 '양적 완화'와 같은 전대미문의 미봉책으로 위기를 외면하고 있다. 그뿐인가. 글로벌 공공선(global common good), 글로벌 경제 정의(global economic justice) 등을 외면한 채 온

갖 사특(邪慝)한 방편들까지 동원해 국제사회를 위협하고 있는 자들이 바로 이들이다.

그렇다면 그들의 이념과 수사대로 "모든 곳에서 모든 것을 건 모두와의 경쟁"[1]에서 과연 살아남을 자 누구이며, 살아남을 국가는 과연 몇이나 될까? 세계경제의 계속 성장이란 기획이 과연 가능한 꿈이며 불변의 이론이라도 된다는 것인가? 하지만 양지가 있으면 늘 음지가 있기 마련이다. 또한 번영이 있는 곳에 늘 비참이 따르기 마련이다.[2]

이것이 바로 우리 모두가 삶을 통해 터득한 지혜요, 사회나 국가 운용에 있어서도 정로(正路)가 되어야 한다는 것은 이론의 여지가 없다. 양지와 음지, 번영과 비참은 특히 한 국가를 통치하는 위정자에게 있어서는 결코 분리될 수 있는, 분리되어도 무방한 둘이 아니다. 부유한 자도 가난한 자도, 일자리가 필요한 청년도, 복지를 호소하는 노인도 다 같은 국민이기에 공히 살필 의무가 있기 때문이다. 시야를 넓혀보면, 새로운 세계경제질서, 글로벌 사회정의의 실현, 인륜적 윤리의 관점에서도 역시 양지와 음지, 번영과 비참은, 비록 그 형태나 양상은 다를 수 있지만, '오직 성장'이란 경제의 세계화 과정에서 반드시 함께 고려하지 않으면 안 될 '제일 과제'라 할 수 있다.

21세기가 포문을 열면서 두 번째 기표로 급부상한 것은 '문화'이다. 더 직접적으로 표현하면 문화를 세속화시키는, 즉 산업화하여 상리(商利)를 취하는 문화(콘텐츠)산업에 대해 제국(諸國)에서 초미의 관심을 보이고 있는데, 그 이유는 굳이 설명이 필요치 않아 보인다. 미국의 할리우드 영화산업이나 영국의 창조경제산업 등이 바로 문화산업의 선도적 모델이라는 것을 모르는 사람은 없을 것이고, 대한민국의 '한류로드'나 '문화융성', 중국의 '문화강국'이나 '창의산업'도 무늬만 다소 차이가 날 뿐 모두 문화를 기거(基據)로 성장경제를 이끌어보겠노라는 것이 속

1 해럴드 L. 서킨 외, 『글로벌리티』, 김광수 옮김, 위즈덤하우스, 2010, p.11.
2 파스칼 브뤼크네르, 『번영의 비참: 종교화한 시장 경제와 그 적들』, 이창실 옮김, 동문선, 2003 참조.

셈이기 때문이다. 이런 측면에서 보자면 문화는 '오직 성장'이란 첫 번째 기표와 궤를 같이 한다고 볼 수 있다. 그러나 잠시만 깊이 생각해보면 알 수 있듯, 모름지기 문화는 신자유주의자, 글로벌행위자, 시장 근본주의자들이 말하는 것처럼 그렇게 산업화나 상품화와 같은 경제적 시스템에 예속되거나 기생하는 그런 성질의 것이 아니다. 더더욱 문화는 상품과 같이 물질적인 것을 대표하지도 않으며, 시장에서의 거래품이나 매매의 대상일 수도 없다. 만일 우리가 문화를 거래품이나 매매의 대상으로 여긴다면, 문화는 당연 산업화되고 상품화되어야 할 것이다. 하지만 기본적으로 지리적·역사적 특수성에서 자양분을 얻고 유지되는 문화를 거래나 매매의 대상으로 여길 사람은, 온 세계(every local states)를 먹이로 여기는 자, '하얀 가면'을 쓴 신자유주의자들 말고는 없을 것이다.[3] '평평한' 백지 위에 세계사를 성장경제를 중심으로 재기술해야 한다고 믿는 자들 말고는 없을 것이란 뜻이다.[4] 바로 여기에 (타)문화나 (타)국가에 대한 접촉과 교류, 대화와 이해의 역설, 즉 문화의 세계화의 공공연한 비밀이 숨어 있다.

지구촌이 정치·경제적으로, 역사·문화적으로 울퉁불퉁하다는 사실을 부인하는 자들의 개입가치(the intervened value)는 이렇듯 늘 피개입 국가 및 피개입 문화권과의 관계에서 일방적으로 특권을 전유한다.[5] 상대 국가, 상대 문화와의 접촉과 교류, 대화와 이해는 전적으로 그들, 개입하는 자들의 이해관계에 따른 접촉이고 교류일 뿐이다. 대화나 이해도 '말 위에 말을 덧대는' 기만행위와 크게 다르지 않다. 소위 보드리야르 식의 '문화의 민주화' 명제가 문화의 산업화와 상품화, 문화의 콘텐

---

3 기 소르망, 『진보와 그의 적들』, 이진홍·성일권 옮김, 문학과 인식, 2003, p.308 이하 참조.

4 토머스 L. 프리드먼, 『코드 그린: 뜨겁고 평평하고 붐비는 세계』, 최정임 옮김, 21세기북스, 2008 참조.

5 김성해·이동우, 『세계는 울퉁불퉁하다』, 민음사, 2009; 박치완, 「개입가치로서 공공선과 그 이면」, 『해석학연구』 제34집, 2014 참조.

츠화, 문화의 융복합화를 지지하는 대표적인 이론이라 할 수 있다.[6] 그에 따르면 누구나 돈만 있으면 살 수 있는 것이 곧 '문화(상품)'이다. 역설적으로 말해 '상품화된 문화'를 구매할 여력이 없는 자들은 소비사회의 낙오자로 치부되며, 자신의 욕구를 충족시키지 못하는 '시대의 환자'로 홀대받게 된다.

21세기를 견인하는 세 번째 기표(첫 번째, 두 번째 기표와 쌍생아 격이기도 하지만)는 지식의 세계화가 아닐까 싶다. 주지하듯 경제의 세계화는 전 지구촌 국가를 상대로 경제와 금융의 단일시스템화를 강행하는 것이 목표다. 그런데 문제는 이에 그치지 않고 문화에 이어 지식까지도 그들의 통제·관리를 위해 만들어 놓은 기준, 소위 '글로벌 스탠더드'나 플랫폼 내에서 유통·소비되기를 강제한다는 데 있다. '글로벌 스탠더드'란 그러나 줄리앙의 지적에 따르자면 획일화(uniformization)의 이명(異名)일 뿐이라는 것을 잊어선 안 된다.[7] 경제-문화-지식의 단일-획일적 운영(유통)시스템을 요구한다는 것은, 푸코가 일찍이 경고한 대로, 감시와 처벌을 위한 병략(兵略)과 하등 다를 것이 없다.[8] 필자가 「지식의 세계화에 대한 재고」라는 논문에서 경제나 문화의 세계화 못지않게 지식(언어)의 세계화를 경계해야 할 때라고 역설한 이유가 여기에 있다.[9]

그렇다면 경제의 '오직 성장', 문화의 산업화와 상품화, 지식의 세계화는 각기 독립독행(獨立獨行)할까? 아니다. 이를 하나로 연결시켜주는 매개체가 존재한다. 그것은 디지털 기술이다. 디지털 기술은 그러니까 21세기를 희망과 꿈, 편의나 행복 및 평화를 온 인류가 공유하는 세상이 아니라 오히려 기술지배라는 미로(迷路)로 현대인을 도유(導誘)하는 네 번째 기표라 할 수 있다. 그런데도 이 디지털 기술은 많은 사람에게

---

6 장 보드리야르, 『소비의 사회』, 이상률 옮김, 문예출판사, 1992 참조.

7 F. Jullien, *L'écart et l'entre. Leçon inaugurale de la Chaire sur l'altérité*, Galilée, 2012, p.46 참조.

8 M. Foucault, *Surveiller et punir, naissance de la prison,* Gallimard, 1975 참조.

9 박치완, 「지식의 세계화에 대한 재고」, 『해석학연구』 29집, 2012 참조.

서 마치 21세기의 과학이자 효율성의 상징으로 통용되고 있다. "역사적으로 이렇게 많은 사람과 이렇게 많은 장소가 누구라도 손쉽게 사용할 수 있는 〔디지털〕 기술을 통해서 이렇게 많은 지배력(power)을 가진 적이 결코 없었다."[10] 그것도 "완전히 글로벌(fully global)"한 차원에서 말이다.[11]

필자가 '디지털 기술'을 감히 21세기의 '절대 타자'라고 단정하는 까닭이 여기에 있다. 한마디로 기술이 인간을 조정하는 기술제일주의 시대가 되어 모든 것이 기술적 관리와 통제 하에서 움직이고 있다고 해도 과언이 아니기 때문이다. 그렇다면 디지털 신기술의 영향력 확대와 경제환원주의적 문화 및 지식의 획일화 과정, 이로부터 우리가 벗어날 수 있는 길은 정녕 없는 것일까? 작금의 '디지털 제일주의'는 과연 미트나 코헨의 제안대로 지구촌의 미래와 지구촌 시민을 위한 장밋빛 청사진이라 믿어도 좋은 것일까? 하지만 이들과 반대로 기의보는 디지털 신기술을 "시장의 합리적 제국주의"를 앞당기는 주력부대일 뿐 문화나 지식, 휴머니즘이나 세계평화 등은 안중에도 없다고 지적하고 있다.[12] 이런 이유 때문에 우리는 디지털 신기술 역시 "경제지배(écorègne)"[13]에 최종 목표가 있다는 것을 직시할 필요가 있다.

이상과 같은 4개의 치유 불가능한 기표가 사방(四方)을 장악한 상황에서 지구촌 시민들은 숨을 들이마시고 내쉬어야 하는, 바로 그런 누란지위(累卵之危) 상황에 처해 있다. 어찌해야 할까? 수종병(水腫病)에 걸린 환자가 몸에 해롭다는 물을 계속 마셔대듯, 우리도 스스로 앓고 있는 병에 대한 자각증세나 의사의 진단 없이 계속 경제·문화·지식·기술 초강국들이 주문하고 요구한대로 꼭두각시 춤을 추어야 할까? 필자는 이

10 E. Schmidt and J. Cohen, *The New Digital Age. Reshaping the Future of People*, Nations and Business, John Murray, 2013, p.4.

11 *Ibid.*

12 J.-C. Guillebaud, *La refondation du monde*, Seuil, coll. ≪Points≫, 1999, p.239.

13 *Ibid.*, p.97.

상의 4개의 기표를 가로지르는 것이 '단일보편문화관'이라 진단하고, 이를 극복할 수 있는 대안으로 특수복합문화론을 제안해볼까 한다.[14] 특수복합문화론은 다양성과 다원성에서 영양소를 섭취하는 신지식이론이자 글로컬 시대가 요구하는 새로운 문화의 해석학이라 할 수 있다. 이를 통해 우리는 작금의 미국몽, 중국몽과 같은 문화 제국주의의 부활, 확장을 미연에 방지하고 로컬 문화를 더욱 활성화시켜 문화 다양성이란 시대의 과제를 단지 국제적 협약을 성사시킨 것에 만족하지 않고 이를 실천할 수 있는 방안을 말이다.

2. 단일보편문화론에서 특수복합문화론으로

세계는 울퉁불퉁하다. 울퉁불퉁한 것이 세계의 진상(眞像), 즉 본래 면목이다. 그렇게 울퉁불퉁한 공간에 공자도 살았고, 맹자도 살았다. 플라톤이며 헤겔도 각기 그들이 태어난 장소에서 고유한 실존적 삶을 누렸고, 각이한 나름의 사상을 펼치고 행복을 추구했을 것이다. '그곳'에는 물론 성경을 제일 가치로 여기는 집단도 있겠지만, 탈무드나 코란 또는 사서삼경(四書三經)을 삶의 이정표로 삼는 다른 집단도 존재한다. 기독교가 서구의 대표 종교라지만, 이슬람교, 불교, 힌두교 등도 다 같이 나름의 초월 세계를 제시하면서 신도들로 하여금 삶의 고통을 경감케 하고 삶의 궁극적 의미를 회성(回省)케 한다는 점에서 기독교와 다르지

14 단일보편문화란 하나의 문화(Une culture)가 유일 절대적인 것이라 믿고, 이를 통해 타문화를 전복시키는(verser), 들뢰즈의 표현을 차용하자면 탈영토화시키는(déterritorialiser) 것으로써 그동안 서구 유럽에서는 이를 보편적인 것(Uni-versel), 보편주의(universalisme)라는 이름으로 포장해왔다. 그 폐단을 이 자리에서 일일이 언급할 필요는 없다고 생각되며, 우리는 이러한 단일화(unification), 획일화(uni-formisation), 보편화(uni-versalisation) 등이 이질적인 것들을 용인하지 않는 완전통제사회(monolithic society)의 추진력이었다고 판단하고, 이러한 경향은 문화 영역에서는 말할 것도 없고, 경제, 지식, 기술 분야에서도 마찬가지라고 생각해 '특수복합문화론'의 지형도를 제안해보려는 것이다.

않은 일종의 '문화체계'이다. 심지어는 무속이나 샤머니즘, 아니 우상숭배라 할지라도 그 역할 면에 있어서는 이들 소위 '고등종교'와 추구하는 크게 바가 다르지 않다.

우리가 문화를 논하고 연구할 때 잊어선 안 되는 것이 바로 이점이다. '문화적 다양성', 이는 곧 삶의 다양성, 가치관 및 세계관의 다양성을 대변하는 개념이다. 여기서 '다양성' 개념은 그동안 서구 유럽 중심의 단일보편문화론이 얼마나 많은 폐해를 서구 유럽 바깥 세계에 안겼는지를 되돌아보게 하는 데 있어 아주 적실한 개념 중 하나라 할 수 있다. 그런데 단일보편문화론의 현대판이라 할 신자유주의가 기승을 부리기 시작하면서 지구촌 곳곳에서 새로운 유형의 제국주의의 기운이 꿈틀거리고 있다. 그 천원(泉源)은 주지하듯 '워싱턴 컨센서스'에서 발원된 것이다. 작금의 경제전쟁, 문화전쟁, 기술전쟁 모두가 이로부터 촉발된 것이다. 워싱턴 컨센서스를 지지하는 자들에게 70억 인구 중 거의 3억에 가까운 수가 하루에 2달러 이하의 돈으로 한 끼만을 먹으며 근근이 살아가고 있는 지구촌의 현실이 눈에 포착될 리 만무하다. 이들에게 중요한 것은 국가가 아니라 지구촌을 무대로 시장에서 패권을 쥐는 것이다. 부의 분배는 안중에도 없으며 더 많은 부를 독점하려고 안달이다. 해서 이들은 "[신]자유주의만이 '유일사상'"이라 믿는다.[15] 이들이야말로 경제라는 단일 표준으로 세계를 분석하고 평가하는 단일보편문화론자라 아니할 수 없다.

K. 머피드가 핵심을 지목하고 있듯, 어쩌면 이제야말로 인간의 타고난 "숭고한 이성(a noble reason)"을 재작동시켜 시장경제시스템에서도 윤리적 책임 의식을 물어야 할 때가 되지 않았나 싶다.[16] 어떤 특정 개인이나 기업 또는 어떤 특정 국가가 아니라 '우리(인류)' 모두를 위한, 즉 나

15 도미니크 뻘리옹, 『신자본주의』, 서익진 옮김, 경남대학교 출판부, 2006, pp.41~42.

16 K. Mofid, "Globalization for the Common Good", *Globalization & Identity*, New Brunswick & London: Toda Institute for Global Peace and Policy Research, 2006, p.27.

와 타자를 아우르는 지구공동체의 미래를 염려하는 윤리적 고민이 절실히 필요한 시점이 되었다는 것이다. 설사 그것이 손가락으로 하늘 찌르기에 그친다 할지라도. 이 방법 말고는 지구공동체가 요구하는 이타주의와 연대, 포용과 공유, 우애와 정의는 앞당길 수 없을 것이다. 강자 지배의 이데올로기에 불과한 단일보편문화론으로부터 깨어나서 세상을 보라. 하나의 유일 절대 보편문화란 존재한 적도 없고, 존재할 수도 없으며, 존재해서도 안 된다. 모든 문화는 각기 독립적으로 기나긴 역사 속에서 성육(成育)해온 것이며, 고유한 자율성을 유지한 채 독특한 삶의 스타일(life-style)과 가치체계(value system)를 창조해왔다. 이것이 문화의 본바탕이고 문화의 '자연생태계'이다. 또한 모든 문화는 기본적으로 지리적·풍토적 경계를 바탕으로 형성·전승되는 것이기에 자신의 경계 밖을 넘나드는 것이 상품이나 기술 또는 금융시장에서처럼 그렇게 쉬운 일이 아니다.

이런 관점에서 볼 때, 하나의 문화가 다른 문화에 비해 더 참된 것, 더 우월한 것, 더 문명적인 것이라고 위계를 설정하는 것 자체가 어불성설에 가까우며, 위계를 설정한다는 것 자체가 이미 문화적 다양성 시대에 반하는 태도라 할 수 있다. 문화뿐 아니라 사고패턴이나 우주론이라고 해서 예외일 수 없다.[17] 그렇다. 문화는 기본적으로 '위계'라는 평가어와는 어울리지 않는 용어이다. 재삼 강조하지만 문화는 세계가 울퉁불퉁한 것 이상으로 다양한 색채로 대변된다. 다시 말해 지구상엔 '하나'의 문화만 존재하는 것이 아니라 '여러' 문화가 등가치로 공존한다.

그런데도 불구하고 만일 우리가 하나의 문화, 즉 유일 절대 보편문화를 여전히 머리에 이고 산다면, 이는 줄리앙의 언급대로라면, '죽은 문화'를 섬기고 있다는 증거나 다를 바 없다. 그에 따르자면, 많은 사람에 의해 이데올로기적으로 이미 정형화된 단일보편문화, 그러한 문화가 존재한다고 믿는 것은 곧 문화를 살아 생동하는 '유기체'가 아니라 '죽은 것'

17 F. Jullien, *De l'universel, de l'uniforme, du commun et du dialogue entre les cultures*, Fayard, 2008, p.237 참조.

으로 인식하는 것과 같다.

> "어떤 문화(une culture)가 정형화된 문화(*la* culture)로 바뀌면, 즉 '단수'가 되면, 이는 그 문화가 곧 한 국가의 문화 또는 전 세계의 문화라는 것인데, 이는 더 볼 것도 없이 죽은 문화이다."[18]

필자의 논점과 줄리앙의 위 인용문을 연결시켜보면 결국 현재의 경제의 세계화라는 범식(範式)으로 널리 통용되고 있는 미국 주도의 할리우드 문화 또는 코카콜라 문화는 이미 '죽은 문화'와 다르지 않다고 감히 평가할 수 있다. 그런즉 '글로벌 문화'도 이미 '쇠락의 길로 접어든 문화'일 뿐만 아니라 "문화에 있어 글로벌 문화"는, 코로보프의 지적처럼, 실제 "존재하지 않는다."[19] 물론 피터스톤 같은 학자는 글로벌 문화를 '모든 국가와 로컬 문화의 경계를 초월하는 문화'라고 정의하고 있다.[20] 하지만 이러한 다소 철 지난 주장은 로컬 문화의 유지가 왜 중요한지 그리고 세계화의 과정에서 글로벌화될 수 없는 것이 무엇인지를 간과하고 있다. 게다가 글로벌화의 결과가 얼마나 비인도적이고 참혹한 것인지를 피터스톤은 전혀 고려하지 않고 있다. 요인즉 피터스톤의 말대로라면 모든 로컬 국가에서 "같은 음악을 듣고, 같은 음식을 먹으며, 같은 방식

18 *Ibid.*, p.223.

19 V. Korobov, "Models of Global Culture", *Globalization & Identity*, New Brunswick & London: Toda Institute for Global Peace and Policy Research, 2006, p.50.

20 M. Featherstone, *Undoing Culture: Globalization, Postmodernism and Identity*, Sage Publications, 1955, p.6: "세계화 과정은 문화에 대한 2개의 이미지를 연상시킨다. 하나는 특수한 문화(a particular culture)가 자신의 경계를 초월해 지구촌(the globe) 차원으로까지 확대된 경우다. 이때 이질적인 문화들은 우세한 문화(a dominant culture)에 통합되고 합병되며, 경우에 따라서는 그 우세한 문화는 전 세계에 퍼질 수도 있다. 두 번째는 문화들에 대한 응축(압착)의 이미지이다. 세계는 단일한 공간(singular space)으로 변해가고 있으며, 모든 사람이 한 장소(a place)에서 공통문화(commom culture)에 흡수(동화)되어가고 있다. 글로벌 문화는 한 국가의 문화가 광범위한 국가(영역)에서 공식화된 것으로 간주할 수 있다."

으로 살아야" 한다. 만일 이렇게 글로벌 문화가 로컬 문화를 초토화하고 획일화시키는 것이라면, 우리는 상식적으로 이에 저항할 명분이 있고, 무엇보다도 문화의 세계화가 "자유의 적(enemies of freedom)"[21]이라고 한다면, 우리는 이를 거부할 정당성을 확보하고 있는 것과 같다.

코로보프와 피터스톤의 주장은 물과 기름의 관계처럼 겉돈다. 접점을 찾을 길도 마땅치 않아 보인다. 하지만 문제는, 앞서도 언급한 바 있듯, 단일보편문화에 대한 믿음이 야기한 다양성의 폐기에 있다. 민주주의, 세계평화, 인권 등을 앞세워 21세기인 오늘날에도 지구촌에서는 민간인 학살 전쟁이 빈발(頻發)하고 있다. 그 배후에 과연 어떤 세력이 있는지 모르는 사람은 없을 것이다.[22] 아래에서 라파이유를 언급하며 다시 논의하겠지만, 미국은 그들이 말하는 '미국인의 꿈', 즉 민주주의와 세계평화, 인권을 온 인류가 공유할 것을 예나 지금이나 변함없이 강권(強勸)하고 있다. 하지만 그 꿈은 결코 "온 인류를 위해 선한 것(common good for all)"이 아니라 오로지 "시장(marketplace)"을 위한 것이며,[23] 세계평화를 위한 것이 아니라 시장경제의 통합과 관리를 위한 것이라는 사실을 망각해서는 안 된다.[24] 신자유주의적 단일보편문화의 첨병이자 목자인 미국은 이렇게 예나 지금이나 타국가, 타문화에 대해 개방적 태도를 취하기보다 자신들의 온갖 부당한 개입이 정당한 것이라고만 강변한다.

이런 취지에서 버만이 '미국문화의 몰락'을 공표한 것은 결코 우연이라 여겨지지 않는다.[25] 버만과 동일한 맥락에서 몬비오도 새로운 세계질

21 V. Korobov, *op. cit.*, p.46.

22 J. S. Nye, *The Paradox of American Power*, Oxford University Press, 2002 참조.

23 Kamran Mofid, *op. cit.*, pp.29~30 참조.

24 "세계무역을 통한 세계평화"라는 사훈(社訓)을 내걸고 있는 IBM이 그 단적인 예라 할 수 있다 – J.-P. Warnier, *La mondialisation du monde*, La Découverte, 2004, p.92.

25 관련 연구는 많은데, 몇 권의 참고문헌만을 더 소개하면 다음과 같다: 모리스 버만, 『미국문화의 몰락』, 심현식 옮김, 황금가지, 2002; 이매뉴얼 월러스틴, 『미국 패권의 몰락』, 한기욱 외 옮김, 창비, 2004: 조지프 스티글리츠, 『세계

서를 지구민주주의, 공정무역에 준해 실행할 것을 우리에게 주문하면서 다음과 같이 적고 있다.

> "우리 시대에는 어떤 것도 오래 지속하지 못하게 만드는 무언가가 있다. 예전에 존재했던 모든 제국은 20세기에 몰락했고, 이 세기[21세기]에 확립됐던 공식적인 제국주의 체제도 끝내 살아남지 못할 것이다. 일부는 이를 역사의 종말 내지 자본주의와 그에 수반된 이데올로기, 즉 시장 근본주의의 결정적 승리로 해석한다. 그러나 이 세계질서조차도 이미 노쇠의 전형적 징후를 보이고 있다."[26]

여기서 우리는 단일보편문화론의 초기 전파자이자 1993년 유럽연합의 탄생과 더불어 더욱 더 결속력을 발휘하고 있는 '유럽몽'은 두말할 것도 없고,[27] 작금의 '중국몽', '일본몽' 그리고 심지어는 '한류몽'까지도 기본적으로는 단일보편문화(uni-verse-culture)의 외적 확장에 그 표점(標點)이 있다는 사실을 직시할 필요가 있다.

단일보편문화에 대한 환상은 기본적으로 엄연히 존재하는 '문화들',

화와 그 불만』, 송철복 옮김, 출판세종연구원, 2002.

26 죠지 몬비오, 『도둑맞은 세계화』, 황정아 옮김, 창비, 2006, pp.235~236.

27 유럽몽을 미국몽과 비교하면서 유럽이 마치 인류의 미래를 선도하기라도 할 것처럼 착각에 빠져 있는 리프킨의 다음 언급에 우리는 주목할 필요가 있다. 꿈을 꾸지 않는 국민에게 미래는 오지 않는다는 것을 새삼 반성케 하는 대목이다: "The American Dream puts an emphasis on economic growth, personal wealth, and independence. The new European Dream focuses more on sustainable development, quality of life, and interdependence. The American Dream pays homage to the work ethic. The European Dream is more attuned to leisure and deep play. (…) The American Dream is wedded to love of country and patriotism. The European Dream is more cosmopolitan and less territorial. (…) Americans tend to think locally, while European's loyalties are more divided and stretch from the local to the global. The American Dream is deeply personal and little concerned with the rest of humanity. The European Dream is more expansive and systemic in nature and, therefore, more bound to the welfare of the planet." - J. Rifkin, *The European Dream*, The Penguin Group, 2004, pp.13~14.

즉 특수복합문화(pluri-verse-cultures)를 몰각(沒覺)하지 않고는 감히 누구도 취할 수 없는 태도 할 수 있다. 문화들 간의 '산발적 교류'의 문이 여전히 꽁꽁 닫혀있는 것도 바로 이 때문이다.[28]

하지만 '문'은 주지하듯 그 본질이 닫힘에만 있는 것도 아니고 열림에만 있는 것도 아니다. 이 중 하나를 문의 본질로 택일하게 되면 그 순간 이미 문의 열리고 닫히는 이중적 본질을 부인하는 것이 되고 만다. 단일보편문화를 위한 세계화는 그러니까 산발적 문화교류의 이중적 특질 자체를 철저히 부인한 결과라 할 수 있다. 피터스톤이 그랬듯, 일방적으로 자신들의 '우세한 문화'를 전 세계에 널리 퍼트리려는 것이 단일보편문화론자들의 변함없는 목표라는 것!

필자가 「F. 줄리앙의 신문화론과 글로컬 공공선」이란 논문에서도 강조한 바 있듯, 문화 간의 '산발적 교류'의 중요성이 여기에 있다.

> "간발성(間發性)은 당연 간수성(間受性)과 짝을 이룬다. 간발수해야 이분법적 제로 섬 게임이나 헤게모니 쟁탈전에서 벗어날 수 있다. 문화적 교류는 승자와 패자가 갈리는 운동경기나 상거래 등과 구분할 필요가 있다. 글로컬라이제이션, 즉 '지역 세계화'는 로컬들과 글로벌이 간발수하며 서로에게서 '문화적인 것'을 독점하지 않고 공유할 때 그 지경(知境)이 넓어지고 심화될 수 있다."[29]

물론 각 문화가 자신들만의 배타적 몽상에 젖어 있는 것은 자유다. 여기에 외부적 시선이 개입해 "감 놔라 배 놔라"할 개재는 못된다. 이러한 배타적 몽상이 속지(屬地)를 벗어나, 다시 말해 타문화에 일방적으로 발신되어 자신들에게 '동화(同化)돼라'고 개입하기 시작할 때부터 문

28 박치완, 「글로컬 시대가 요구하는 지식의 새로운 지형도: 동서사상의 산발적(間發的) 교류를 위한 시론」, 『철학논집』 제38집, 서강대 철학연구소, 2014 참조.

29 박치완, 「F. 줄리앙의 신문화론과 글로컬 공공선」, 『동서철학연구』 제37호, 2014, p.345.

제는 야기된다. 문화적으로 서로 다른 꿈까지 개입하려는 발신자에게도 문제가 있지만, 외부에서 개입된 꿈을 마치 자신의 것인 양 착각하는 수신자에게도 그 책임이 면제되기는 어렵다. 물론 문화적 자율성도 문화적 자존심도 없는 나라라면, 이로부터 벗어날 방법이 없다. 그런 국가에서는 유럽몽, 미국몽, 중국몽이 단지 외래적(外來的)인 꿈에 그치지 않고 수신된 장소를 발신자의 의도에 부합하게 철저히 오염시킨다는 데 문제의 심각성이 있다.[30]

단적으로 말해 단일보편문화의 확대 과정은 이렇게 상대 문화를 고려하지 않고 일방적으로 개입하기만 한다. 돌려 말해 문화들 간에 간발하고 간수하며 서로가 서로에게 상관(相關)하는 경우는 극히 드물다는 것이며, 이렇듯 발신자 위주의 문화지배, 즉 문화의 세계화가 문화교류의 일반적 특징이다.[31] 게다가 21세기에 이르러서는 다양한 문화적 고유 영토들이 단지 '경제적 이유'로 인해 재삼재사 탈색되고 있으며, 탈영토화되고 있는 실정이다. 문화교류나 접변 또는 전파 과정이 호혜적인, 즉 간발수적 교류보다 발신자 중심문화로의 동화만이 두드러지고 있는 것이다. 실례로, 우리는 이 자리에서 대한민국에서 활개를 펴고 있는 현금의 미국몽을 한 번 둘러볼 필요가 있다고 생각된다. 미국몽, 소위 <American Standard>, <American Style>은 식음료는 말할 것도 없고 심지어는 소변기며 세면대 시장까지도 잠식한 상태다. '예술로 승화된 세계 욕실의 표준화'라나? 대한민국에도 이미 <American Standard Cos>라는 지사가 서울의 강남을 비롯해 전국 곳곳의 대도시에서 영업에 열을 올리고 있다. 과연 <American Standard>, <American Style>의 끝은 어디일까?

대한민국의 현실이 이와 같이 참담하게 외래문화상품에 의해 퇴염

---

30 C. Rapaille, *The culture code*, Random House of Canada, 2007; S. Guo, B. Guo, *Greater China in an Era of Globalization*, Rowman & Littlefield, 2010; 최광식, 『한류로드: 전통과 현대의 창조적 융합』, 나남, 2013 참조.

31 에드워드 사이드, 『문화와 제국주의』, 박홍규 옮김, 문예출판사, 2005; 임동욱, 『세계화와 문화 제국주의』, 커뮤니케이션북스, 2012 참조.

(退染)되고 있는데도 대한민국은 물론이고 전 세계의 경제약소국들은 미국몽 (대신) 꾸기에 혈안이 돼 있으며, <American Standard>, <American Style>을 <Universal Standard>로 오인하는 것도 모자라 자발적으로 정치·경제·군사·외교적으로 미국에 종속되기를 목매는 국가도 적지 않아 보인다. 세계의 많은 국가들이 이렇게 미국인의 꿈을 마치 자신들을 위한 '신세계의 꿈'인 냥 착각하는가 하면, 미대통령이 자신의 나라에서 '모세의 기적'이 이루어지게 해줄 것처럼 착오하기도 한다.[32] 그뿐인가. 설상가상으로 라파이유는 그의 책에서 미국을 일러 "꿈의 결과요 꿈의 생산자"라고까지 송찬(頌讚)한다. 하지만 이러한 과긍(誇矜)은 주위세계를 전혀 둘러볼 줄 모르는 외눈박이 거인 키클롭스(Cyclops)가 아니고서는 내뱉을 수 있는 언사가 아니다. 전 세계인의 (꿈의) 지배자라도 되는 미국인들은 일종의 '종족의 우상'에 빠져 있는 것이다.

여기서 우리는 라파이유가 언급한 '꿈'이 인류나 지구공동체를 위한 것이라기보다는 철저히 <Amerca>만을 위한 것이라는 점을 정확히 인식할 필요가 있다. <그림1>에서 보듯, 만일 이상과 같은 논리에 미국몽이 기초해 있는 것이라면, 그러한 일방향적 발신에 미국몽의 본질(아니 한계)이 있다고 한다면, 결국 그들과는 다른 국가, 다른 문화들과의 교류는 문자 그대로 '기대'할 수 없다. 그런데도 전 세계의 거의 대부분의 국가가 이렇게 미국의 꿈, 미국의 문화 코드를 하나의 '수고로운 부담'으로 떠안고 있다는 것이 인간의 이성 능력을 무력하게 만드는 것이 아닌가 싶다. 물론 자국의 시장을 활성화시키고 경제를 성장시켜보겠다

32 C. Rapaille, *op. cit.*, pp.195~196: "The 〔American〕dream of explores discovering the New World. The dream of pioneers opening the West. (···) We created Hollywood and Disneyland and the Internet to project our dreams out into the world. We are the product of dreams and we are the makers of dreams. (···) We see the American president as Moses because we dream that someone can lead us to an even better America. (···) We want to believe we are forever young and that we never truly have to grow up."

는 이유로 미국을 모델로 삼는 것은 어쩔 수 없는 일이라 치자. 그런데 문제는 이렇게 미국의 꿈이 한 국가에 직간접적으로 개입해서 결과적으로 서로 간 공통집합이나 질적 결합도 형성하지 못한 채 A1에 해당하는 미국만 그 세력을 확대·강화하는 것으로 소위 '교류-게임'이 끝난다는 데 있다. A1의 개입의 결과는 당연 B<A1, C<A1, D<A1, E<A1, F<A1, K<A1 상태로 종결되고 만다. 그리고 이렇게 이미 출발부터 불평등한 게임은 최종적으로 불균형적 합집합의 형태로 전락해 B, C, D, E, F, K가 마침내 A1에 의해 탈영토화의 과정을 거친 후 A1에 동화되는 수순을 따르게 된다. 바로 이것이 우리가 가장 염려해야 할 단일보편문화적 경제 및 문화 세계화의 악폐(惡弊)라 할 수 있다.

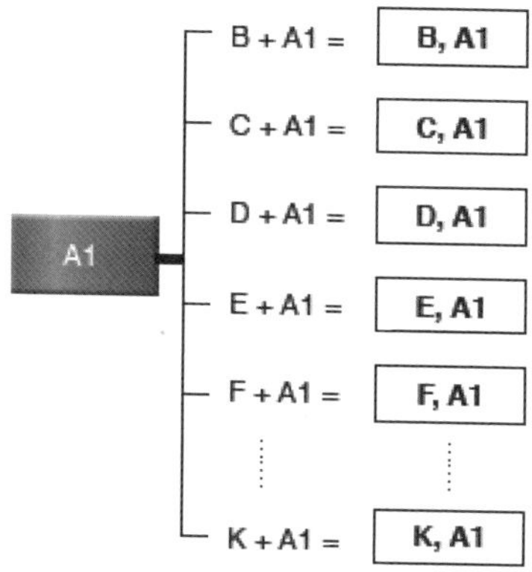

그림1. 경제·문화·지식의 세계화 전개도

필자가 그동안 여러 편의 논문에서 세계화는 곧 미국화와 다르지 않은 것이라고 지목해온 것도, 또 문화상대주의적, 지역주의적 입장에 서면서까지 미국 주도의 '글로벌 문화'라는 정체불명의 개념에 대해 각성할 것을 촉구해온 것도, 그리고 지역 세계화, 즉 글로컬라이제이션에 대한 천착이 그 어느 때보다 중요한 시점이라고 역설해온 것도 모두 같은 이유에서다. 해서 필자는 이 자리에서 새삼 독자들과 함께 다음 질문에 대해 고민해보자고 제안하는 바이다: 미국문화는 진정 지구촌을 대표하는 유일 보편문화이며, 글로벌 문화인가? 미국문화는 모든 로컬 문화가 모델로 삼아야 하는 제일의 문화인가?

하지만 앞서도 언급한 바 있듯, 단수의 제일문화(culture première)는 지구촌 어디에도 존재하지 않는다. 각각의 문화는 "무한하게 특수한 조건들의 총합"으로 구성돼 있다.[33] 요인즉 지구상엔 다양한 복수의 문화가 엄연히 존재하고 있으며, 각기 "문화적 고유성(le propre du culturel)"[34]을 보유하고 있다. 미국문화도 결국은 그들의 방식대로 '특수하게 구성된 지역문화'에 불과하다. 해서 우리는 미국문화를 비롯해 그 외의 문화들의 고유성, 특수성을 편견 없이 심찰(審察)할 필요가 있다. 요는 각 문화의 코드를 깊이 그리고 장시간에 걸쳐 들여다보아야 한다는 점이다.[35] 부언컨대 미국문화가 전 세계의 문화들을 대표하는 것도 아니며, 미국문화가 다른 문화들에 비해 우위에 있다거나 글로벌 공공선의 실천을 위해 앞장서는 문화라고 할 수도 없다. 그런데도 미국인들은 자신들의 문화만이 인류에게 꿈과 희망을 선사하는 유일한 문화라는 자만심에서 빠져나올 기미를 보이지 않고 있다.[36]

인류에게 꿈과 희망, 자유와 박애를 선사할 국가는 "미국이 유일하다(America is Unique)"며, 인류 역사상 이와 같은 이념을 전파한 나라는 미국이 "최초"라며 망발을 멈출 줄 모른다.[37] 평생 미국 이외의 국가를 구경한 적도 없는 사람처럼 미국문화를 인류 제일의 가치로 착오하는 미국 국적의 프랑스인의 다음 언급을 더 살펴보도록 하자.

> "우리는 결코 우리들 자신과 우리의 철학을 세계의 다른 지역(the rest of the world)에 장려하는 일을 결코 멈출 수 없다. 물론 우리는 항상 타자들의 문화(the culturs of others)를 존중해야 하며, 그들 고유 코드를 위반하는 문화를 조장해서는 안 된다는 점을 이해해야 하며, 전 세계를 이롭게 하는 낙관주의와 미국의 꿈을 공유해야 한다."[38]

---

33 F. Jullien(2008), *op. cit.*, p.226.

34 F. Jullien(2012), *op. cit.*, p.24.

35 박치완, 김평수 외, 『문화 콘텐츠와 문화 코드』, 한국외국어대학교출판부, 2011 참조.

36 C. Rapaille, *op. cit.*, p.196: "We have become the most powerful, most influential culture in the world because we believe in the power of dreams."

37 *Ibid.*, p.198.

38 *Ibid.*

필자가 라파이유에게 지나치게 과민반응을 보인 것인가? 하지만 필자는 솔직히 라파이유의 이와 같은 다분히 외눈박이식 행작(行作)에 대해 이성을 가지고 대응해야 한다는 것 자체가 이미 소비적이며 무의미한 일이라 생각한다. '그'의, 아니 '그들'의 독단이 <America>라는 지리적 영역 안에서만 소통되고 소비되는 데 그쳤으면 한다. 그들만이 민주-평화적이고, 문화-문명적으로 민주주의와 인권, 평화를 추구하는 국가이고 그 밖의 국가나 문화들은 그들이 설계해놓은 '아메리카형 유토피아'에 의해 개조되어야 한다는 환상에서 하루 속히 벗어났으면 한다. 왜냐하면 자기 밖의 존재, 즉 타자와 타문화를 진지하게 이해해보려는 노력도 하지 않은 채 그렇게 미국귀일(제일) 주의(uni-verse-american culture)에 빠져 있는 것은 그 누구도, 그 어떤 국가도 오늘날과 같은 글로컬 시대에는 용인하지 않을 것이기 때문이다.

21세기의 화두인 다문화 공생의 가치에 대해 거부권을 행사한 나라가 바로 이스라엘과 미국이다. UNESCO의 <문화적 표현의 다양성 보호와 증진을 위한 협약>을 실천하는 차원에서도 '나'와 '너'를 배제의 논리로 구분한 다음 다시 유유상종하듯 재결합하는 형태가 아니라 그런 분리 이전에 각 문화의 본래적 존재 방식을 있는 그대로 받아들이는 인식 전환이 우선적으로 실천되어야 할 것이다. 모든 인간은 각기 주어진 문화적 자양분을 통해 독립적으로 성육(成育)된다. 그리고 미국이나 영국, 프랑스를 포함해 각 로컬 문화는 바로 그런 독립적 존재자들의 총화라 할 수 있다. 때문에 라파이유의 말대로 오직 '규모'와 '크기'만을 강조하는 "미국식의 삶의 방식(the American way of life)"이 "모든 인간에게 선한(the good of all men, all people) 것"[39]이란 수사는, 블룸의 정확한 지목하듯, 더 이상 지구촌에서 통용될 수 있는 이념이 아니다.

재삼 강조하지만, <미국문화 = 보편적 문화 = 글로벌 문화>라는 등식은 권력·지배의 강화 논리일 뿐 진정한 의미의 문화의 논리, 공존의 논리

---

39 A. Bloom, *The Closing of the American Mind*, New York: Simon & Schuster, 1987, p.191.

라 할 수 없다. 이는 미국이라는 유일 보편문화를 전 세계에 전파하고자 하는 백색·백인의 논리이지 결코 특수복합문화를 인정하는 다채색의 공존·상생의 논리가 아니다. 이러한 권력/지배의 논리를 통해 타자, 차이를 억지로 꾸며내 민주주의와 인권, 평화 등의 이념을 앞세워 타자와 차이를 문명화시켜야 한다거나, 계몽시켜야 한다는 구시대적 편견은 이제 과감히 버릴 때가 되었다.

문화는 헛된 우월의식에 빠져 있는 자들을 위해 계몽의 대상으로 전락해서는 안 된다. 모든 문화가 각기 제 자리(sa juste place = localité)를 지킬 때 각 문화의 고유성은 지속도 가능하고 성육도 기대할 수 있다. 다른 문화들과 대등하게 간수발적인 교류를 하며 진정 공생의 가치를 실천하는 일은 '문화의 고유성'이 유지될 때가 아니고서는 기대할 수 없다. 모름지기 문화는 형식과 물질의 층위에 핵심이 있는 것이 아니라 내용과 정신과 가치의 체계라는 것을 유념해야 한다. 모든 문화는 각기 나름의 고유한 가치 및 의미 체계를 보유하고 있으며, 우리는 바로 그 고유한 가치와 의미를 존중하고, 고유성과 특수성을 모태로 하는 문화 간의 대화를 통해 서로가 서로를 위해 '다름'이라는 가치를 공분(共分)하면서 간발수적으로 '문화'의 공유 지평을 확대·심화시켜가야 한다.

<그림2>는 필자의 이러한 간수발적 문화론의 아이디어를 표로 제시해본 것이며, 이는 글로컬 시대의 문화연구, 문화 콘텐츠 기획에 있어 필요한 새로운 문화연구의 이정표가 될 것이라 믿는다. 요는 <그림

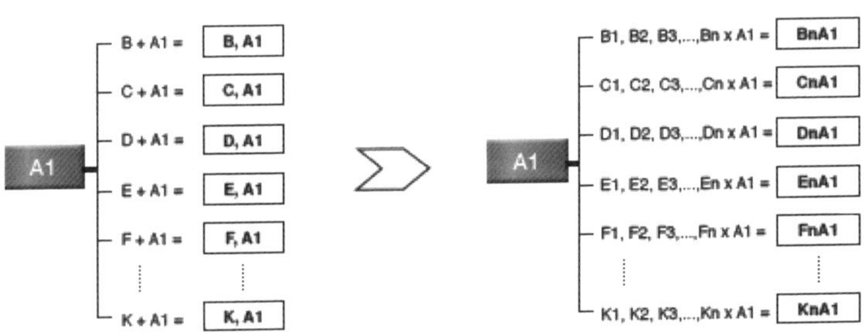

그림2. 지역 세계화 전개도1

2>에서 확인할 수 있듯 발신문화(A1)가 수신문화인 교류 대상문화들(B, C, D. E. F, ...K)과 접목·접촉할 때 중요한 것은 서로가 질적으로 결합해야(BA1, CA1, DA1, EA1, FA1... KA1)만 문화 간에 존재론적으로 내재된 거리, 이격감을 줄일 수 있다는 점이다. 즉 수신문화의 다양한 문화적 요소들과 발신문화가 <BnA1, CnA1, DnA1, EnA1, FnA1... KnA1> 상태로 결합될 때 소위 '지역 세계화' 단계로 진입한 문화 교류라 할 수 있다는 것이다. 지배가 아니라 공유가 핵심인 지역 세계화는 무엇보다도 문화적 차이와 다양성의 인정에서부터 출발하며, 각 문화들 또한 <Bn, Cn... Kn>에서처럼 다양한 요소들의 복합체라는 사실을 이해하는 것이 동일한 차원에서 중요하다.

서로 다른 문화들 간의 교류는 이렇게 더할 수 없이 복합적 요소들 간의 간발수성에 의해 복합·중층적으로 진화하고 서로가 서로를 위해 개화(開化)해가는 것이다. 발신자의 문화도 수신자의 문화도 복합·중층적 요소들에 의해 구성되므로, 궁극적으로는 아래 <그림3>에서 보듯, 종국적으로는 <BnAn, CnAn, DnAn, EnAn, FnAn... KnAn>의 상태가 되어야 하며, 이때를 우리는, 그 실현 여부는 차치하고, 가장 이상적인 문화교류, 문화융합의 형태라고 정의할 수 있을 것이다. 그리고 바로 이것이 필자가 강조하고자 하는 간수발적 문화교류, 지역 세계화(GLocalisation), 특수복합문화론(les pluri-verses de cultures)의 골간이기도 하다.

글로컬 시대인 21세기는 우리에게 신신(申申)이 분배, 공생, 평화, 인권, 정의, 소통이라는데 화두를 추거하고 있다. 왜 '신신'이인가? 대답은 간단한데서 찾을 수 있다. 분배, 공생, 평화, 인권, 정의, 소통이 제대로 구현되고 있지 않기 때문이다.

그렇다면 어떻게 해야 할까? 여기서 우리는 줄리앙으로부터 아이디어를 빌려볼까 한다. 그에 따르면 분배, 공생, 평화, 인권, 정의, 소통은 기본적으로 타자를 전제한다. 타자를 전재하고 있기에 간수발적 교류는 필수적이다. 간수발적 교류를 통해 마침내 나/타자, 지배/종속, 로컬/글로벌 양간(兩間)의 공통세계(le monde commun)를 그려볼 수 있다. 그리고 바로 이 공통세계가 나를 나로, 타자를 타자로, 지배자를 지배자로, 피지배자를 피지배자로, 로컬 문화를 로컬 문화로, 글로벌 문화를 글로벌 문화로 바라보게 하는 거울이자 다름과 이질성을 조율케 하는 인식의 저울추 역할을 한다.

줄리앙이 양자가 대면하는 일차적 단계로 "눈 맞춤(un dévisagement réciproque de l'un par l'autre)"[40]을 강조한 이유가 여기에 있다. 줄리앙의 제안대로 그때서야 비로소 타자를 통해 자신을, 타문화를 통해 자문화를 발견할 수 있는 길이 예비된다. 이렇게 '문화들'은 긴장과 설렘 속에서 서로 마주하며, 상대 문화의 심층에 한발 한발 단계적으로 접근해가는 것이다. 자문화와 타문화를 "구분(distinction)"하여 '늑대의 눈'을 부라려 온 단일보편문화론에 일종의 "반성 공간(un espace de réflexivité)"[41]이 필요한 것도 이런 이유 때문이다.

줄리앙이 제시한 '공통세계' 개념에서 중요한 것은 자문화에서는 발견할 수 없는 타문화적 요소들, 즉 이질적인 것(l'hétérogène)과의 끝없는 노역(勞役)을 통해 그 거리를 줄여가는 것이 관건이다. 권력/지배의 논리를 정당화하기 위해 타문화를 인정하려들지 않았던 단일보편문화론이 그동안의 폐단에서 벗어나려면 타문화와 불가피하게 주어진 "거리(distance, écart)"를 솔직하게 받아들이고,[42] 바로 그 거리를 반성의 기회로 삼음으로써 "자신을 탐진하고 경작하는(s'explorer et s'exploiter)" 것이 줄리앙은 강조한 신문화론의 핵심이다.[43]

이런 측면에서 공통세계는 그 표점이 미리 정해져 있는 것이라 할 수 없다. 줄리앙이 간이(簡易)한 보편주의나 나태한 상대주의를 자신의 공통세계에 기초한 신문화론과 구분한 이유가 여기에 있다.[44] 공통세계는

40 F. Jullien(2012), *op. cit.*, p.34.
41 *Ibid.*, p.31.
42 *Ibid.*, p.32.
43 *Ibid.*, p.37.
44 *Ibid.*, pp.43~45 참조. 줄리앙은 이와 같은 문화 보편주의나 문화상대주의의 폐단

기본적으로 로컬 문화의 부활이라는 대전제를 깔고 있으며, 경제-문화-지식-기술의 세계화를 저지·극복할 수 있는 '지도적 이념'이라고 필자는 생각한다.

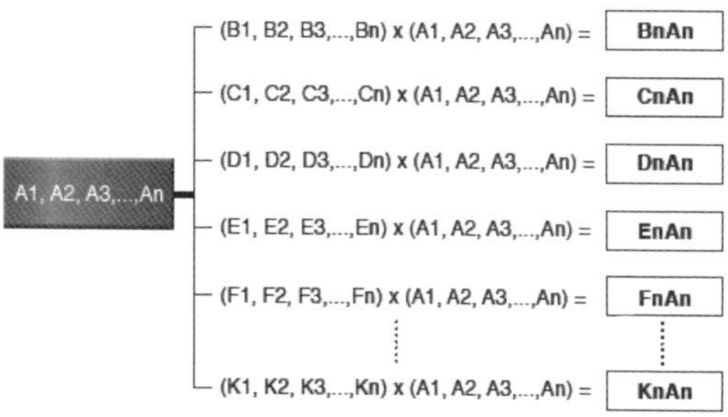

그림3. 지역 세계화 전개도2

현실을 똑똑히 보라. 대부분의 국가가 글로벌 공공선의 실현은 안중에도 없고 오직 자국, 자문화의 이익에만 혈안이 돼 있다. 그 결과 타국가, 타문화와의 관계는 호혜(互惠)의 관계가 아닌 상살(相殺)의 관계로 악화돼가고 있다. 미국이나 프랑스, UN이 앞장서서 글로벌 공공악을 자행한 이라크 사태나 시리아 사태를 보라. 글로컬 공공철학을 선도하고 있는 나오시가 국가주의와 지역주의, 글로벌 자유주의와 로컬 보호주의, 로컬리티와 글로벌리티 간의 이분법적 갈등을 극복·지양하고 양자를 재매개하기 위해 '자기-타자-세계'론을 제안한 것도,[45] 월러스틴이 "그 어떤 것도 배제하지 않는 중도론(unexcluded middle)"을 통해 서구 유럽적·단일보편적 획일문화론의 왜곡된 개입의 정당화로부터 벗어나 보편적 보편주의(universal universalism)를 지향해야 한다고 촉구한 것도,[46] 우리가 지금 살펴보고 있는 줄리앙의 공통세계론도 논의 문맥은 다소 다르다고 할 수 있지만 그 취지에 있어서는 큰 차이가 없다.

을 "서로가 눈을 맞추지 않고, 자기반성을 하지도 않으며, 노역하지도 안은 채 메마르고 완고한 동일성만을 재생산할 뿐"(*ibid.*, p.45)이라고 비판하고 있다.

45 야마와키 나오시, 『공공철학이란 무엇인가?』, 성현창 옮김, 이학사, 2011, pp.197~215 참조. 나오시는 자신의 글로컬 공공철학 방법론을 '이상주의적 현실주의'. '현실주의적 이상주의'라고 해명하고 있다(*ibid.*, p.215).

46 이매뉴얼 월러스틴, 『유럽적 보편주의: 권력의 레토릭』, 김재오 옮김, 창비, 2008, p.141.

글로컬 공공철학, 중도론, 공통세계론을 가로지르는 중심 이념이 뭐겠는가? 그것은 서로가 상대를 백안시하거나 멸시하지 않고 서로가 서로에게 눈을 맞추는 것에서부터 시작해 진정으로 상대를 대화상대자로 맞이하는 것, 바로 그것이다. 새로운 눈 맞춤, 새로운 대화를 위해서 어쩌면 양자 사이에 가로놓인 간극, 즉 사이가 더 떨어져야 할지도 모르겠다. 사이가 존재해야, 다시 말해 '무지의 거리'가 있다는 사실을 자각하고 인식해야, 각기 자신을 되돌아보고 상대를 새롭게 보는 기회가 주어질 것이기 때문이다. 또한 사이가 존재해야 건네주고 건네받을 수 있는 공간이 예비된다.

'사이'를 본고의 취지와 연계시켜보면 '글로컬'로 재정의할 수 있을 것이다. 결국 로컬과 글로벌의 공존(coexistence of the local and the global)이 목표인바 우리는 스스로 '간수발적 동물'로 거듭나야 하며, 이때 비로소 우리는 단일보편일문화(uni-verse-culture)의 신화에서 벗어나 로컬 문화도 부활시키고 글로벌 공공선도 실현하는 특수복합·복수공통문화론(pluri-commun-verse-cultures)을 앞당길 수 있다.

3. 한류로드는 과연 글로컬 시대를 선도하는 문화관일까?

줄리앙이 말한 타자와의 간극, 거리를 인정한다는 것은 기본적으로 주체 밖에 있는 타자를 주체의 고정된 시선으로 포획해 이타성(l'altérité)이나 이질성(l'hétérogénéité) 등으로 고정시키거나 아니면 훗설처럼 '다른 자아(l'autre moi)'로 타자의 본래성을 대상화·수용화시키지 않고 그 외재성(l'extériorité) 자체를 주어진 상태 그대로 인정하고 받아들인다는 것을 의미한다.

간극, 거리를 기꺼이 수용하는 공간은 이런 점에서 푸코가 말한 '반공간(contre-espace)'과 그 의미를 일정 정도 공분한다고 볼 수 있다. 푸코가 말한 반공간은 기존에 잘 정립된(정돈된) 공간에 '이의를 제기하는'

철학적 공간이며, 그래서 우리에게 익숙한 물리적 공간과는 구분할 필요가 있다. 그가 헤테로토피아의 세 번째 원리로 제시한 바대로 "서로 양립 불가능한 공간들을 실제 한 장소에 겹쳐 놓는 것"[47]이 관건인데, 특수복합·복수 공통문화론 역시 이질적 타자들과 질적/화학적 결합을 통해 공통세계를 구성하는 것이 목표인바, 푸코가 말한 일종의 헤테로토피아를 구성하는 것과 다르지 않다고 볼 수 있다.

분배, 공생, 평화, 인권, 정의, 소통이란 이 시대의 화두 역시 간극과 거리를 철저히 부인하는 <Uni-verse-culture>의 고정된 관점에 문제가 있다는 것을 알 수 있다. 분배, 공생, 평화, 인권, 정의, 소통은 세계를 울퉁불퉁한 그대로 바라보는 것에서부터 시작된다. 울퉁불퉁한 세계를 <Uni-verse-culture>의 배타적 관점으로 정리·정돈해야 한다고 생각하는 것이 문제라는 것이다. 돌려 말해 글로컬 시대가 요구하는 세계 인식의 관점은 '늑대 눈'을 부라리며 동일성의 논리에 준해 이질적인 타자를 간리(幹理)하거나 통제하려는 헛된 꿈을 접고 <Pluri-verse-cultures>의 가능성을 채탐(採探)할 때 비로소 다양성, 다원성으로 꽃필 수 있다.

본 장의 논제인 <글로컬 시대의 문화 해석>과 연관해 이제 남은 문제는 대한민국의 현주소를 점검해보는 일이 될 것이다. 우리는 그동안 '가장 한국적인 것'이 '세계적인 것'이라는 이야기를 귀가 따갑도록 들어왔다. 그렇다면 묻자. 여기서 "한국적인 것은 대체 '무엇'을 일러 하는 말인가?" 그리고 "어떤 것을 일러 '가장 한국적인 것'이라고 할 수 있는가?"

이 물음에 직면한 한국인이라면, 거의 자동적으로 단군신화, 백의민족, 탈, 한글, 한옥, 한강, 김치, 세종대왕, 이순신, 싸이, 박지성, 김연아, 새마을운동, 난타, BTS 등을 연상하게 될 것이다. 그러나 '가장 한국적인 것'이 대체 어떤 것인지에 대한 더 깊은 고민에 잠기다 보면, 십중팔구 자신이 선택한 대답이 물음에 적중한 것인지 의심하게 되리라. 하지만 이 경우처럼 대답이 하나가 아니라 여럿일 수 있는 물음은 물음 자체

---

47 미셸 푸코, 『헤테로피아』, 이상길 옮김, 문학과 지성사, 2014, pp.13~24 참조.

가 이미 잘못 제기된 것이라 할 수 있다. 그런데 역으로 물음이 제대로 제기된 것이라면, '가장 한국적인 것'에 대한 공의(公義)가 형성되어 있는지 재문(在問)하게 될 것이다. '가장 한국적인 것'은 '모든' 한국인은 아니어도 최소한 '거의 대부분의' 한국인이면 동의하는 어떤 것이어야 한다. 그러니까 그게 구체적으로 '무엇'이냐는 것이다.

이는 여론조사로 결정할 문제는 아닌 것 같다. 더더욱 특정 세대나 특정 지역에서만 지지도가 높은 것이어서도 곤란하다. 세대와 지역을 초월해야 하고, 오랜 역사 속에서 한국인의 자긍심을 심어주었던 그런 것이어야 한다. 요는 '그것'이 무엇이냐는 것인데, 필자는 개인적으로 솔직히 아직 이에 대한 답을 구하지 못했다. 다만 한 가지를 제안한다면, 이 물음에 대한 대답도 단일보편적인 것을 찾아야 한다는 선입관을 버리면 어떨까 싶다. '한국적인 것'이 '하나'일 수도 없지만, '하나'여야 한다는 강박관념에 시달릴 필요도 없다. 한국적인 것이 하나여야 한다고 생각하는 순간 이는 이미 여럿을 아우를 수 있는 조건/상황 자체를 부정하는 것과 다르지 않다. 게다가 '가장 한국적인 것'은 국내 홍보용보다 '대한민국'이라는 지리 밖, 즉 외국에서, 외국인들이 과연 어떤 것을 일러 '가장 한국적인 것'이라고 평가하는지가 중요하다.

2009년 이명박 정부에서는 국가브랜드위원회를 만들어 대한민국의 대외적 국가 위상과 품격을 높이고 선진화된 국가 이미지를 강화하기 위해 '글로벌 시민의식 고양', '다문화사회 지원', '한류 확산' 등과 같은 분과위원회 활동을 한 바 있다. 이 위원회의 보고서에 따르면 대한민국에 대한 대외적 국가 이미지, 즉 '브랜드 대한민국'은 삼성이나 현대와 같은 기업 이미지보다 약한 것으로 조사되었으며, 외국인이 평가한 '가장 한국적인 것' '하나'를 택발(擇拔)하지 못한 채, 불행인지 다행인지 판단하기는 어렵지만, 막을 내린 바 있다.

한 촉의 화살로 여러 개의 목표물을 동시에 겨냥할 수 없다. 추측건대 실제 외국인이 선택한 '것들'은 하나로 동일 수 없을 정도로 다양했을 것이라 추측된다. 하지만 그중 어떤 것을 일러 '가장 한국적인 것'이라 해야 할지? 이명박 정부에서는 이런 고민 때문에 선택을 유보해야 했는지 모른다. 추측컨대, 대한민국 국민 앞에 공개할 수 없는 것들도 제안되었을 것으로 짐작된다. <South Korea>의 대외 인지도 이렇게 대한민국의 GNP와 비교해볼 때 상상 이상으로 낮다. 해서 '문화 대한민국'의 위상 제고는 정권과 정치권의 이해관계를 초월해서 배가의 노력을 하지 않으면 안 될 때라 여겨진다. 무엇보다도 중국이나 일본 등 아시아권 밖에서의 <South Korea>의 위상 제고는 더욱더 절실해 보인다. 허니 Korea라는 국가브랜드의 대외적 선양(宣揚)은 어떤 정권이나 어떤 정당에만 그 책임을 돌릴 수 없다.

이런 취지에서 보면, 문화수용자를 깊이 고려하지 않은 채 소위 '한류'를 한국문화의 첨병처럼 대외(해외)에 전파하겠노라는 우리 정부의 태도나 전략은 필시 수정되어야 할 것이다. '한류로드'를 통해 전 세계로 한류상품을 수출해보겠다는 발상 자체가, 이미 서론에서도 언급했듯, 세계가 그저 평평하다고 믿는 사람에게나 가능한 일이다. 요인즉 우리 모두가 지금보다 훨씬 더 겸손한 자세로 타국가, 타문화와의 교류를 진행해야 한다는 것이다.[48]

이런 견지에서 보자면 국내의 유사세계화론자들은 필자의 다음 역문(逆問)에 대해 대답해야 할 의무가 있다: 대한민국의 문화적 로컬리티는 소위 '글로벌 로드'에 의해 어떻게 그리고 얼마나 파괴되었는가? 지구상에는 다양한 언어, 다양한 국가, 다양한 문화가 존재하는데, 경제영토처럼 문화영토, 지식영토마저 단일·획일화되어 가고 있는 현실을 간과해도 되는 것인가?

기본적으로 문화는 개인의 정체성 형성에도 지대한 영향을 미치지만 국가에도 대외적으로 공동체의 정체성을 인정받는 핵심 요소이다. 세계화로부터 개인과 국가를 보호해주는 마지막 보루가 문화이다. 개인과 국가를 성육시켜준 문화적 토양이, 수입 수종(樹種)이나 수입 어종(魚

48 임동욱이 『세계화와 문화 제국주의』에서 <한류와 문화 제국주의>라는 소절을 할애한 이유를 우리는 곰곰이 따져보아야 한다.

種)에 의해 자연생태계가 위협받는 경우처럼, 외래문화에 의해 초토화되어가고 있는 상황을 먼발치에서 지켜만 보고 있을 것인가? 다음 기사는 세계화에 의해 우리가 간과하고 있는 것이 무엇인지를 정확히 환기시켜주기에 충분하다고 판단해 소개해본다.

> "지난 3월로 월간 베스트셀러 20위에 한국문학이 한 권도 없는 상태가 5개월째가 됐다. 한국 독자들이 책을 읽지 않는 일이야 오래된 일이지만, 이제는 한국문학을 소멸시키는 단계로 접어들고 있다. 책이 팔리지 않아 전업 작가가 존재하기 힘들고, 이제는 가장 대중적인 소설조차 외국의 것을 번역해 읽어야 하는 상황이다."[49]

한류를 언급하면서 한국문화(?)의 수출만을 부각시킬 것이 아니라 외국문화의 들고 남에 대한 대차대조표가 필요한 것도 이 때문이다. 위 기사를 본 느낌이 어떤지 독자들에게 묻고 싶다. 중요한 것은 한국문화, 한류를 논할 때 K팝이나 K뷰티, K드라마에만 경도되어서는 안 된다는 것이다.[50] 한국이 문화강국으로 도약하는 데 반대할 사람이 누가 있겠는가? 하지만 한국문학이 죽은 토양에서 김치, 비빔밥, 떡볶이까지 앞세워 세계문화시장을 공략한다는 것이 말이 되는가? 이보다 중요한 것은 한국국민이 우리 문화와 전통에 대한 자긍심, 자신감의 고취가 아니겠는가? 문화는 들고 나면서 자-타문화가 글로컬화(glocaliser)된다. 그리고 앞 절에서도 강조했듯, 글로컬 시대의 문화는 타문화와의 상생이 궁극 목표여야 하기에 기본적으로 간발수적이지 않으면 안 된다. 감히 말하지만 전 지구촌에서 널리 공유되고, 그래서 보편적이라 할 그런 문

49 <책을 읽지 않는 나라, 작가가 사라지는 나라>, ≪주간경향≫, 2015년 4월 8일자 기사.

50 주지하듯, 한국국제문화교류진흥원에서는 기관지 『한류NOW』를 통해 일관되게 해외에 수출되는 한류 콘텐츠만 소개하고 있는 상황이라 일반인은 그 대차대조표를 알 수가 없다.

화는, 코로보프가 직시하고 있듯, 존재하지 않는다.[51] 부언컨대 모든 곳(everywhere)에서 모든 사람들(everyone)에게 적용되는 문화란 존재하지 않는다. 단지 다른 문화에 비해 영향력이나 파급력이 강한 로컬 문화가 있을 수는 있고, 그렇게 강한 로컬 문화가 단지 '글로벌 문화'라는 가면을 쓰고 있을 뿐이다.

소프트 파워, 스마트 파워 시대인 오늘날은 경제력이나 군사력과 같은 하드 파워로 국가를 평가하는 시대는 이미 지났다.[52] 하지만 이와 같은 착오 때문에 실은 문화 간의 교류나 문화 간의 대화가 심화되지 못하고 여전히 경제력이나 군사력을 가진 나라가 세계무대에서 주도권을 행사하고 있는 것이다. 다시 강조하지만 '글로벌 시대', '글로벌 문화'는 '글로컬 시대', '글로컬 문화'에 대한 오용이고 착각이다. 소위 <Globally thinking, Locally acting!>해야 한다는 외침의 진정한 의미가 바로 여

---

51 코로보프에 따르면 속칭 '하이브리드 문화'는 글로벌 대중 소비문화의 대표적 유형이다. 우리는 이 하이브리드 문화를 "로컬 문화 소비자들이 자신들의 정체성을 글로벌 상품과 동일시 할 때 생성된다"는 점에 유념할 필요가 있다. 코로보프가 정식화한 대로 <hybrid = foreign + local>이다. 그리고 이러한 정식을 통해 그는 작금의 자본화된 미국문화가 제3세계에서 양산하고 있는 폐해에 대해 다음과 같이 지적한다. "이들〔제3세계 국민들〕은 자신들이 원하는 것을 선택할 수 없다. 그들이 늘 소유해왔던 것도 마찬가지다. 왜냐하면 그들을 부양하고 양육해온 환경, 그들이 원하는 것을 그들에게 제공했던 것을 더 이상 자유로이 선택할 수 없기 때문이다. 그들은 그들이 살기를 원하는 방식으로 살 수도 없다. 왜냐하면 그들이 자신들의 삶의 방식대로 유지해왔던 과학과 기술, 의학 시스템과 건축, 천연의 주거지가 억압 또는 금지되거나 파괴되었기 때문이다. 그들은 그들이 구입하기를 희망하는 것을 구입할 수 없다. 그들의 생산 방식이 서양식 소비 상품과 서비스(Western consumer goods and services)가 수입됨으로써 대체되었기 때문이다. 그들은 심지어는 우세한 문화(dominant culture)의 피해자가 되는 것마저도 선택할 수 없다. 왜냐하면 그들의 희생 역시 글로벌 정치경제시스템에 묻혀버리기 때문이다. 대부분의 신식문화들(modern cultures)은 하이브리드 문화이다. 그러나 우리는 〔이러한〕 하이브리드 문화를 글로벌 문화라 혼동해서는 곤란하다. 모든 전통 그리고 심지어는 가공품(artifacts)의 경우도 자신의 고유한 원천(own origin)을 가지고 있는 법이다." - V. Korobov, *op. cit.*, pp.49~50.

52 국제전략문제연구소(CSIS) 스마트파워위원회, 『스마트 파워』, 홍순식 옮김, 삼인(도)(+호미), 2009 참조.

기에 있다.[53]

물론 대부분의 국가위정자는 국민과 국가를 대표한다는 미명하에 '거기(global world, global culture)'를 가리킬 수 있다. 하지만 국민이 삶을 영위하는 곳은 늘 '여기(local society)'라는 사실을 잊어선 안 된다. '거기'와 '여기'라는 두 곳 간의 균형을 취하지 못하고서는 그 어떤 국가도 국민에게 행복을 선사할 수 없으며, 그 어떤 국가도 오늘날과 같은 세계화 시대에 외부의 거센 풍랑에 시달릴 수밖에 없다. 그리고 '여기'를 버리고 '거기'를 추구한다는 것은 이미 그 자체로 어법모순일 뿐만 아니라 일종의 매국행위요 국가 주권, 문화 주권의 포기나 다름없는 일이다.

'여기-로컬'의 번영은 국가공동체가 국민과 더불어 일구어야 할 책무와도 같은 것이다. 이러한 책무가 잘 준수되어야만 한 국가의 문화가 온전히 보호·유지될 수 있으며, 정치·경제 공동체를 '문화적인 것'을 통해 공공히 결속시킬 수 있다.[54] 한류 콘텐츠를 해외에 얼마나 파느냐보다 중요한 것이 한국의 문화영토가 과연 얼마나 건강하고 건전한지를 되돌아볼 때이다.

53 이 표현은 애초 대영제국의 도시조경학자인 게디스가 영국식민지의 개별문화들에 대한 배려가 도시 개발에 있어서도 중요하다고 제안했던 데서 나온 말이다 – P. Geddes, *The Evoltion of Cities*, Willams & Norgate, 1960.

54 F. Jullien(2008), *op. cit.*, pp.50~51 참조. 줄리앙은 '문화적인 것(le culturel)'을 이분법적 대립항들을 연결시켜주는 매개체로 보고 있다. 이런 입장에서 그는 "서구 유럽 철학은 바로 이 사이를 연구하지 않았다"고 지적한다.

5

HOMO Glocalicus

문화적 지역성과 지역 세계화 전략: 인도의 마살라 무비와 영국의 창조산업

"우리는 일종의 끊임없는 변증법적 교환 속에서 우리의 특수한 것을 보편화하면서 동시에 우리의 보편적인 것을 특수화할 필요가 있고, 이를 통해 우리는 새로운 종합에 다가갈 수 있을 것이다." - I. 월러스틴.

제5장

문화적 지역성과 지역 세계화 전략: 인도의 마살라 무비와 영국의 창조산업

1. 한류의 다변화 전략이 시급한 이유

한류를 다변화할 필요가 있다는 정부 차원의 자각은 우리에게 글로컬 문화콘텐츠의 계발이 얼마나 시급한 것인지를 환기시켜주고 있다는 점에서 놓고 보면 시사하는 바가 크고, 또 매우 시기적절한 대안적 분석이라 생각된다.[1] 2009년 한식 세계화의 기치로 시작된 <김치, 비빔밥, 전통주, 떡볶이(topokki) 연구>의 개시, 2010년 9월 27일부터 10월 1일까지 경주에서 개최되는 제30차 유엔식량농업기구 아·태지역총회 개최를 기회로 발진된 <플래그십(flagship) 한식당 개설> 발표,[2] 그리고 정부 기관과 주요 신문·방송사가 공동주최하는 <대한민국 스토리 공모대전> 등에 이르기까지 정부 차원에서도 우리 문화를 세계에 알리기 위해 많은 공을 들인 게 사실이다. 하지만 과연 그 방향과 취지, 목표가 작

1 김성수, 「글로컬적 관점에서 본 한류에 대한 재평가」, 『인문콘텐츠』 제18호, 2010 참조.

2 <매일경제> 2010년 9월 24일자 참조. 농림식품부에서는 한식 세계화의 확산을 위해 2011년 중 뉴욕 맨해튼에 한식당 개설을 위해 50억을 투입할 방침을 세워놓고 있다.

금의 한류의 위기를 극복하는 데 있어 진정 새롭고 결정적인 계기로 작용할 수 있을지, 필자는 이에 대해 다소 회의적 견해를 가지고 있는 편이다.

개인적으로 필자는 떡볶이나 김치, 막걸리와 같은 음식문화는 문화의 일부이지 문화 자체라고 보지는 않는다. 정부에서 내세운 한식 세계화 기치의 허점이 바로 여기에 있다. 그 이유는 아주 간단한 데 있다. 한식 세계화는 여전히 '글로벌'에 중심이 있지, 정작 중요한 '글로컬(global + local)'에 대한 인식 자체가 부족하다고 판단되기 때문이다. '글로컬'은 로컬이 반영된 문화 교류가 목표다. 더 정확히 말하면 문화의 생산도 문화의 소비도 발원지는 로컬에 있다는 것이 핵심이다.

이와 비교하면 한류, 한식 세계화와 같은 '글로벌'로 경도된 발상은 마치 줄 사람은 생각도 않고 있는데, 군침부터 흘리는 것과 같은 경우라고나 할까. TV, 휴대폰, 자동차와 같은, 굳이 국적이나 문화적 정체성이 중요하지 않은 우리 기업의 상품들이 세계의 여러 국가, 즉 글로벌 시장에서 소비되고 있다는 것에 대해 우리가 시비지단(是非之端)할 이유는 물론 없다.

미국인만을 위한 자동차가 따로 있고, 한국인에게만 판매하려는 자동차가 따로 생산되는 것이 아니기 때문이다. 금융파생상품이나 원유도, 금이나 구리도 마찬가지다. 프랑스에서 삼성 휴대폰을 사건 인도에서 소니 TV를 사건, 사는 사람도 파는 사람도 정체성의 고민을 하기보다는 실제 구입하려는 물품의 기능과 가격을 따지는 게 일반적이다. 정확히 이런 경우를 들어 우리는 '글로벌'이란 표현을 수식어로 사용하곤 한다. 하지만 이와 같은 상품 또

그림1. 2011년 4월 출시된 <名品 김치 愛> 지면 광고

는 제품은 굳이 문화가 직접적 배경으로 작용하지 않는다는 점 또한 기억해야 한다. 즉 문화가 늘 배경으로 작용하는 문화상품과 문화와는 근본적으로 무관한 일반 소비재 상품을 혼동해서 안 된다는 것이다. 부언컨대 일반 소비재 상품들과 달리 문화상품은 국가 브랜드와도 직결되어 있다. 그리고 그 경제적인 효과는 하나의 문화상품의 경우만 놓고 볼 때도 세계적 기업들이 TV나 휴대폰, 자동차 등을 팔아 벌어들이는 연간 매출액에 상당한 것으로 이미 많은 연구와 통계들이 나와 있다.[3]

<대장금>과 같은 방송드라마 때문에 김치나 불고기, 삼겹살과 소주, 막걸리가 일본, 중국을 비롯하여 동남아 시장에서 승승장구 하고 있는 것이 대표적 예라 할 수 있으며,[4] 우리 정부에서도 이제는 문화 콘텐츠 산업의 OSMU의 시너지 효과가 어떤 것인지를 정확히 파악하고 있는 듯하다. 하지만 중요한 것은 그 역은 결코 성립하지 않는다는 사실이다. 다시 말해 김치나 불고기가 <대장금>을 유행시킨 것은 아니란 점이며, 삼성이나 현대, 포스코가 대한민국의 브랜드 가치를 높여주는 것은 아니라는 점이다. 해외에서 삼성, 현대, 포스코와 같은 기업의 브랜드 이미지보다 대한민국의 국가 브랜드에 대한 인지도가 더 낮은 게 우리의 현실이다.[5] 2009년 국가브랜드위원회까지 만들어 대한민국의 대외 인지도 향상을 위한 노력들[i) 중장기 목표, 비전 전략 제시, ii) 관련 정책 사업 조정 및 성과 분석, iii) 아이디어 발굴 및 모범 사례선정, 국민적 관심 확대 등]을 했지만, 그 성과는 구체적으로 제시된 바 없다. 미국 하면

---

3 참고로 미국은 스티븐 스필버그의 <쥬라기 공원>(1993) 한 편으로 당시 우리나라가 한 해 동안 자동차 수출을 통해 벌어들인 총액을 능가한다는 보고도 있다 - 최연구, 『문화 콘텐츠란 무엇인가』, 살림, 2006, p.10.

4 참고로 <대장금>은 2010년 기준으로 했을 때 87개국에서 방영돼 대한민국을 상징하는 최고의 한류 코드 중의 하나로 자리 잡았으며, 최근엔 한국을 방문하는 외국관광객과 아시아 시장을 상대로 김치업체 일청명가에서 <名品 김치 愛>를 출시했다 - ≪서울신문≫, 2011년 4월 26일자 참조: "대장금 이영애 내세운 김치 출시, 세계시장 공략"

5 참고로 2009년 1월 22일 대통령 직속기관으로 국가브랜드위원회를 출범시킨 바 있다 – 자세한 관련 내용은 윤정인, 『코리아 브랜드파워』, 매일경제신문사, 2010 참조.

'자유의 여신상', 프랑스 하면 '루브르박물관'이나 '에펠탑'이 자연스럽게 떠오르지만 대한민국 하면 누구나 떠올릴 수 있는 그런 대한민국의 정체성을 대표하는 아이콘이 없다는 것에 대해 동위원회의 총괄기획과장도 인정한 바 있다.

그림2. 간판에서부터 메뉴에 이르기까지 '현지화'를 꾀한 일본의 한 맥도날드 지점

요인즉 몇 개의 문화상품이 여러 로컬에서 소비되고 있다고 해서 이것이 곧바로 대한민국의 브랜드 인지도를 높이는 것은 아니란 뜻이다. 앞서 우리는 타문화를 이해하는 데 있어 문화 코드가 중요하다고 역설한 바 있다. 국가브랜드의 인지도 향상도 문화상품이 아닌 문화 코드에 맞닿았을 때라야 본질에 이른 것이라 할 수 있다는 뜻이다. 재삼 강조하지만, 글로벌라이제이션(지역을 무시한 세계화)은 분명 글로컬라이제이션(지역에 뿌리를 내린 세계화)의 오용(誤用)이다. 동양제과(주)가 중국시장을 겨냥해 초코파이의 명칭을 好麗友·波(좋은 친구끼리 나눠먹는 파이)로 바꾸고, 포장을 푸른색에서 중국인들이 좋아하는 붉은색으로 바꾸어 성공을 거두었듯, 토포키(Topokki)를 유럽시장으로 진출시켜보겠다는 의지를 가지고(물론 지금은 유명무실한 연구소로 전락하고 말았지만) 떡볶이연구소에서 '된장크림소스'나 '매운 토마토소스'를 고안한 것에서도 알 수 있듯, 이제는 현지에서의 토착화 여부가 상품 판매의 결과와 비례하는 시대가 된 것이다.

현지화는 이렇게 해당 지역의 문화와 문화 코드를 십분 고려하여 해당 상품이 "지방적 변형"을 꾀하지 않으면 안 된다는 데 그 핵심이 있다. 이러한 노력은, 피터 L. 버거의 지적대로 "거의 모든 곳〔거의 모든 장르〕

에서 발견"[6]되고 있다고 해도 과언이 아니다. 영화는 말할 것도 없고 뮤지컬, 연극, 오페라 등 공연분야에서도 공동제작이나 자본합작 형태를 통해 현지 시장 내 소비자들의 기호를 적극적으로 고려하고 있으며, 특히 그 지역의 문화 코드에 맞추어 내용을 개작을 하는 것은 물론이고 연출 방향을 달리하는 경우도 많다. 패스트푸드의 대명사인 맥도날드가 중국을 어떻게 공략했는지, 인터넷 야후가 국가별로 웹 디자인을 어떻게 차별화했는지도 결국 갈수록 현지화의 중요성이 부각되고 있다는 것을 보여주는 대표적 사례라 할 수 있다.[7]

결국 해당 지역, 국가의 문화 코드와 부합하기 위해서는 현지화가 필수적이라는 것은 아무리 강조해도 지나치지 않으며, 이는 지역 및 국가에 따른 다각화의 노력이 병행되지 않으면 안 된다는 것을 의미한다. 목표로 하는 시장이 기본적으로 한 두 곳에 한정되어 있는 것은 아닐 것이기 때문에 더더욱 그렇다. 피터 버크의 책, 『문화적 혼종성』이 정확히 적시하고 있듯, 퓨전과 혼종성 개념이 이제 문화 콘텐츠 상품을 기획하는 과정에서부터 필수적인 고려 사항이 된 것이다.

퓨전과 혼종성은 주지하듯 탈근대성(postmodernity) 개념의 핵심 내용이기도 하다. 탈근대성은 1960년대 후반에는 주로 예술, 미학, 철학 분야 등에서 주로 논의되었지만, 1980년대부터는 문화, 경제 분야에서도 응용되기 시작했고, 2000년대에 들어서서부터는 학문의 거의 전 분야에서 회자되고 있다. '전통과의 단절', '창조적 파괴'를 모토로 하는 탈근대성을 우리는 근대성의 전복으로 종종 요약하곤 한다. 하지만 근대성도 기본적으로는 그 이전 시대와의 단절을 가치로 하고 있기 때문에 이념적으로는 근대성과 탈근대성이 상당 부분 겹치기도 한다는 점을 잊어선 안 된다. D. 하비의 입장에서 보자면, 근대성은 이를 옹호하는

6 피터 L. 버거 & 새뮤얼 P. 헌팅턴, 『진화하는 세계화』, 김한영 옮김, 아이필드, 2005, p.25.
7 박치완·김성수·조소연 외, 『글로컬 문화 콘텐츠, 어떻게 그리고 왜?』, 한국외국어대학교 출판부, 2009, pp.107~132, 133~163 참조.

사람들의 주장처럼 전통과의 단절이나 파괴를 성취했다기보다는 기존의 여건 속에 잠복해있던 변화(변동)를 이끌어낸 것에 불과하다.[8] 하비의 입장에 따르면 결국 탈근대성도 근대성과의 단절이나 파괴로 설명하기보다는 근대와는 다른 신기술의 발달에 따른 사회, 문화, 생활, 환경적 변화로부터 파생된 것이라는 설명도 가능하다는 뜻이다.

퓨전, 혼종성, 탈근대성이란 3개념은 결국 우리가 사는 21세기가 현실적으로건 또는 학문적 연구의 대상으로건 '변화'에 대한 이해를 요구한다는 뜻이다. '변화'를 전통주의자들은 부정적 의미로 이해한다. 이들이 '변화'를 부정적 의미로 이해한다는 것은 "불변의 문화"라는 근대성(modernity) 개념이 작용하고 있다는 뜻이다.[9] 하지만 21세기에 지구촌 시민들이 겪고 있는 변화는 불가역적인 변화다. 근대성에 준해 변화를 거부하는 전통주의자들이 눈에 퓨전, 혼종성, 탈근대성은 "고정된 문화적 경계를 불안정하게 만들거나 희미하게 만드는 것"으로 비칠 수 있다.[10] 하지만 문화는 불변하는 것도 아니며 더더욱 고정되어 있는 것도 아니다. 자아 정체성과 마찬가지로 문화적 정체성의 경우도 "우리가 창조하는 그 무엇이며, 항상 과정 중에 있고, (…) 미래의 궤도에 대해 우리가 생각하는 것과 더불어 우리의 과거와 현재 상황에 입각해서 현재의 우리라고 생각하는 것에 기초하여 형성된다."[11] 결국 '현재의 우리'는 근대의 개별적이고 불변하는 요소와 탈근대의 변화하고 새롭게 형성 중인 요소들 '사이'에 처해 있으며, 이는 개인은 물론 사회나 국가 및 문화의 범주에 있어서도 동일하게 진행되고 있다. 그리고 중요한 것은 문화들 간의 활발한 교류와 혼화(混和)는 단지 이론적 차원에서만 제기되고 있는 것이 아니라 이미 현실의 삶 속에서도 다층적으로 진행되고 있다는 사실이다. 필자가 앞서 <변화 = 불가역성>이란 정의한 것도 이런 이

8 데이비드 하비, 『파리, 모더니티』, 김병화 옮김, 생각의 나무, 2010, pp.7~9 참조.
9 크리스 바커, 『문화연구사전』, 이경숙·정영희 옮김, 커뮤니케이션북스, 2009, pp.386~388(혼종성) 참조.
10 *Ibid.*
11 *Ibid.*, pp.287~288(정체성 프로젝트) 참조.

유 때문이다.

현지화의 노력이 긍정적 의미의 퓨전, 즉 혼종성이 잘 구현되어 종종 토착문화를 되살리거나 그 토착문화에 새 옷을 입히는 결과를 낳는 경우도 있다. 이는 기본적으로 자국 문화와 유입된 외래문화가 큰 충돌 없이 조화를 이룰 수 있을 때, 자주 있는 일은 아니지만, 가능한 일이다. 인도와 일본에 들어온 서양식 패스트푸드 체인점은 오히려 그들 나라의 전통음식이 패스트푸드로 재탄생하는 계기가 되었고, 일본에 들어온 서구식 패션은 일본 특유의 미학을 간직한 서구의 전통 패션 산업을 부흥시키는 데 일조하기도 했다는 것을 모르는 사람은 없을 것이다.[12] 이런 점에서 현지화, 즉 지역에 토착화되는 것은 다음과 같은 이중의 의미가 포함돼 있다고 볼 수 있다: 문화적 퓨전과 혼종화를 의도하기도 하지만 동시에 유도하기도 한다는 사실!

현지화가 문화적 퓨전과 혼종화를 의도하건 유도하건 최대 관건은 국가나 문화권에 따라 추구하는 가치와 문화 코드가 다르다는 것을 이해하는 데 핵심이 있고, 문화 콘텐츠 상품도 그 차이들을 십분 고려해야 한다는 데 이의가 있을 수 없다. 그 이유를 재삼 강조하자면, "각각의 문화는 세계에 대한 서로 다른 해석 체계와 문화 코드를 가지고 있기"[13] 때문에 그렇다. 이는 결국 문화가 다르면 넓게는 의식주가 다르고, 좁게는 상품의 선호도, 구매 취향이 다를 수밖에 없다는 말과 다르지 않다.

범위를 확대하여 조금 더 포괄적이고 일반적인 예를 들어보자. 멕시코나 프랑스 등에서는[14] 전통적으로 반미주의 성향이 강하며, 글로벌라이제이션, 즉 미국 주도의 '세계화'에 대해서도 반대하는 여론이 높은 편

---

12 피터 L. 버거 & 새뮤얼 P. 헌팅턴, *op. cit.*, pp.25~26 참조.

13 C. Rapaille, *op. cit*, p.10.

14 미국 주도의 세계화는, 대표적으로는 프랑스가 거부 반응을 보인다고 할 수 있지만, 실제 유럽 전체가 이에 동참하고 있다는 것이 더 정확한 표현일 것이다. 기본적으로 유럽은 비록 시장 경제 체제를 따르기는 하지만 미국이 추종하는 신자유주의보다는 사회적 자유주의라는 경제 모델을 지향하기 때문이다 - 조홍식, 「유럽 정체성의 형성에 관한 고찰」, 『국제·지역연구』 제14권 3호, 2005, pp.55~56 참조.

이다. 특히 유럽은 미국의 독주에 제동을 걸 수 있는 유일한 경제적·문화적 블록이라고 할 수 있다. 그리고 미국도 이를 정확히 인지하고 있는 상태다.[15] 반면 우리 대한민국은 이승만 정권 이후 지속적으로 친미주의 성향에서 벗어나지 못하고 있으며, 마치 미국인들이 그렇듯, 옛 과거는 가볍게 여기면서 새것(newness)을 선호하는 경향이 유독 짙다.[16] 한국에서는 아파트가 부의 상징인 반면 미국에서는 자동차가 부와 해방의 상징이라고 할 수 있다.[17] 중국이나 일본, 인도가 남성성이 매우 강한 사회라면,[18] 러시아는, 우리가 알고 있는 상식과는 달리 여성성이 지배적인 생활문화를 이루고 있는 것이 특징이다.[19] 중국과 인도가 장기지향 사회라면,[20] 이에 비해 일본, 한국, 러시아는 단기지향 사회이다.[21]

중요한 것은 이 모든 호프스테드의 방법론에 따른 분석과 평가가 대상 국가의 문화 코드와 직간접적으로 연결되어 있다는 점이다. 그리고 이를 '발견'하고 또 해독해내는 일은, 만일 우리가 글로컬 문화 콘텐츠 개발을 진정으로 희망한다면, 모든 콘텐츠 상품의 기획과 제작 과정에

15 이에 대해서는 T. de Montbrial, *La guerre et la diversité du monde. Les Etats-Unis contre l'Europe puissance*, L'Aube, 2004 참조.

16 물론 한국인의 가족관이 혈통주의나 권위주의에 기초하고 있다는 측면에서 보면, 미국인에 비해서는 과거(전통)지향성이 강하다고 말할 수는 있다 - 신수진·최준식, 『현대 한국 사회의 이중가치체계』, 집문당, 2004, 제4장 참조.

17 C. Rapaille, *The culture code*, Random House of Canada, 2007, pp.1~3, 191 이하 참조. 저자는 미국인들은 스스로가 미국을 새로운 것(as *new*)의 상징으로 생각한다고 강조하면서, 도시(장소) 이름인 New York, New Hampshire, New Haven, New Hope, Newberry, Newington 등도 여기에 기인한다고 적고 있다(*ibid.*, p.192).

18 박경아, 「문화 코드로 읽는 일본의 문화 콘텐츠」, 『문화 콘텐츠와 문화 코드』, *op. cit.*, pp.207~250; 김형준, 「현대 중국의 문화 코드」, 『문화 콘텐츠와 문화 코드』, *op. cit.*, pp.251~291 참조.

19 장정희, 「러시아의 문화 코드와 문화 콘텐츠」, 『이문논총』 제30집, 한국외국어대학교 대학원 편, 2010, pp.97~117 참조.

20 김윤희·박치완, 「인도의 문화 코드와 글로컬 문화 콘텐츠」, 『국제지역연구』 제14권 4호, 2011 참조.

21 아래 표는 호프스테드의 <Cultural Dimensions Index>에 따른 것이며, 불확실성 회피 경향, 장기지향/단기지향이 변수이다.

서부터 우선적으로 고려되어야만 할 사항이라는 점이다.[22]

아주 쉬운 예로 문화권마다 결혼 풍습과 의미가 다르듯, 선호하는 상품, 소비 가능성이 높은 콘텐츠 상품이 다른 것은 너무도 당연하다. 정확히 이런 이유 때문에 국가, 문화권에 따라 콘텐츠 상품의 장르나 내용 등을 전략적으로 차별화할 필요가 있으며, 그 문화권, 그 국가의 문화 코드나 소비 트렌드에 부합하지 못하고서는 결코 시장에서 기대하는 효과를 달성할 수 없다는 것을 명심해야 한다. 아래에서 우리는 인도 영화를 예로 들어 우리가 인도에 대해 얼마나 무지한지, 한인(韓印) 양국 간 문화산업이나 문화 교류의 과정에 있어 예상되는 장애물은 무엇인지를 간단하게 짚어보면서, 이를 반면교사로 삼아 우리가 지향해야 할 방향이 무엇인지를 재삼 되새겨보고자 한다.

2. 로컬리티만으로 승부가 가능한 인도의 마살라 무비

세계 최대의 영화 제작국이라는 인도는 우리에게 문화 콘텐츠 상품

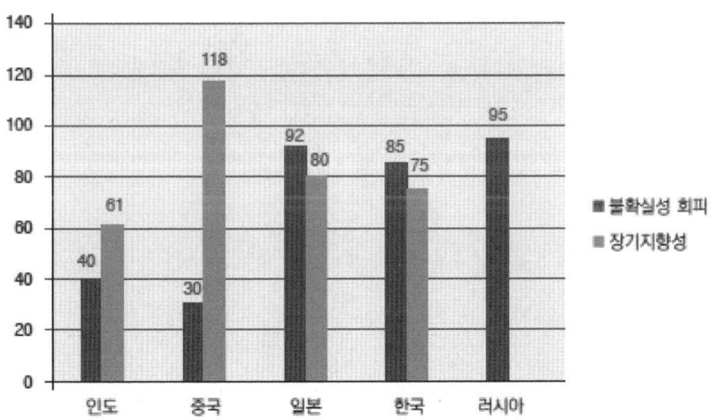

22 라피이유가 문화 코드의 해석(decoding)을 "발견의 과정(process a *discovery*)"이라고 강조한 것도 아마 이런 이유 때문일 것이다 - Clotaire Rapaille, *op. cit*, p.11.

의 글로컬화 및 차별화 전략이 왜 시급하고 또 얼마나 중요한지를 통감케 한다. 인도 영화에 대해 우리는 얼마나 알고 있을까? 그리고 우리는 인도 영화를 감상하며 한국 영화를 감상할 때처럼 과연 공감을 할까? 필자의 판단엔 전혀 그렇지 않아 보인다. 그렇다면, 대체 그 원인은 어디에 있을까? 우리가 한국 영화와 인도 영화의 본질적 차이는 무엇인지, 인도 영화가 한국의 영화 시장에서 맥을 못 추는 원인이 어디에 있는지를 문화 코드의 차원에서 살펴보려는 이유가 여기에 있다.

주지하듯, '마살라 무비(Masala Movie)'[23]라 불리는 인도 영화들에서는, 마치 비주얼 뮤지컬이나 뮤직비디오를 방불케 하는 춤과 노래, 집단군무가 흔하게 등장한다. 이것이 바로 발리우두(Bollywood) 영화의 특징이자 또한 문화적 지역성의 표현이다. 마살라 무비는 <스타워즈>, <마블> 등으로 대표되는 할리우드 영화나 탄탄한 스토리나 내용 구성을 중시하는 세계의 많은 예술영화들과 분명 제작 의도나 목표가 다르다. 그런데 한국의 영화전문가들은 어리석게도 마살라 무비에 등장하는 춤과 노래, 집단군무가 과연 영화의 스토리 전개며 작품의 구성상에 있어 필연적인 것인가라고 책문(責問)하곤 한다. 이는 인도 영화에서 일종의 '문화적 거리감'을 느낀다는 의미와 통한다. 게다가 3시간 이상의 긴 상연시간도 한국의 영화관 시스템과는 큰 차이가 있다. 하지만 우리가 여기서 간과해서 안 되는 것은 마살라 무비는 기본적으로 내러티브보다는 '인류의 보편 언어'라고 할 수 있는 음악에 호소하여 그들 인도의 대중에게 접근한다는 사실이다. 그리고 인도인들은 영화를 춤과 노래가 등장하는 마살라 무비와 그렇지 않은 영화로 구분하고 있을 정도로 춤과 노래, 집단군무가 판타지 형식으로 '삽입'된 영화를 선호한다.

단적으로 말해 인도의 관객들은 영화의 스토리나 내용보다는 음악이 있는 판타지를 즐기기 위해 영화관을 찾는다고 해도 과언이 아니

23 마살라(Masala)는 '마사아'라는 요리에 사용하는 스파이스를 말한다. 스파이스가 가미된 자극적인 영화, 혹은 인도요리 같이 각종 스파이스가 서로 조화를 이룬 영화라는 뜻에서 '마살라 무비'라 불린다.

란 뜻이다. 춤과 노래가 화면에 나오면 인도의 관객들은 OST(Original Sound Track)를 통해 이미 익힌 가사를 합창하기 위해 일제히 자리에서 일어나 영화 속의 주인공들과 한 몸이 된다고 한다.[24] 이런 점에서 인도인들에게 춤과 노래는 그들의 삶과 유리될 수 없는 생활의 일부라고 해도 과언이 아니다. 또 이와 같은 영화 감상을 통해 그들은 자신들의 현실적 고통과 실존적 고뇌를 해소한다는 점이다. 그리고 이것이 바로 다른 국가에서는 발견하기 힘든 인도문화, 특히 인도 영화의 변별적 코드라고 할 수 있다. 물론 인도에서 제작된 모든 영화가 마살라 무비인 것은 아니다. 약 5% 정도의 영화는 종교적이고 철학적인 주제를 비롯하여 사회 비판적인 주제도 다루고 있다. 그런데 이런 소위 '뉴시네마'는 해외에서는 호평을 받지만 인도 내에서는 거의 호응이 없다는 점이다.

인류 보편적 스토리 및 주제, 연기, 예술적 완성도 등을 모두 고려하는 세계의 영화 팬들이나 <친구>, <실미도>, <두사부일체>, <조폭마누라> 등 작품성과 예술성보다는 코믹 폭력물이 흥행작 순위를 점하는 한국의 영화 팬들이 인도의 마살라 무비에 빠져들지 못하는 이유가 바로 여기에 있다. 하지만 지역 세계화의 관점에서 보았을 때 중요한 것은 문화 세차에 대한 고려라고 서론에서 이미 강조한 바 있다. 부언컨대 하나의 고정된 시각이나 잣대가 모든 문화권의 대중문화 소비자를 평가하는 데 적용되지 않는다는 사실이다. 그런데 우리는 이를 간과하고서 '오직 글로벌'이라는 구호를 허공에다 대고 외쳐왔고 여전히 외치고 있는 것이다.

영화와 관련해 문화 세차의 고려가 얼마나 중요한지 더 설명해보자면, 전 세계의 영화시장을 석권하고 있는 할리우드 영화들은 주지하듯 시각 중심의 서스펜스나 스펙타클 및 SF적 환상성이 강한 편이다. 그런가 하면 중국 영화는 거대한 스케일과 화려한 영상미를 곁들인 무협영화가 대세를 이루고 있다. 또한 프랑스 영화는 작가주의를 중시하며 예

24 인도의 대중음악이 영화에 상당 부분 종속되어 있는 것도 이와 같은 이유 때문이다.

술영화와 삶에 대한 성찰적 태도를 보여주는 작품들이 많은 편이다. 그런가 하면 "시를 사랑하는 민족"인 이란에서의 많은 영화들이 시의 구조처럼 일반적으로 "간결함의 미학"을 추구한다고 한다.[25] 같은 맥락에서 마살라 무비는 음악과 춤으로 특징되는 것뿐이다. 홍콩 영화가 이소룡과 성룡이 등장하는 액션 영화로 특징되듯이 말이다.

그림3. 국내애 최초로 수입된 인도 영화 <신상>의 포스터

오직 할리우드 영화에만 익숙한 한국의 영화 팬들이 결국 마살라 무비에 감동할 확률은 낮을 수밖에 없는 이유가 여기에 있다. 그로 인해 실제 1971년 <신상> 이후 대한민국에서는 오랫동안 인도의 영화들을 접할 기회를 갖지 못했다. 그리고 그 연장선에서 인도 영화는 현재에도 한국의 팬들에게 여전히 '찬밥' 신세를 면치 못하고 있다.[26] 마찬가지로 한국의 영화들도, 최근 들어 수출 영화 편수는 늘고 있는 상황이지만,[27] 인도 시장에서 크게 성공을 거두지 못하고 있는 게 현실이다. 인도의 상영관에 배급된 최초의 한국 영화가 류승범 주연의 <아라한 장풍 대작전>(류승완 감독, 2004)이라면 사람들이 아마 놀라겠지만, 그 연도가 2005년이라면 한 번 더 놀랄 것이다. 영화진흥위원회의 보고서에서도 언급하고 있듯, 한국 영화는 인도

25 유달승, *op. cit.*, p.65.
26 우리에게 널리 알려진 인도 영화 <신상>(1971)의 원제는 <Haathi Mere Saathi(코끼리는 나의 친구)>이며, 그해 칸느 국제영화제 그랑프리 수상작임. 그 외에도 <밴디드 퀸>, <카마수트라>, <춤추는 무뚜>, <몬순 웨딩> 등이 있다.
27 2007년 인도에 수출한 한국 영화는 <공포 택시>, <그놈 목소리>, <디워>, <박하사탕>, <빈집>, <올드 보이>, <장화 홍련>, <화산고> 등 총 17편이다. 같은 해 인도는 한국을 비롯해서 해외에 800여 편의 영화를 수출했고, 미국에서만 1억 달러 이상을 벌어들였다고 한다 - 김승호, 「한류와 인도풍, 문화교류의 현장」, 『Chindia Journal』, 포스코경영연구소, 2009년 4월, p.38.

에서 "인도양에 빠지고, 히말라야 산속에 파묻힌" 꼴이다.[28]

이렇게 양국 영화 관객 간의 관계, 교류가 소원한 것은 필경 양국 간의 문화 코드가 다른 데서 파생할 수밖에 없는 필연적 결과라 할 수 있다. 그리고 중요한 것은 마살라 무비가 비록 우리 한국인의 눈에는 비논리적인 상황 전개나 난데없이 등장하는 뮤지컬 장면들이 황당하게 보일지 모르지만, 모든 인도인, 남녀노소와 빈부의 격차나 계급 격차 없이 누구나 즐기는 최고의 여가 활동 수단이라는 사실이다. 그리고 이보다 더 중요한 사실은 인도는 국내 영화 점유율이 90%가 넘는 나라라는 것. 이는 곧 인도인은 춤과 노래, 집단군무가 중심이 된 마살라 무비를 선호한다는 결정적 증거라 할 수 있다. 보드리야르의 표현을 빌리면, 마살라 무비를 통해 간디의 후예들은 어쩌면 이제야 '문화의 대중화'와 '문화의 민주화'[29]를 직간접적으로 체험하고 있는지 모른다. 또 어쩌면 이러한 문화·예술의 대중적 향유를 기회삼아, 벤야민이 예측한 '예술의 정치화' 차원에서 본다면, 인도의 바르나(Varna) 제도[30]가 갖는 고질적 신분 격차가 약화될 가능성도 있지 않나

그림4. 인도에 최초 보급된 한국 영화 <아라한 장풍 대작전>의 포스터

---

28 김현혁, 「<괴물>과 <디 워>, 인도 개봉이 남긴 교훈」, 『KOFIC 해외 통신원 리포트』, 2008년 12월, p.3.

29 장 보드리야르, 『소비의 사회』, 이상률 옮김, 문예출판사, 2002, p.147. 물론 보드리야르는 영화, 음악 등 예술작품 자체를 철저히 소비상품으로 취급하고 있기 때문에 필자가 보드리야르의 이와 같은 의견에 동의하는 것은 아니다. 이점은 박치완, 「소비사회와 예술(작품)에 대한 두 견해 - 장 보드리야르와 한나 아렌트의 가상 대화」, 『정치와 평론』 제6집, 2010 참조.

30 우리가 알고 있는 인도의 카스트(casta, 혈통) 제도는 기원전 2000년경부터 대이동을 시작한 아리안족이 북서인도에 정착하면서 선주민(先住民)인 드라비다족을 정복하고 동화시켜가는 과정에서 피부색(Varna)에 따라 등급을 구분했던 것이 그 뿌리인데, 세월이 흐르면서 그 등급과 신분은 분화되고 고착

점쳐본다.[31]

항간에서는 끊임없이 마살라 무비의 주요 축을 이루는 춤과 노래, 의상과 세트 등이 영화의 스토리와 무관하게 지나치게 화려하고 작위적이라는 비판, 마살라 무비에는 스토리가 있는 것인지, 뮤직 비디오에 스토리를 첨가한 것인지를 구분하기 힘들다는 비판이 제기되고 있지만, 그럼에도 불구하고 우리가 간과해서는 안 되는 것은 인도는 1년에 약 1000여 편의 영화를 제작하는 세계 최대의 영화 제작국이자 소비국이라는 사실이며, 연간 동원 관객의 수도 전체 인구의 3배에 달하는 38억을 넘는다는 데 있다. 인도가 글로벌 경제 위기 속에서도 연평균 7% 이상의 상장을 하고 있는 것은 바로 내수 중심의 경제구조 때문이라는 분석이 가능한 것도 실은 마살라 무비의 흥행과 무관하지 않아 보인다. 해외수출 의존도보다는 내수 중심의 경제 시스템을 운용하고 있기 때문에 "인도에는 글로벌 금융위기가 없다"는 말까지 나올 정도다. 이러한 분석의 기저에는 물론 인도의 인구가 12억이라는 점이 반영되어 있다. 그리고 더 중요한 것은 그중 65%가 25세 이하라는 사실이다.[32] 바로 이들이 인도 경제의 성장을 추동하는 주요 소비자층이며, 바로 이들이 마살라 무비 주요 소비자이다.

<춤추는 무뚜>를 기억하고 자란 이들 청년·중년 세대가 장차 영화, 음악, 드라마 등 소위 문화 콘텐츠 상품의 주요 소비자로 확대될 것이라

되어 현재에도, 비록 1950년 헌법에서 카스트제도에 근거한 차별을 금지하고는 있지만, 그 뿌리는 여전히 사라지지 않고 있다.

31 물론 아직은 신분에 따라 상영관을 달리하고 있는 실정이고 또 편집 내용까지도 달리하고 있다지만 인도에서 바르나 제도에 뿌리를 둔 신분적 권력 격차가 조금씩 줄어들고 있는 것은 그럼에도 '현실'이라고 할 수 있다. 굳이 인도에 국한된 이야기는 아니지만, 현대에 이르러서는 권력 격차 못지않게 물질적 권력 격차가 새로운 권력 기제로 작동되고 있는 추세라는 것도 인지할 필요가 있지 않나 싶다.

32 《한국경제》 2010년 8월 15일자 - 이유정, <'볼리우드의 나라' 인도, 중산층이 영화산업 키운다>. 참고로 인도에서 영화관을 찾는 관객 수는 년 5000만 명 정도 된다고 한다. 이는 전체 인구의 5%로도 안 되는 수치다. 인도 내에서도 관객 수는 앞으로 급증할 것으로 예측하고 있다는 것은 이런 이유 때문이다.

는 것은 결코 어려운 예측이 아니다. 장기적으로는 한국과 인도의 문화교류, 단기적으로는 문화 콘텐츠 상품의 교역이 목표로 삼아야 할 층도 바로 이들 인도의 신세대들임이 분명하다. 그렇다면 우리는 우리의 예전 잣대로 인도의 마살라 무비를 오락영화라고 폄하하며 인도와 심리적 거리를 간직하면서 계속 문화적 우월의식을 유지해야 할까?

그림5. 한국의 관객 동원에 나름 성공한 것으로 평가받고 있는 인도 영화 <춤추는 무뚜> 포스터

하지만 그렇게 해서 우리가 얻을 수 있는 것은 아무것도 없다. 또 그럴 자격이 우리에게 부여되어 있는지도 반성해 보아야 한다. 왜냐하면 우리의 이러한 평가와 무관하게 인도에서는 한국의 관객이 아닌 인도의 관객을 위해 계속 마살라 무비를 제작할 것이고 소비할 것이기 때문이다. 따라서 우리의 GDP에 근거한 얼치기 우월의식을 버리는 것이 급선무이며, 이들 인도의 신세대들에게 관심을 가지고 접근해야 하는 것도 그들이 아닌 바로 '우리'라는 사실을 잊어서는 안 된다.

지역 세계화의 차원에서 볼 때 우리는 그동안 인도에 대해, 특히 정치·외교적 차원에서 너무 '무관심'했던 게 사실이다. 한인(韓印) 관계는 1973년 12월 수교를 맺은 이후 김영삼 정부 때에 이르러서야 정상외교가 이루어졌으며, 2008년에야 포괄적 경제동반자협정(CEPA)에 가서명을 했고, 2010년 1월 1일부로 이를 가까스로 공식 발효시켜 놓은 상태다. 한인관계가 본격화되기에는 아직 더 많은 시간이 필요하다는 반증이다. 그리고 양국의 관계 개선 과정에서 우리가 선행적으로 극복해야 할 과제가 있다. 그것은 바로 한국, 한국문화에 대한 인지도를 인도인들에게 어떻게 높일 수 있느냐이다. 인도에서 가전(家電) 시장점유율 1위를 달리고 있는 삼성이나 LG전자가 일본회사인 줄 알고 있는 인도인들이 많고” “한국이 어디에 있는 나라인지를 모르는 인도인들도 많다”[33]는 것에 대해 우리 정부와 기업들은 각성하고 또 각성해야 한다.

이렇게 인도에서 대한민국에 대한 인지도가 낮은데도 불구하고 우리 기업들과 정부에서는 오로지 ‘경제적’ 차원, 즉 판매시장 차원에서만 인도에 대해 ‘짝사랑을 하고’ 있는 형편이니, 이는 분명 선후가 전도된 것이라 아니 할 수 없다. 경제협력을 제외하고 다른 모든 분야에서의 한인 양국 관계는 거의 70년대 수준에 머물고 있다는 점도 우리가 깊이 반성해야 할 부분이다. 인구 대국이자 문화적 자부심이 그 어떤 나라보다 강한 인도와 우리가 진정으로 문화적 교류를 확대하기를 희망한다면, 인도문화 전반에 대한 우리의 무관심과 무지부터 탓하고 바로 잡아야 할 것이다.

지피지기(知彼知己)면 백전백승(百戰百勝)이라 했던가! 하소연만을 늘어놓지 말고 상대를 정확히 읽고 그에 적절히 대처하자는 것이다. 이런 이유 때문에도 우리는 우리의 세계화에 대한 태도에 대해 의문을 가져볼 때가 되었다. 설사 경제적 차원에 국한해서 볼 때도 실제 인도가 과연 한국에 대해 관심을 가지고 있을지? 아니면 인도는 영국, 미국, 일본, 중국을 비롯하여 인도의 주변국들에 대해 더 많은 관심이 집중되어 있을지? 굳이 대답이 필요치 않을 것 같다. 뿐만 아니라 자신들의 고유 브랜드에 가까운 마살라 무비를 비롯하여 TV, 애니메이션, 게임, IT 산업 분야 등을 통해 벌어들이는 외화도 매년 급성장 추세에 있다.[34] 인도 정부도 이러한 자국의 문화 콘텐츠 산업의 성장에 스스로 놀라고 있다고 한다. 우리는 인도인들이 우리의 문화 콘텐츠 상품들을 소비해주기를 희망할지 모르지만, 인도는 오히려 한국인들이 인도의 문화 콘텐츠 상품을 소비해주기를 바랄 것이다.[35]

---

33 김찬완, 「정치·안보 분야 협력이 아쉬운 韓印 관계」, 『Chindia Journal』, 포스코경영연구소, 2009년 4월, p.31 참조.

34 김승호, *op. cit.*, p.39.

35 오화석이 인도를 일러 “장차 상전으로 떠받들 나라”라고까지 보는 이유가 여기에 있다. 보다 상세한 언급은 오화석, 『사리 속치마를 벗기다』(매일경제신

역지사지(易地思之)라 하던가! 바로 이와 같은 이유 때문에도 우리는 우물 안 개구리식의 글로벌 슬로건만을 앞세울 것이 아니라 우리가 생산해내는 문화 콘텐츠살품들이 과연 다른 나라의 소비자들의 감성에 부합하는지부터 먼저 점검해야 할 것이다. 그리고 인도와 관련해서는 더 늦기 전에 "한류-인도풍이라는 양방향의 문화적 흐름"[36]에 대해 깊이 성찰할 기회를 가져야 할 때다.[37] 문화교류는 일방적 전파나 일방적 도입의 형식을 띄게 되면 필연적으로 실패할 수밖에 없다. 문화교류가 그럴진대 문화 콘텐츠 상품의 수출이라고 해서 일방적으로 수익이 발생할 수 있기를 바란다고 될 일인가.

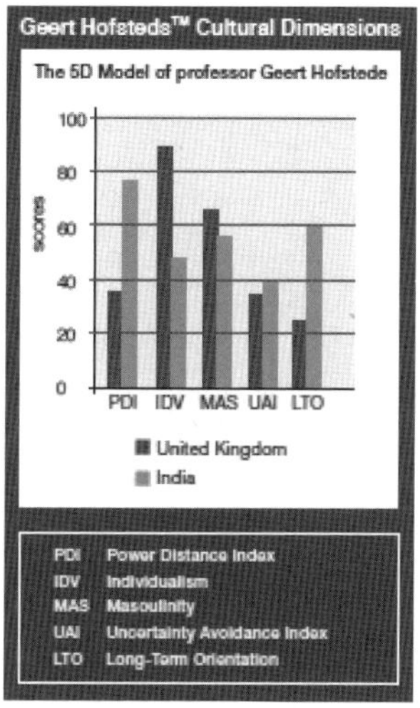

그림6. 영국과 인도의 '문화차원' 비교표

문화교류는 기본적으로 상호호혜의 원칙을 따르기 마련이다. 그리고 이를 준수하기 위해서는 먼저 상대국가의 문화 코드를 정확히 분석하고 파악해서 다가가야 한다. 차제에 우리 스스로에게 진지하게 물음을 던져보아야 한다. 한국문화의 주요 코드라는 유목민, 참여, 몸, 섹슈얼리티, 역사적 상상력 등이 과연 현재의 인도 사회에서도 '발견'할 수 있는 문화 코드일까?[38]

문사, 2010) 제2부 1장 참조.

36 *Ibid.*

37 참고로 2008년 기준으로 한국과 인도 간의 인적 교류는 10만 명 내외 수준이며, 한국에서의 인도풍 유행이 점점 확산되고 있다는 점도 눈여겨볼 만한 일이다.

38 주창윤에 따르면 2000년대 이후 한국의 지배적인 문화 코드가 이 5가지라고 한다 - 주창윤, 『대한민국 컬처코드』, 21세기북스, 2010 참조. 물론 그 밖에도 이어령은 붉은 악마, 문명전쟁, 정치문화, 한류 문화를 중심으로 2000년대의 한국의 문화 코드를 분석한 바 있고(이어령, 『문화 코드』, 문학사상사, 2006), 또 김열규는 한국의 문화 코드를 울음, 웃음, 욕, 음식, 숟가락, 안방, 숫자, 결혼 등 15가지로(김열규, 『한국의 문화 코드 열다섯 가지 』, 마루, 1997), 김기

필자는 아직은 시기상조라고 생각한다. 인도는 여전히 권위주의가 팽배해 있고, 집단적 개인주의, 생활화된 종교, 실용적 구매 등 우리와는 다른 문화 코드를 가지고 있는 것으로 조사되고 있기 때문이다.[39] 게다가 마살라 무비족들까지도 우리보다 훨씬 자신들의 문화와 전통을 중시한다. 돌려 말해 이들이 한국에서 우리의 코드에 맞추어진 문화 콘텐츠 상품, 즉 영화, 드라마, TV, 음악 등에 크게 흥미를 느끼지 못할 확률은 당연 매우 높다. 특히 이들의 전통은 출생 신분이 사회적 계급까지 좌우한다고 믿는 사회이며, 현재에도 이는 여전히 지배적인 경향이다. 표에서 보듯, 자신들의 식민 지배를 했던 영국과 비교해볼 때도 인도는 아직도 권력·신분격차가 크게 나타나고 있다.

이상에서 개략한 모든 내용을 감안해볼 때 한국과 인도의 관계는 앞으로 여러 측면에서 확대될 가능성은 충분히 높지만, 그에 앞서 넘어야 할 문화적 장벽이 더 높다는 것부터 인식해야 한다. 특히 그들의 문화 전통과 가치체계, 문화 코드를 정확히 이해하지 못한다면,[40] 인도와 한국 사이에 가로 놓인 문화적 장벽은 더 이상 좁혀지지 않고 현 상태에 머물고 말 것이다.

인도와의 문화적 장벽을 좁히려면 어떻게 해야 할까? 정답은 그리 어렵지 않게 추측할 수 있다. 전문가의 진단대로, 우리 스스로가 인도에

봉은 비언어 퍼포먼스, 마니아 문화, 1인 미디어, 외국어 권력 등 29가지로(김기봉 외, 『29개의 키워드로 읽는 한국문화의 지형도』, 한국출판마케팅연구소. 2007) 제시한 바 있다. 하지만 이들 논의는 한국문화, 한국 사회, 한국인의 정체성 등에 대한 현상적 기술에 치중해 있으며, 유행하는 테마를 중심으로 하고 있다 보니 이론적 체계를 갖추었다고 보기는 어렵다. 보다 자세한 언급은 김평수, 「한국의 문화 코드와 문화 콘텐츠」, 『해석학연구』 제27집, 2011 참조.

39 김윤희·박치완, *op. cit.*, 결론 참조.

40 참고로 존스는 인도의 문화 코드를 다음과 같이 5가지로 분석하고 있다: i) 인도인의 정체성은 '영적 성스러움(sacred)'에 기반한다. ii) 목표를 성취하는 데 시간의 구애를 받지 않으며, 그 기한도 정해져 있지 않다. iii) 인도의 국가적 지위는 주어진 것이지 획득된 것이 아니다. iv) 진리에 관한 앎(Knowledge of truth)은 행동하고 특정한 힘을 갖는 것이 핵심이다. v) 체제(World order, 질서, 이치, 계급)는 위계적이며 평등한 것이 아니다 – R. W. Jones, "India's Strategic Culture", *Comparative Strategic Cultures Curriculum*, SAIC, 2006, p.5.

대해 더 깊이 연구하고 또 인도문화를 폭넓게 이해하는 길밖에 없다.[41] 우리는 이제 인도를 더 이상 '느린 코끼리'로 보아서는 곤란하다. '달리는 벵골 호랑이'를 꿈꾸며 도약하고 있는 인도가 조만간 '나는 용'을 추월하게 될 것이라고 세계적인 금융서비스 회사인 모간스탠리에서는 낙관하고 있다. 중국처럼 국가 주도형이 아니라 민간 주도형 경제 시스템이라는 점 때문에 가까운 시일 내에 목표 달성이 가능하게 될 것이라는 분석이다.

이러한 낙관적 분석의 배경에는 인도가 갖는 인적 자원으로, 매년 300만 명 이상의 대학 졸업생이 배출되고 있다는 데서도 발견된다. 이들은 성공 욕구로 가득 차 있으며, 영어에도 능통해 글로벌 시장에서 자유롭게 적응할 수 있는 만반의 준비를 갖추고 있다. 지식기반경제가 더욱 활성화되면 바로 이들이 전 세계를 무대로 폭발적인 힘을 발휘할 수 있게 될 것이다. 도미니크 쁠리옹의 말대로 "성장의 핵심 변수는 지식의 강도이며, 그 척도는 지식 노동자(knowledge workers)의 비율이다."[42] 오바마 정부 시절 미국이 중국이나 일본에 앞서 발 빠르게 인도에 전폭적인 지원 의사를 제시한 것도 세계 경제의 미래가 인도처럼 지식기반이 탄탄한 나라가 유리한 경제로 이행하게 될 것이라는 것 때문 아니겠는가!

3. 전통과 혁신의 조화를 꾀한 영국의 창조산업

자본이 '카스트'를 형성하고 있는 나라에서는, 1989년 소련 붕괴 이후 자본주의를 숭배하는 세계의 대부분의 나라가 같은 상황이라고 생

41 김찬완, *op. cit.*, p.33: "최근 인도 동북부 지역에 불고 있는 한류 바람을 확산시키려면 한류에 대한 연구가 인도의 연방 차원에서뿐 아니라 주정부 차원에서도 강화되어야 할 것이다."

42 도미니크 쁠리옹, 『신자본주의』, 서익진 역, 경남대 출판부, 2006, p.27.

각되기는 하지만, 자국의 문화 전통과 역사를 가볍게 여기는 경향이 있다. 오직 시장·경제의 세계화만을 선도해가면서 팍스아메리카나(Pax Americana)를 꿈꾸는 미국도 이러한 우리의 비판의 화살을 피해갈 수 없을 것이다.[43] 이렇듯 오늘날 세계는 문화, 역사까지도 상품화, 산업화의 도구로 치부해버리는 '절대 자본의 시대'가 된 것이다. 대한민국도 최근 정부의 행보를 지켜보고 있노라면 문화는 아예 뒷전이고 오직 경제의 성장 정책만을 최우선시하고 있다는 점에서 예외는 아니라는 생각이 든다.

하지만 자신들의 문화적 전통과 역사에 자긍심이 있는 나라에서는 그들이 전승을 통해 향유하고 있는 된 문화, 즉 집단적 정체성을 당연 물질적인 재화에 비할 바 없는 귀중한 가치와 자산으로 여기며 이를 재창조해간다. 문화적 전통과 문화적 정체성을 한 사회·국가를 유지·발전시켜주는 핵심 요소, 즉 역동적 인자(operator)로 본다는 뜻이다. 여기서 우리는 조나단 프리드먼이 세계화 시대의 '정체성 공간'을 어떤 이유에서 경제적 과정과 문화적 과정을 연결 짓는 '중간 공간'이라고 제안했는지 눈여겨볼 필요가 있다. 그에 따르면 바로 이 정체성 공간이 작동되는 곳에서만 세계체제 하에서의 외부 자본의 침투와 횡포를 막아줄 수 있고, 특히 전 지구촌을 무대로 진행되고 있는 문화의 상품화, 소비문화의 조장과 같은 경제 제일주의를 극복할 수 있다는 입장이다.[44] 부언컨대 시장·경제의 세계화는 정체성 공간의 매개로 문화적 과정을 거치지 않으면 파행으로 치닫게 될 것이라는 것이 조나단 프리드먼의 결론이다.

앞서 우리가 살펴본 신흥국 인도도 자국의 문화 전통에 대한 자긍심이 높은 편이며, 세계화의 파고(波高)를 견디어내면서 그들의 문화적 정체성을 지켜가고 있는 대표적인 나라라고 할 수 있다. 또 아래에서 살펴보고자 하는 영국도 전통과 혁신의 조화를 통해 문화강국의 면모를 실

43 찰스 A. 쿱산, 『미국시대의 종말』, 황지현 역, 김영사, 2005 참조.
44 조나단 프리드먼, 『지구화 시대의 문화 정체성』, 오창현·차은정 옮김, 당대, 2009, pp.303~304 참조.

천적으로 보여주고 있는 대표적인 나라라고 할 수 있다. 그리고 특히 한때 세계 지배의 경험을 갖고 있는 영국은 그들의 로컬리티를 글로벌리티와 구분하지 않는 특징을 보여주기도 한다.

현재 28개국이 정치·경제공동체를 이루어 '다양성 속의 조화(unity in diversity)'를 꾀하고 있는 EU 내에서 영국은 통합 초기부터 '독자적인' 제스처를 취해왔다. 프랑스나 독일이 주도하는 EU라는 초국가주의적 입장을 그대로 따르기보다는 영국의 고유 입장을 견지하면서 나름의 정치·외교적 보폭을 조절해왔던 것이다. 우리가 간과해서는 안 될 것은 물론 그 과정에 있어서도 영국은 EU 전체의 경제적 동반 성장을 위해 창조경제(creative economy)라는 새로운 경제 이념을 창안해 주도했는가 하면, 그 어떤 EU 국가들보다도 앞서 자신들의 문화적 유산의 혁신을 통해 문화산업을 '창조산업'으로 규정하면서, 이를 국가전략산업으로 집중 육성해왔다는 점이다. 1960년대 이미 비틀즈 효과를 경험한 바 있는 영국은 문화 콘텐츠 산업의 중요성을 일찍이 인식하고, 이를 통해 '제2의 대영제국'을 건설하겠다는 정책목표를 설정한 것이다.[45]

주지하듯 영국은 문화적 전통에 대한 자부심이 세계 어느 나라보다 강하며, 아직도 왕정과 귀족 신분제 전통을 여전히 유지하고 있는 세계 유일의 국가이다. 또한 영국은 인도 못지않게 계급(신분)의식도 강고한 나라이다. 이러한 계급의식의 잔재로 인해 현재에도 영국에서는 실제 "계급에 따라 음식을 먹는 시간이 다르고, 음식의 명칭도 다르며, 다른 억양과 악센트를 가지고 있다. 일반인들이 사투리나 은어 등이 섞인 편안한 영어를 사용하는 반면, 상층부 사람들은 공식 표준영어(RP)를 사용한다. 왕실 및 귀족의 경우는 특별한 영어 말투나 단어가 있다. 일반 대중들이 축구 등의 대중 스포츠를 즐긴다면, 상층부 사람들은 폴로 등

45 J. Howkins, *The Creative Economy*, Penguin Books, 2001; *Creative Economy Report 2008*, UNCTAD(United Nations Conference on Trade and Development), 2008; 한국콘텐츠진흥원 국가심층보고서, 「영국」, 2009 참조.

의 스포츠를 즐긴다."[46]

그런데 여기서 우리가 주목해야 할 것은 영국 하면 사람들이 머릿속에서 쉽게 떠올리는 전통과 보수가, 우리가 알고 있는 상식, 즉 편견과는 달리 실제로는 새로운 형태의 전통을 재창조해가는 혁신성과 늘 보조를 같이하고 있다는 점이다. "혁신을 계속 만들어 가는 전통 역시 영국의 중요한 전통 중의 하나"라는 뜻이다.[47]

이런 이유 때문에 우리는 영국의 문화 코드를 전통(보수)과 혁신(개혁)의 종합 또는 융합이라고, 감히 정의해보고자 한다.[48] 영국은 이와 같이 19세기 이후 줄곧 전통과 혁신의 종합, 즉 신구(新舊) 양가적 가치를 균형 있게 추구해왔기 때문에, "축구나 테니스 등의 세계적 스포츠"를 선도해가는 것은 물론이고, 대중문화 차원에서 볼 때 "수많은 연극과 영화의 시나리오 원작(원형 콘텐츠)"을 제공하는 것을 비롯하여,[49] 정치적으로도 계속해서 양당제를 유지하면서 정치적 균형을 잃지 않고 있다.

산업혁명의 뒷받침으로 자본주의와 그 체제를 세계에서 가장 먼저 도입한 나라도 영국이다. 영국이 여전히 세계 문화를 선도하는 추진력을 가진 것도 바로 이와 같은 영국의 혁신적 정신에 기초한 것이라 볼 수 있다. 물론 2차 세계대전 이후, 식민지의 대부분을 잃은 대영제국의 입지는, 미국, 독일, 프랑스의 급부상으로 유럽 내에서만 놓고 보더라도 축소된 것이 사실이다. 하지만 앞서도 언급했듯 토니 블레어 정권 때 문화부 장관을 지낸 크리스 스미스가 주축이 돼 보수적이며 정체된 영국의 이미지를 '창조적 영국'[50]으로 완전히 일신시켜 놓았으며, 창조성과 문화, 문화산업, 문화 콘텐츠 등을 국가 성장 동력으로 삼아 현재 영국은

46 김성수, 「영국의 문화 코드: 전통과 혁신」, 『문화 콘텐츠와 문화 코드』, *op. cit.*, p.77.
47 *Ibid.*, p.67.
48 보다 구체적 언급은 박지향, 『영국사, 보수와 개혁의 드라마』, 까치, 1997 참조.
49 김성수, *op. cit.*, p.67.
50 C. Smith, *The Creative Britain*, Faber and Faber, 1998 참조.

세계 상위권의 경제 대국으로 이미 복귀한 상태다. 이는 영국이 전통에만 얽매여 있지 않고, 이를 끝없이 개혁과 혁신을 추구한다는 실증적 증거라 할 수 있다.

전통이 간과된 혁신이란 '종이호랑이'와 다를 바 없다. 혁신이 뒤따르지 않는 전통은 쇠망(衰亡)의 지름길이다. 전통의 혁신을 꾀하며 변화를 시도한 영국이기에 우리는 섣불리 영국을 전통과 보수의 나라라는 선입견을 이제는 버려야 할 것이다. 특히 우리가 주목해야 하는 것은 "전통을 지키고자 하는 영국인들의 보수성은 오히려 새로운 형태의 혁신성으로 드러난다"[51]는 점이다. 결국 전통과 보수의 나라로 영국을 바라본다는 것은 '영국의 시니피앙', 즉 겉으로 표출된 부분들에 대한 섣부른 판단일 뿐이다. 돌려 말해 문화 코드 분석과 추출의 핵심이라고 할 수 있는 '영국의 시니피에'는 이와 전혀 다른 데 있다는 것을 명심해야 한다.

> "영국인들은 겉보기에는 보수적이고 전통을 고집하는 고루한 사람들처럼 보이지만, 속으로는 상당히 모험적이고 현실의 이해에도 밝으며 실용적이고 능동적으로 변화하려는 사람들이라는 해석을 할 수 있게 한다. 혁신적인 성향이 외부로 드러나 다수의 지지를 받게 되면 다시 새로운 전통으로 자리 잡을 수 있다는 점에 대해 영국인들 대부분이 긍정하고 있다는 것이다. 이것이 바로 영국 사회가 겉으로 보기에는 평화롭고 차분해서 재미없어 보이지만, 그 속에는 서로간의 온갖 각축과 경쟁이 들어 있다고 평가를 받는 이유다."[52]

결국 영국의 '오늘'을 우리는 이렇게 전통과 혁신이 종합된 결과로 보아야 하며, 그들이 창조해내는 문화 콘텐츠 또한 글로컬 문화 콘텐츠의 대표적인 경우라는 점에서 정체불명의 '글로벌'에 목을 매는 우리에게

---

51 김성수, *op. cit.*, p.67.
52 *Ibid.*

시사하는 바가 크다고 하겠다. 영국의 창조경제, 문화산업은 굳이 '글로벌화'를 슬로건으로 내세우지 않으며, 또 그럴 필요성을 느끼지도 않는다는 뜻이다.

이게 무슨 말인가? 해답은 아주 간단한 데서 찾을 수 있다. 그들은 그들의 '로컬' 자체가 곧 '글로벌'이라는 믿음을 가지고 있으며, 그들이 갖는 '영국 의식' 자체가 이미 글로벌 의식(global consciousness)이라고 할 수 있기 때문이다. 대표적인 예로 우리는 영국의 판타지 작가 조안 롤링(Joanne Kathleen Rowling)을 들 수 있을 것이다. 그녀는 2005년 기준으로 할 때, 소설 『해리포터』가 전 세계적으로 3억 만 부 이상이나 팔려 10억 달러(1조 원) 이상을 벌어들였으며, 다시 영화 <해리포터>로 20억 달러 이상을 거머쥐며 세계 최고 갑부 리스트에 자신의 이름을 링크시켰다. 헤리포터의 캐릭터들까지 합산하면 그녀는 결국 '천문학적인' 돈을 순수하게 열매로 수확한 것이다. 이는 문화 콘텐츠에 있어 OSMU가 얼마나 중요한지를 웅변해주며 동시에 문화 콘텐츠 산업의 폭발적인 잠재력을 이야기해준다.[53]

그뿐인가. 영국에는 우리에게 <지저스 크라이스트 수퍼 스타>, <오페라의 유령>, <캣츠>, <에비타> 등의 작가로 널리 알려져 있는 앤드류 로이드 웨버(Andrew Lloyd Webber)라는 또 다른 걸출한 인물이 있다. 여기서 우리는 묻지 않을 수 없다. 롤링이나 웨버가 과연 자신의 나라 영국이 로컬이라는 생각을 했을까? 그 로컬성을 우리처럼 글로벌 차원으로 승화시켜야 한다는 의식을 가졌을까? 필자의 판단에 따르면, 아마 그렇지는 않았을 것이다. 그들은 철저하게 자신의 작품 세계에 충실했고, 그것이 호운(好運)을 만나 전 세계인에게 감동을 선사할 수 있었던 것이다. 우리에게 너무도 익숙한 표현인 '보편성의 구현'이라고 말할 수 있는 것이 바로 이런 것이다. 더 정확히 말하면 이들은 자신의 작품 세계를 창조하기 위해 인류의 공통 재산인 다양한 소재들과 보편적 주제

53 최연구, *op. cit.*, p.62 참조.

그림7. <오페라의 유령> 25주년 기념 내한공연 포스터

그림8. <해리포터와 마법사의 돌> 영화포스터

를 창의적으로 재구성해냈을 뿐이다. 단적으로 말해, 이들 예술가들이 로컬, 글로벌과 같은 잣대에 연연해했을 까닭이 없다.

이렇듯 영국에는 셰익스피어와 워즈워드의 피가 일종의 문화 유전자로 흐르고 있으며, 1700년대의 헨델의 바로크 음악이 1960년대의 비틀즈와 롤링 스톤스, 1970년대의 아바 등에게 이어진 것이다. 영국의 많은 현대 예술가들이 소위 '문화의 글로컬라이제이션'을 몸소 실천할 수 있게 된 것도 필경 그들이 물려받은 이러한 역사와 전통의 힘이라고 할 수 있다. 물론 우리와 가장 근거리에 있는 나라 중 일본과 중국에서도 글로컬 의식(glocal consciousness)의 면에 있어서는 영국인들과 충분히 견줄만한 수준이라 판단된다. 그들 스스로가 문화·예술적으로뿐만 아니라 정치·경제적으로도 아시아를 넘어 세계의 중심이라는 자부심을 표출하고 있으며, 세계인들도 이제는 이를 인정하는 시대로 돌입한 지 오래다.

바로 여기에 어떻게 하나의 지역 문화가 세계적 수준의 문화로 거듭날 수 있는지에 대한 이정표가 제시되어 있다. 핵심은 '문화적 자긍심의 여부'에 달려 있다는 것이다. 문화적 자긍심이 강한 나라는 결코 '글로벌'이라는 레토릭에 동요되지 않으며, 이에 연연해하지도 않는다. 그리고 신자유주의적 경제정책은 다분히 시장의 확대와 자본 축적의 논리일 뿐 결코 삶의 토대인 문화까지도 고려하는 논리가 아니라는 것을 잊어선 안 된다.

이런 점에서 우리가 만일 "글로벌화 이외에는 대안이 없다"는 논리, 즉 스스로가 그 속에 속하지도 못하면서 그것이 마치 자신을 위한 논리라도 되는 양 착각하는 얼치기 논리를 따르는 한 우리는 스스로 문화의 식민화를 자처하는 꼴이 되고 말 것이다. 문화는 '다름'을 서로 인정하고, 그 다름을 기꺼이 교환하려는 의지가 있을 때 기존의 지배-종속관계에서 벗어날 수 있다. 그리고 재삼 강조하지만 외래문화의 수용도 토착문화의 부활도 기본 전제는 문화의 선재(先在) 여부에 달려 있다. 기본적으로 문화적 토대가 약하거나 흔들리는 나라에서는 다른 문화들과 대등한 관계를 유지할 수 없다. 온 국민이 자국의 문화에 대한 자긍심이 넘칠 때 영국의 경우에서 보았듯, 제2, 제3의 혁신·창조의 문화를 기대할 수 있고, 더 나아가서는 외부의 다양한 문화를 포용할 수 있는 자신감도 생기게 될 것이다.

우리가 영국에서 배워야 할 점이 바로 이것이다. 게다가 20세기 중반 이후부터 영국은 다문화사회로 진입했다고 볼 수 있는데,[54] 이 문제 또한 <노팅힐 거리축제(Notting Hill Carnival)>와 같은 새로운 형태의 문화, 즉 타문화와 조화를 이루는 일종의 융합문화로 승화시켜냈다.[55] 유럽 최대의 축제로 자리 잡은 <노팅힐 거리축제>에서도 확인할 수 있

54 김성수·박치완, 「영국의 다문화성향과 다문화주의」, 『EU연구』 제23호, 2008, pp.71~74 참조.

55 매년 8월 말 런던에서 열리는 이 축제는 원래 1960년대 후반 카리브해에서 이주해온 이민자들의 결속을 다지기 위해 시작되었으나, 현재는 유럽 최대의 거리 축제로 자리를 굳혔고, 공식적으로도 참가 인원이 브라질의 리우 축제보다 큰 행사로 알려져 있다.

듯, 영국은 자문화에 대한 자긍심이 그 어느 나라보다 강한 편이지만, 이렇듯 변화 또한 적극적으로 수용하는 대표적인 나라이다. 우리가 영국의 문화 코드를 "정교함의 독일, 예술의 프랑스, 정열의 스페인, 감각적인 이탈리아, 거대 자본의 미국"[56]과 구분해 '전통과 혁신의 조화'로 파악하게 된 이유가 여기에 있다.[57]

그림9. 노팅힐 거리 축제의 한 장면

56 김성수, *op. cit.*, pp.67~68.

57 물론 로버트 영 같은 학자는 현재 영국의 문화적 정체성(englishness)은 고정성(fixity), 확실성(certainty), 동질성(homogeneity)으로 대표되었던 19세기 빅토리아 왕조시대 때의 그것과는 달리 문화적 다양성과 복합성으로 나타나고 있는데, 즉 다른 국민(인종)이 소유한 것으로 대변되는 경향이 있음을 지적하면서, 이 역시 식민지 시대의 욕망이 아니냐는 비판을 하고 있다 – R. Young, *Colonial Desire: Hybridity in Theory, Culture and Race*, London and New York: Routledge, 1995 참조.

6

HOMO Glocalicus

탈영토화된 로컬 문화들, 어떻게 지켜내고 있는가?

"문화는 하루아침에 만들어질 수 있는 것이 아니라 오랜 시간에 걸쳐 생활방식이 장소에 침전된 시간의 켜와 같은, 장소 특수성과 고유성을 지닌다." - 조부근.

"영어는 프랑스어가 아니고, 이탈리아어는 독일어가 아니다. (…) 모든 언어는 [문화와 마찬가지로] 특정한 공동체의 소산이며 그 공동체의 역사와 공통 경험과 감수성의 산물이다. 보편적인 언어는 존재하지 않는다." - J. 색스.

제6장

탈영토화된 로컬 문화들, 어떻게 지켜내고 있는가?

1. 문화적 정체성: 지피지기(知彼知己)인가 지기기지(知己知己)인가?

문화적 정체성도 문화 코드도 물론 고정불변한 상수(常數)라고 보기는 어렵다. 폴 길로이나 스투어트 홀도 언급하고 있듯, 문화와 그 정체성은 시간의 변화에 따라 제도화되기도 하지만 가끔은 부분적으로 해체되기도 하면서 끊임없는 자기변화와 재구성의 과정을 겪는 것이 일반적이기 때문이다. 즉 "변화하는 동일성(the changing same)"이 각 문화의 형성과정이라고 할 수 있으며,[1] 그런 점에서 문화와 그 정체성은 "고정되어 있는 측면(being)과 변화하는 측면(becoming)"을 동시에 가지고 있다는 점을 이해하는 것이 중요하다.[2]

하지만 이 자리에서 필자는 우리 스스로에게 묻고 싶은 근원적인 질

1 P. Gilroy, "Sounds Authentic: Black Music, Ethnicity, and the Challenge of a 'Changing' Same", *Black Music Research Journal*, Vol. 11, No. 2. 1991, pp.111~136 참조.

2 S. Hall, "Cultural Identity and Diaspora", *Identity, Community, Culture, Difference*, J. Rutherford (ed.), London: Lawrence & Wishart. 1990, p. 225.

문이 하나가 있다. 우리 국민에게 과연 한국의 문화적 정체성을 시대의 변화에 맞추어 재창조하기 위한 집단적 무의식이 작동되고 있느냐가 바로 그것이다. 만일 우리에게 이와 같은 무의식이 작동되고 있지 않다면, 우리의 문화적 정체성은 시대의 변화를 역행하는 것이 될 것이다. 그런데 역행을 하려면 최소한 되돌아갈 곳, 즉 동일성을 보존·유지하고 있는 문화적 전통이 있어야 한다. 우리에게 이러한 문화적 동일성을 느끼게 해주는 전통이 있는가? 이에 대한 의견은 다를 수 있다. 하지만 필자는 감히 '없다'고 본다. 게다가 문화적 정체성에 대한 고민 자체를 진지하게 한다고 보기도 어렵다. 이런 상황에서 다른 문화들과 어떻게 '글로벌하게' 소통한다는 것인가?

우리가 직면한 문제가 이렇게 문화적 정체성의 유무 여부로 무게중심이 옮겨지면 "가장 한국적인 것이 세계적인 것"이라는, 우리의 귀에 너무도 익은 이 마법의 주문은 어쩌면 우리 스스로를 우리 문화의 이방인이 되게 만드는 일종의 흑주술(black magic, 邪術)은 아닌지 의심을 갖게 된다. 그 이유는 한인(韓印) 관계를 논하는 자리에서도 이미 언급했듯, 우리가 우리 자신을 객관적 지평 위에 올려놓고서 이렇게 외치는 것이라기보다는 어쩌면 '글로벌'을 겨냥한 과대망상을 소시(昭示)한 것에 불과하다고 생각되기 때문이다.

개인의 정체성은 물론이고 그 개인이 속한 문화적 정체성의 경우도 스스로 내린 정의일 수도 있고 타자에 의해 정의되기도 하는 이중성을 가지고 있다. 그런데 필자는 스스로 내린 정의도 중요하지만 타자에 의해 부여된 정의도 중요하다고 생각한다. 그리고 특히 우리 스스로를 타자화시키기 위해서는 우리 밖에서는 우리를 어떻게 바라보고 있는지를 정확히 파악해야만 할 것이다.[3] 그런데 지피지기(知彼知己)가 아니라 자

3 근년에 출판된 외국인이 쓴 한국에 대한 몇 권의 책만을 소개하면 다음과 같다: 이케하라 마모루, 『맞아죽을 각오를 하고 쓴 한국, 한국인 비판』, 중앙M&B, 1999; 박노자, 『당신들의 대한민국』, 한겨레출판사, 2001; 박노자, 『당신들의 대한민국 2』, 한겨레출판사. 2002; J. 스콧 버거슨, 『발칙한 한국학』, 주윤정 역, 이끌리오, 2002; 왕 샤오링, 『왕 샤오링의 한국 리포트』, 가람기획, 2002;

기 자신이 최고라는 지기지기(知己知己)의 환상에 빠져있다면, 그때는 스스로 내린 정의마저도 절름발이식이 될 수밖에 없다. 게다가 대한민국의 현실이 문화적으로 볼 때 외부적 충격에 의해 변화하는 측면이 내부적 자기변화를 앞지르고 있다고 판단되기 때문에, 지기지기식이라면 그 정의는 설득력을 가지기 힘들다.

지기지기란 지피지기와 달리 자기도취에 취한 상태에서의 자기규정에 불과하다. 자기도취에 빠진 사람은 자신을 타자화시킬 수 없게 된다. 자신을 타자화시키지 못하면, 자기 존재의 정당화에 실패할 수밖에 없다. 문화적 정체성도 이와 다르지 않다. 앞서 살펴본 한국과 인도의 관계에서도 확인했지만, 아래에서 살펴볼 대한민국과 EU와의 관계에서도 우리는 이 점을 다시 한 번 확인하게 될 것이다.

2. 글로컬의 선두 주자인 EU에서의 한국의 위상은?

그렇다면 EU에 의해 타자화된 대한민국의 이미지는 과연 어떤 모습일까? 그리고 그 위상은 어느 수준일까? EU인들의 눈에 비친 한국 사회는 실제 우리가 상식적·일반적으로 염두·기대하고 있는 것과는 상당히 거리를 보이고 있다는 것을 아래에서 확인할 수 있다.

EU인들, 그들에게 KOREA란 나라는, 조금 과장되게 표현하면, '관심국가' 밖에 위치한다. 더 구체적으로 말하면 주요 무역상대국으로써도 한국은, 사실 여부는 차치하고라도, '신흥개발도상국'으로 분류되어 있다.[4]

J. 스콧 버거슨과 친구들, 『더 발칙한 한국학』, 은행나무, 2009. 그런데 이들에게 비친 한국의 문화 코드는 주로 집단성, 서열주의, 사대주의, 용두사미(왕 샤오링), 우상숭배, 인종차별, 종교의 패거리문화, 폐쇄적 단일민족관(박노자), 전통과 현대, 깨끗함과 더러움, 친절과 무시, 안정과 위험이 뒤범벅인 나라(스콧 버거슨)이다. 이들이 이해하고 있는 한국의 문화 코드는 실제 우리 스스로도 가끔 언급하고 있는 것들이라는 점에서 우리의 주목을 끈다.

4 앙드레 사피르(편저), 『기로에선 경제 거인. EU의 도전과 과제』, 연세-SERI EU센터 옮김, 삼성경제연구소, 2010, p.29 도표 참조. 최근 G20 때문에 한국

EU라는 타자에 의해 정의된 우리 대한민국의 위상이 이와 같다면 놀랄 사람도 있겠지만, 우리의 객관적 현실이 그러하니 인정하지 않을 수 없다. 이는 결국 EU가 우리에게 관심을 갖기를 기대할 것이 아니라 우리가 EU에게 더 많은 관심을 가지고 접근해야 할 처지라는 것을 시사한다.

EU는 비록 인구는 약 5억여 명에 불과하지만 단일 경제 규모로서는 세계 1위이다. 전체 수출 규모와 서비스 분야의 수출입 분야에서도 역시 각각 세계 1위를 차지하고 있다. 그리고 해외 원조 등에서도 단연 세계 1위라는 위치를 과시하고 있으며, 세계금융시장에서도 유로(euro)는, 물론 최근에는 소위 PIGS(포르투칼, 아일랜드, 그리스, 스페인)로 일컫는 국가들에 의해 위기에 직면해 있다는 뉴스들이 수그러들지 않고 있지만,[5] 여전히 미국의 달러에 이어 세계 2위에 링크되어 있다. 경제정책과 관련된 독점금지법뿐만 아니라 국제무대에서의 외교·군사적 규제정책에 관해서도 EU는 주도권을 행사하고 있으며, 환경 관련 분야에서 있어서도 세계의 모범을 보이고 있다.[6]

이런 이유 때문에 세계 경제의 리더로서 EU가 추진 중인 정책 방향들은 EU 역내(域內)에서는 물론이고 EU 역외(域外)의 국가들에게도 지대한 영향력을 발휘하고 있다. 뿐만 아니라 정치와 외교, 문화의 리더로서도 EU는 미국, 중국 등에 비해 훨씬 모범적인 태도를 보이고 있다. 군사적 안보, 세계평화, 개인의 자유와 인권 등의 수호를 위해서도 마찬가지로 선도적 실천을 하고 있다.

우리에게 중요한 시사점은 이 모든 선진적인 EU의 정책과 그 실천들

의 위상이 국제무대에서 높아졌다고 자축하고 있는 분위기지만 실제 EU에서 한국은 중국, 인도, 브라질과 라틴아메리카의 개발도상국을 포함한 '신흥개발도상국'으로 분류되고 있다. 또한 중국도 현재 명실상부하게 G2라고 회자되고 있지만 EU가 파악하고 있는 세계경제 지도에서 볼 때는 여전히 신흥개발도상국의 범주에 속해 있다.

5 《조선일보》 2011년 5월 9일자 기사 참조: "유럽 재정위기 1년 만에 물 위로 … 그리스 어쩌나"

6 앙드레 사피르(편저), *op. cit.*, p.24 참조.

이 유럽인들의 의식 속에 내재화되어 가고 있는 중이라는 사실이다. 그리고 시간이 축적되면서 EU의 문화 코드로도 자리 잡게 될 것이다. 그리고 우리가 관심을 가져야 하는 것은 이러한 정책을 법적 절차를 통해 보장하면서 유럽 시민들의 자발적 참여를 이끌어내고 있다는 점이다.

대표적인 예를 하나 들어보자. EU 회원국 국민이면 누구나 유럽 국가 어디서든 "자유롭게 여행하고, 일하고, 살 권리"가 부여되어 있다.[7] 이것이 유럽 시민(european citzen)의 제1조건이자 권리이기도 하다.[8] 유럽 시민이면 누구나 갖게 된 이와 같은 유럽 시민권은 물론 개별 국가의 시민권을 대체한 것은 물론 아니다. 하지만 EU 회원국의 시민들에게 추가로 부여된 이 새로운 권한은 국적뿐 아니라 성별, 인종, 종교, 연령 및 성적 취향에 따른 차별 금지 원칙에 기반하고 있다. 다시 말해 평등의 원칙에 따른다. 유럽 시민권 속에는 정치적 권리뿐만 아니라 경제적 권리와 사회·문화적 권리도 함께 포함하고 있다.[9]

이 모든 EU의 선진적이고 인도적인 가치와 코드들을 공동으로 실천·확대해가는 과정에서 각 회원국에서는 대외적으로 '행동의 통일'을 보이고 있다. 또한 외교적으로도 EU의 역외를 향해서는 항상 '같은 목소리'를 낸다. 이는 EU라는 협의체가 얼마나 민주주의적인 절차와 합리적인

---

7 P. Fontaine, *Europe in 12 lessons*, European Communities, 2006, p.41.

8 물론 EU 내에서의 자유 이동, 자유 이주는 그 예상된 혜택 때문에 아주 매력적인 제안으로 보인다. 하지만 프랑스, 영국, 독일, 스페인, 이탈리아 국민들은 자국 내 이민자 수가 너무 많다며 통제적이고 제한적인 방식을 택해주기를 원하고 있다. 그 이유는 자국의 노동시장, 국가의 지출예산 등에 미칠 영향 때문이며, 국가의 정체성 위협 여부 등에 대한 불안감도 포함되어 있다. 단적으로 말해 EU 회원국들 간의 소득 격차, 노동환경, 사회보장 및 복지제도 등의 차이가 상존하고 있기 때문에 - 노동시장 개방과 관련 2014년까지 전체 EU 27개국에서 완전한 노동인력의 이동을 가능케 하기 위한 주요 의사결정들은 내려진 상태지만 - 역내 이주의 문제뿐만 아니라 개별 국가에서 해결해야 할 역외 이주(제3국 국적자들을 상대로 하는)의 문제까지 풀어가야 할 EU는 향후 이 이주정책과 관련해 골머리를 앓게 될 것이라고 예측이 가능하다 - 앙드레 사피르(편저), *op. cit.*, 제8장(pp.369~424) 참조.

9 P. Fontaine, *op. cit.*, pp.40~42 참조.

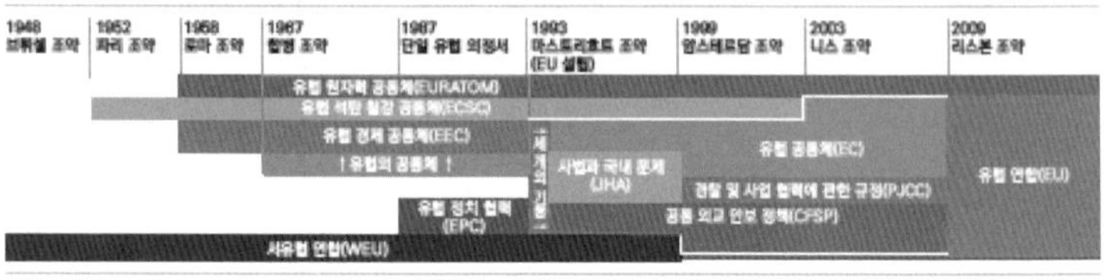

그림1. 유럽통합 과정 연대표

이념에 기초하고 있는지를 잘 보여준다.[10] "언젠가 유럽의 모든 국가가 자신들의 독특한 특질(distinct qualities)이나 영예로운 개성(glorious individuality)을 잃지 않은 채로 보다 수준 높은 단일성(higher unity)을 유럽인의 형제애(European brotherhood)를 통해 함께 이루어낼 것"[11]이라고 말한 19세기 프랑스 낭만주의의 대문호인 빅토르 위고(Victor-Marie Hugo)의 1846년 예언을 EU는 150여 년이 지나서야 이제 현실 속에서 그의 정신을 구현하고 있는 셈이다.[12]

EU는 이런 점에서 "국가적 단위에 얽매여 살아가고 있는 〔이〕 시대에 분명 새로운 패러다임"이라고 할 수 있다.[13] 또한 각 개별 국가들이 언어, 문화, 민족 등이 서로 다름에도 불구하고 '다양성 속의 조화'를 모토로 명실상부하게 경제·정치·문화적으로 재결합의 가도에 동참하고 있다는 점은 분명 하나의 '세기적 사건'이라고 할 만하다.[14] 그 어느 지역, 어

---

10 *Ibid.*, p.6 참조.

11 *Ibid.*, p.55. 빅토르 위고의 신유럽 구상에 대한 보다 상세한 언급은 전수연, 「빅토르 위고의 유럽합중국」, 『歷史學報』 第192輯, 2006 참조. 물론 저자도 강조하고 있듯, "위고가 프랑스의 역할과 위상을 과대평가했듯이 오늘날의 프랑스인들(그리고 다른 유럽인들)도 유사한 과오를 저지르며 〔오히려〕유럽의 발목을 잡고 있는"(*ibid.*, p.363) 측면이 없지도 않다고 생각된다.

12 그의 대표작은 우리에게도 널리 알려진 소설 《레 미제라블(Les Misérables, 1862)》이다.

13 홍종열, 「유로의식으로 보는 유럽의 문화 정체성」, 『외국학연구』 제15집, 중앙대학교 외국학연구소 편, 2011, p.371.

14 물론 조홍식은 우리의 이러한 낙관적 기술에 대해 "유럽의 정체성이란 〔제도와 기구 등을 통해 상호 긴밀히 협조는 하고 있지만 그럼에도 아직은〕 대내적 연대의식, 대외적 차별의식, 유럽통합에 대한 지지 등으로 구현되는 유럽에 대한 주관적 동일화의 정도라고 규정"하는 것이 좋을 것이라고 제안하면서, 특히 유

느 시대에도 EU처럼 이렇게 역내의 개별 국가들과 EU 전체 간의 상호 존중과 호혜의 원칙을 준수하면서 새로운 사회모델을 제시한 경우는 없었다. 역사적으로 평가할 때 EU와 같은 예는 전무후무한 것이 아닌가 싶다.

물론 조홍식이 지적한 대로 '유럽의 정체성', '유럽인의 정체성'이 확고한 것이라고 말하기는 아직 이르고, 또 문화적 뿌리가 다른데서 야기되는 갈등과 시련들을 더 감수해야만 하는 과제가 산재해 있다.[15] 그럼에도 불구하고 계속 자기 변화를 꾀하며 공동의 목표를 향해 나아가고 있는 EU를 지켜보면서 많은 사람은 회의적인 생각을 하기 보다 낙관적인 생각을 하게 된다. 유럽 시민권에 기초해 형성된 '유로의식'이 현재 이들이 겪고 있는 문제점들을 해결하는 데 바로미터 역할을 할 것으로 기대하기 때문이다.

홍종열의 설명대로 유럽인들의 시민의식, 즉 유로의식은 "단순히 소속감"을 갖게 하는 데 그치지 않고 "문화적 자의식의 공유"에 그 최종목표를 두고 있다.[16] 그리고 "문화의 유로화"를 통해 경제·정치적 통합에 의해 이미 형성된 유로의식의 연대를 강화시키고 있다.[17] 이런 점에서 유로의식, 문화의 유로화는 "현대 유럽 통합 이념을 규정하는 데 필수 불가결한 요소"[18]라 해도 과언이 아니다.

J. 리프킨이 인류가 지향해야 할 '건전한 미래상'을 EU에서 찾는 것도 우연이 아니다. 그에 따르면 EU만이 서양과 동양, 극단적 개인주의와 극단적 집단주의를 아우를 수 있는 최적의 가치관을 가지고 있다는 것이다.

럽의 경제 모델은, 최근 그리스 등 몇몇 유럽 국가들의 재정·금융위기에서도 확인할 수 있지만, 심각한 문제를 안고 있다고 지적하고 있다 - 조홍식, 「유럽 정체성의 형성에 관한 고찰」, 『국제·지역연구』 제14권 3호, 2005, pp.44, 63.

15 R. Kastoryano(éd.), *Quelle identité pour l'Europe?: Le multiculturalisme à l'épreuve*, Presses de Sciences Po, 1998 참조.

16 '유로의식'은 홍종열의 설명에 따르면 유로(euro)라는 화폐단위와 유로존(eurozone)이라는 지역 내에서 공유되는 문화적 자의식을 지칭하는 개념이다 - 홍종열, *op. cit.*, pp.375~377 참조.

17 *Ibid.*, p.377.

18 *Ibid.*

"나의 개인적 믿음으로는 새로운 시대(the new age)를 이끌어가는 데 있어서는 미국의 극단적 개인화 경향(extreme individuation)과 아시아의 극단적 집단주의(extreme collectivism) 사이에 위치한 유럽이 최적(the best positioned)이라고 생각한다. (…) 유럽인의 비전은 미국인의 최고의 자질과 아시아인의 세계를 보는 도리(道理)을 통합시킬 수 있는 역량이 있고, 그들의 꿈은 동양과 서양이 동시에 열망하는 이상(an ideal)이 될 것이다."[19]

리프킨이 판단하기에는 유일하게 유럽인들에게 동서양을 아우를 수 있는 의식적·무의식적인 준비가 되어 있고, "지구적 경쟁의 장(a planetary playing field)"에서는 바로 이와 같은 유럽적 '페르소나',[20] 즉 "개인의 자유 의지와 집단의 책임감을 동시에 겸비한" "글로벌 의식"이 발휘될 때, "진정으로 인류의 보편적인 꿈"이 실현될 수 있다.[21]

리프킨이 해명한 글로벌의식은 기본적으로 "타자를 자기처럼 여기는 것"을 기본으로 한다는 점에서 앞서 우리가 간간히 비판적으로 논해 온 사회 의식 및 책임 의식을 결여한 '글로벌 의식'의 의미와는 시니피에가 완전히 다르다. 다시 말해 리프킨이 제시한 글로벌의식은 "지구적 차원의 공동체(planetary community)"를 염두한 의식으로, 공동체(국가) 간의 "새로운 도덕적 가교(a new moral bridge)"가 필요하다는 데 그 핵심에 있다.[22]

부언컨대 타국가, 타문화를 도덕·윤리적으로 자국가, 자문화와 동등

---

19 J. Rifkin, *The European Dream*, Penguin Books, 2005, p.365 일부 수정.

20 <persona>는 본디 "연극배우가 쓰는 탈"을 가리키는 말이었으나, 철학적으로는 "이성과 의지를 가지고 자신의 행동에 대해 책임을 지는 주체"를 의미하며, 사회학적으로는 사회 속에서의 역할에 따라 사회적 정체성이 바뀔 수 있다는 측면에서 "인격의 가면"이란 뜻으로 사용되기도 한다. 그런데 최근에는 마케팅 전략 수립을 위한 한 방법론으로도 사용되고 있는데, 이때 페르소나의 의미는 어떤 제품 혹은 서비스를 사용할 만한 목표 집단 안에 있는 다양한 사용자 유형을 대표하는 "가상의 인물"을 칭한다.

21 J. Rifkin, *op. cit.*, p.365.

22 *Ibid.*, p.369 참조.

한 것으로 여길 때 비로소 그 본질이 발현될 수 있는 것이 리프킨이 말한 '글로벌 의식'의 핵심이다. 그리고 이러한 의식을 겸비한 채로 상호교류가 재개되어야만 문화적 다양성도 제 의미를 회복할 수 있다.

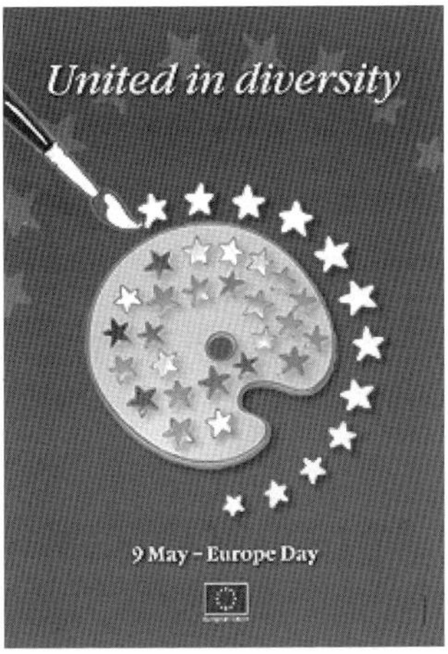

그림2. '다양성 속의 조화'를 모토로 매년 5월 9일 실시되는 유럽의 날 행사 포스터

앞서 우리는 영국인에게는 자신들의 로컬 의식이 곧 글로벌 의식이라는 언급을 한 바 있다. 앞서 유로의식을 설명하는 자리에서도 재차 확인한 바 있지만, 결국 중요한 것은 로컬 의식, 즉 모든 유럽인이 자신이 유럽인이라는 의식을 갖는 것이 중요하지 '글로벌'이라는 '시니피앙'은 큰 의미가 없다. <EU 정책 녹서>에도 명시적으로 표현되어 있듯, "창조성의 근원은 지역이고 그 도달점은 세계이다." 그렇다. 글로벌 사고, 글로벌 행동, 글로벌 의식은 이렇게 그 뿌리를 지역에 두면서 그것이 확대된 것이지 결코 그 역은 아니다.

다시 서두에서의 물음으로 돌아와서 그렇다면 한국은 이렇게 유로의식을 통해 경제·정치적 차원에서부터 문화적 차원에 이르기까지 자기진화를 거듭하고 있는 EU에 대해 어떤 인식을 하고 있는가? 인도에 대해서와 마찬가지로, 비록 외교·정치적으로는 2010년 10월 한-EU FTA에 정식 서명한 상태이긴 하지만, 문화적으로는 아직 EU 전체에 대해서는 물론이고 개별 국가별로도 구체적인 교류를 하고 있는 것으로 평가하기는 힘들어 보인다. 특히 우리가 EU와의 교류에 더 많은 신경을 써야 하는 것은 그들 스스로 이제는 '문화통합'에 거의 모든 관심을 집중시키고 있기 때문이다.[23] 그들이 이렇게 EU의 문화통합에 관심을 집중

23 P. Fontaine, *op. cit.*, p.42.

시키는 이유는 유럽 시민이라는 소속감이 정치·경제적 차원보다는 문화적 의식, 다시 말해 유로의식이 공유되었을 때 뿌리내릴 수 있다고 보기 때문이다. 유럽통합의 아버지로 불리는 장 모네도 일찍이 "유럽을 다시 건설한다면 문화로부터 시작해야만 할 것"이라고 술회한 바 있다.[24] 모네의 이 표현은 EU를 연구하는 학자들에 의해 자주 언급되곤 하는데, 이는 유럽의 '문화적' 정체성이 확립되었을 때 비로소 EU가 현재 희망하던 다양성 속의 조화가 완성될 수 있다고 믿기 때문일 것이다. 그리고 EU가 추진해온 그동안의 문화정책들을 분석해보면 그 방향성에는 변화가 없는 것으로 보인다. 2010년부터 구체화되기 시작한 '산업으로서의 문화 정책'이 그 증거 자료이다. 유럽창조산업연합체(European Creative Industry Alliance)가 결성되어 구체적 과제를 5개 분야로 나누어 유럽 전체의 경제를 '문화의 산업화'를 통해 부흥시키겠다는 계획인 것이다.[25]

다양한 문화적 자산을 가진 유럽의 개별 국가들이 문화의 산업적 가치를 재인식하고, 이를 문화 창조산업과 연계시켜 공동의 부가가치를 창출하게 되면 그 경제적 효과는 분명 EU의 차세대 성장 동력이 될 것이다. 이렇게 EU는 '문화'를 유럽의 공동체 의식의 함양을 위한 정책으로써 뿐만 아니라 유럽 전체의 산업화와 연동시켜 유럽의 부를 창출하기 위해 노력하면서 수순을 심화시켜가고 있다.

여기서 우리는 EU의 공동목표가 정치, 경제, 문화가 하나의 사이클을 이루는 새로운 시스템 구축에 있다는 것을 알 수 있다.[26] 다양성 속의 조화, 다층적 관리(Multi-Level-Governance)를 비롯해 선택적 거부권이라는 제도까지 활용해가며 모든 결정을 합리성에 바탕을 두고 유

---

24 E. Banús, "Cultural Policy in the EU and the European Identity", *European Integration in the 21st century: Unity in Diversity?*, Sage Publications, 2002. p.158 재인용.

25 European Commission, *The Economy of Culture in Europe*, Brussel: EUR-OP, 2006 참조.

26 홍종열, 「EU의 문화 코드와 문화정책」, 『글로벌 문화 콘텐츠』 제5호, 2011 참조.

연하게 조정해가는 EU, 회원국들 간의 경제적 능력의 격차를 고려하는 것은 물론이고 서로 다른 정치적 견해까지 조율해가고 있는 EU, 이것이 바로 오직 경쟁을 통해 타자를 이기고 누르려는 데만 익숙한 우리가 EU에서 배워야 할 교훈이 아닌가 싶다.[27]

반복되는 이야기이긴 하지만, 미국 주도의 현행 글로벌라이제이션, 즉 경제의 성장과 시장 확대만을 목표로 하는 것을 지양해야 한다는 데 EU를 통해 우리가 배워야 할 일차적 교훈이 있다. 부언컨대 타자, 패자를 인정하지 않는 획일적 단일화가 문제라는 것이며, '다양성의 존중'이 이념적으로건 현실적으로건 지도 이념이 되어야 한다는 것이다. 그리고 두 번째로는 경제, 정치적인 이슈로는 결코 국민의 마음을 움직일 수 없다는 것을 인식하고 문화적인 의식의 공유가 무엇보다 중요하다는 인식의 전환이 필요하다.

앞서 이미 살펴보았듯, 이 둘을 기조(基調)로 EU는 '하나의 유럽'이라는 새로운 인류사적 가치를 창출해냈다. 물론 여기서 '하나'는 주지하듯 EU의 회원국들의 서로 다른 관심이 조화를 이루어 '하나의 전체'가 되었을 때를 상징한다. 다양성을 존중한다는 미명하에 'EU 전체'가 흔들리는 것을 이들도 원치는 않는다는 뜻이다.

이런 점에서 EU는 분명 역내적으로도 조화의 정신을 통해 개별국가와 EU 간에 '글로컬 정신'을 실현하고 있지만, 동일한 정신이 미국, 중국 등 역외의 강대국들과의 관계에 있어서도 힘을 발휘하고 있다는 점에서 또 다른 단계의 글로컬 정신을 발휘하고 있다. 국제관계 속에서 EU가 무수히 많은 사안에 대해 늘 중개 역할을 할 수 있는 것도 바로 이 글로컬 정신을 보유하고 있기 때문에 가능한 일이다.

오직 글로벌에만 편향되어 있는 우리 자신을 타자화시켜보기 위해서도 우리는 EU를 하나의 반면교사로 삼을 필요가 있다. 더 구체적으로

---

27 C. C. Montero, "Differentiated Integration and Flexibility in the EU under the Lisbon Treaty: challenges for the Trio Presidency", *Think Global Act European II*, Milan: Notre Europe, 2010. pp.236~242 참조.

말하면, EU가 보여주는 다양성의 존중과 의사결정의 유연성 및 합리적 절차 등에 대해 배워야 한다. 그리고 이러한 EU의 정신에 비추어 무지하기 때문에 그동안 관계가 없었던 다른 나라에 대해 편견을 갖는 태도 또한 개선해야 할 것이다. 누차 강조해왔듯, 경제나 정치보다 문화를 중요시한 것에 대해서는 더 이상 부연 설명이 필요할 것 같지 않다.

세계는 넓다. 문화적 장벽들은 글로벌 시대인 21세기라고 해서 약화된 것은 아니다. 유아적 나르시시즘 상태에서 벗어나 다른 나라와 관계를 개선하고 심화시켜야 하는 것은 우리 자신이다. 문화적 다양성의 시대에 즈음하여 타자를 향해 팔을 벌려야 하는 것도 결국 우리 자신이다. 그런데 우리는 그동안 관계를 맺어온 나라와만 교류하면서 세계의 다른 많은 나라에 대해서는 큰 관심을 갖지 못했던 것 같다. 특히 문화적 장벽에 대한 고민은 거의 하지 않았던 것 같다.

세상은 바뀌었다. 이제 세상은 전 지구적 차원에서 개방되어 있고, 다른 사회들과도 긴밀히 연계되어 있다. 한 사람의 행동이 다른 사람들에게 영향을 미치듯, 이제는 지구촌의 다른 나라에서 일어난 사건들이 거의 실시간으로 자국에도 영향을 미치는 그런 시대에 우리는 살고 있다.[28] 문화적인 영향력도 마찬가지 상황이다.

그동안 우리가 무관심했던 것은 EU만이 아니다. 철강, 비철금속, 석유를 비롯한 각종 천연자원의 무한 보고요 다양한 문화의 보고인 중남미국가들에 대해서는 더 말할 것도 없다.[29] 필자가 앞서 우리의 문화 의

---

28 앤서니 기든스, 『현대사회학』, 김미숙·김영학 외 옮김, 을유문화사, 2003, p.69 참조.

29 멕시코, 브라질, 아르헨티나, 칠레, 쿠바, 베네수엘라, 콜롬비아 등 33개국으로 구성된 중남미 대륙은 우리에게 여전히 생소하고 먼 지역이다. 마찬가지로 중남미에서 한국은 중국이나 일본에 비해 인지도는 매우 낮은 편이다. 중요한 것은 이를 개선하기 위한 노력일 것이다. 그런데 한국은 중남미를 대하는 접근 방식 면에서 1960~1970년대 박정희 정부 시절 수출드라이브 정책을 펼 때와 별반 달라진 게 없다는 게 KOTRA의 분석이다. 하지만 경제 규모와 경제성장 전망을 고려할 때 중남미는 인도와 마찬가지로 사실 우리가 더 적극적인 관심을 가지고 접근해야 할 시장임이 틀림없다. 우리나라의 대표적인 흑자시장인 데다가 앞으로도 교류 가능성이 무궁무진하기 때문이다. 참고로

식을 '지기지기'란 표현까지 동원하여 비판적으로 성찰해본 것도 이 때문이다. 지기지기는 분명 우리가 지양해야 할 태도다.

세계는 결코 우리의 판단, 시선 아래 놓여 있지 않다. 다양한 이해(利害)관계에 따라 역동적으로 움직이고 있는 것이 예나 지금이나 국제관계의 기본적인 역학(力學)이다. 그리고 그 중심 또한 이동한다는 것을 알아야 한다. 중국 경제의 급성장으로 우리는 그 구체적 현실을 지근거리에서 목격하고 있다. 세계 경제의 향방이 중국에 달려 있다는 분석들이 하루가 멀다하게 쏟아져 나오고 있다. 중국은 인구를 무기로 삼아 세계 최대의 공급업체로서, 세계 최대의 시장으로서, 세계 최대의 소비국으로서 세계인의 이목을 집중시키고 있는 것이다. 풍부한 노동인력과 시간당 임금이 낮은 중국에서 미국의 기업들도 매년 평균 40%가 넘는 투자 수익을 올리고 있다.[30]

이러한 중심 이동에 대해 우리는 우리 자신을 타자화시켜야 하며, 이제는 중국과의 관계 모색이 시급한 상황이 우리 눈앞에서 전개되고 있다. 물리학에도 작용과 반작용의 법칙이 있듯, 국제관계나 문화교류에 있어서도 정체성과 이질성이 늘 교호(交互)하기 마련이다. 이와 같은 유동적 관계, 즉 역동적 변화에 잘 적응하기 위해서는 바라보는 곳, 의존

한국은 이들 나라 중 유일하게 칠레와만 FTA를 체결한 상태다. 칠레가 FTA를 체결한 나라는 그러나 캐나다, EU, 미국, 뉴질랜드, 싱가포르, 중국, 일본(연도순)이 포함되어 있다 - KOTRA, 『중남미의 비즈니스 문화 코드』, 한국외국어대학교출판부, 2009, pp.10~24 참조. 그리고 EU가 그렇듯 중남미의 경우도 각기 서로 다른 문화적 배경과 역사를 가지고 있으며, 산업구조와 소비성향 면에서 큰 차이를 보인다는 점에 주목하여 현지화 과정에서 차별화 전략이 필수적이라는 것을 강조해둔다.

30 테드 피시먼, 『21세기 차이나드림, 그 빛과 그림자』, 정준희 옮김, 김영사, 2005 참조. 미국이 중국에 대해 얼마 전부터 '저자세'를 취하고 있는데, 우리는 그 이유를 아주 간단한 통계를 통해서도 확인할 수 있다. 현재 중국에서 제2 공용어로 영어를 구사하는 인구가 미국의 원어민 인구보다 많으며, 열네 살 미만의 인구만 3억 2000만 명으로 미국 전체 인구보다 많다. 게다가 중국은 국제적으로 요구되는 정치·외교적 요구들까지도 무시해가며 중남미, 아프리카 등 세계의 자원국들 사냥에 나서고 있다는 것을 모르는 사람은 없을 것이다. 미래는 곧 '시장'이 답이라는 것을 자본주의자들보다 더 정확히 파악하고 있는 것이다.

하는 곳이 한두 군데로 고정되어 있어서는 곤란하다.

무지의 소치인가, 나지 않는 길을 새롭게 경험하는 것이 두려운 탓인가? 인도와 영국, 그리고 EU와 중남미의 예들을 일별해보면서 우리는 우리가 외쳐온 '글로벌라이제이션'의 실체가 얼마나 왜곡되어 있고 또 그 자체로 그것이 얼마나 나르시시즘적인 세계 해석인지를 새삼 둘러보게 한다. 우리에게 글로벌라이제이션은 그러니까 우리의 실제 현실이나 역량이기보다 다분히 정치·경제적으로 포장·과장되고 반복적으로 강요된 학습된 결과는 아닌지 차제에 깊이 반성해볼 필요가 있다.

기초가 부실한 건축물이 오래가지 못하듯, 실체나 목표가 불분명한 외침도 곧 그 허점이 드러나기 마련이다. 계속해서 글로벌만을 허공을 향해 외칠 것이 아니라, 한류가 야리류(亞流), 신한류(新韓流)로 거듭날 수 있을 것이라는 거짓 믿음만을 계속해서 국민들에게 주입시키는 일을 이제는 삼가고, 국제관계 속에서의 우리의 현실을 직시하고 문화적 정체성을 더욱 공고히 하려는 노력을 배가해야 할 때다.

필자의 생각처럼 만일 우리가 안고 있는 근본적인 문제가 문화적 정체성의 유연성이 아닌 유약성에 있다는 데 동의한다면, 우리는 그 해결책을 계속해서 우리 밖에서 찾으려고 할 것이 아니라 우리 안에서 자율적으로 찾아보려는 노력을 해야만 할 것이다. 우리 밖에서, 즉 타율에 의해서는 결코 우리가 안고 있는 문제가 해결될 리 없기 때문이다.

게다가 이렇게 타율에 의존해서 문제를 해결하려 들면, 결국 우리가 안고 있는 문제가 무엇인지도 모르는 상황이 오고 말 것이며, 또 우리 스스로 우리의 문제를 해결하는 능력도 상실하게 될 것이다. <그림3>에서 보듯, 어항 속의 금붕어 신세가 되어서는 우리가 아무것도 해결할 수 없다. 금붕어가 오래 잘 살 수 있으려면 환경, 즉 깨끗한 물이 필요하다. 그런데 그 환경은 주지하듯 금붕어가 스스로 조성하는 것은 아니다. 그리고 그 금붕어는 자신이 누군가에 의해 채워진 물 안에 있는지도 모르고 있다. 결국 누군가가 그 환경을 계속해서 조성해주어야만 금붕어는 자신의 생명을 연장할 수 있다. 경제 성장도 외부에 의존하고, 문화적 정체성을 찾는 것도 외부에서 조성해주는 그런 나라를 상상한다는 것은 참으로 끔찍한 일이 아닐 수 없다.

그림3. 많은 사람이 '글로벌'의 관점, 외부적 관점에서 '로컬'의 문제를 해결하려고 하기 때문에 '로컬' 자체가 타율화되고 붕괴되는 것이다.

'문화영토', '문화적 예외'라는 개념이 최근 들어 자주 회자되고 있는 것도 이 때문이리라. 모름지기 문화를 본질로 해서 다른 나라와 구분되는 하나의 국가는 오직 수익을 내는 데만 절대 목표를 두고 있는 다국적·초국적 기업과는 그 역할이 다르고 또 달라야 한다. 국민을 신자유주의의 무한경쟁과 소비주의에 내모는 것도 국가가 앞장서서 해야 할 일은 아니다. 다국적·초국적 기업의 자유주의적 정책을 일방적으로 따르기만 할 것이 아니라 국가를 현명하게 관리하려는 의지와 능력을 갖추어야 하는 것도 이 때문이다.

현명한 정부(intelligent government)라면 국가 관리를 통해 다국적·초국적 기업으로부터 국민을 보호해야 한다.[31] 그리고 그때 한 국가는 자국 국민의 자존심을 높일 수 있고, 문화적 정체성 또한 공고히 할 수 있다. 대한민국 정부가 헌법에 명시된 "전통문화의 계승·발전 및 민족문화의 창달"에 힘써야 하는 것도 그 때문이다. 우리 민족의 문화영토까지 천박한 글로벌시장의 논리에 맡겨둔다면, 우리 국민은 필경 길을 잃은 채 '글로벌화'라는 맹수의 먹이가 되고 말 것이다.

'FTA 강국', '글로벌 강자'는 우리가 우리 스스로를 평가할 때 사용하는 수식어여서는 곤란하다. 심지어는 미국에서도 FTA를 우려하는 목

31 장시복, 『세계화 시대 초국적기업의 실체』, 책세상, 2006, pp.119~121 참조.

소리는 여전히 높다는 것을 알아야 할 때다.[32] 앞서 '어떻게'보다 '무엇'이 우리의 고민 대상이어야 한다고 제안한 바 있는데, '글로벌'이라는 귀면건(鬼面巾)을 쓰고서 남의 다리 긁으며 흡족해 하는 일은 이제 멈추어야 할 때가 된 것이다. 대한민국이 경제 강국으로 성장하는 것, 선진국 대열에 합류하는 것, 물론 중요하다. 하지만 필자는 이에 못지않게 중요한 것이 바로 '한국적인 것'에 대한 국민적 공감대를 형성하는 데 있다고 보며, 그것이 가능하기 위해서는 문화적 자주성과 자율성이 먼저 바로 서야 한다고 본다. 그렇지 않으면 급기야는 우리의 문화 영토까지도 호모 루프스(Homo Lupus)에게 빼앗기는 사태가 발생할 것이며, 그때 우리 국민은 자신이 나고 자란 제 땅에서마저 주권행사를 할 수 없는 비참한 신세로 전락하고 말 것이다.

A. 플로꽁의 작품에서도 읽어낼 수 있듯,[33] 호모 루프스나 호모 이코노미쿠스의 종말은 곧 자연과 인간을 포함한 세계 전체가 사막화되는 것과 같다. 하지만 지구촌 전체가 이렇게 무홍삭막(無興索漠)한 상태가 되는 것을 원하는 사람은 아마 아무도 없을 것이다. 스스로에게 주어진 과거와 전통을 되돌아볼 겨를도 없이 급속하게 진행된 산업화, 현대화, 정보화, 글로벌화가 간과하고 있는 것이 바로 이점이다.

H. 노르베리-호지의 지적처럼 우리가 함께 행복하게 살 수 있는 방법은 더 늦기 전에 '생태적 지혜'를 회복하는 것이며, 이렇게 '오래된 것', '문명에 의해 개발되기 이전의 것'에서 인류의 '미래'를 발견하는 지혜야 말로 현대처럼 파괴된 인간과 자연은 물론이고 문화 또한 지켜주지 않을

32 ≪경향신문≫, 2011년 6월 16일자 기사 참조: "대기업 배불리는 FTA, 미국인도 똑같이 우려" 민주노총과 한·미 FTA 비준 저지를 위해 한국을 방문한 미국노총의 제프 보그트 국제부장은 기자회견에서 한·미 FTA는 실패한 북미자유협정(NAFTA)에서 보듯, 결국 "제조업을 쇠퇴시켜 일자리를 사라지게 하고" "소수 초국가적 기업의 권리와 이익을 절대적으로 보호하는 정책"이라고 밝히면서 "한·미 FTA로 인한 이익은 양국의 소수 엘리트에게 집중될 것이고, 악영향은 양국 민중에게 전가될 것"이라고 예측하고 있다.

33 플로꽁의 판화 작업에 대한 평론은 가스통 바슐라르, 『풍경』, 이가람 옮김, 열화당, 1982 참조. 바슐라르는 이 책에서 플로꽁의 15개의 판화작품에 대한 평을 하고 있으며, 위 그림은 14번째 작품이다.

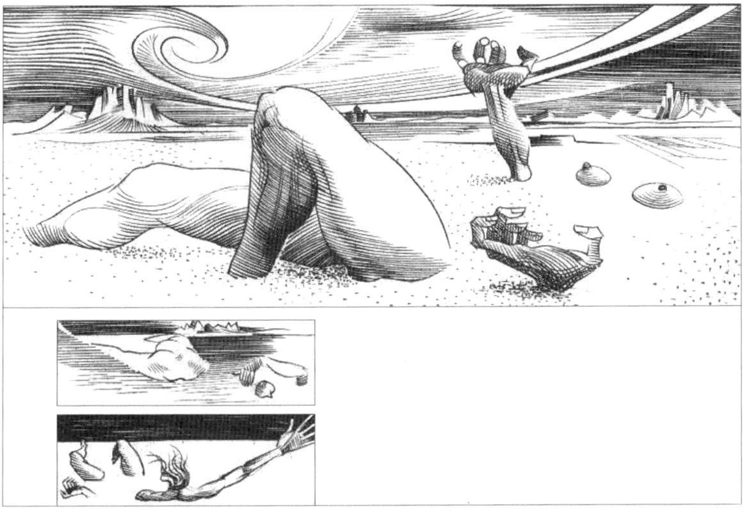

그림4. A. Flocon의 판화작품집 *Paysages* 중에서

까, 감히 희망해본다.[34]

3. 탈영토화된 로컬 문화'들', 어떻게 지켜낼 것인가?

지구도 은하계의 한 행성일 뿐이다. 지구가 은하계의 한 행성일 뿐이라는데, 하물며 미국적인 것, 중국적인 것, 일본적인 것, 서구·유럽적인 것 등이 전 지구적 차원에서 보았을 때 '지역적인 것'은 너무도 당연하다. 바꿔 말해 이것들은 '지구 전체'라는 차원에서 보았을 때 어디까지나 하나의 '특수한' 사례에 불과하다. 때문에 우리가 이것들은 불변하는 문화의 보편적 모델로 추종해야 할 까닭은 전혀 없다. 우리에게 필요한 것은, 이것들 역시 가능한 여러 모델 중 일례(一例) 정도로 받아들이고 평가할 수 있는 우리만의 주체적인 해석의 '눈'을 갖는 일이다.

34 H. 노르베리-호지, 『오래된 미래: 라다크로부터 배운다』, 김종철 등 역, 녹색평론사, 2001 참조.

이러한 '주체적 해석'은 기본적으로 우리 문화에 대한 자긍심이 없이는 불가능하다. 우리 문화에 대한 자긍심이 없는 한 세계를 해석할 눈도, 주체적으로 이를 해석할 능력도 기대할 수 없다. 동일한 맥락에서 우리의 한류도 당연 '한국'이라는 지역성, 지역의 색을 가지고 있으며, 그럴 수밖에 없다는 것을 알아야 한다. 또 우리가 익히 잘 알고 있는 재패니메이션(Japanimation)[35]이나 할리우드 영화 역시도 그들의 문화적 영토에 뿌리를 두고 있다. 그러니까 이 지역적 콘텐츠들이 글로벌 시장에서 '요행히도' 큰 막힘없이 통한 것일 뿐이다. 바로 여기에서 우리가 추구해야 할 콘텐츠 산업의 방향이 '어디'인지를 알 수 있다.

일차적 과제는 먼저 로컬에 뿌리를 두고 있는 문화적인 콘텐츠들을 발굴하여 이를 창의적으로 생산해내는 일이다. 글로벌 시장에서의 성공 여부는 후속되는 일이기 때문이다. 다시 말해 후자는 우리 스스로 결정할 수 있는 사안이 아니며, 당연 외부에 의해 결정된다. 그리고 외부에서 성공이 가시적으로 나타났을 때 우리는 그것을 일러 마침내 '글로컬 문화 콘텐츠'라 명명할 수 있다.

물론 최근엔 기업들도 현지화에 박차를 가하고 있으며, 거의 모든 글로벌 기업들이 로컬에서의 토착화가 얼마나 중요한지를 잘 인식하고 있다. 2008년 제29회 베이징 올림픽 때 중국 국가대표팀의 후원을 맡은 펩시콜라가 캔 색깔을 고유 브랜드 색이기도 한 파란색 대신 빨간색을 과감하게 바꾸어 판매량을 크게 올린 것도 그 단적인 예라 할 수 있다. 펩시콜라 측에서는 중국의 소비자 반응 조사 등을 통해 경쟁사인 코카콜라의 고유색이기도 한 빨간색을 이렇게 선택한 것이다.[36] 이렇듯 대부분의 글로벌 기업들은 현지화를 통해 시장을 확대하려는 노력을 지속적으로 하고 있으며, 나름의 글로컬 전략을 몸소 실천하고 있다. 이는 기본적으로 해당 로컬 소비자의 감성에 부응하지 않고서는 새롭게 개

35 박정일, 『재패니메이션의 변천과 의미』, 부산외국어대학교출판부, 2004 참조.

36 이러한 펩시콜라의 공격적인 마케팅 전략은 2006년 브라질에서도 브라질 국기에 들어있는 노란색과 초록색을 집어넣어 펩시 캔 디자인을 바꾼 적이 있다.

발한 상품의 판매에 성공할 수 없다는 것을 잘 알기 때문이며, 바로 그곳 로컬의 문화 코드를 읽어내는 작업이 그래서 중요하다.

그림5. 2008년 베이징 올림픽 때의 펩시와 코카의 캔 색깔 비교

동일 상품이라고 해도 소비 지역을 고려해 그 상품의 모양과 형태를 달리 할 수도 있으며, 의류, 자동차 등에서도 보듯 어느 국가나 지역이 목표인지에 따라 디자인이며 외장, 기능에 변화를 줄 수 있다. 그런가 하면 더 적극적으로 현지화에 성공하기 위해 상품의 생산지(lieu de production) 자체를 아예 로컬로 이동시키기도 한다. 이 과정에서 현지의 인재를 고용하는 것은 필수적이다. 이를 우리는 적극적 의미의 현지화라고 할 수 있을 것이다.

이렇게 현지화의 중요성이 부각된 것은 대부분의 글로벌 기업들이 일방적인 글로벌라이제이션의 한계를 스스로 인정한다는 것을 반증하며, 기본적으로 해당 지역과의 문화적 교감이 없이는, 다시 말해 경제라는 척도만으로는 타지역·국가의 벽을 결코 넘어설 수 없다는 것을 인식한 결과라고 할 수 있다.

현지화는 이런 점에서 지역의 토착문화, 현지인과의 갈등을 최소화시켜 자신들이 생산한 상품의 판매를 늘리기 위한 매우 현실적인 전략이라고 할 수 있다. 여기서 중요한 것은, 앞서 제2장에서 언급한 바 있지만, 로컬 문화의 토착화 여부이다. 만일 로컬 문화가 토착화되어 있지 않은 경우라면 글로벌 기업들의 상품문화에 곧바로 흡수·편입되고 말 것이다. 그리고 그 경우라면 글로벌 기업에서도 굳이 막대한 예산을 들여가며 현지화의 노력을 기울이지 않아도 될 것이다. 물론 여기서 우리는 현지화를 시도해야 할 주체일 때와 현지화의 대상, 즉 객체일 때를 구분해야 한다. 그런데 이 자리에서 필자는 우리가 현지화를 시도해야 할 주체일 때보다 우리가 현지화의 객체일 때 어떻게 대처하느냐가 더 중요하다고 생각한다. 그 이유는 전자는 국가보다 기업이 나서서 해결할 문제라고 할 수 있다면, 후자는 국가의 존폐가 걸린 문제라고 생각되기 때문이다.

필자의 판단에 의하면, 솔직히 우리 사회는 밀려드는 글로벌 기업들의 상품문화와 갈등을 보인다기보다는 적극적으로 이를 수용하고 소비하는 경향이 짙다. 이는 문화적 토대가 공고하고 또 우리 문화에 대한 자신감에서 파생된 것이라기보다는 아주 단순하고 천박한 '글로벌 취향' 때문이라고나 할까. 단적으로 말해, 우리는 글로벌 문화에 대한 '해석의 눈'을 가질 겨를도 기회도 놓친 것이다. 이러다간 유입된 글로벌 기업의 상품문화가 우리 문화의 본질을 훼손하는 사태도 발생할 수 있다.

마찬가지로 우리 기업들이 현지화를 시도해야 할 주체일 때도 그곳 현지를 적극 배려하지 않으면 안 된다. 필자는 앞서 문화적 차이는 국경 간, 문화권 간 이미 내재화되어 있다고 누차 강조했다. 즉 문화는 각기 다른 지역에서 서로 다르게 코드화되어 있다. 그런데 그곳에 일방적으로 '우리의 상품'을 주입시킬 수 있을까?

재삼 강조하지만, 문화는 물질적인 것(material dimension)이 아니라 비물질적인 것(non-material dimension)이다. 그리고 문화는 글로벌하게 유통되는 물질적 상품들과 달리 문화 생산지인 '장소'로부터 결코 독립적이지 않다. 우리 기업들이 현지화를 시도해야 할 주체일 때도 결국 그곳 문화에 눈높이를 맞추지 않으면 안 된다는 뜻이다. 바로 이런 이유 때문에 우리는 현지화뿐만 아니라 지역에 상응하는 차별화 전략에도 신경을 써야 한다. 앞서 예로 든 펩시콜라는 프랑스의 경우라면 빨간색보다는 파란색이 더 선호하는 색이지만, 프랑스인들은 기본적으로 미국산 콜라 자체를 즐기지 않는다는 점도 고려해야 한다는 것이다.

그리고 현지화건 차별화건 이에 앞서 전제조건이 하나 더 있다. 어떤 문화상품도 '개별화'로 특화되어 있지 않고서는 세계 시장을 겨냥할 수 없다는 사실이 바로 그것이다. 요인즉 '글로벌 브랜드'를 갖춘 상품들이란 일반적으로 개별화에 성공한 것들이다. 오늘날 브랜드의 영향력은 주지하듯 회사 이름이나 국가보다 더 크다. 도요타, 소니가 일본을 대표하며, 삼성이 한국을, 그리고 벤츠가 독일, GM이 미국을 상징한다는 것을 모르는 사람은 없을 것이다. 그런데 브랜드 분야의 석학인 케빈 켈러도 지적하듯, 여기서 핵심은 <소비자에게 기반을 둔 브랜드 = 소비자에게 익숙한 상표 = 기업에게 가장 가치 있는 무형자산>이라는 점이다.[37]

돌려 말해 브랜드 가치를 가진 상품을 가지고 있느냐가 관건이다. 만일 브랜드 가치를 가진 상품을 가지고 있지 않다면 글로벌화란 헛구호에 불과하다. 구호뿐 실체가 없기 때문이다. 더더욱 글로컬 문화 콘텐츠가 화두인 우리에게 있어 로컬들에서의 성공이 뒤따르지 않고서는 글로벌화, 아니 글로컬화는 사상누각이 될 수밖에 없다. 물론 어느 수준에서는 '특수한 보편화'에 육박했다고 평가할 수도 있는 한류의 경우도 우리의 전통문화를 특화시켰기에 많은 아시아인들에게 감동을 전달할 수 있었다. 이처럼 속된 말로 <가장 한국적인 것>이 <세계적인 것>이 될 확률은, 매우 낮지만 그렇다고 그 가능성이 없는 것은 아니다. 하지만 몇 나라에서의 성공이 세계적인 것이라고 광고하는 성급한 일반화의 오류를 범해서는 곤란하다. 그리고 세계적인 것을 지향하는 것은 좋으나 한국적인 것을 등한시해서는 우리의 문화적 토대마저 무너지게 된다는 것부터 명심해야 한다.

결국 이 자리에서 우리가 <가장 한국적인 것>이 '무엇'이냐의 물음 앞에 서게 되는 것은 당연하다. 이러한 취지에서 필자는 조부근이 강조한 바 있듯, 아주 단순한 주장 같아 보이지만 문화는 기본적으로 "'장소 종속성'을 띤다"[38]는, 그의 말에 전적으로 동의한다.

---

37 케빈 켈러, 「리더의 혜안」, 『富의 재편 - 세계지식포럼 리포트』, 매일경제신문사, 2009, p.194.

38 조부근, 『글로벌 시대의 문화산업과 문화교류』, 민속원, 2009, p.76. 물론 적극적으로 부산국제영화제, 광주 비엔날레, 통영 윤이상 음악제, 춘천 국제마임축제 등을 예로 들면서 그는 "가장 지방적인 것이 가장 세계적인 것"이라는 입장을 펴기도 한다.

> "문화는 하루아침에 만들어질 수 있는 것이 아니라 오랜 시간에 걸쳐 생활방식이 장소에 침전된 시간의 켜와 같은, 장소 특수성과 고유성을 지닌다."[39]

오늘날 우리가 언급하고 있는 대부분의 문화도 이렇게 특수한 시공간 안에서 퇴적되고 풍화되는 과정 속에서 살아남은 집단의 생활세계를 대변한다. 비록 시대가 변하여 영토 개념이 약화되었다고 해도, 한 장소에 이미 깊게 뿌리내린 문화는, 그것이 설사 국지적인 공간에 그친다고 해도, 결코 약세화되지 않고 변화를 기회로 오히려 강화되거나 재창조된다는 것. 대영제국의 영화는 사라졌지만, 런던은 여전히 세계 금융의 중심지로서 건재하듯 말이다. 파리나 도쿄가 그렇듯, 가속화된 세계화 상황 속에서도 한 번 구축된 문화는 이렇듯 세계화의 공격에도 아랑곳하지 않고 여전히 세계 문화의 중추 역할을 하고 있다는 것.

이러한 현상을 프랑스의 지리학자인 O. 돌퓌스는 "지역의 지리적 점착성" 때문이라고 강조하고 있다.[40] 그에 따르면 이렇게 문화가 지역과 분리불가한 것은 해당 지역(도시)의 선택이 "주어진 〔지리적〕 조건", "특정한 역사적 상황에 의해 선택된 것이기 때문"이라는 것이다.[41] 부언컨대 모든 문화는 "발생적 측면에서" 볼 때 "'로컬'에서 시작된다"는 것.[42] 이는 곧 (문화적) 로컬이 곧 한 문화나 한 국가의 핵이라는 말과 같다. 로컬은 이렇게 모든 문화생성의 기본 단위일 뿐만 아니라 문화 소비의 기본 단위이기도 하다. 다시 말해 로컬은 문화향유를 위한 구체적 공간이자 삶의 거주지이기도 하다.

바로 '그곳'엔 항상 이미 존재하는 어떤 것(quelque chose déjà là), 즉 타문화와 차이가 나는 것들이 코드로 작동되고 있다. 그것을 일러 우

39 *Ibid.*
40 올리비에 돌퓌스, 『세계화』, 최혜란 옮김, 한울, 1998, p.63.
41 *Ibid.*, p.67.
42 하용삼, 「모던·포스트모던문화 그리고 로컬 문화」, 『대동철학』 제52집, 2010, p.90.

리는 문화적 특수성과 고유성이라고 부르곤 한다. 앞서도 언급했지만, 조나단 프리드먼이 문화의 출발점을 보편성으로 묶이는 것보다 오히려 차이가 부여되는 특수성에서 찾았던 것도 같은 이유 때문이다.[43] 그에 따르면 비록 세계화 시대가 도래 했다고 해도 문화적 정체성은 여전히 "[한 사회체계의]특수성, 인성과 경험 그리고 세계에 대한 표상들의 생산이나 실천전략"[44]에 의해 형성된다고 보기 때문이다. 돌려 말해 한 문화의 정체성은 다른 어떤 세력 있는 문화에 종속되는 것이 아니라 오히려 그런 헤게모니에 저항하면서 독립성을 갖는다는 것이다. 이러한 프리드먼의 주장은 예컨대 아무리 시대가 변화했어도 세계화론자들이 착각하는 것처럼 그렇게 세계를 하얀 백지 상태(tabula rasa) 위에 놓고 탈영토화/재영토화할 수 없다는 말과 같다. 이는 "세계화[시대]라고 해서 '낡은 역사'를 모두 지워버리지 못한다"[45]고 강조한 돌퀴스의 말에서도 거듭 확인된다.

이런 차원에서 보자면 우리가 세계화론자들을 상대로 맞장구를 쳐야 할 이유가 더 이상 없다는 것을 알 수 있으며, KOREA라는 로컬 차원에서 구성되고 재구성된 우리 문화의 토대가 곧 우리 국민들에게 정신적으로 동질감을 갖게 하는 삶의 원동력이자 미래라는 것을 통감하게 된다.

문화적 지역성, 아니 그 지역성에 기초해 형성된 문화적 정체성은 이런 측면에서 보자면 온 인류를 위해 평평한 공간을 상정하고 그 속에서의 추상적이고 보편적인 것의 문제가 아니라 특정 국민을 위한 '구체적 장소'와 직결되어 있다는 것을 알 수 있다. 미카엘 리안도 강조하듯, "문

43 조나단 프리드먼, 『지구화 시대의 문화 정체성』, 오창현·차은정 옮김, 당대, 2009, p.364.

44 *Ibid.*, p.53. 물론 조나단 프리드먼은, 그의 책 『지구화 시대의 문화 정체성』이 함의하듯, 문화를 기본적으로 세계화 과정의 맥락 속에서 파악하고 있다. 하지만 i) 경제결정론으로부터 문화를 독립시킨 점, ii) 문화적 특수성에 각 문화의 정체성을 부여하면서도 동시에 문화들 간의 관계를 중시한 점은 우리에게 시사하는 바가 크다.

45 올리비에 돌퀴스, *op. cit.*, p.83.

화, 다시 말해 우리가 그 안에서 살아가고 있는(in which) 문화는, 바로 그 장소에서(within it) 창조된다."[46]

문화적 지역성에 기반한 국가도 이런 견지에 비추어볼 때 전체 사회 구성원들의 구체적 체험의 공간(espace vécu et concret)에 의해 테두리가 지어지는 것이지 결코 형식적인 제도나 정치적 이념 또는 추상적이고 가상적인 보편적 공간 등에 의해 조직되는 것이 아니라는 것을 알 수 있다. 국민은 이런 제도적이고 이념적인 것들에 의해 피동적으로 살아가는 존재가 결코 아니며 자기의 주어진 문화적 로컬, 즉 지역적 공간 안에서 고유한 문화를 창조해가는 사회·문화적 동물이자 능동적인 존재이다.[47]

문화의 생성과 소비, 문화 향유 및 체험 등에 관한 우리의 인식을 남의 눈을 빌어 앵무새처럼 이야기해서는 안 되는 이유가 여기에 있다. 왜냐하면 바로 그때가 아니고서는 '한국적인 것'을 문화 비교 차원에서 당당하게 '우리의 것'이라고 주장할 수 없을 것이기 때문이다.[48]

이러한 우리의 입장을 보다 상식적으로 설명해보면 다음과 같다. 뿌리나 중심이 없는데 어찌 외부나 가지가 번화(繁華)할 수 있겠는가, 라는 것이 그것이다. 본인이 처한 위치와 바깥 세계를 바라보는 시선이 잘

---

46 M. Ryan, *Cultural Studies. A Practical Introduction*, Wiley-Blackwell, 2010, p.x. 진하게 표시한 부분은 필자 강조.

47 필자의 이상과 같은 논지를 지지해주는 글로는 B. Yves, "Le social et ses territoires", *Espaces, jeux, enjeux*, éd. par Frank Auriac et Roger Brunet, Fayard, 1986; Raffestin Claude, "Ecogénèse territoriale et territorialité", *Espaces, jeux, enjeux, op. cit.*; Wolch Jennifer et Dear Michael(éd.), *The power of geography. How territory shapes social life*, Boston: Unwin Hyman, 1989; Brenner Neil, Jessop Bob, Jones Martin et MacLeod Gordon(éd.), *State/Space*, Malden: Blackwell, 2003; Offner Jean-Marc, "Les territoires de l'action publique locale: fausses pertinences et jeux d'écarts", *Revue française de science politique*, Vol. 56, No. 1, 1994 참조.

48 최근 국내에서도 로컬리티로서의 문화의 중요성에 대한 연구가 진행되고 있다는 점이 고무적으로 여겨진다: 부산대학교 한국민족문화연구소, 『로컬리티 인문학의 새로운 지평』, 혜안, 2009; 부산대학교 한국민족문화연구소, 『로컬리티』, 혜안, 2010; 부산대학교 한국민족문화연구소, 『로컬의 문화지형』, 혜안, 2010 참조.

못된 자에게 세계는 그저 '눈 먼 자'의 그것과 다를 것이 없다. 로컬이 부실한 상태에서 글로벌만을 목청껏 외치는 것, 우리의 주어진 시공간에 뿌리를 두고 있지 않은 외부의 로컬에서 생산된 담론들을 기형적으로 대한민국이란 땅에서 재생산시키는 일,[49] 이 영원히 충족되지 않을 공허감을 정부는 제2, 제3의 거짓 믿음을 부여해가며 국민을 더 이상 속이지 말고 서둘러 우리의 문화적 위치를 분명히 하고, 문화적 위상을 다잡을 필요가 있다.

감히 말해, 현재 우리는 우리만의 고유한 문화지도도 보유하고 있지 못한 상태 아닌가? 이런 상황에서 '글로벌'이란 허황되고 위험한 항해에 모든 국민이 목숨을 걸고 뒤따를 수는 없다. 목숨까지 담보로 한 항해라면, 철저한 준비가 급선무일 것이며, 항해 목표 또한 정확해야 할 것이다. 글로벌화는 결코 서두른다고 될 일이 아니다. 우리가 단독으로 그 결정권을 쥐고 있는 것도 아니다. 글로벌화는 철저히 관계의 산물이지 모노드라마가 아니다. 세계라는 무대는 항상 그 자리에 그대로 있고, 기술 대변동의 시대, 21세기라고 해서 바뀐 것은 크게 없다. 우리는 그 무대를, 헤겔의 변증법에서 꾀하는 바처럼, 지역적 굴곡을 무시하고 평평하게 종합되어야 하는 대상이라고 보아서도 곤란하다. 정(thèse)이 전혀 인정받지 못하고 있는 상황에서 어찌 반(antithèse)과 합(synthèse)이 뒤따를 수 있겠는가? 세계의 중심부를 틀어쥐고 있는 경제 강국들에서 원하는 바대로 경제 소국들의 무역 장벽이 철폐되고, 국경이 해체되고, 그렇게 문화적 자존심까지 버려도 된다는 것인가?

이에 동의할 사람은 아마 아무도 없을 것이다. 오히려 우리는 이와 같은 구태의연한 제국주의적 발상, 포장만 달리하여 21세기에 부활한 신

49 이런 점에서 스티글리츠의 다음 논문은 우리에게 시사하는 바가 크다: J. Stiglitz, "Scan Globally, Reinvent Locally: Knowledge Infrastructure and the Localization of Knowledge", D. Stone(ed), *Banking on Knowledge: The Genesis of the Global Development Network*, Routledge, 2000. 한마디로, 문화뿐 아니라 지식이나 담론 역시도 로컬 안에서 재창조되지 않고는 그것을 소비하는 사람들에게 아무런 반향을 일으킬 수 없다는 주장이다.

자유주의의 횡포를 예의주시해야 한다. 게다가 갈수록 두꺼운 벽을 치는 자들은 역설적이게도 실제 그들이다. 경쟁국들과는 철저히 거리를 유지하며 이미 자신들이 장악한 시장을 독점하기 위해 무역 진입 장벽을 오히려 강화하는 것도 역시 그들이다. 타국가의 장벽은 허물려고 지속적으로 그들은 '탈영토화(délocalisation, déterritorialisation)'를 외친다. 하지만 속셈은 오직 그렇게 탈영토화시킨 국가에서 결국 자신들의 시장을 확대, 흥성시키려는데 목표가 있다. 자신들에게 유리한 시장 환경을 조성하려는데 본래 의도가 있는 것이다. 이는 곧 타국가들을 탈영토화시켜 자기들이 원하는 형태로 '재영토화(reterritorialisation)'하려는 꿍꿍이 수작에 다름 아니다. 들뢰즈가 이미 언급한 바 있던가. "탈영토화는 필연적으로 재영토화의 형식을 수반한다"[50]고!

그렇다. J. A. 숄티도 정확히 짚고 있듯, 국제화(internationalisation), 자유화(liberalisation), 서구화(westernization), 미국화(americanisation) 등으로 그 명칭만을 달리해 왔을 뿐, 작금의 "글로벌라이제이션!" 이란 구호는 결국 경제 강국들이 희망하는 바대로 국가의 개입 없이 세계시장이 움직이는 것, 탈규제를 통해 시장의 힘이 자유화되는 것, 그런 경계도 없고 장벽도 없는 공간을 만들어 자본의 축적이 용이해지는 것, 즉 시장 환경의 재공간화(respatialisation)가 최종 목표인 것이다.[51] 그리고 이것이 바로 경제 강국들이라면 예외 없이 지지하고 있는 소위 '자본주의의 보편화(universalisation du capitalisme)' 전략이기도 하다.

이런 까닭에 글로벌라이제이션은 실제 모든 국가를 단위로 그 정치적 책임이 따르기 마련인 사회·정치·경제적 안정의 요구와 대개는 정면으로

---

50 탈영토화와 재영토화는 들뢰즈와 가타리 사상의 핵심 개념이다 – G. Deleuze, F. Guattari, *L'Anti-Oedipe - Capitalisme et schizophrénie*, Minuit, coll. ≪Critique≫, 1972, p.306. 전문은 다음과 같다: "Les sociétés modernes civilisées se définissent par un procès de décodage et de déterritorialisation. *Mais ce qu'elles déterritorialisent d'un côté, elles le reterritorialisent de l'autre.*"

51 J. A. Scholte, *Globalization*, Palgrave Macmillan, 2005, pp.20~22 참조.

충돌한다. 그리고 이러한 모순적인 특징 때문에 사실 재영토화, 재공간화, 즉 오직 자본과 시장을 제일 가치로 여기는 일방적 세계화는 로컬 국가의 국민들의 저항에 직면하게 되어 있다. 그런데 문제는 그러한 저항에 비례하여 일방적 세계화를 추종하는 세력들은 점점 더 간악(奸惡)한 형태로 로컬 국가들의 국민경제를 공략한다는 사실이며,[52] 이들 간의 불평등한 시소게임은 결국 경제 강국들과 초국적 기업들에게 "일방적인 양보"를 하면서 소위 "바닥으로의 경쟁(race to the bottom)"[53]을 유도하는 것으로 종결된다. 요인즉 대상 국가의 시회·경제적 균형 발전은 뒷전이고 오직 전 지구적 차원의 자본의 유연한 흐름만이 이들의 관심사인 것이다.

물론 경제 소국들의 사회·경제·문화적 장벽이 허물어지고 탈영토화되면 경제 강국들은 마음대로 세계 전역을 자본의 힘으로 재영토화할 수 있어 유쾌할지 모르겠다. 하지만 이러한 다분히 미국과 서구 중심적인 세계화 논리는 전체성의 논리(logique totalitaire)와 하등 다르지 않으며, 기본적으로 '나와는 다른 것'을 철저히 배제한다는 전제 위에서만 성립 가능한 것이기 때문에, 이는 정치적 의미의 전체주의적인 폭력이나 군사적 폭력 등과 유사한 점이 많다.

유대인 철학자 E. 레비나스의 지적처럼, 타자와 타문화를 다름 자체(différence même)로 인정하고 배려하기보다는 '나' 중심의 세계로 환원시키거나 동화시키려 하기 때문에 전체성의 논리에 문제가 있다는 것이다.[54] 정치적으로는, 20세기 초·중엽의 나치즘과 파시즘이 그 대표적인 예를 보여주었으며, 현대에 이르러서는 비록 피를 흘리지는 않는 전쟁이 진행되고 있지만 '경제 전쟁', '무역 각축'이 이의 서자 역할을 하고 있다고 볼 수 있다. 문제는 데 블레이가 『분노의 지리학』에서 정확히 지

52 M. Antonioli, "Reterritorialisation et obsession sécuritaire dans la mondialisation", *L'Homme et la société*, Nos. pp.165~166, 2007 참조.

53 구춘권, 『지구화, 현실인가 또 하나의 신화인가』, 책세상, 2000, p.72에서 재인용.

54 E. Levinas, *Totalité et Infini: essai de l'extériorité*, Nijhoff, 1974 참조.

적하고 있듯, 경제 소국들에게 이렇게 전체주의적인 세계관을 강요하는 것은 한 국가의 문화적 정체성을 뒤흔드는 사태로까지 악화될 수 있기 때문에 위험하다는 것이다.

하지만 이러한 시대착오적 세계관, 다분히 반인륜적이고 비윤리적인 시각은 정치, 경제, 문화, 언어 등이 형성된 역사적 과정을 전적으로 무시해버리는 처사요, 실로 세계가 얼마나 '울퉁불퉁한' 것인지를 전적으로 간과한, 세계의 단일화를 하나의 기정사실로 받아들인 지구촌(the global village) 제안자들의 계교(計巧)일 뿐이다.[55]

이들 '과잉세계화론자들'[56]이라고 해서 세계가 '울퉁불퉁하다'는 것을 모를 리 없다. 그런데 이들은 거의 억지에 가까운 자신들의 이데올로기를 지속적으로 전파하면서 그 그릇된 욕망의 끄나풀을 늦출 기미를 보

55 세계화의 전도사 토마스 프리드먼이 대표적이라고 할 수 있다. 그에게 세계는 '평평'하며, 이는 IBM의 PC가 출현한 1980년을 전후해 가속화된 인터넷의 보급, 포털사이트의 등장, 웹 베이스의 표준화 등에 힘입어 정보혁명이 일어났고, 이에 근거해 소위 '글로벌시대'가 열린 것이라고 분석하고 있다. 글로벌시대가 되어 결국 국가 간의 장벽이 허물어지고 '세계가 마침내 하나로 엮었다'는 것이다. 이를 그는 <Globalization 1.0> 시대라 말한다. 그리고 <Globalization 2.0> 시대는 국가 간 장벽이 더욱 낮아지고 거리도 줄어들어 세계통합이 가능해졌으며, 이 시대의 변화 주체는 이제 더 이상 국가가 아니며 다국적 기업이라고 본다 - Thomas L. Friedman, *The World is Flat*, Farrar, Straus and Giroux, 2005 참조. 참고로, 그의 또 다른 책인 *Code Green: Hot, Flat, and Crowded*(Farrar, Straus and Giroux, 2007)에서는 "왜 우리〔미국인〕에게 녹색혁명이 필요한가? 그리고 어떻게 이를 통해 미국이 다시 부활할 수 있는가?"의 문제를 집중 분석하면서 i) 지구온난화, ii) 인터넷으로 인한 거리감의 감소, iii) 거대 도시와 폭발적으로 증가하는 소비 인구와 같은 미래의 인류 문명에 강력한 영향력을 행사하게 될 3가지의 문제적 트렌드에 대처할 수 있는 유일한 방법은 친환경적 녹색 에너지의 인프라 구축에 있다고 강조하면서, 이 프로젝트를 실현하게 되면 미국이 자국의 경제성장뿐 아니라 글로벌 경제 부분에서도 계속 슈퍼파워를 유지할 수 있고 글로벌 리더십을 확고히 할 수 있을 것이라고 제안 한 바 있다. 그가 꿈꾸는 것은 한마디로 '강한 미국'이다. 참고로, 이명박 정부의 녹색성장 정책도 프르드먼의 도움을 받은 것으로 알려져 있다.

56 데이빗 헬드 외, 『전 지구적 변환』, 조효제 옮김, 창비, 2002, p.15 이하 참조. 참고로 헬드는 세계화를 대하는 진영을 다음과 같이 셋으로 나누고 있다: 과잉세계화론자(hyperglobalizers), 회의론자(sceptics), 변환론자(transformationalists).

이지 않는다. 교통·통신, 기계·기술의 발달로 지구촌의 모든 나라가 "이웃처럼 가까워졌다"며 경제 소국들을 끝없이 기만한다. 세계가 이웃처럼 가까워짐으로써 경제 강국들의 영향력이 커진 것은 가볍게 일축해버리고 역으로 문화교류가 활발해지고 국제협력이 활성화되었다는 점만을 침소봉대한다. 전 지구적 차원의 빈곤 퇴치나 환경보존, 부의 분배, 평등, 다국적 기업의 사회적 책임 등은 언제나 뒷전이며 오직 자국의 계속적인 경제의 성장만을 꾀하기 위해서 말이다. 지속가능한 성장(Sustainable Growth)이란 그 의미가 오로지 '경제 성장'만이 지속되어야 한다는 데 그치지는 않는다는 것을 그 누구보다도 잘 알면서도 말이다.[57]

대체 그런 식의 '지속적인 성장'이 가능하기나 한 것인가? 자국의 과잉 생산된 물건들과 침체된 경기를 회복하기 위해 다른 국가들에서 시장을 개방하여 자국에서 소비되지 못한 물건들을 가능한 한 많이 소비해달라는, 가당찮은, 거의 폭력에 가까운 요구가 과연 이성을 가진 자가 펼 수 있는 정책이며, 대체 설득력이 있기나 한 주장인가? 과잉생산의 위기를 외부적 수요의 창출로 막아보려는 것이 문제라는 것이다. 모든 만물이 생로병사의 이치를 따르듯, 경제에도 늘 위기는 도사리고 있고, 경기도 둔화되거나 하향 곡선을 그릴 때도 당연 있기 마련이다. 그런데 모든 나라가 신자유주의적인 교조주의에 빠져 성장 일변도의 경제 정책만을 편다면, 그 치열한 경쟁 속에서 필연적으로 나타날 수밖에 없는 패자국에 대해서는 대체 누가 그 책임을 감당할 것이며, 또 성장의 그늘인 비참함과 고통 그리고 불행은 대체 누구의 몫이란 말인가?

자유에도 책임이 따르고 권리에도 의무가 따르듯, 지속가능한 성장 또는 경제발전의 과정에 있어서도 반드시 성장과 발전의 '사회적 목적'이 추가되어야 할 때다. 맥락은 조금 다르다고 볼 수 있지만 레비나스가 말한 윤리가 '제일 철학(première philosophie)'으로 요구되는 시대

---

57 실제 1987년 유엔환경개발위원회(UNCED)는 경제발전이 때로는 인간의 삶의 질의 개선이 아니라 악화를 초래할 수 있다는 점을 경고한 바 있다.

가 된 것이다. 지구촌이 경제적 위기 상황에 빠질 때마다 '도의적 책임'이 문제로 제기되고 '평등한 분배'나 '연대의 강화'가 늘 화두로 대두되는 것도 이 때문이다.[58]

그런가 하면 J. 페이를르바드 같은 학자는 국가나 세계를 자유 시장의 논리에만 맡겨놓지 말고 사회적·환경적인 비금융적 기준들을 부여하여 윤리적으로 제한하는 제도를 마련해야 한다는 보다 강력한 주장을 제시한 바도 있다.[59] D. 뻘리옹이 경제보다 사회, 생태를 더 우선시 해야 한다고 말한 것도 같은 취지에서라고 볼 수 있다. 그는 "상업적 목적에서 지속가능한 발전의 개념을 포섭하려는 것 자체가 아이러니"라고 비판하면서 "현대 자본주의의 논리와 근본적으로 배치되는 하나의 대안적 세계화(alterglobalization)"로서 "지속가능한 발전은 사회적 정의, 생태적 신중성 및 경제적 효율성이란 세 가지 기준을 충족시켜야 한다"[60]고 강조하고 있다. 뻘리옹의 언급에서 중요한 것은 경제적 효율성이 사회적 정의나 생태적 신중성보다 앞설 수 없다는 점이며, "사회문화적 가치가 상품적 가치보다 더 우월하다"는 제안에 있다.[61]

결국 이들의 분석과 제안을 종합해볼 때, 우리는 작금의 글로벌 경제 시스템은 결코 21세기의 메시아니즘이 될 수 없다는 결론에 다다르게 된다. 우리 사회가 '계속 성장'이라는 헛된 이데올로기에 의해 더 이상 파멸로 치닫지 않기 위해서는 각 경제 주체가 스스로의 욕망을 제한하고 억제하는 법을 가르치고 또 배워야만 할 것이다. 인류사회 전체에 만

58 R. Passet, *L'illusion néolibérale*, Fayard, 2000; *Eloge du mondialisme par un anti-présumé*, Fayard, 2001 참조. 파세는 지속 가능한 발전 개념에 반드시 사회적 목적이 부여되어야만 세계화가 쇄신될 수 있다고 강조하면서 자본의 종류를 다음과 같이 3으로 나누고 있다: i) 에코시스템으로서의 자연적 자본, ii) 문화적 다양성의 존중을 함축하는 문화적 자본, iii) 사회보장제도로 대변되는 사회적 자본. 참고로 이 마지막 자본은 부의 축적보다 평등한 분배와 연대의 강화에 기반을 두며 사회적 비전을 포함하고 있다.

59 페이를르바드는 구체적 제도로서 '윤리 기금'을 제안 한 바 있다 – J. Peyrelevade, *Pour un capitalisme intelligent, Grasset*, 1993 참조.

60 도미니크 뻘리옹, *op. cit.*, p.157.

61 *Ibid.*, p.156.

연해 있는 '계속 성장'이라는 욕망의 잠꼬대를 잠재우는 것이 그래서 급선무라 아니 할 수 없다. P. 싱어도 강조하듯, "하나의 지구 공동체 시대의 윤리적인 토대를 개발"이 과제이며, 이를 위해서는 미국을 비롯하여 경제 강국들이, 아직은 기대하기 힘들지만, 앞장서지 않으면 안 된다.[62] 세계의 미래는 우리가 이 윤리적 과제를 얼마나 공유하고 또 이를 실행에 옮기느냐에 달려있다고 해도 과언이 아니다.

윤리적인 토대를 개발하고 정착시키기 위해서는, 파스칼 브뤼크네르의 지적대로, 무엇보다도 먼저 자본주의에 대한 환상, 그 신성성을 박탈하는 데서 시작될 수 있다. 그렇지 않으면 인류는 점점 더 불평등과 불행의 수렁으로 빠질 것이 불 보듯 뻔하기 때문이다.[63]

그런데 왜 우리는 최선이나 차선이 아닌 최악을 선택해 그 고통과 화를 자초하는 것인가? 정신적인 것이 아닌 물질적인 것에, '문화'가 아닌 '상품화된 문화'에 목숨을 거는가? 글로벌을 되풀이하여 외치면 외칠수록 그 이득은 실제 그것을 외치는 자들에게 돌아오는 것이 아니라 '세계 공용어'인 영어(langue anglo-américaine)를 사용하는 미국 등을 비롯하여 경제 강국들에게 돌아간다는 것을 감지하지 못하고 있는가?[64] 미

---

62 피터 싱어, 『세계화의 윤리』, 김희정 옮김, 아카넷, 2003, p.253. 싱어는 윤리에 대한 우리의 사고가 바뀌어야 함을 강조하면서 J. 롤즈의 『정의론 A Theory of Justice』에서도 이런 문제를 전혀 고려하지 않고 있다고 비판하고 있다. "다시 말해서, 사람들은 자신이 부유한지 가난한지, 다수민족의 일원인지 소수민족의 일원인지, 신앙인인지 무신론자인지, 고도의 기술을 가졌는지 아닌지 등에 대해서 알지 못한 채 〔롤즈가 상정한〕 정의의 원칙을 선택해야 한다" (*ibid.*, p.32)는 것이다. 돌려 말해, 그런 이유 때문에 오로지 미국의 이익을 대변할 뿐인 롤즈의 정의론은 전 지구적 차원에 일률적으로 적용할 수 없다고 강조하며, 지구 공동체를 위한 미국의 책임있는 결정을 촉구하고 있다. 같은 이유로 싱어는 롤즈의 『만민법 The Law of Peoples』에 대해서도 비판적인 태도를 취한다(*ibid.*, pp.226~231).

63 파스칼 브뤼크네르, 『번영의 비참』, 이창실 옮김, 동문선, 2003, 특히 제6장, 제9장 참조.

64 실제 경제의 세계화는 곧 언어의 세계화를 동반한다는 지적도 있다. UNESCO 보고서에 따르면, 지금은 물론 그 비율이 낮아지고 있는 상황이지만, 1996년의 경우 무려 75%가 영어로 웹사이트를 운영하고 있었다고 한다. 이는 영어가 곧 세계화의 벡터이기도 하다는 증거다. 보다 자세한 언급은 D. Crystal, *English as a Global Language*, Cambridge University Press, 2003;

시건 주립대학 지리학과 교수인 하름 데 블레이가 정확히 지적하고 있듯, 오늘날 우리는 그 "언어적 위계에 새롭고 결정적인 층이 하나 더 더해진"[65] 상태에서 생활하고 있는데, 그것이 바로 지리적 경계를 전적으로 무시한 글로벌 경제 시스템이라는 것을 왜 간과하는가?

재삼 강조하지만, 글로벌 경제 시스템은 중단 없는 개발과 성장을 모토로 하는 획일적이고 배타적인 시스템일 뿐이다. 이 획일적이고 배타적인 기형의 시스템에 의해 자본은 특정 개인이나 기업에게 기하급수적인 이득을 제공하고 있고, 이들은 태연하게 "축적을 위한 축적"만을 일삼고 있지만, 그로 인한 불평등은 비례하여 가속화되고 있다는 것이 우리의 엄연한 현실이다. G. 소르망이 개발과 성장을 모토로 한 경제시스템이 "관련 당사자들을 만족시키지만 동시에 〔그 외 사람들은〕아무도 만족시키지 못한다"고 단언한 이유가 어디에 있겠는가.[66] G. 도스탈러와 B. 마리가 이러한 자본주의의 자기 불안감에 원인이 있는, 치유가 불가능한 병폐를 프로이트의 '죽음의 충동(pulsion de mort)'에 비유한 것도 이 때문이다. 그에 따르면 자본주의는 삶의 충동과의 긴장을 통해 자기를 조절하는 기능을 이미 상실한 채 오직 '자기 파괴(autodestruction)'

A. Pennycook, *English and Discourses of Colonialism*, Routledge, 1998; R. Phillipson, *Linguistic Imperialism*, Oxford University Press, 1992 참조. 전 프랑스 외무장관 위베르 베드린(Hubert Védrine)가 1997년 6월 국민회의 외무위원회에서 발언한 다음 내용을 어쩌면 우리가 타산지석으로 삼아야 할지도 모르겠다: "1991년 이후 우리는 세계화된 세계에 살고 있다. (…) 경제는 세계화된 경제, 시장경제, 앵글로색슨 식이자 영어 사용 경제가 되었다. (…) 새로운 세계는 미국의 초지배 또는 패권으로 특징지어진다. (…) 이전의 상태와 다른 점은 더 이상 견제세력이 존재하지 않는다는 점이다. (…) 찬란한 역사의 계승자인 프랑스는 세계의 이러한 변화로 인해 잠재적으로 위협받고 있는 상황이다." - 김응운, 「사르코지의 EU정책: 그 3년의 평가」, 『2010년 한국외대EU연구소-한국프랑스정치학회 공동학술대회보』(2010년 12월 18일), p.45에서 재인용.

65 하름 데 블레이, 『공간의 힘』, 황근하 옮김, 천지인, 2009, pp.68~69 참조. 이 책은 미국의 오바마 대통령이 2008년 대통령선거와 1월 취임식 사이에 꼭 읽어보았으면 하는 책 중 하나로 추천한 것이기도 하다. 부시 등과는 달리 오바마 대통령이 세계가 결코 '평평하지' 않음을 알고 있다는 것은 그래도 다행한 일이 아닐 수 없다.

66 기 소르망, 『진보와 그 적들』, 이진홍·성일권 옮김, 문학과 인식, 2003, p.301.

의 싹만을 키우고 있다는 것이다.[67]

그런데도 여전히 세계의 대부분의 국가에서는 이 글로벌 경제 시스템을 마치 봉사나 귀머거리처럼 무작정 추종하고 있다. 마귀의 소굴로 스스로 기어들고 있는 것이다. 이를 추종하고 따르는 나라에는 '자본의 떡고물'이 주어질 수 있을지 모르겠다. 하지만 그렇지 못한 나라는 역설적으로 경제적인 제재와 외교·군사적 응징의 대상이 되기도 한다. 따라서 글로벌 경제 시스템에의 편입은 개발 도상에 있는 나라, 경제 소국들에게는 필요악과도 같은 것이며, '고약하고 폭압적인 존재'라 아니 할 수 없다.

그림6. 글로벌라이제이션의 모토라고 할 수 있는 '개발'과 '성장'을 희화한 작품

그러나 그 성장이 대체 누구를 위한 것인지, 성장의 목적이 개인이나 기업에 있는지 아니면 국가나 국민, 인류 전체를 위한 것인지? 이에 대해 왜 우리는 진지하게 캐묻지 않는 것일까? 물질이 충족될수록 정신은 점점 굶주리게 된다는 것은 동서고금의 현자들이 일찍부터 경고했던 바다.[68] 하지만 이 지구상에는 물질의 충족 자체도 어려운 나라가 또 얼마나 많은가!

이들 국가가 글로벌 경제 시스템과 보조를 맞추는 일은 아직 멀고도 먼 미래의 일이다. P. 싱어가 J. 롤즈의 『만민법』을 W. 부시의 "최우선적인 것은 미국 국민들이다"라는 발언과 비교하여 비판하듯 "세계를 [롤즈의 의견처럼] 지금 이대로 내버려둔다면, 수백만 명이나 되는 사람들이 자신의 나라가 자유롭거나 적정한 체제를 설립하고 '잘 정돈(well-

67 G. Dostaler, B. Maris, *Capitalisme et pulsion de mort. Keynes et Freud*, Albin Michel, 2009 참조.

68 찰스 핸디, 『정신의 빈곤』, 노혜숙 옮김, 21세기북스, 2009 참조. 이 책에서 저자는 '올바른 이기주의'란 개념을 통해 보다 나은 자본주의의 방향을 모색하고 있다.

ordered)' 되기도 전에 영양실조와 가난으로 인해 얻은 질병으로 죽어 갈 것이다."[69]

현재의 대한민국의 경제 수준이 다른 많은 경제적 후진국과 견주어 볼 때 나름의 비교 우위를 점하고 있다는 것은 이렇게 비참한 국가들의 상황에 비추어보면 참으로 천만다행이다 싶다. 비록 진지하게 성찰적 근대화의 과정을 거쳤다고 평가하기는 어렵지만, 경제적 측면에서 보자면 분명 대한민국은 산업화의 단계는 이미 거친 상태라 할 수 있고, 어쩌면 그래서 상당 부분 현대화(글로벌화)를 실천하고 있다며 자만하고 있는 듯도 하다. 그 자만이 우리도 덩달아 평평한 세계를 누벼야 한다는 어설픈 우월의식을 갖게도 하고, 울퉁불퉁한 세계를 위해 우리가 앞장서야 할 일들이 많다는 착각을 일으키게도 만든다.

본 장에서 우리가 마치 신앙의 대상처럼 떠받들고 있는 '글로벌'이라는 슬로건이 과연 제대로 된 것인지를 되짚어볼 필요가 있다고 생각하는 것도 이 때문이다. '평평한 세계'를 주창하는 토마스 프리드먼과는 반대 시각에서 데 블레이 같은 학자가 정확히 권고하고 있듯, 이제라도 세계는 지리적으로건 문화적으로건 여전히 울퉁불퉁한 상태라는 것을 정확히 인지하고, 이를 수용해야 한다는 뜻이다. 왜냐하면 울퉁불퉁한 상태 그대로가 실제 각자가 사는 세계의 본 모습(眞像)인 것이며, 그

69 피터 싱어, *op. cit.*, pp.228, 230~231. 이런 이유 때문에 싱어는 "자국민의 이익을 앞세울 만한 충분한 근거는 없다"(*ibid.*, p.231)고 전제하면서 국가 안의 정의보다 국가 간의 정의, 자국민보다 외국인에 대한 의무에 더 우선권이 있다고 강조한다.(*ibid.*, pp.222~226 참조) 결과적으로 『세계화의 윤리』에서 싱어의 일차적 물음은 국가 간 경제적 불평등 해소에 있으며, 그가 말한 '윤리'는 전 지구적 차원에서 이를 공유하고 정치·사회적인 평등이 이루어질 때 순항하게 될 것이다. 그런 점에서 그가 구상하는 윤리는 그가 이 책의 마지막 문장에서 술회하듯, "도덕적, 지적으로 힘겨운 도전이지만, 우리가 떠맡지 않을 수 없는 일"(*ibid.*, p.256)임은 분명하다. 다양성을 지지하는 필자와 싱어 사이에 의견 차이가 없는 것은 아니다. 그는 미국이나 경제 강국들 중심의 (경제의) 세계화를 강하게 비판하면서도 결국 '하나의 단일한 세계(One World)'를 전제하고 논의를 이끌어간다는 점이며, 이의 실현을 위해 '적합한 형태의 정부(세계 정부)를 개발'하고, 전 지구적 빈곤과 불평등을 제거하기 위해 '더 강력한 국제적 기구'를 요구하고 있다.

곳에 바로 언어·문화·인종 등의 다양성의 뿌리가 자라고 있기 때문이다. 유대교 최고 지도자이기도 한 J. 색스가 "하늘의 통일성"에 빗대 "지상의 다양성", 즉 문화, 언어의 다양성을 강조한 것도 우리의 논지와 맥이 닿는 주장이라 소개해본다.[70]

> "문화란 인간이 다른 인간, 세계, 그리고 존재의 근원과 맺는 관계를 이해하는 데 쓰이는 의미 체계이다. (…) 문화는 언어와 같다. 각 문화들이 나타내는 객관 세계는 동일하지만, 그 방식은 거의 무한에 가까울 정도로 다양하다. 영어는 프랑스어가 아니고, 이탈리아어는 독일어가 아니다. (…) 모든 언어는 〔문화와 마찬가지로〕 특정한 공동체의 소산이며 그 공동체의 역사와 공통 경험과 감수성의 산물이다. 보편적인 언어는 존재하지 않는다."[71]

인용문의 요지인즉, '보편적 문화', '보편적 언어'는 일종의 유토피아로서 요구될 수는 있을지는 모르지만, 우리가 삶을 영위하는 지상계에는 부득불 다양한 인종, 다양한 문화, 다양한 언어가 존재하며 교류할 수밖에 없다는 것이다. 서로 다른 문화가 교류하고 또 교류해야 하는 것은 바로 이러한 다양성을 서로 이해해야 하는 문제와 직결된다.

문화도, 언어가 그렇듯, '특정한 공동체'의 역사적 소산물이며, 바로 그 구성원들에 의해 고유하게 가꾸어진 하나의 전통이다. 그 전통과 그 역사가 물론 '국지적(지역적)' 특성을 갖는 데 그칠 수는 있다. 하지만 지역적 특성을 가졌기에 '글로벌'이라는 다분히 추상적인 평가 기준에 의해 보편성을 결(缺)한 것으로 폄하될 수 있는 것은 결코 아니다.

바로 이런 견지에서, 보편적인 언어가 그렇듯, 보편적인 문화도 서로 다른 지역들을 대변하거나 대체하는 것으로 이해돼서는 곤란하다. 다분히 가식·가상적인 존재일 뿐인 글로벌 문화를 당위(de droit)로 인정해

70 조너선 색스, 『차이의 존중』, 임재서 옮김, 말·글빛냄, 2010, p.100.
71 *Ibid.*

주어야 하기에, 엄연한 사실(de fait)로서 주어진 문화적 다양성을 부정할 수는 없다는 뜻이다. 요컨대 히라노 겐이치로가 강조한 바 있듯, 우리는 "문화의 다양성을 강화하는 것이 오히려 문화의 보편성을 구성하는"[72] 그런 시대에 살고 있다. 단적으로 말해 문화의 헤게모니가 일자(一者) 중심에서 다자(多者) 중심으로 이동 중인 시대에 분명 우리는 살고 있는 것이다. 도쿄대 총장 고미야마 히로시도 예측한 바 있듯, 이제는 "미국 1극 중심에서 다극화 또는 무극화로 재편될 가능성"[73]이 높고, 이것이 최근 국제정치나 문화연구자들이 전망하는 세계의 지형도이다. 현대문명을 M. 세르가 근대의 프로메테우스 시대와 비교하여 교환과 소통을 중심으로 한 헤르메스의 시대로 정의하는 것도 이와 결코 무관하지 않다. 결국 "〔미국·〕 서양의 문화만이 문화로 통하던 시대는 지난"[74] 것이라고 볼 수 있으며, 그러한 진단을 서양인들 스스로도, 마치 그동안의 자신들의 행동에 대해 자기비판을 하듯, 하고 있다는 것을 우리는 정확히 인식할 필요가 있다.[75]

어찌해야 하겠는가? 그 대답은 이미 정해져 있는 듯하다. 이렇게 다양성 중심으로 그 축이 바뀐 엄연한 현실을 의심 없이 받아들이고, 기존의 일자 중심의 이분법적 사유 틀을 과감히 파기하는 수밖에 없다. 이분법적 사유는 기본적으로 타자를 전제하고는 있지만 그 타자를 인정하지 않고 배제시킨다는 특징으로 인해 결국은 일원론이 되고 만다. 서

72 히라노 겐이치로, 『국제문화론』, 장인성 외 옮김, 풀빛, 2004, p.266.

73 고미야마 히로시, 「리더의 혜안」, 『富의 재편 - 세계지식포럼 리포트』, *op. cit.*, p.259.

74 이기상, 『콘텐츠와 문화철학』, 북코리아, 2009, p.21.

75 크리스 바커도 그람시의 헤게모니 개념을 문화연구와 관련해 설명하면서 "서구문화가 더 이상 생산이나 의미의 차원에서 지배적인 중심을 갖고 있지 않게"되었다고 강조하면서, 현대의 문화는 "다양한 종류의 텍스트와 그 텍스트 안에서 경쟁하는 다양한 의미 사이에서 이질적이다"고 적고 있다 - 크리스 바커, *op. cit.*, p.381. 그런가 하면 아케일 아마드는 찰스 더버(Ch. Derber)를 인용해 작금의 상업적 이익만을 추구하는 서양(서구)문화 자체를 "westoxication"이라고 비판하고 있다 – A. Ahmad, "Globalization, Without Global Consciousness", *Humanity & Society*, 27, 2 May 2003, pp.125~142 참조.

양 중심주의에는 동양이 전제되어 있지만 이를 배제한 사유 방식이고, 백인 중심주의는 황색인이나 흑인이 전제되어 있지만 이를 철저히 배제한 외곬적 사유일 뿐이기 때문이다.

상식선에서 이야기할 때도, 외곬으로는 어떤 변화도 받아들이기 힘들다. 자기 자신을 타자화시킬 수 없을 뿐만 아니라 타자의 이타성을 인정하지도 않는 것이 외곬적 사유의 고질적 병폐이다. 이러한 지기지기식 사유는 철저히 이기적인 사유이며, 일반적으로 모든 이데올로기들이 보여주는 아주 전형적 행태이기도 하다. 근대의 민족주의와 마찬가지로 현대의 경제제일주의나 기술우선주의도 이런 이데올로기와 마찬가지로 타자를 인정하지도 자신을 타자화시키지도 않는 외곬적 사유의 일종이다.

M. 푸코는 생애의 마지막 강의를 "용기란 무엇인가?"에 할애한 바 있다. 그에 따르면 용기란 진실을 탐구하고, 그것을 말하는 것, 즉 진실-말하기(parrêsia)이다.[76] 푸코가 이 강의에서 강조하고 했던 것은 바로 "이타성의 본질적 지위(position essentielle de l'altérité)"였다. 다시 말해 진리라는 담론 안에 이 이타성이 자리를 확보해야만 진정으로 "다른 세계(autre monde)", "다른 삶(autre vie)"이 전개될 수 있다는 것이다. 푸코의 이러한 주장 속에는 이성 중심의 동일성의 논리가 추구해온 서구 중심의 근대적 세계관을 이제는 바꾸어야 한다는, 강한 의지가 표현되어 있다. 이처럼 푸코는 존재하는 것(ce qui existe), 더 정확히 말하면 존재(실체, 이성) 중심의 철학적 담론들과의 근본적 단절, 아니 더 정확히는 재구성을 통해 철학의 세계(vie philosophique)를 일신시키려 했던 것이고, 그것이 가능하기 위해서는 주체가 이타성, 즉 타자를 적극적으로

---

76 푸코는 1984년 콜레주 드 프랑스(Collège de France)에서 <진실(진리)을 말하는 용기>란 주제로 생애의 마지막 강의를 했으며, 견유주의에 대한 재해석을 통해 철학적으로 "새로운 세계(monde autre, monde nouveau)"란 공명정대하고 완벽하며 고결한 가치들로부터 초라하고 추하며, 불명예스럽고 모욕적이며 동물적인 가치들로 방향전환을 할 때 새로운 장이 열릴 수 있다고 역설했다 – M. Foucault, *Le courage de la vérité*, Gallimard/Le Seuil, coll. 《Hautes Etudes》, 2009 참조.

수용하는 윤리적 주체(sujet éthique)로 변신되어야만, 주체의 세계와 타자에 대한 관계가 바뀔 수 있다고 보았다.[77]

'윤리는 주체'가 주체가 타자를 타자로 대할 수 있을 때 비로소 형성된다. 주체와 타자는 상호 동질성이 아니라 이타성을 일차적으로 목격한다. 바로 그 이타성으로 인해 타자와의 '관계 설정'이 윤리의 문제에 있어 중요한 개념으로 부상되는 것이며, 관계 간에(inter-relation) 나와 타자가 놓일 때 M. 세르가 '늑대'로 비유한 바 있는[78] 데카르트적 코기토는 윤리적 주체로 거듭날 수 있게 된다. 앞서 우리가 '글로벌 문화', '지구촌 문화', '보편적 문화'를 의문의 시험대 위에 올려놓고 힐문한 것도 같은 해석의 기준을 적용한 것이다. 이것들 모두는 기본적으로 그 '시니피앙'이 지시하는 것과는 상반되게 타자와 이타성을 자신의 '시니피에' 속에 포함시키고 있지 않다는 게 문제다. 오히려 타자와 이타성에 대해 늘 배타적인 입장이며, 문화적 국지성과 특수성을 보편성의 이름으로 부정해왔다. 아케일 아마드의 논문, 「글로벌 의식이 없는 글로벌라이제이션」이 정확히 지적하듯, '글로벌 문화', '지구촌 문화', '보편적 문화'는 결국 진정한 의미의 '글로벌 의식(Global Consciousness)'에 의해 발현되고 의미가 부여된 것이 아니란 뜻이다.

그렇다면 아마드가 제안한 글로벌 의식이란 무엇인가? 아마드에 따르면, 글로벌 의식이란 종교, 인종, 정치적 차이에도 불구하고 "인간이면 누구나 갖는 본성(common humanity)"을 지칭한다. 이에 대해서는 많은 동서고금의 현인들이 이미 이야기한 바 있다. 그런데 아마드는 타고르, 간디, 러셀, 마틴 루터 킹, 테레사 수녀, 넬슨 만델라 등을 언급하면서, 특히 타고르가 강조한 "우주적 의식(cosmic consciousness)"을 글로벌 의식에 비유한다. 그에 따르면 타고르의 우주적 의식은 곧 모든 인간

---

77 R.-P. Droit, "≪Le courage de la vérité≫, l'ultime leçon de Michel Foucault", *Le monde*(23 janvier 2009) 참조.

78 미셸 세르, 『헤르메스』, 이규현 옮김, 민음사, 1999, pp.137~160 참조. 세르는 <늑대의 게임>이라는 장에서 데카르트의 1인칭 단수로서의 코기토를 라퐁텐의 우화에 비유하여 늑대에 비유한 바 있다.

의 "보편적 마음(Universal Mind)", "보편적 인간(Universal Man)", "최고의 인격(Supreme Humanity)"에 가깝다는 것이다.[79]

요인즉 작금의 시장·경제 중심의 글로벌라이제이션이라는 무한경쟁의 비인도적 게임으로 인해 상실해버린 인간의 얼굴(human face)을 되찾을 수 있도록 계몽하는 것이 글로벌 의식의 본의(本意)라는 것이다. 그리고 바로 이와 같은 의식을 우리 모두가 회복했을 때 지구촌 차원에서 여전히 방치되고 있는 지역(대륙)간 빈곤과 불평등, 환경파괴와 정치적 폭력 등의 문제들이 해소될 수 있을 것이다.

아마드의 이와 같은 제안은 우리가 '글로벌라이제이션'에 대해 이야기할 때는 항상 인류애를 전제로 해야 한다는 것이며, 이는 푸코가 강조한 윤리적 주체로의 변신이 필요하다는 주장과 맥락이 닿아 있기도 하다. 푸코의 윤리적 주체, 아마드의 글로벌 의식은 기본적으로 타자와 이타성을 바로 자신 안에 내속(內屬) 시켜놓고 있다. '글로벌 문화', '지구촌 문화', '보편적 문화' 역시 타자와 이타성을 시니피에로 포괄할 때 작금의 시장·경제의 세계화로부터 새로운 국면, 즉 인류 전체를 배려하는 글로벌-로컬, 로컬-글로벌 간의 조화가 모색될 수 있다는 것이다.[80]

어쩌면 본 장에서 '문화'란 기본적으로 보편성이 아닌 특수성, 세계성이 아닌 지역성에서 자양분을 얻는다는 것을 지나칠 정도로 강조해왔는지 모른다. 단적으로 말해 지리적 특수성에서 자양분을 얻는 것이 문

---

79 Arqueil Ahmad, "Can Science Lead the Way? - Profile of the Univesal Man", *Journal of Human Relations*, 20, 1972, pp.14~29 참조.

80 A. 아마드의 '글로벌 의식'은 본 연구에서 우리가 제안한 '글로컬 의식'과도 맞닿는 측면이 없지 않다. 두 개념 모두 핵심은 타자와 이타성의 포섭 여부에 있으며, 그런 점에서 "글로컬라이제이션"을 "다국적 기업의 현지 토착화 전략"으로 정의하고 있는 로버트 폴렛 구찌 그룹 회장과 필자는 의견을 달리한다. 그에 따르면 '글로컬 전략'이란 곧 "현지 소비자의 감성을 자극하는 촌천살인과 같은 단순함이 핵심"이다. 이는 사실 기존의 글로벌 전략과 하등 다를 것이 없다. 우리는 여기서 다국적 기업들이 꿈꾸는 것은 결과적으로 이렇게 점진적인 현지화 과정을 통해 경쟁사를 누르고 자신의 기업이 "완전한 글로벌화"의 주인공이 되는 것이 목표라는 것을 잊어선 안 된다 - 「글로컬 브랜딩의 위력」, 『富의 재편 - 세계지식포럼 리포트』, *op. cit.*, pp.187~191 참조.

화이기 때문에 문화는 서로 이질적일 수밖에 없고, 그것은 실제 그리 새로운 주장도 아니다. 또 그래서 문화 간 충돌도 얼마든지 가능하다. '충돌'은 부인할 수 없는 '사실'이다. 서로 다른 문화는 각기 '울퉁불퉁한' 상태 그대로가 본질이기에 결코 '평평해'질 수 없다는 점 때문에 그렇다. 그리고 바로 그 때문에 문화 교류는 경제 강국들의 끝 모를 시장 확대를 위해 펼쳐진 그런 이익과 이기(利己)의 장에서의 힘겨루기를 멈추고 온 인류를 염두한 공존(共存)의 장에서 서로 다르고 다양한 그러나 유일한 것들 간의 교류와 융합이 진행되어야 하는 것인지 모른다.

물론 문화 간 선의(善意)의 경쟁은 얼마든지 할 수 있다. 하지만 그것이 운동 경기나 기업 간 경쟁에서처럼 승패의 결과로 우열이 정해지는 문제는 아니다. 설사 타문화로부터 도전을 받는다 해도 끊임없는 재구성 과정을 거쳐 타문화를 대승적으로 흡수·소화할 수도 있다. 그것이 한 문화가 가진 저력이고 생명력이다. 타문화를 흡수·소화할 수 있으려면 문화는 기본적으로 저마다의 역사와 전통에 뿌리를 두고 있지 않으면 안 된다. 역사와 전통이 곧 자문화의 보존과 재구성, 또는 창조를 위한 바로미터이기 때문이다. 설사 그것이 다소 '이기적'인 행동으로 비칠지라도 자문화를 지키기 위해서라면, 그것은 결국 정당방어 차원에서 용인되는 것이기도 하다.[81]

현재의 20:80의 세계체제가 국가 간, 문화권 간 빈부의 격차를 더욱 심화시키고 있다는 것을 모르는 사람은 아무 아무도 없을 것이다.[82] 이러한 양극화 현상은 단지 경제적인 차원에만 그치는 것이 아니다. 주지

81 리처드 도킨스, 『이기적 유전자』, 홍영남 옮김, 을유문화사, 2005, p.6: "동물의 이기적 행동은 (…) 〔설사〕 이타적 행동을 보이는 경우도 자신과 공통된 유전자를 남기기 위한 행동일 뿐이다."

82 "인류의 상층 20%가 부의 86%를 독차지하고 있는 반면, 밑바닥 20%는 1.3%만을 소유하고 있다. 정부의 개발원조는 점점 줄어들고 있고 동시에 빈부의 골은 더욱 깊어져 가고 있다. 남반구의 미래, 특히 최빈국들의 장래를 짓누르고 있는 것은 무엇보다도 이들 국가가 지고 있는 부채이다. 가난에 찌든 이들 국가는 그들이 상환할 수 없는, 그리고 앞으로도 결코 상환할 수 없을 빚 때문에 세계의 면전에서 사라져가고 있다." - 수잔 조지, 「악의 뿌리를 넘어서」, 『프리바토피아를 넘어서』, *op. cit.*, p.215.

하듯 정치, 사회, 외교, 문화 차원에 이르기까지 그 격차는 그대로 유지되고 있다. 앞서 언급한 푸코나 아마드, 그리고 앞서 수차 언급한 바 있는 I. 월러스틴의 '보편적 보편주의' 주창을 비롯하여, P. 싱어가 꿈꾸는 하나의 세계(One World)도 결국 보다 많은 사람에게 혜택이 돌아갈 수 있는 '윤리적 기획'이 필요하다는 점을 우리 모두에게 환기시키고 있는데, 그 이유는 간단하다. 세계를 평평한 것으로, 공평한 분배가 이루어지고 있는 곳으로 보기에는 아직 이르다는 점 때문이다. 아니 실제로는 세계화로 인해 빈부 격차는 더 심해졌고, "선진자본주의 국가들 내부에서도 놀랄만한 사회적 불평등의 증대를 가져왔던" 것이 곧 세계화의 현주소이다.[83] 이는 U. 벡이 『세계화란 무엇인가?』에서 지적한 대로 "지난 20년 동안 미국에서 새롭게 창출된 부의 90%는 상위 10%의 부자들에게 귀속되었다"는 것이 그 반증이라 할 수 있다.[84]

대한민국도, 앞서 몇 차례 언급했듯, 경제적으로나 문화적으로 아직은 울퉁불퉁한 지역에 속해 있다는 것을, 즉 글로벌세계의 중심부가 아닌 주변부에 속해 있다는 것을, 이제는 자기기만(mauvaise foi)을 문제를 통해 회피하려 하지 말고, 겸허히 수용할 때가 되었다. 말을 바꾸면 대한민국은 아직은 여러 측면에서 글로벌라이제이션의 대상국에 해당하지 핵심 주체라고 보기는 어렵다는 점이다. 글로벌라이제이션에 대해 확증편견(confirmation bias)[85]만을 가지고 늘 수혜자일 거라는 착각은 삼가고, 무역 개방형 국가인지라 언제 피해 당사자가 될지도 모른다는 사실을 명심해야 한다.

J.-P. 사르트르는 자기기만을 "있는 그대로의 존재 양식과 있는 그대

---

83 구춘권, *op. cit.*, p.30.

84 *Ibid.*, p.31에서 재인용.

85 확증편견(confirmation bias)이란 자기 생각에 맞는 의견만 청취하려는 사고 습관으로, 보다 쉽게 설명하면 "보고 싶은 것만 보고, 듣고 싶은 것만 들으려는 심리"를 말한다. 돌려 말해 반대 의견에 대해서는 아예 고개를 돌려버리는 것이 특징인데, 필자의 판단엔 세계화에 대해서도 마찬가지라고 생각된다. 한·FTA나 한·EU FTA에 대한 정부나 기관의 평가에서도 우리는 확증편견에 가까운 내용을 쉽게 발견할 수 있다.

로가 아닌 존재 양식 사이의 작용"이라고 정의한 바 있다.[86] '있는 그대로의 존재 양식'이 우리의 현재 상태라면, '있는 그대로가 아닌 존재 양식'은 우리의 미래 상태이다. 그런데 우리의 심리를 만일 미래 상태가 현재 상태를 지배하고 있는 것이라면, 그것은 문제다. 이 때문에 불안 심리는 그 간극으로 인해 갈수록 심화될 것이고, 그럴수록 자기기만은 점점 강도를 높일 것이다. 요인즉 글로벌을 외칠수록 그 외침은 오리무중(五里霧中) 상태가 되어 방향을 알 수 없는 상태에 이르게 되는데, 우리가 어쩌면 지금 이런 상태가 아닌가 묻지 않을 수 없다.

86 변광배, 『사르트르의 존재와 무 - 자유를 향한 실존적 탐색』, 살림, 2005 참조.

7

HOMO Glocalicus

가장 한국적인 문화 콘텐츠는 '한글'이다

"한글은 삼성의 핸드폰이나 현대의 자동차 등과 비교도 할 수도 없을 만큼 중요한 우리 문화의 보고이자 우리 민족의 자부심이다. 현재 한글은 전 세계 600여개 대학에서 가르치고 있으며, 1년에 약 50만 명 정도의 외국인이 국내외에서 한글을 배우고 있다." - 신현숙.

제7장

가장 한국적인 문화 콘텐츠는 '한글'이다

우리는 세계의 지역인이다. 그리고 대한민국은 여전히 세계의 주변부에 속한 나라다. 게다가 필자의 판단에 따르면 우리 문화에 대한 자긍심이 높은 편도 아니다. 그렇다면 우리가 상대적으로 문화적 자긍심이 강한 나라와 앞으로 어떻게 교류하며 접촉해야 할까?

재삼 강조하지만, 그러기 위해서도 우리는 글로벌이라는 허상(a ghost image)으로부터 벗어나 대한민국의 문화적 특수성과 정체성을 공고히 해야 할 것이다. '우리의 것'이 비록 문화 비교 차원에서 소소하게 여겨진다고 할지라도, 그래서 물론 글로벌 의식, 더 정확히는 글로컬 의식을 갖는 것이 긴요한 시점이지만,

우리의 시선을 국경 밖에 고정시켜 놓은 채 우리의 문화적 특수성과 정체성을 고려하지 않은 것은 선후당착(先後撞着)일 뿐만 아니라 결국 '우리 것'의 기반을 점점 더 약화시킨다는 데 문제가 있다.

남들이 선진국이라면 선진국이고, 남들이 후진국이라면 후진국인가? 남들이 문명국이라면 문명국이고, 남들이 불량국가라면 불량국가인가? 이는 곧 우리의 국가와 문화가 처한 '위치'를 전적으로 외부의 평가에 의존할 것이 아니라 우리 스스로 정립해야 한다는 뜻이며, 그러자면

그림1. 100개 나라, 100명의 남성을 3년 동안 촬영하여 만든 김아타의 <Self Portrait> 시리즈(2004)

당연 우리 문화의 가치를 우리 스스로 의미 부여해야 한다. 그리고 이를 전제로 국경 밖에서 우리를 어떻게 평가하고 있는지를 유심히 살펴야 한다. 최대한 객관적으로 대한민국의 국제적 위상을 파악하려면 말이다.

우리 모두에게 여전히 낯설고 이질적으로 느껴지는 글로벌 문화가 '대한민국 문화의 위치를 설명해줄 리 없다. 그렇다면 다시 묻자. 그 무대, 즉 울퉁불퉁한 지구촌 위에서 우리 스스로 판단하기에 가장 한국적인 것이 어떤 것이라고 생각하는가?

우리의 얼굴 생김새인가? 아니면 피부색인가? 종교인가? 아니면 박지성, 김연아 선수나 반기문 UN사무총장인가? 한강의 기적을 일군 박정희 대통령의 새마을운동인가? 비디오 아트의 창시자 백남준인가? 아니면 최근 뉴욕을 무대로 활동 중인 사진작가 아타 김(Atta Kim)인가? 한글 디자인의 선두주자 이상봉인가? 욘사마 신화의 주인공 배용준인가? 아니면 프랑스 셀린느사에서 명품 브랜드로 만든 '송혜교 백'의 주인공 탈렌트 송혜교인가?[1]

이들 술어(a predicate verb)에 해당하는 속성들은 주어(the subject)인 본질을 부분적으로 만족시키는 데 그치지 결코 주어 자체를 설명하는 필요충분조건을 만족시키지 못하며, 따라서 주어의 자리를 대신할

1 프랑스의 명품 브랜드인 CELINE에서는 한류 영향권에 있는 중국을 공략하기 위해 2007년 한류 스타 송혜교백(Song Hye Kyo For CELINE)을 만든 바 있다. 2010년 10월 배우 윤은혜도 이탈리아 신발, 기방 브랜드인 TOD'S의 베이징 행사에 특별 초대되기도 했다. 세계적인 브랜드 회사들이 이렇게 대한민국의 유명 한류 배우들에 관심을 보인 것은 "한국서 통하면 아시아서 통한다"는 시장 트렌드 분석에 따른 것이며, 아시아를 공략하기 위해 한국부터 공략해보는 것이다 -《조선일보》 2010년 11월 6일 토요일 52판 A2면 참조.

수도 없다. 가장 한국적인 것이 주어라면, 이들 예는 부분적으로 한국, 한국문화, 한국인의 이미지를 세계의 많은 사람에게 알린 대표적인 경우라고는 할 수는 있다. 하지만 이것 중 어느 것도 '가장 한국적인 것'이라고 단정할 수 있는 것은 없다. 설사 이들의 교집합이나 공집합이 가능하다고 해도 문제는 여전히 마찬가지다. 또한 이들이 한국적인 것, 즉 최근 유행하는 말로 표현해 '대한민국의 국격(國格)'을 높인 자들이라고 하기에도 무리가 따른다. 이들은 단지 세계의 많은 사람에게 인지도가 높은, '뛰어난', '인기 있는' 한국인일 뿐이며, 외국인의 시각으로 볼 때 어쩌면 '사업적' 목적으로, 그것도 일시적으로, 약간 '이용 가치가 있는' 사람들인지 모른다.

그림2. 백남준의 대표작, <TV 부처>

흰옷을 걸치고 매년 라마단 행사를 대대적으로 치르는 이슬람교처럼 종교가 우리 국민을 하나로 묶어주는 것도 아니다. 서양인에게 우리의 얼굴색이 일본인이나 중국인과 뚜렷이 구분되는 것도 아니다. 지리적으로도 우리나라는 중국이나 일본과 인접해 있지만, 그 인접성에 비해 KOREA에 대한 세계인의 인지도는 솔직히 매우 낮은 편이다. 이는 우리에게 벨기에나 오스트리아가 영국이나 프랑스, 독일에 비해 인지도가 낮은 것과 같은 이치다.

그렇다면 '무엇'이 '한국적인 것'에 가장 부합한다고 할 수 있단 말인가? 이것저것 머릿속에 떠오르는 것이 많을 것이다. 하지만 너무 가까이 있어 우리가 전혀 관심을 기울이지 못한 한글, 필자는 바로 우리의 말글인 한글이 우리의 문화적 독특성과 정체성을 설명하는 데 있어 가장 적절한 것이라고 강조하고 싶다.

한글은 내부적으로 우리 국민 모두에게 동질감을 갖게 하며, 대외적으로도 대한민국을 지시(self-reference)하는 데 있어 가장 근접한 것이라고 판단되기 때문이다. 게다가 최근 IT 전문가이자 미국 벨연구소의 특임연구원으로 활동 중인 윤종록은 그 보편적인 원리와 단순성에 기초한 규칙으로 인해 한글은 디지털 세상과도 잘 어울리는 "이상적인 문자"라고 강조하면서 다음과 같이 언급한 바 있다. "위키 사회에서 한글을 쓰는 우리 민족은 호모 디지쿠스로서의 이점을 톡톡히 누리고 있다. 호모 디지쿠스에게 가장 이상적인 언어를 쥐어준 세종대왕과 집현전 학자들에게 거듭 감사할 따름이다."[2]

한글과 대한민국은 분리될 수 없다. 일본에서의 한류 열풍이 한국어 학습 열풍으로 자연스럽게 연결되는 것에서도 확인할 수 있듯,[3] 한글보다 '대한민국'이라는 지시체(référent)를 설명하는 데 더 적합한 것은 없다. 이를 보다 구체적으로 살펴보자. 1998년 일본에서 강제규 감독의 영화 <쉬리>가 120만 명의 관객을 동원하면 물꼬가 트인 '한국 영화 붐'이 한일월드컵 공동개최 해인 2002년을 기점으로 자연스럽게 양국 간의 화해 무드가 조성되었고, 같은 해 배용준, 최지우 주연의 KBS 드라마 <겨울연가>가 제작되어 2004년 일본의 안방에서 방영됨으로써 '한류 붐'이 본격적으로 불붙기 시작했다는 분석이 전문가들의 일반적 평가다. 그런데 여기서 우리가 간과한 것이 2가지가 있다.

그림3. 영화 <쉬리> 포스터

첫째는 2011년 1월 26일 일본에 유학 중이던 이수현 씨의 안타까운

2 윤종록, 『호모 디지쿠스로 진화하라』, 생각의 나무, 2009, p.191.
3 한국문화원이 한류 팬을 대상으로 행한 설문 조사에서는 "한류를 통해서 생긴 한국에 대한 관심은?"이라는 질문에 대해 한국어 학습의욕이라 답한 응답자가 32.4%로 가장 많았다. 다음은 한국 관광에 대한 욕구가 16.8%, 그리고 한국문화나 한국 역사 및 사회에 대한 관심"이 각각 14.2% 등으로 나타났다 - 小倉紀藏, 小針進, 『韓流 ハンドブック』, 東京: 新書館, 2007, p.131.

죽음 소식이 그것이다. 그는 도쿄 야마노테선의 신오쿠보역에서 철로에 떨어진 일본인 취객을 구하려고 뛰어들다 진입하는 열차에 미처 피하지 못하고 유명을 달리했다. 당시 이수현의 살신성인 정신은 갈수록 개인화되어가고 있는 일본 사회에 큰 반향을 일으켰고, 일본 열도를 감동시켰다. 그의 고귀한 희생이 2004년 이후 가시적으로 나타난 한류 열풍의 큰 밑거름이 된 것이다. 1980~90년대만 해도 한국인에 대해 적지 않은 반감을 갖고 있었던 일본인들의 의식이 이 사건을 계시로 변화한 것이다. 이수현의 이름을 따 2002년에 설립된 LSH장학회에서는 그의 숭고한 정신을 기리기 위해 매년 50여 명의 외국인 학생들에게 장학금을 지급하고도 있다. 2011년 1월 26일 10주기를 끝으로 공식적인 추모 행사는 막을 내리지만, 현재에도 그가 묻힌 시민묘지와 위령비 앞에는 헌화의 물결이 계속되고 있다고 한다. 그의 희생은 한일 간 정치·역사적 갈등은 여전하지만 민간 차원의 문화교류에는 결정적 영향을 미치게 된 것이 분명하다.

그리고 두 번째로 언급하고자 하는 것은 2001년 4월부터 방영된 후지 TV의 버라이어티 쇼인 <초난강(チョナン・カン)>이 바로 그것이다. <초난강>은 아이돌 출신의 일본 국민그룹 스마프(SMAP)의 맴버인 구사나기 쓰요시(草彅剛)가 진행한 것으로, 방송명은 그의 한자표기의 한국어식 발음이다. <쉬리>의 주연배우인 한석규와 자신과 닮았다고 생각하고 한국을 방문한 구사나기 쓰요시, 그러나 아무도 그에게 관심을 갖는 사람이 없었다. 그때 그는 한일 간의 문화 장벽이 생각보다 큰 것을 절감했다고 한다. 그래서 그는 '한국 알기'에 매두몰신(埋頭沒身)하여 결국에는 이 프로그램 자체를 일본에서 대중적으로 흥행시키는 데 성공한다. 그의 쇼에는 우리나라의 많은 배우, 가수, 영화감독 등

그림4. <초난강>의 진행자 구사나기 쓰요시

이 출연했으며, 우리 문화와 관련된 많은 소재들을 다루었다. 그리고 마침내는 그가 쓴 한국어 학습서인 『정말 북』(2002)이 일본과 한국에서 동시에 발매되어 화제를 모으기도 했으며, 같은 해 <정말 사랑해요>를 싱글로 발표해 한국에서 가수로 활동한 바도 있다.

한류(韓流)에 대한 일본식 발음인 캉류(カンリュウ)가 우리말 표현인 한류(ハンリュウ)로 정착하게 된 것도 <초난강> 효과라고 할 수 있을 정도다. 그렇게 보면 우리 정부에서 쿠사나기 쓰요시에게 국민훈장이라도 주어야 하는 것 아닌가 싶다. 그는 일본 연예계 내에서 대표적인 지한파 인물이다. 2010년 3월 20일 종영되기까지 <초난강>은 일본에서의 한류 열풍이 한국어 열풍으로 거듭나게 한 근원이나 다름없었다.[4]

필자는 일본에서의 한류 열풍은 이렇게 두 가지 사건이 결정적 영향을 미쳤다고 본다. 만일 이 두 일이 없었던들 <겨울연가>가 일본에서 그렇게 성공을 거둘 수 있었을까? 이미 지나간 일이라 단정할 수 있는 일은 아니지만, 성공을 거두지 못했을 가능성도 충분히 있다고 본다. 중요한 것은 우리가 이 두 일을 간과해서는 안 된다는 것이며, 일본인들의 대한민국에 대한 친근감의 상승이 전적으로 <겨울연가>에 의한 것은 아니라는 점을 강조하고 싶을 뿐이다.[5] 그리고 더 중요한 것은 한류 열풍

---

4 나카무라 마유, 「일본인의 시각에서 재조명한 한류」, 『글로벌 문화 콘텐츠』 제5호, 2010 참조. 참고로, 일본 문부과학성 통계에 따르면 현재 일본에서 제2외국어로 한국어를 택한 고등학교가 285곳(2005년 기준)으로 영어를 제외하면 중국어 다음이며, 한국어 강좌 개설대학도 무려 300여개가 넘은 것으로 조사되어 있다(한국어세계화재단, 2005년 통계).

5 일본의 경제, 영토 관련 정책을 수립하는 내각부(内閣府)가 1978년부터 실시하고 있는 '한국에 대한 친근감'을 묻는 여론 조사를 보면, 1988년 서울 올림픽의 일시기를 예외로 하고 "친근감을 느끼지 않는다"가 "친근감을 느낀다"를 계속 상회해왔다. 그러나 1998년의 김대중 대통령 방일과 일본 대중문화 개방 시절부터 그 격차는 줄어 1999년에 역전한다. 그리고 월드컵이 개최된 2002년부터 2004년 <겨울연가>붐으로 인해 비약적으로 진전된다. 2005년 코이즈미수상의 야수쿠니신사 참배문제, 역사 교과서나 영토 문제 등이 있었기에 일시 정체기가 있지만 2007년부터 다시 친근감이 늘어 2009년에는 "친근감을 느낀다 63.1%", "친근감을 느끼지 않는다 34.2%"로 나타나고 있다 - http://www8.cao.go.jp/survey/h21/h21-gaiko/images/z14.gif.

이 한국어의 학습 열풍과 결부되어 있다는 점이며, 한국어가 일본에서 영어, 중국어에 이어 세 번째로 인기 외국어로 자리를 굳혔다는 점이다.

앞서 우리는 한글보다 대한민국이라는 지시체를 설명하는 데 더 적합한 것은 없다고 했다. 일본에서의 한류 열풍이 한국어 학습 열풍으로 직결되는 것을 볼 때도 우리는 감히 대한민국의 문화적 출발점과 종착지는 한글에 있다고 감히 주장해본다.

그런데 문제는 정작 대한민국 내에서 한글에 대한 관심이 매우 낮다는 사실이다. 이명박 정부의 영어교육 강화 정책, 일명 '어륀지 정책'으로 인해 대학 및 중고교에서는 물론이고 초등학교까지 영어시수 확대, 영어체험 교실, 방학 중 집중영어 캠프 등 온 국민을 영어에 몰입시키고 있다. 대한민국의 대표 대학 한국과학기술원(KAIST)에서도 서남표 총장의 부임 이후 세계 10위권 대학을 목표로 전 과목 영어강의를 실시해왔고, 급기야 2011년 4월 '영재'들의 연이은 자살 사건이라는 불행한 일이 발생했다. 모국어인 한글은 내팽개치고 국립대학인 KAIST에서 영어로 100% 학문을 해야 한다는 것은 하지만 같은 대학 수리과학과 한 교수의 지적처럼 분명 우리 국민 모두의 '수치'이다.[6] 교양과목인 일본어까지 영어로 강의해야 하는 코미디를 연출했다는 점에서 대외적으로 평가하자면, 이는 분명 '국치(國恥)'라 해도 무방한 사건이다.

이렇게 스스로 모국어를 멀리하는 나라가 이 세상에 또 존재할까! 이미 반발이 예측된 일을 서 총장이 'MIT식 교육 개혁'이라며 일방적으로 밀어부친 것이 화근(禍根)이 되었다고 할 수 있다. 학문의 글러벌화'를 '영어 강의'로 착각한 것에도 문제가 있지만, 인성교육과 교양 교육은 무시하고 학업성취 경쟁만을 부추긴 것도 문제다.[7]

---

6 《연합뉴스》, 2011년 4월 11일자 참조: "KAIST 한상근 교수 '우리말로 강의하겠다" 물론 사건의 발단은 KAIST 학생들의 연이은 자살 사건에서 시작되었다.

7 KAIST 학생들의 잇따른 자살로 촉발된 이번 사태는 징벌적 등록금제와 100% 영어 강의가 주요 쟁점이 되었는데, 이 대학교의 교수협의회가 교수와 학생을 대상으로 조사한 결과 '현행 전면 영어강의 제도 유지'에 대해 찬성한

사립대학도 아닌 국립대학에서 100% 영어로 강의를 해야 한다? 이 기회에 다시 한 번 생각해보자. 그렇게 학문의 국제화, 세계화가 성취될 수 있을까? 그렇게 단순하고 부박한 생각으로 세계적 수준의 대학이 될 수 있을까? 실용의 도구일 뿐인 영어가 대한민국의 (대학)교육 자체를 뒤흔들고 있다는 것이 문제다. 이를 부추기며 대학의 국제화지수를 평가하고 있는 신문사(조선일보나 중앙일보)도 생각이 짧기는 마찬가지라고 생각된다. 하지만 분명한 것은 이렇게 영어를 정부나 대학이 앞장서서 '공용화'한다고 해서 세계적 수준의 대학이 탄생되는 것도, 세계적 수준의 석학이 나오는 것도 아니라는 사실이다.[8]

세계적 수준의 대학이 되려면 국립대학들이 나서서 학문의 기초부터 튼튼히 해야 한다. 외형적 성과만을 포장하는 데 에너지를 쏟을 것이 아니라 학문적 내실을 기하고 그 기틀을 다지는 데 정열을 쏟아야 한다. 기틀이 튼튼하면, 비록 시간은 조금 걸리겠지만, 언젠가는 대한민국에서도 세계적 수준의 석학이나 노벨문학상 수상도 가능할 것이기 때문이다.

한글의 정체성 자체가 이렇게 영어로 인해 흔들리고 있다는 것은 우리 교육의 방향 자체가 흔들리고 있다는 증거다. 조금 더 심하게 표현하자면, 영어는 우리의 말글살이인 언어공동체, 즉 일상까지 위협하고 있는 실정이다. 그런데 잘 생각해보자. 우리의 말과 글이 흔들리면 우리의 문화적 감성과 의식도 당연 흔들릴 것 아닌가? 그렇다. 그렇기에 우리 모두가 세계문화의 '코이네'라고 할 수 있는[9] 미국식 영어의 실용성만을

교수는 전체 응답자의 10%, 학생은 13%에 불과했다 - ≪노컷뉴스≫, 2011년 4월 20일자 참조: "Why뉴스]: 왜 영어 강의가 문제인가?"

8 KAIST 사건이 터지자 포항공과대학교(POSTECH)의 국제화위원장인 서의호 교수는 전면적 영어강의의 필요성을 재삼 강조한 바 있으며, 학생들의 '이해력'보다는 오히려 교수들의 '영어구사력'을 문제라고 지적한 바 있다. 포스텍은 백성기 총장 취임 이후 2013년 세계 50위권 대학 진입을 목표로 2010년 3월 입학식에서 '영어 공용화 캠퍼스'를 공식 선언했으며, 대학원 수업은 모든 과목을 영어로, 학부는 30%에서 100%로 확대 실시한다고 발표한 적이 있다.

9 아테네 방언에 바탕을 둔 코이네 [koine]는 BC4세기부터 AD 6세기까지 그

중요하게 생각할 것이 아니라 한글을 더 애용하고 더 아껴야만 한다.

국립국어원, 한국어세계화재단 등과 같은 정부기관에서 한글의 선양과 보급에 많은 노력을 하고는 있는 것으로 알고 있다. 하지만 2010년 중국이 한글자판 표준화를 추진한다고 하자, 그때서야 나서서 마침내 각종 모바일 기기의 한글자판 표준화를 선언한 정부의 태도를 보면,[10] 그동안 우리 정부는 물론 기업이나 국민 모두가 얼마나 한글을 등한시해왔는지를 여실히 보여준다. 삼성의 '천리안', LG의 '나랏글' 등 특허권을 가진 기업들의 이해관계가 결국 '한글공정'이란 기현상을 낳을 뻔한 것이다.[11] '무엇'이 중요한지를 우리 스스로 모르고 있으니, 중국이 한글의 중요성을 일깨워준 격이 되고 말았다.[12]

리스와 마케도니아 및 헬레니즘 문명에 동화된 주변국들에서 사용했던 언어로, 지금의 '미국 영어'처럼, 다른 고대 그리스 방언들을 모두 몰아내고 표준 그리스어가 된다. 성경이 코이네로 쓰인 것도 우연이랄 수 없다. "오늘날 미국 영어는 부상하는 세계문화의 코이네라 할 수 있다. 미국의 제국주의적 힘이 앞으로 어떻게 되든 현재로서는 경쟁자가 없는 실정이다. 전 세계 수백만 명의 사람이 영어를 공통어로 사용하는 것은 대부분 실용적 이유에서다. 젊은 중국인들이 관광객을 쫓아다니며 영어로 말을 거는 것은 셰익스피어나 포크너의 작품을 읽기 위해서가 아니라 인터넷에 접속하고 자신의 미래를 개선하기 위해서다." - 피터 L. 버거 & 새뮤얼 P. 헌팅턴, *op. cit.*, p.15 참조.

10 《경향신문》 2010년 10월 22일자 15면 기사(<모바일 한글자판 표준화 급물살 탄다>) 참조.

11 2010년 10월 10일 한글날에 한국어정보학회가 주최한 학술대회에서 중국조선어신식학회 현용운 회장이 중국 정부에서 최근 '조선어국가표준워킹그룹'을 구성해 스마트폰과 태블릿PC 등 휴대형 기기는 물론이고 PC 키보드용 조선어 입력표준과 원천 코드, 지역 식별자 등 4가지 표준안 마련에 착수했다는 발표를 하자, 이를 계기로 10월 19일 프레스센터 기자회견장에서는 한국어정보학회, 한국방송통신학회, 한국미디어콘텐츠학술연합 주최로 이동통신기기 국내·국제표준 제정 촉구 기자회견을 가졌고, 이를 접한 해당 기업과 정부에서는 부랴부랴 한글자판 국가표준안 마련에 합의하고, 정부에서는 연내로 표준안을 만들고 이를 국제표준으로 채택될 수 있도록 모든 노력을 기울이겠다고 밝힌 바 있다.

12 《연합뉴스》 2010년 11월 2일자 기사에 따르면, 주미 중국대사관이 후원하고 산하 기관인 중국문화원이 주관한 <다채로운 중국(Colorful China)> 공연이 존스 홉킨스대학에서 열렸는데, 한복과 부채춤, 대장금의 주제곡인 '오나라'가 중국 내 소수민족문화로 소개되었다고 한다. 홍보용 책자에도 "한민족의 문화는 중국 소수민족의 문화로 중국 정부의 보호를 받고 있다. 중국 정부가 들어서면서 중국 내 소수민족이 발전하고 있다"고 적혀 있다니, 경악할 노릇

21세기 말이 되면 세계의 언어들 가운데 90%가 사라질 것이라고 사멸위기언어연구소(Living Tongues Institute for Endangered Languages)는 경고하고 있다. 이 연구소에 따르면 하나의 언어가 사라지는 것은 곧 하나의 종족이 사라지는 것과 맞먹는다고 한다.

그렇다면 한글은 과연 사멸 위기로부터 자유로울까? 우문 같기도 하지만, 솔직히 필자는 지금 상태로 간다면 가까운 미래가 걱정된다. 물론 아직은 한글을 우리가 제1 언어로 사용하고 있기 때문에 곧 소멸될 것이라고 예단할 수는 없다. 하지만 지금 당장은 아니더라도 시간의 축을 길게 놓고 보면 아무도 장담할 수 없다.[13] 100년이 가깝게 느껴진다면 한 1000년 후쯤 한글이 어떤 상황에 처해 있을지 한 번 상상해보라. 역사는 늘 진행 중인 현실보다 몇 십 몇 백 년 뒤에 기록된다. 한글이 지구상에서 '사라졌다'고 미래의 역사에 기록되기를 바라는가?

하지만 그렇게 되어도 좋다고 생각할 사람은 아무도 없을 것이다. 이런 이유 때문에 우리에게 한글보다 더 한국적인 것이 없다는 자각이 필요하다. 감히 말해, '한글'이야말로 우리 국민 모두가 사용하는 '가장 한국적인 것'이다. "각각의 언어는 하나의 세계와 문화를 반영한다"[14]고 했

이다. 지난 2006년에는 조선족의 농악무, 널뛰기, 그네타기, 장구춤 등을 자신들의 무형문화재로 지정하기도 했고, 이중 농악무는 중국의 문화유산으로 유네스코 세계문화유산에 등재시키기까지 했다. 게다가 또 최근엔 주한중국대사관 공식 사이트(http://www.chinaemb.or.kr)에서도 부채춤이 중국의 대표적인 유적들과 함께 실려 있어 기사화된 적도 있다 - ≪서울신문≫, 2011년 5월 14일자 기사 참조: "부채춤, 中전통춤?" 이런 상황에서 '하하 호호' 하면서 세계화를 외치는 것이 우리 정부다. 입은 있으나 할 말이 없다(有口無言)고 하던가!

13 2003년을 영어 공용화 원년으로 잡고 시간이 경과함에 따라 한글이 어떻게 사라지는지, 영어 공용화의 피해가 얼마나 심각한지를 30년 후부터 500년 후까지 진단해 놓은 책이 있어 우리의 관심을 끈다 - 시정곤 외, 『한국어가 사라진다면』, 한겨레출판사, 2003 참조.

14 프란츠 파농, 『검은 피부, 하얀 가면』, 이석호 옮김, 인간사랑, 1998, p.48. 참고로 이 책의 제1장 제목이 <흑인과 언어>(pp.23~51)라는 것을 이야기해야 할 것 같다. 사후 출간된 그의 또 다른 책, 『대지의 저주받은 자들』(남경태 옮김, 그린비, 2004)에서도 파농은 정치·문화적 지배가 피지배자에게 미치는 영향을 집중 분석하고 있다. 특히 제4장 <민족문화에 관하여>와 제5장 <식민지 전쟁과 정신질환> 참조.

다. 부언컨대 한글에 우리 문화의 숨결이 숨어 있고, 우리의 고유한 세계와 삶의 결들이 보관되어 있다. 주지하듯, 프란츠 파농의 이 말의 핵심은 '언어'에 있다. 그는 언어가 곧 한 문화의 핵심이라고 본 것이다. 그런데 여기서 파농이 주목하는 '언어'는 식민지 통치를 받았던 나라의 언어인 프랑스어이다. 요인즉 프랑스어를 사용하는 문화 속에서 나고 자랐지만 그 프랑스어가 자신을 결코 프랑스인으로 만들어주지는 못했다는 것이다. 결국 프랑스어라는 문화적 도구는 파농과 같은 처지의 흑인들에게 이중의 고통을 안겨 주는데, 현실 속에서 제도의 옷을 걸치고서 지배와 통제의 메커니즘으로 작용하는 것이 그 하나이고, 다른 하나는 이러한 제도가 흑인들의 신체 및 정신병리 현상에 있어서까지도 영향을 미친다는 점이다.

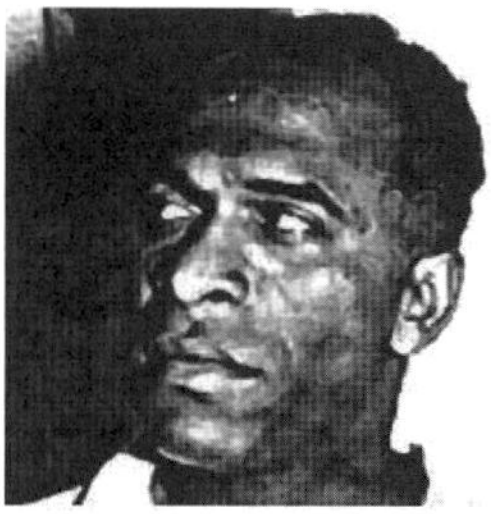
그림5. Franz Fanon (1925-61)

『검은 피부, 하얀 가면』을 통해 '식민주의 심리학'이란 용어가 등장할 정도로 그는 이 책에서 '흑인성'이라는 사회적이고 신체적인 기억과 그 효과를 총체적으로 조명한 것으로 유명하다. 그리고 이 책의 주요 관심사는 백인화의 척도, 인격의 성숙도가 프랑스어의 구사 능력에 의해 결정된다고 분석한 점이다. 하지만 흑인이 아무리 프랑스어를 잘 구사한다고 해서 그의 피부색이 바뀌는 것일까? 그렇지 않다. 프랑스어를 잘 구사하며 설사 '하얀 가면을 쓴다'고 해서 피부까지, 그의 정신(심리)까지 희어지는 것은 아니다. 그럼에도 현실은 참으로 냉혹하고 부조리하다. 흑인들은 이런 상황에서도 여전히 모국어보다 프랑스어를 잘 구사하기를 선호한다는 점 때문이다.[15]

---

15 프랑스 정부에서는 현재에도 계속해서 프랑스어의 보급과 확산에 많은 공을 들이고 있으며, 그 결정체가 프랑코포니(La Francophonie)라는 조직이다. 프랑코포니는 '국제 프랑스어 사용국 기구'로 1970년에 창설되어 2010년 10월 22일 5개국(보스니아, 몬테네그로, 에스토니아, 아랍에미리트연합, 도미니카 공화국)이 참관국의 자격을 획득함으로써 53개 정회원국(3개 지방정부), 3개

영어를 잘 구사하는 능력을 글로벌화, 글로벌 인재의 척도로 삼고 있는 우리에게 파농의 이 연구는 참으로 시사하는 바가 크다. 우리의 문화와 우리의 삶을 반영해야 할 한글이 영어의 '침투'로 인해 그 가치는 물론이고 역할을 상실해가고 있다고 판단되기 때문이다. 36년 동안의 일본의 식민지 지배로 성과 이름까지 바꾸어야 했던 과거의 아픈 상처를 기억한다면, 우리가 영국인들도 '미국 영어(American English)'라고 비아냥거리는 미국식 비즈니스 영어에만 몰입해야 할 이유는 없다. 조상으로부터 물려받아 이미 잘 간직하고 있는 우리의 언어적 전통, 문화적 정체성마저 희석시키려고 안달하는 어리석음은 이제 멈추어야 한다.

모국어의 중요성을 강조한 것은 파농 뿐 아니다. 우리에게 『오리엔탈리즘』[16]의 저자로 널리 알려진 에드워드 사이드도 만년에 출간한 『망명에 대한 성찰』에서 단일민족, 단일 언어를 사용해온 우리가 채 경험하지 못한 아주 중요한 사실을 술회하고 있다.

> "대부분의 사람은 주로 하나의 문화, 하나의 배경, 하나의 조국만 알고 있다. 하지만 망명자들은 적어도 두 가지 이상의 그것들을 안다. 시각의 이런 복수성으로 인해 다양한 차원이 동시에 존재한다는 자각, 음악적 어법을 빌려 말하자면 '대위법'적인 자각이 생겨난다."[17]

물론 대부분의 사람들은 사이드가 천착하고 있는 것과 같은 '망명자의 경험'에 대해 익숙하지 않다. 그리고 우리 사회에서도 이에 대해 공개

의 준회원국 및 19개의 참관국으로 그 규모가 확대됐다. 프랑스 정부는 이렇게 기구를 확대해 감으로써 영어에 맞서 국제무대에서 프랑스어의 위상을 높이려는 외교적 노력을 아끼지 않고 있다. 하지만 역으로 프랑스 정부가 프랑스어를 통해 언어적 식민지를 지속·확대시키려는 것 아니냐는 비판을 받을 수도 있다.

16 E. W. 사이드, 『오리엔탈리즘』, 박홍규 옮김, 교보문고, 2007 참조.

17 E. W. Said, *Reflections on Exile and Other Essays*, Harvard University Press, 2001, p.186. 사이드가 『프로이트와 비유럽인들』(주은우 옮김, 창비, 2003)에서 유대인의 정체성을 프로이트를 예화(例話)로 들어 설명한 것도 어쩌면 자신의 처지를 우회적으로 표현하고 싶은 욕망 때문이 아니었을까 싶다.

적으로 이야기하는 것 자체를 아직도 꺼리는 경향이 짙다. 요의 '남북분단'이라는 특수한 상황 때문일 것이다.[18] 역사적 정의를 바로 세우기 위해 『친일인명사전』까지 만들어 놓았지만 공공도서관들에서는 이를 비치하기를 꺼린다고 한다.[19] 그 '불편한' 과거사에 대해 공개적으로 이야기하기보다 침묵하기를 원하는 사람이 더 많은 탓이다.

대한민국 사회는 이렇게 남북분단이라는 현실과 친일청산의 과거사의 문제라는 두 개의 이데올로기가 작동되고 있는 관계로, 또 그 이데올로기의 핵을 쥐고 있는 세력이 반세기 이상 계속해서 기득권층을 유지하고 있는 관계로, 역사적 진실은 오늘날에도 여전히 은폐되어 있고 성장의 신화에만 늘 월계관이 씌워지고 있다. 역사며 문화는 해방 이후 줄곧 경제의 뒷전이었다는 뜻이다. 충분히 먹고살 만한 시대, 웰빙과 웰다잉, 휴식과 여가가 화제가 되는 시대가 되었음에도 그렇다. 경제보다 역사와 문화가 중요하다는 것을 알면서도 사람들은 아무도 이를 전면에 내세워 공개적으로 이야기하려 하지 않는다.

심지어 경제, 성장이라는 이데올로기는 국가, 국경의 개념까지도 와해시키고 있다. 전 세계적 추세이긴 하지만, 자신이 태어난 고향, 조국을 떠나 다른 지역이나 국가로의 이민과 해외 이주가 늘어나고 있는 것도 이와 무관하지 않다. 한마디로, 국가 간 이동이 자유로워진 시대가 된 것이다. 대한민국에도 2007년 100만 명이었던 체류 외국인 수가 2018년 정부 통계에 따르면 236만여 명으로 급증하였고 국적도 다양해졌으며, 단순 노동이민에서 결혼 등을 통한 정주형 이민도 점점 늘고 있는

18 물론 우리의 현대사에서도 송두율 교수와 같은 정치적 이데올로기의 피해자가 없지는 않다 - 송두율, 『경계인의 사색』, 한겨레신문사, 2002 참조. 그리고 최근 들어서는 일제 강점기의 경계인들에 대한 담론들이 학문적으로 연구되고 있는데, 이는 아주 고무적인 일이라 생각된다. 우리 역사에서도 근대화 과정에서 친일과 관련해 경계인들이 존재했음에도 단지 이를 거론하는 것을 멀리했을 뿐이기 때문이다 - 공종구, 이혜자, 장영철, 『경계인을 통해서 본 동아시아의 근대 풍경』, 선인, 2005 참조.

19 민족문제연구소 펴냄, 2009.

실정이다.[20] 물론 이들이 '대한민국'이라는 새로운 문화를 선택한 것은 강제이주에 의한 것도 정치적 망명도 아니다. 다시 말해 이들 중 대부분은 자발적으로 대한민국을 선택한 자들이다. 그리고 그 이유는 대한민국에서의 삶이 훨씬 더 자신의 미래를 위해 '희망적'이라는 판단을 했기 때문일 것이다.

하지만 이들이 낯선 한국의 문화에 금방 적응할 수 있을까? 기본적으로 서로 다른 두 문화 사이에는 문화적 격차와 그로부터 파생되는 문화적·심리적 갈등이 존재하기 마련이다. 타향인 대한민국에서 그들이 겪게 될 일차적인 갈등은 필경 언어적 장벽일 것이다. 그들에게 한국어는, 사이드에게도 그랬듯, 어떤 형태로건 심리적 외상을 안길 것이다.[21] 노동이민자가 아닌 유학생이나 한국인과 국제결혼을 통해 설사 가정을 꾸리고 국적을 한국으로 바꾸었다고 해서 이들이 이러한 외상으로부터 자유로울 수는 없다. 또 그들의 2세가 겪을 심리적·현실적 고통, 정체성의 혼동, 소외감 등도 마찬가지다. 특히 우리 사회와 같이 순혈주의적 이데올로기가 강하고, 다문화에 대한 경험과 인지도가 아직 일천한 상황에서는 말이다.[22]

정신분석학적 용어로 '원초적 경험(expérience primitive)'은 한 사람의 개인에게 있어 '근원적 경험(expérience essentielle et fondamentale)'을 이룬다. 근원적 경험은 개인 및 집단의 무의식, 기억 속에 잠재되어 있다가 언제든 되살아나는 리비도와도 같다. 이 근원적 경험은 심리 활동에 있어서 뿐만 아니라 지각 활동 과정에서도 기회가 주어지면 언제든지 '재현'된다는 특징을 갖는다. 결국 모든 인간에게 향수를 가지게 하는 '고향'과 같은 것이 바로 이 근원적 경험을 형성하고 있는 것이다.

20 《한국일보》, 2019년 10월 25일 기사 참조: "외국인인 범죄에 대한 오해".

21 외국 근로자도 그렇지만 대한민국의 재외 동포들이 이국에서 겪는 고충도 이들과 동일한 상황일 것이다. 참고로 '한민족 디아스포라'를 형성하며 살아가고 있는 재외 동포는 현재 176개국에 약 700만 명에 달한 것으로 통계가 잡혀 있다.

22 《한겨레》, 2012년 4월 15일자 기사 참조: "다문화사회에 적응 못하는 한국인"

사이드에게 정체성이 문제가 되었던 것은 그가 자신의 조국 팔레스타인이 엄연히 존재함에도 정치적 이유로 그곳에 되돌아갈 수 없는 망명자 신세로 살아야 했기 때문이다. 그런 그에게 자신이 태어난 예루살렘을 떠나 이집트를 거쳐 미국에 정착해서 취득한 미국 국적, 모국어인 아랍어와 생활어이자 직업어인 영어는 동일한 비중으로 다가올 리 없고, 그래서 그는 평생을 두 경계 사이에서 고뇌할 수밖에 없었을 것이다. 그가 스스로의 정체성을 '두 가지 이상'이라고 고백한 이유가 여기에 있다.

또 다른 독일계 유대인 학자로 파리정치학교(Sciences Po) 교수인 알프레드 그로세르도 자신의 정체성을 "내 소속들의 총합"[23]이라고 술회한 바 있는데, 이처럼 이제 우리는 한 인간의 정체성을 단순히 얼굴색이나 국적과 동일시할 수 없는 시대에 살아가고 있다. 그런 점에서 정치적 망명자처럼 특수한 경험을 한 경우만이 우리가 고려하고 배려해야 하는 대상인 것은 물론 아니다. 앞서도 언급했듯, 노동이민자들을 포함해서 사회가 분화되고 가변화되면서 점점 더 많은 사람이 일정 기간 여행을 하거나 구직 등을 통해 상당 기간 이문화에 대한 경험을 자발적으로 선택하기도 하기 때문이다.

단적으로 말해 이중 정체성, 다중 정체성을 가진 개인들이 점점 늘어난다는 것이고, 따라서 그러한 개인들의 공동체라고 할 수 있는 사회나 국가가 점점 복잡한 이해관계로 얽히게 되는 것은 당연하다. 앞서도 강조한 바 있듯, 우리가 외곬적 사유로는 설명할 수 없는 상황들이 전개되고 있는 것이다.

20세기 초까지만 하더라도 철학, 특히 현상학에서는 모든 인간을 순수·보편 주체 개념으로 환원하는 경향이 있었다. 하지만, 파농, 사이드 그리고 그로세르의 예를 통해서도 우리가 확인을 했듯, 이제는 우리가 주체를 '순수·보편 주체'의 측면에서보다 '사회·문화적 주체'로서 성찰해야 하며, 그때 문제가 되는 것이 바로 '정체성' 개념이다. 부언컨대 인간

---

23 알프레드 그로세르, 『현대인의 정체성』, 심재중 옮김, 한울, 2002, p.21.

은 나무나 돌처럼 아무런 자의식도 없는, 그런 즉자적 존재가 아니라는 사실이다. 대자적 존재로서 인간은 늘 자신을 둘러보는 존재이며, 자신을 타인과 비교하여 타자화시키는 능력을 천부적으로 가지고 있다. 자신을 타자화시킨다는 것은 개인적인 정체성과 사회문화적 정체성을 동시에 고민하고 또 극복하는 존재란 뜻이다.

그림6. 이창래의 『영원한 이방인』 표지

1995년 첫 소설 『네이티브 스피커』를 발간,[24] 전 미국 언론의 화려한 찬사를 받으며 PEN문학상, 헤밍웨이재단상, 아메리칸 북 상 등 미국 문단의 6개 주요 상을 수상하기도 했던 한국계 미국인 이창래의 소설이 우리에게 시사하는 바가 큰 것도 이 때문이다.

그는 3살 때 의사인 아버지를 따라 미국으로 이민을 갔다. 하지만 그는 미국 사회에서 문화적으로 정체성의 혼란을 겪는 것은 물론이고 영어 때문에 의사소통의 한계를 절감하게 된다. 그가 미국 사회에서 아웃사이더로 살아갈 수밖에 없는 한국인 이민자들의 정체성 문제를 자신의 소설에서 '자전적'으로 다룰 수밖에 없었던 것도 이 때문이다. 영어를 모국어처럼 사용하게 되었음에도 결코 미국인이 될 수 없는 작가 자신의 경험을 바탕으로 한 것이다.

한국, 미국 그 어느 집단에도 온전히 속하지 못하며 늘 아웃사이더로서 두 경계 사이를 서성이며 살아가야 하는 존재, 정체성의 문제는 이렇게 다문화 사회라는 미국 사회에서도, 또 그 이민이 설사 자발적인 선택에 의한 것이라고 할지라도, 한 인간 존재의 뿌리를 쥐락펴락할 만큼 중요한 요소로 작용한다. 그래서 우리는 정체성을 다른 것으로 대체 불가

24 국내에서는 『영원한 이방인』(정영목 옮김, 나무와 숲, 2003)으로 출간되었으며, 그는 현재 프린스턴대학교 인문학 및 창작과정 교수로 재직하고 있다.

능한 아주 근원적인 것이라고 감히 말할 수 있다. 부언컨대 무의식에 내재화된 문화적 정체성은 기성복처럼 아무 때나, 아무것으로나 바꿔 입을 수 있는 그런 것과는 다르다는 뜻이다.

이런 견지에서 보면, 제2장에서 작금의 문화적 퓨전 현상 및 혼종성에 대해 언급하면서도 강조한 바 있듯, 한 국가나 문화권에 따라 추구하는 가치와 문화 코드가 다르다는 점을 이해하는 것이 한 인간의 문화적 정체성의 이해에 있어서도 여전히 관건이 된다는 것을 재삼 확인할 수 있다. 이창래의 소설에도 잘 나타나 있듯, 한국과 미국, 한글과 영어 간에는 지리적 거리가 떨어져 있는 것만큼이나 문화적 거리도 떨어져 있다는 것을 아는 것이 그래서 중요하다. 그리고 그 거리는 물리적인 것이 아니라 어디까지나 심리·정신적인 것이다. 이런 이유 때문에 퓨전, 혼종성, 크로스오버, 경계 해체 등의 개념을 희망적인 청사진 위에 올려놓고서 이야기를 펼치는 것은 문화적 거리에서 오는 개인의 갈등, 심리·정신적 혼란 등에 대해 설명할 수 있는 것이 많지 않다는 것을 기억할 필요가 있다.

다시 본래 물음으로 되돌아와서 '가장 한국적인 것'이 무엇인지에 관한 이야기를 연장해보자. 필자는 앞서 한글이 우리의 문화적 독특성과 정체성을 설명하는 데 있어 가장 핵심적인 요소라고 주장한 바 있다. 이는 한글이 우리 국민 모두에게 있어서 일종의 '근원적 경험'과 같은 역할을 한다는 말과 맥을 같이 한다. 부언하자면 그렇기 때문에 한글은 그 어떤 다른 외국어로 대체 불가능하다. 앞서 우리는 J. 색스를 끌어들여, "영어는 프랑스어가 아니고, 이탈리아어는 독일어가 아니다"[25]라고 강조한 적이 있다. 색스 역시도 한 문화의 핵심인 언어는 다른 언어로 대체 불가능함을 역설하고 있는 것이다. 대체물은 그저 대체물일 뿐이다. 대체물은 각자가 근본 경험으로 기억하고 있는 내용을 결코 충족시켜 줄 수 없다.

---

25 조너선 색스, 『차이의 존중』, 임재서 옮김, 말·글빛냄, 2010, p.100.

이런 점에서 한글은 우리 문화의 주어에 해당하는 것이지 결코 술어 정도로 그 위상을 약화시켜서는 안 된다. M. 압달라-프렛세이의 표현을 빌리면, 한글은 우리의 "문화적 전체성(cultural totality)"[26]을 대표한다고 볼 수 있다. "서술은 실체를 하나하나 자른다. 그러나 중요한 것은 전체성을 유지하는 것이다. (…) 중요한 것은 문화를 서술하는 것이 아니라 (…) 개인과 집단 사이에서 일어나고 있는 것을 분석하고 문화의 사회적·의사소통적 사용을 분석하는 것이다."[27]

그림7. 과학잡지 <디스터버(Discover)>, 1994년 7월호

한글의 중요성은 이제, 한국인 전체의 문화적 정체성과 관련해 아무리 그 중요성을 강조해도 지나치지 않을 것이라 생각한다. 한글은 삼성의 핸드폰이나 현대의 자동차 등과 비교도 할 수도 없을 만큼 중요한 우리 문화의 보고이자 우리 민족의 자부심이다.[28] 한류가 일본을 비롯하여 동남아에서의 한국어 학습 열풍으로 귀결되는 것을 통해서도 재삼 확인할 수 있듯, 한글을 통해서도 우리는 실제 글로컬 문화 콘텐츠의 가능성을 내다볼 수 있다. 표기문자로 한글을 택한 인도네시아의 바우바우시 소수 종족인 찌아찌아족에 대한 한글보급사업의 예에서도 볼 수 있듯,[29] 한글은 그 어떤 우리의 소비성 문화 콘텐츠 상품들보

26 마르틴 압달라-프렛세이, 『유럽의 상호문화교육』, 장한업 옮김, 한울, 2010, p.26.
27 *Ibid.*, pp.27~28.
28 현재 한글은 전 세계 600여 개 대학에서 가르치고 있으며, 1년에 약 50만 명 정도의 외국인이 국내외에서 한글을 배우고 있다. 보다 상세한 내용과 현황은 소개는 신현숙, 「한국어교육의 어제와 오늘」, 『한국어문학연구』 제53집, 2009, pp.5~70 참조.
29 2008년 8월 훈민정음학회가 찌아찌아족과 한글 사용 및 한글교사 양성에 관해 양해각서를 체결하면서 세간에 알려진 한글 보급사업은 채 2년도 안 돼 좌초될 위기를 맞고 있다. 심지어는 학회 이사장이 "지속 가능한 사업이 아니라고 판단해 한국인 교사 파견 계획을 보류 중"이라고 인터뷰에서 밝히고 있다.

다도 '미래 가치'가 높은 퓨처 콘텐츠임에 틀림없다.[30] "글로컬한 문화"를 "지역적 뿌리를 가진 동시에 전 인류를 위한 세계적 가치를 지니고 있는 것"[31]으로 정의할 때, 아마 한글보다 더 '글로컬'의 의의를 살리면서도 지속적일 수 있는 우리의 콘텐츠는 없을 것이다.

최근 들어 한글에 대한 세계인들의 관심이 매우 높은 것으로 조사되고 있다. 한국어를 배우는 외국인들도 해가 다르게 늘어나고 있다. 문제는 정작 우리국민과 우리 정부에서는 한글에 대해 그 중요성을 제대로 인식하지 못하고 있는 것 같다는 점이다. 하지만 언어는, 한글은 이기상도 강조하듯 한 문화의 핵이자 "민족의 기억"이며, "사고방식을 형성해주는 틀"이자 "의식의 밑바탕을 이루는 무의식"[32]이다.

이런 견지에서 보자면, 우리는 언어를 한 문화의 보편적 코드(universal code)라고 정의해도 무방할 것 같다. 소비되고 사라져버리는 것을 우리는 '문화'라 일컫지 않는다. 문화는 또한 거래의 대상에서도 '예외'라는 것을 강조하는 것도 이젠 군더더기만 같다. 문화는 자자손손 대

보급 초기에 반짝하던 관심이 식은 것이다. 학회 내부의 갈등도 있는 것으로 추측된다. 하지만 한 번 약속을 우리 스스로가 접는 일은 없어야 할 것이다. 왜 매사가 이 모양인지? - ≪세계일보≫(2011년 4월 13일자 기사: "찌아찌아 한글 지원 말뿐") 참조. "한복은 위험한 옷"이라며 호텔 뷔페 출입을 못하게 하는 나라가 대한민국이다. 드레스 코드가 맞지 않다나, 한복은 다른 고객이 걸려 넘어지거나 밟히는 등 고객 불만 사항을 야기한다나... 이 예 또한 우리의 고유한 문화를 우리 국민 스스로가 멀리 한다는 점을 보여주는 대표적 예라 할 수 있다 - ≪한국경제≫(2011년 4월 13일자 기사: "한복 출입금지, 이혜순 선생 '신라호텔의 韓문화인식에 실망'") 참조.

30 최근 미국에서도 그래픽 디자이너 김다림씨가 만든 <한글주기율표>가 미국 미디어 호스팅 업체 사이트인 '이미지쉐이크(http://imageshack.us)'에 올라와 미국에서 화제가 되고 있으며 한글의 과학성에 감탄하고 있다. 관련 기사는 《머니투데이》(2011. 02. 03) 참조('한글' 주기율표 뭐기에...»과학성 감탄» 美서 화제)

31 기 소르망, *op. cit.* 참조.

32 이기상, 『콘텐츠와 문화철학』, 북코리아, 2009, p.318. 참고로 저자는 언어의 중요성과 관련해 다음과 같아 10개의 명제를 소개하고 있다: 언어는 세계를 보는 눈이다/ 언어는 민족의 기억이다/ 언어는 사고방식을 형성해주는 틀이다/ 언어는 의식의 밑바탕을 이루는 무의식이다/ 언어는 자주와 자율의 바탕이다/ 언어는 자유와 평등의 조건이다/ 언어는 학문을 위한 필수 불가결의 존재이다/ 언어는 사람과 사람의 다리이다/ 언어는 존재의 집이다.

를 이어 전달되는 유전자 밈(meme)과도 어떤 점에서는 유사한 측면이 있다.[33] 한글은 영어와 양자택일의 문제가 아니라 우리의 문화 주권과도 같이 소중한 것이기에 설사 '이기적'이라는 비판을 받을지라도 우리는 이를 애써 지키고 공들여 가꾸어야 한다.[34]

국가에 주권이 없다면, 문화 주권을 요구할 수 없다. 또 국민이 자유롭게 사고하며 노동할 수 없다. 우리가 잊지 말아야 할 것은 국가 주권은 문화 주권, 언어 주권과 결코 구분되는 것이 아니라는 사실이다.

---

33 수전 블랙모어, 『밈』, 김명남 옮김, 바다출판사, 2010 참조. 이 책은 리처드 도킨스의 『이기적 유전자』(홍영남 옮김, 을유문화사, 2005)에서 등장한 밈(meme), 즉 '문화를 창조하는 복제자' 개념을 더 멀리 끌고나가 인간을 '밈 머신'이라고까지 주장한다. 밈 이론에 따르면 문화는 인간이 발전시킨 것이 아니라 오로지 밈이 자신을 위해서 인간을 도구 삼아 끊임없이 전파, 확산되면서 지금의 문화가 만들어졌다. 단적으로 인간 문화의 창조적 업적은 모두 밈 진화의 산물이라는 것이다. 물론 우리가 도킨스나 블랙모어에 전적으로 동의하는 것은 아니며, 단지 문화가 대를 이어 전달되는 것을 강조하기 위해 이를 차용한 것이다.

34 한겨레말글연구소가 주최한 학술대회에서 외국어인 영어를 자유롭게 사용할 권리를 개인에게 부여하되 규제적 장치로서 국어발전기금에 대한 부담금을 부과하자는 주장이 제기된 것도 이런 이유 때문이다 - ≪한겨레≫(2010. 11. 26) 제23면 기사: <그릇된 말글살이 '국어발전 부담금' 물리자> 참조.

HOMO Glocalicus

8

『투 스테이츠』의 분석을 통해 본 글로컬 시대의 지역 서사

"문화적 상대성을 인정한다는 것은 나름대로 가치가 있고, 그 가치가 반드시 절대주의 철학과 일치해야 할 필요는 없다. 사람들이 문화적 상대성을 비관적으로 바라보는 것은, 그 안에 본질적인 어려움이 있기 때문이 아니라, 그들이 옹호하는 제도를 혼란 속으로 빠뜨릴 것 같기 때문이다." - R. 베네딕트.

제8장

『투 스테이츠』의 분석을 통해 본 글로컬 시대의 지역 서사

1. 왜 지역 서사인가?

글로벌 시대의 추동 축은 기술과 정보이다. 기술과 정보는 기본적으로 수량화, 기호화, 계량화가 그 척도이며, 세계의 많은 지역들을 탈영토화시키는 주범이자, 세계를 정치·군사보다 더욱 강력한 형태로 통제·관리하는 '무기'와도 같다. 현대에 이르러 기술과 정보가 탈영토·무국적의 '보편적 지식'의 상징으로 통용되는 이유가 여기에 있다.

작금의 '지식의 세계화'[1] 과정은 기술과 정보를 매개로 해서 점점 더 그 지배력을 확산시켜나가고 있다. 로컬의 울퉁불퉁한 언어·문화적 국경들을 자유자재로 '월경(越境)'하면서 경제의 세계화, 문화의 세계화에 이어 '글로벌 지식'이라는 지배 담론을 생산하며 유포하는 것도 바로 기술과 정보이다.

그렇다면 이렇게 탈영토화된 무국적의 지식, 즉 '글로벌화(세계화)된 지식'은 구체적으로 어떤 유형의 지식을 일러 하는 말이며, 많은 사람이

1 박치완, 「지식의 세계화에 대한 재고」, 『해석학연구』 제29집, 2012 참조.

이를 추종하는 이유가 대체 뭘까? 세계화된 지식은 일차적으로 '현대인들의 생각과 삶을 지배하고 있는 지식'이라는 부언(附言)이 가능하다. 보다 구체적으로 말하면 언어·문화적 차이를 불문하고, 특히 젊은 층에서 자신의 미래를 위해 선호하는 지식이 세계화된 지식이다. 부언컨대 이들의 욕망을 지배하는 담론과 문화 코드는 여유로운 삶과 여가를 가능케 해줄 것으로 믿는 지식, 즉 그들에게 '부'와 '웰빙'을 제공케 해줄 것으로 여기는 지식이다.[2]

이런 이유 때문에 경제학, 경영학은 말할 것도 없고 공학, 의학을 비롯해 심지어는 예술 분야를 비롯해 인문학, 문학까지도 기술과 정보라는 21세기를 이끄는 쌍두마차로부터 자유롭지 못한 현실이다. 이러한 견지에서 볼 때, 전 세계인이 좇는 지식은 자본과 이익을 창출하는 데 그 쓰임이 제한된 신자유주의적 지식이라고 할 수 있으며, 대개는 미어(American English)를 모어(母語)로 해서 실력 행사를 하고 있다.[3]

주지하듯, 미어는 월가의 특수어(Walish)이며, 기술·과학의 언어이자 또한 정보·통계의 언어이다. 글로벌 시장에서는 바로 이 미어가 제1공용어로 상용된다. 하지만 미어 자체의 언어적 탁월성이나 가치를 인정해서 미어가 이렇게 지구촌에서 제1공용어로 통용되고 있다고 생각하는 사람은 없을 것이다. 이보다는 오히려 글로벌 시장에서 비즈니스를 위해 소통 가능성이 높기 때문에 미어를 선택하지 않을 수 없는 상황이라는 게 오히려 '비극'인지 모른다.[4] 싱글리시(Chinglish)도 힝글리시

2 C. Rapaille, *The Culture Code*, New York: Broadway Books, 2007(『컬처코드』, 김상철, 김정수 옮김, 리더스북, 2007) 참조.

3 D. Crystal, *English as a Global Language*, Cambridge University Press, 2003; A. Pennycook, *English and Discourses of Colonialism*, Routledge, 1998; R. Phillipson, *Linguistic Imperialism*, Oxford University Press, 1992 참조.

4 물론 혹자는 "21세기에는 세계화에 앞장서거나 적어도 동참해야 하는 것이 우리의 당면과제이다. 그러기 위해서는 이미 국제어가 된 영어를 잘 구사해야만 하고, 국제경쟁에서 뒤처지지 않아야만 한다."라고 강조하기도 한다 - 김성곤, 「21세기 문화와 세계화의 과제」, 『계간 사상』(2001 봄호): 38. 하지만 바로 이렇게 세계화에 경도된 생각들이 로컬의 언어·문화 의식 자체를 희

(Hinglish)도, 콩글리시(Konglish)도 같은 맥락에서 파생한 미어의 아류들이라고 할 수 있다.

기술과 정보, 자본과 시장을 많은 사람은 글로벌 시대의 상징이라고 평가하지만, 이것들이 단지 지구촌 인류의 1%를 대변할 뿐 99%의 인류를 대변하는 것과는 거리가 먼 이념이라는 것을 모르는 사람들은 없다. 지식의 세계화 경향에 대해 필자가 비판적 입장을 취하면서 지식의 현지화, 지식의 재영토화의 시급성을 강조한 것도 결국 이와 같은 이유 때문이었다.[5] 물론 추상화가 가능한 지식, 계량화된 지식은 물리적 시공간이 적용의 제한 요소가 되지 않을 수 있다. 하지만 가치관, 윤리, 관습 등과 직결된, 다시 말해 '문화에 뿌리를 둔 지식'은 언제나 물리적 시공간의 제한을 받기 마련이다.[6] 그런 점에서 문화적 영토에서 자양분을 받아 형성된 지식은 소위 글로벌 표준(global standard)이 요구하는 기준에 상치하는 지식이라고 볼 수 있다.

본 장에서 우리가 화두로 삼고자 하는 '지역 서사(local narrative)'의 핵심이 바로 여기에 있다. 지역 서사에 있어 중요한 것은 외부로부터 제시되고 강요된 기준이 아니라 내부적으로 어떻게 고유한 언어·문화적, 사회·역사적 자양분을 서사화되는가에 초점이 있다. 글로벌 세계(지식 시장)에의 편입만이 능사가 아니다. 타자를 위해 스스로를 타자화시키는 근대적 식민성으로부터 해방되지 않고서는 자신의 문화적 정체성을 지킬 수 없다.[7]

더 직접적으로 표현하자면, '문화'란 기본적으로 '시장의 상품'이 되는 것과 반리(反理)의 관계를 형성한다고나 할까. 우리가 본 장에서 각 문

석시킨다는 점을 진지하게 고민해 볼 필요가 있다.

5 박치완, 「탈영토화된 문화의 재영토화」, 『철학연구』 제42집, 고려대학교 철학연구소, 2011 참조.

6 C. Geertz, *Local knowledge. Further Essays in Interpretive Anthropology*, New York: Basic Books, 1983 참조.

7 변광배·신규섭·이명희 외, 『탈식민주의의 안과 밖』, 한국외국어대학교출판부, 2013 참조.

화에 뿌리를 두고 있는 '지역 서사'의 중요성을 글로컬 시대의 문화 해석의 새로운 관점으로 제시해보려는 이유가 여기에 있다.[8] 자발적으로 스스로를 '성과 주체'[9]로 튜닝해 경제적 부만을 추구할 것이 아니라 자신이 속한 로컬에서 문화적 주체로 거듭날 때, 바로 그것이 행복하고 여유로운 삶의 조건이라는 것을 반성할 때가 되었다는 뜻이다.[10]

모든 문화적 주체는 기본적으로 물리적 시공간의 지배를 받기 마련이다. 물론 그렇다고 해서 물리적 시공간이 한 인간을 바로 그 시공간 안에 평생 유폐시키는 것은 아니다. 문화적 시공간은 장소성과 비장소성, 물질성과 정신성, 지역성과 세계성을 동시에 지닌다. 그런데 여기서 중요한 것은 후자는 전자에 결코 앞설 수 없다는 것, 이것이 본 장을 이끄는 기본적 시각인 지역 세계화의 대의이다.

이로부터 우리는 다음 주장을 개진할 수 있다: 삶의 서사(narrative of life)는 일차적으로 주어진 문화적 시공간 안에서 형성된다. 즉 각 개인이 태어난 바로 그 장소에 뿌리를 두고 있다. 부득이한 공간의 이동은 어디까지나 변수이지 상수가 아니다. 따라서 지역-고향이 삶의 서사에 있어 핵심 요소라는 것은 두말할 필요가 없다. 모든 인간에게 지역-고향은 선이론적인 장(場)이며 구체적 경험의 저장고이자 또한 사고의 근원지이기도 하다.[11] 결국 개인에서 그 범주가 확대된 문화적 공동체로서

8 특정 소수자만을 위해 사회적 패러다임, 세계체제를 성과 위주로만 운용하려는 신자유주의적 폐단에 대해 제동이 필요하다는 주장들이 설득력을 얻고 있는 것도 이런 이유 때문이다 - 월든 벨로, 『탈세계화』, 김공희 옮김, 도서출판 잉걸, 2004 참조. 벨로는 결론에서 <세계화를 벗어던지고 다원적 세계로!>라고 외치고 있다.

9 이는 『피로사회』(김태환 옮김, 문학과 지성사, 2012)의 저자인 한병철의 표현이다.

10 쓰지 신이치, 『행복의 경제학』, 장석진 옮김, 서해문집, 2009 참조.

11 서사만 장소성을 갖는 것이 아니다. 심지어는 보편성의 대명사라는 철학도 '프랑스 현상학', '독일 현상학'과 같이 장소성과 밀접히 연관되어 있다. 이에 대해서는 박치완, 「글로컬 시대의 철학: 세계화와 한국철학의 정체성에 대한 물음을 중심으로」, 『철학과 문화』 제25집, 한국외국어대학교 철학연구소, 2012, pp.231~233, 244~247 참조. 보다 종합적인 연구는 *Le territoire des philosophes*, sous la dir. de T. Paquot et C. Younès, La Découverte, 2009 참조.

지역에 있어서도 삶의 서사는 동일한 무게를 가지고 하나의 코드로 작용한다는 것을 알 수 있다.

이렇듯 삶의 서사는 개인뿐 아니라 공동체가 서로 공유·향유하며, 세대를 이어 기억되고 또한 전달되는 '밈(meme)'과 같다. 공동체는 바로 이렇게 문화적 유전자인 밈을 통해 대를 잇고 전승되는 가운데 고유성과 독자성을 확보한다.[12] 중요한 것은 이렇게 전승된 문화적 유전자만이 일시적이고 피상적인 기술과 정보, 문화를 상품화의 소재 정도로 여기는 문화의 세계화, 지식의 세계화로부터 공동체를 지켜준다는 점이다.

본 장에서 우리는 이런 취지로 체탄 바갓(Chetan Bhagat)의 『투 스테이츠(Two States)』를 분석해볼까 한다.[13] 이 소설은 기본적으로 '인도'라는 지역문화에 뿌리를 두고 있다. 그런데 주지하듯 인도는 다문화사회의 대표적인 국가다. 그래서 문화적 갈등의 문제가 늘 제기될 수 있는 환경이다. 이를 바갓은 인류 보편의 주제인 '사랑'과 '결혼'을 통해 해소코자 하며, 그 과정에서 겪게 되는 인도인들의 시대, 차이, 세대 간의 갈등의 핵심이 무엇인지를 정확히 짚어내고 있다. 우리가 이 소설에 관심을 갖게 된 것은 이 외에도 바갓이 세계화와 글로벌 문화에 대해 나름의 작가의식을 가지고 있다는 점과 인도 바깥의 타문화에 대해서도 야자버리지 않은 점 그리고 인도의 전통문화와 음식문화를 소개하면서 인도 문화의 정체성을 강조하고 있다는 점 때문이다.

그림1. 소설 <투 스테이츠> 표지

12 리처드 도킨스, 『이기적 유전자』, 홍영남·이상임 옮김, 을유문화사, 2010 참조.
13 체탄 바갓, 『투 스테이츠』, 강주헌 옮김, 북스퀘어, 2012 참조. 본 장에서 우리는 프롤로그와 에필로그를 포함해 총 63장으로 구성된 이 소설의 주요 인용문은 <§ 00>와 같은 형식으로 말미에 표시하기로 한다.

글로벌시대에 대한 경험은 글로벌체제를 강화하는 방향으로 흐르기보다 오히려 로컬 문화의 중요성을 자각케 하는 방향으로 흐르고 있다. 『투 스테이츠』에 대한 분석을 통해 우리가 반면교사로 삼고자 하는 점이 바로 여기에 있다. 말루프의 지적대로 글로벌시대를 만끽하는 사람들은 "공통된 지식, 공통된 기준, 공통된 도구"를 사용하게 되었다며 이 시대를 찬미한다. 하지만 현대처럼 우리가 이렇게 "공통된 것들을 많이 가져본 적이 없음"에도 불구하고 많은 사람은 오히려 "그들 사이의 차이"를 절감한다.[14]

여기서 '차이'는 글로벌 문화가 요구하는 동일화, 균등화, 획일화에 대한 로컬 문화의 저항 표시이며, 더 넓게는 '상품'에 대한 '문화'의 항거다. 거의 모든 로컬의 문화들이 정체불명의 글로벌 문화에 의해 탈영토화되어가고 있는 현실이다. 하지만 『투 스테이츠』는 우리에게 로컬성이 없는 문화는 감히 세계성도 넘볼 수 없다는 점을 환기시키고 있다. 필자가 이 소설을 인도 내부의 문화적 갈등보다 로컬-글로벌의 갈등의 관점에서 접근한 이유가 여기에 있다.

2. 획일화된 세계화, 지역의 저항을 불러일으킨 근본 요인

세계 각 지역의 문화는 영토, 즉 대개는 한 나라의 주권을 행사할 수 있는 지역으로 국한되는 경우가 많다. 기술과 정보, 자본과 시장이 지배 담론을 형성하고 있는 글로벌 시대라고 해서 환경이 크게 바뀐 것은 아니다. 그런데 최근 많은 로컬 문화가 획일화된 글로벌 문화의 확대로 인해 그 토대가 점점 흔들리고 있다. 로컬 문화가 토대를 잃으면 어떤 상황이 전개될까? 리차드 세넷은 그 변화를 다음과 같이 기술하고 있다.

14 아민 말루프, 『사람잡는 정체성』, 박창호 옮김, 이론과 실천, 2006, p.116.

"노동은 가족의 삶을 엉망으로 만들었고, 일터는 예전 동네와 같은 공동체가 아니라 낯선 이방인들이 스쳐 지나가는 간이역처럼 돼버렸다. 한곳에 정착하고 살기보다는 이리저리 옮겨 다니는 유목민처럼 떠돌이 삶이 글로벌 시대의 상징으로 자리 잡았다."[15]

요인즉 자본주의의 극대화는 로컬 문화의 정체성 약화로 이어지고, 정체성이 약화될수록 개인은 물론 공동체의 삶과 서사는 해체의 길로 접어들게 된다. 그 결과는 세넷의 지적처럼 "유목민들처럼 떠돌이 삶"을 살아야 하는 운명으로 전락하게 된다. 우리 대한민국의 현실 역시 이러한 전 세계적 흐름과 무관하지 않음에도 불구하고 우리는 이에 대해 별로 자각증세가 없는 것 같다. 역설적으로, 우리 사회는 '더 글로벌화되기'만을 갈구하고 있다고나 할까. 정부나 기업까지 나서서 이 시대의 글로벌 지배 담론에 편승하기를 종용하고 있으니 문제는 더욱 심각하다. 게다가 국내에서 지배 담론을 생산하고 소비하는 자들 역시 우리의 로컬 문제에 대해 깊이 성찰하지 않고 있다.[16]

글로벌 문화 코드에 익숙한 사람들일수록 달러, 미어, 할리우드, 맥도날드에 친근하다. 이들은 "사람들이 점점 더 〔서로가〕 비슷해지는 것을 보는 것으로 즐거워한다. (…) 단 하나의 언어만을 말하고, (…) 모든 사람이 똑같은 샌드위치를 씹으면서 똑같은 미국 연속극을 텔레비전 앞에서 관람하는 그런 암울한 세상"[17]을 인류가 추구해야 할 미래상이라고 착각하는 것이다.

우리는 이렇게 점점 획일화되어 가고 있는 전대미문의 세계화의 희생

15 리차드 세넷, 『뉴캐피털리즘』, 유병선 옮김, 위즈덤하우스, 2009, pp.5~6.

16 하지만 우리가 유념해야 할 것은 모든 인간은 각자 자신이 속한 문화에 의존하게 하는 제3의 무의식", 즉 "문화적 무의식"이 있다는 것을 망각해서는 안 된다 즉 "프랑스인에게는 프랑스의 정신이 미국인에게는 미국의 정신"이 있기 마련이고, 이렇게 문화적 유전자는 암암리에 계승·전달되는 법이다 - 클로테르 라파이유, 『컬처코드』, *op. cit.*, p.25 이하 참조.

17 아민 말루프, *op. cit.*, p.128 - 원래는 의문형으로 되어 있는 것을 필자가 평서문으로 고친 것임.

양들인지 모른다. 그리고 세계화는 치밀한 전략들을 통해 지역들이 '완전통제' 상태가 될 때까지 공략할 것이고, 그것이 어쩌면 세계화의 본질이자 생리요 목표인지 모른다. 이 과정에서 타문화, 타국가가 고려·배려의 대상이 될 리 없다. 타문화, 타국가의 존재 자체를 부정하는 것이 곧 세계화의 기본 이념이라고나 할까. 하지만 기본적으로 '문화'는 경쟁하고 지배하는 데 본질이 있는 것이 아니라 서로 교류하면서 그 차이를 수용하는 데 있다. 문화는 자기 것만을 고수하는 데 정당성이 부여되는 것이 아니라 남의 것을 이해하고, 받아들일 때 가치를 인정받는다.

이점이 바로 이 시대가 준엄히 요청하고 있는 '새로운 문화관'이다. 따라서 우리는 문화와 문화 주권을 시장-경제의 첨병인 문화(콘텐츠)상품과 혼동해서는 안 된다. 문화 주권은 국민주권이 보호되는 곳에서만 행사될 수 있다. 물론 기술, 정보, 자본, 종교 등은 국경을 초월한다. 하지만 정치나 외교, 군사나 행정, 법 제도나 화폐 등은 예나 지금이나 여전히 국가체제를 중심으로 실행된다. 그리고 국민경제 역시 국가가 단위라는 것을 모르는 사람은 없을 것이다. 이렇듯 세계는, 『세계화』의 저자도 잘 지적하고 있듯, 제아무리 세계화가 지배 담론을 형성하고 있다고 해도, 실제로는 "균일하지 않은 포장도로와 같아서" "이질성"이란 용어로 대표될 수밖에 없으며, "어떠한 기준점(평균값, 중간값)도 무의미할 만큼 여러 집합체가 강한 대비를 보여준다."[18]

이런 이유 때문에 우리는 탈영토·무국적적인 보편성으로 위장한 세계화의 획일성을 직시해야 한다.

> "세계화라는 단 하나의 운동이 우리를 두 개의 서로 반대되는 현실로 이끈다. 즉 그것은 보편성과 획일성인데, 하나는 내게 환영할 만한 현실이고 다른 하나는 그렇지 않은 현실이다. 우리에게 이 두 개의 길은 서로 뒤섞여 있고 분리되지 않는 것처럼 보이며, 마치 하나의 길처럼 보이

18 올리비에 돌퓌스, 『세계화』, 최혜란 옮김, 한울, 1998, p.155.

기도 한다. 그래서 우리는 하나의 길이 단지 다른 길의 보기 좋은 면에 불과한 것은 아닌지 자문하게 된다."[19]

말루프의 지적인즉, 결국 세계화의 유혹에서 우리가 분별력을 잃지 않아야 한다는 것이고 특히 보편성을 획일성과 혼동하지 말며, 밝은 측면만 보지 말고 어두운 이면도 함께 고려하라는 것이다. 밝은 측면은, 이정만의 지적처럼, '세계화하기'의 주역들이 늘 강조하는 것이지만, 전 세계의 대부분의 국가가 그렇듯 '세계화당하기'의 측면에서 보면 상황은 정반대로 전개되기 때문이다.[20]

이상의 논의를 통해서 우리는 문화라는 로컬의 돛을 단 배가 세계화의 밀물에 좌초되지 않기 위해서 취해야 할 조치가 무엇인지를 간파했다. 아주 단순하게 이야기해, '자기 자리'를 지키는 것이 무엇보다 중요하다는 말이다. 자기 자리가 견고해야만 썰물이 날 때까지 버틸 수 있기 때문이다. 쓰나미처럼 밀물이 그 자리를 덮치고 나면 내가 서 있던 자리뿐만 아니라 공동체까지도 붕괴될 수 있다.

물론 우리에게 『투 스테이츠』를 선택해야만 할 특별한 이유가 있었던 것은 아니다. 하지만 필자의 판단에 따를 때 이 작품은, 문화 세차적 입장에서 보았을 때,[21] 인도 내에서 첨예하게 대립된 문화적 갈등을 어떻게 극복해가는지를 보여주고 있다는 점에서 연구 가치가 높은 작품이라 생각한다. 두 번째로 이 작품은 소재는 가장 인도적인 데서 출발하지만 그 내용이 사랑과 결혼이라는 인류 보편의 주제를 다루고 있다. 그런 점에서 이 작품은 글로컬 시대의 문화 연구 방향을 예증하고 있다. 세 번째로는 또한 이 작품 속에는 세계화에 대한 일반적 경향성을 비판

---

19 아민 말루프, *op. cit.*, p.129.

20 이정만, 「'세계화하기'와 '세계화당하기'」(『세계화』, 올리비에 돌퓌스 지음, 최혜란 옮김, 한울, 1998), pp.268~269의 <해설> 참조,

21 박치완, 「문화/콘텐츠 연구의 현안과 과제 - 세계화에서 지역 세계화로, 문화 대차에서 문화 다양성으로」, 『동서사상』 제13집, 경북대학교 동서사상연구소, 2012 참조.

적 시선으로 묘사하고 있다. 이는 인구 대국 인도를 등에 업고 있기에 가능한 문화적 자존심의 표현이라고 할 수도 있겠지만, 넓게 보면 세계화에 대한 통찰력이 없이는 불가능한 일이다. 그리고 마지막으로, 이 소설의 백미가 되겠지만, 인도 내의 문화적 차이와 다양성을 포용하면서 '하나의 인도'를 꿈꾸는 '지역 서사의 모델'이 잘 드러나 있다.

우리가 이렇게 지역 서사를 고구(考究)해야 하는 이유(Why)를 장황하게 늘어놓는 것이 군색하고 구구하게 여겨질 수 있다. 방법(How) 또한 하나라고 볼 필요는 없다. 하지만 '글로벌'이라는 이념은 독립적 존재가 아니라 늘 로컬의 상관물이라는 것을 잊어선 안 된다. 로컬이 약화되면 글로벌도 열렁대기 마련이다. 전혀 조정의 기미를 보이지 않은 세계경제 위기에서도 우리가 확인할 수 있듯, 로컬의 내강(內剛)없이는 글로벌 세계의 경제윤리도 사회정의도 유지될 수 없다. 로컬 문화의 예술적 형상화 또는 획일적 글로벌 문화에 대한 대응이라 할 지역 서사에 우리가 관심을 갖게 된 이유이다. '보편 서사'라 할 글로벌의 곡두만으로는, '시장경제의 세계화'가 그렇듯, 기본적으로 한 사회나 국가의 갈등이 해소되거나 고통이 분담되지 않는다. 그 혜택을 전체 국민이 아닌 1%가 독차지하기 때문에 이런 결과가 생긴다.

『투 스테이츠』의 메시지가 만일 인도라는 '지역민'에게만 유의미한 것이었다면 필자의 눈을 유혹하지 못했을 것이다. 역설적으로 말하면 필자와 같은 인도 밖의 독자에게 소설로서의 '감동'이 충분히 전달되기에 이 작품은 인도라는 지리적 국경을 넘어선다. 필자가 <glocalization>을 '세계 지역화'로 번역하지 않고 '지역 세계화'로 번역하는 이유가 여기에 있다.[22] 그렇다면 『투 스테이츠』의 어떤 측면이 과연 지역(local) → 세계(global)를 잇대는지 아래에서 구체적으로 살펴보도록 하자.

---

22 '지역 세계화'의 중요성에 대한 개략적 소개는 박치완·김성수·조소연 외, 『글로컬 문화 콘텐츠, 어떻게 그리고 왜?』, 한국외국어대학교 출판부, 2009, pp.227~251 참조.

2-1. 다문화 공동체 인도에서의 지역, 지역색과 문화 세차적 갈등 해소

먼저 이 소설의 줄거리부터 소개하는 것이 순서일 것 같다. 이 소설은 인도의 아메다바드 경영대학원(IIMA)에서 알게 된 두 남녀, 대학 시절 공학도였던 크리슈와 경제학도였던 아나냐의 사랑과 결혼에 성공하기까지의 과정을 그린, 작가 체탄 바갓의 자전적 이야기이기도 하다. 하지만 『투 스테이츠』란 소설 제목이 암시하듯, 남인도 타밀과 북인도 펀자브라는 두 지역은 인도 내에서 거의 다른 나라라고 해도 무방할 정도로 지역감정, 언어장벽 등 문화적 격차가 심한 대표적인 두 지역이다. 크리슈와 아나냐의 사랑을 가로막고 있는 근본적인 원인도 바로 이 문화적 세차로부터 생긴 것이다. 문화적 세차의 해소를 위해 바갓이 '사랑'을 매개체로 삼았던 이유가 여기에 있을 것이다.

> "나는 퇴근해서 텔레비전 앞에 털썩 주저앉았다. 문제 가정에서 텔레비전은 가장 큰 위안이다. 텔레비전이란 끈끈이 풀 같은 전자장치가 없다면 수백만 인도 가정이 풍비박산날 것이다. 음악 채널에서 영원한 사랑의 노래들이 연이어 흘러나왔다. 화면에 비친 부부들은 한없이 행복해 보였다. 그들은 **같은 지방, 같은 종교, 같은 계급과 같은 문화** 출신이고, 그들의 부모들은 화목하게 지내는 듯했다. 그렇지 않으면 인도에서 어떻게 그들이 사랑할 수 있겠는가?"(§ 54)[23]

역설적으로 말하면 크리슈와 아나냐는 "같은 지방, 같은 종교, 같은 계급과 같은 문화 출신"이 아니라서 그들 앞에 전개될 갈등은 이미 예비된 것이라고 해도 과언이 아니다. 뿐만 아니라 두 남녀가 이렇게 성장한 문화적 배경이 다르다 보니 심지어는 선호하는 음식에서도, 의사소통

23 진하게 표시한 부분은 필자 강조.

에 있어서까지도 장애가 따른다. 다음 2문장을 보라.

"닭고기를 실컷 먹어둬. 마드라스 사람들은 우리에게 닭고기를 주지 않을 거니까." 내가 말했다.

"이모, 앞으로 사흘 동안은 마드라스 사람이란 말은 쓰지 마세요. 타밀 사람이라고 하세요." 시프라 이모는 닭고기에서 포일을 벗겨내며 말했다.

"알았다. 알았어. 타밀 나두는 주(州) 이름이고, 우리는 마드라스에 가는 거 아니냐? 그런데 왜 기차표에는 첸나이라고 써 있지?" 캄라 이모가 닭고기 옥수수 수프를 소리 내어 마시며 말했다.

"똑같은 거예요. 델리를 딜리라고 하듯이."

어머니의 사촌이 물었다. "그런데 거기 주지사가 옛날에 여배우였다는 게 정말이에요?"

다른 친척이 말했다. "사실이에요. 남인도 여자들은 상당히 똑똑하다고 하더라고요." "신께서 그들에게 좋은 머리만 주셨나 보네요."

이런 기막힌 해석에 나는 기차에서 뛰어내리고 싶었다.(§ 59)

"주소가 어디냐?" 나는 아나냐 아버지가 전날 주었던 종잇조각을 꺼냈다. 라지 외삼촌이 얼굴을 찡그리며 말했다.

"당최 읽을 수가 없구나." 나는 종이를 돌려받았다. 이렇게 쓰여 있었다.

<아룰미구 카팔리스와라르 카르파감발 티루마나 만다팜 벤카테사 아그라하람 스트리트 16번지, 밀라로프, 첸나이>.

나도 그 주소를 세 번이나 읽어보려 했지만 머리가 지끈지끈 아팠다. 나는 문자의 수를 세어보았다. 결혼식장 이름만도 알파벳이 무려 50개였다.(§ 60)

급하게 결론부터 말하자면, 크리슈와 아나냐는 결국 이러한 예비된 문화적 갈등, 문화적 세차를 극복하고 결혼에 골인한 것이다. 그리고 더 중요한 것은 작가가 이 소설을 단순히 두 남녀의 사랑과 결혼이야기로 한정하지 않고 후세들에게 반드시 현재 자신들이 겪고 있는 문화적 갈등이 해소된 채로 '하나의 인도'를 물려주어야 한다는 철학을 강하게 내비치고 있다는 데 있다. 제1막에서의 다음 문장에서 우리는 바갓의 이러한 의중을 확인할 수 있다.

> "벌써 여러 번 생각했어. 우리 아이들이 나를 닮았으면 좋겠어. 너는 눈만 닮고."
>
> "그런 게 아니야. 우리 아이들은 타밀 사람도 아니고 펀자브 사람도 아닐 거야. **그냥 인도 사람이어야 해. 이런 말도 안 되는 편견과 차별에 구속받지 않아야 해.** 지역색에 구애받지 않고 자유롭게 결혼한다면 우리나라에게도 좋을 거야. 내가 말하는 〔결혼의〕 더 큰 목적은 그런 거야."
>
> "오호, 네가 나랑 잠을 자는 이유가 우리나라를 위한 거구나."(§ 18)[24]

뿐만 아니라 에필로그에서도 바갓은 이점을 재차 강조하면서 소설을 끝맺는다: "우리 아기들의 고향은 인도가 될 겁니다." 여기서 우리는 12억 인구 대국인 인도 사회가 겪고 있는 사회·문화적 갈등, 그 세차(細差)가 얼마나 심각한 수준인지 그리고 그것을 극복하기 위한 저자 바갓의 심의(心意)가 얼마나 절실하고 강력한 것인지를 직시할 필요가 있다. 두 가족 간에 가로 놓인 모든 편견과 차별을 극복하고 결혼식을 갓 마친 크리슈가 외치는 다음 대사에서도 이점은 다시 한번 언급되고 있다(이는 이 소설의 마지막 문장이기도 함).

> "우리의 결혼은 〔문화적으로〕갈라진 조국의 통일을 위해서야."(§ 63)

---

24 진하게 표시한 부분은 필자 강조.

요인즉 바갓이 염두하고 있는 사랑과 결혼은 인도 사회에 내속한 문화 세차적 갈등의 해소를 통해 '하나의 인도'를 만드는 것을 목표로 하고 있다. 그가 결혼을 "더 많은 사람을 사랑하게 되는 것"이라 정의한 이유도 여기에 있다.

아주 평범하지만 의미심장한 메시지가 아닐 수 없다. 두 남녀의 사랑의 목표가 단지 두 가족 안의 문제로 축소되지 않고 '인도'라는 사회 전체가 안고 있는 사회·문화적 갈등의 해소로 초점이 모아져 있기 때문이다. 물론 그 '사랑'이 그럼에도 아직 인류애에 미치는 수준은 아니라고 분별력을 발휘할 수는 있다. 하지만 인류애를 주창하는 것과 인류애의 구현이 천양지차이듯, 중요한 것은 결국 그 사랑이 '어디'에서 시작하고 '어디'에서 구현되느냐에 있다. 사랑이 구현되는 장소는 당연 가족이 우선이겠지만, 중요한 것은 그 사랑은 인도라는 지역(국가)을 넘어 인류애로 확대될 수 있다는 점이다. 즉 바갓은 소설의 무대를 인도로 상정하고 있지만, 그 사랑의 서사가 인도에서만 유효한 것은 아니다. 인도와 같이 문화 세차적 갈등이 심한 사회에는 모두 적용 가능한 서사란 뜻이다. 그리고 당연 작가 바갓이 인류애를 염두하고 있지 않았을 리도 없다. 하지만 중요한 것은 인류애가 순서상(de degré) 먼저는 아니라는 사실이다.

바로 이런 관점에서 볼 때 『투 스테이츠』는 사랑과 결혼을 키워드로 해서 지역 서사에서 출발하지만 최소한 소기의 '세계성(globality)', 즉 사랑과 결혼이라는 보편성은 획득하고 있다. 하지만 이러한 사랑과 결혼이라는 주제의 보편성은 철저히 미국 주도의 세계화, 즉 성장제일주의, 학벌주의라는 인도 사회에 팽배한 탈지역화, 탈영토화의 경향을 비판적으로 극복하면서 성취한 것이라는데 이 소설의 의의가 있다.

2-2. 글로벌 시대의 경향성을 대하는 작가의 비판의식

바갓은 전작 소설 『세 얼간이』를 통해서도 전 세계인으로부터 주목을 받았다.[25] 한국에도 그의 소설은 물론이고 동명(同名)의 영화가 2011년 8월에 소개되어 적잖은 호응을 받은 바 있다.[26] 그의 분신이기도 한 크리슈의 입을 빌어 바갓은 스스로를 "재밌지만 변화를 유도할 수 있는 얘기를 쓰는 작가"라고 정의하고 있을 정도다. 그는 특히 펜이 칼보다 강하다는 만인이 아는 속담을 누구보다 잘 알고 있는 비판적 의식의 소유자다.

> 우리는 한동안 말없이 걸었다. 이번에도 아나냐가 먼저 말을 걸었다.
>
> "부모님이 너한테 거는 기대가 크니? 넌 어떤 분야에서 일할 생각이야? 금융? 마케팅? IT?"
>
> "아무 데도 아니야. 하지만 먼저 돈을 벌어야 하니까 직장을 구할 거야." 그녀가 내 눈을 똑바로 쳐다보며 다시 물었다.
>
> "그럼, 네가 원하는 직업은 뭐야? 정말로 원하는 직업." 나는 거짓말할 수 없었다.
>
> "작가가 되고 싶어."
>
> (…)
>
> "재밌지만 변화를 유도할 수 있는 얘기를 쓰는 작가. 펜이 칼보다 강하다는 속담을 배웠잖아." 그녀는 다시 끄덕였다.(§ 3)

---

25 체탄 바갓, 『세 얼간이』, 정승원 옮김, 북스퀘어, 2011 참조.

26 라즈쿠마르 히라니(Rajkumar Hirani) 감독의 2009년 作. 국내에서는 2011년 8월에 개봉되었음. 이 영화에 대한 분석은 박치완, 「영화 <세 얼간이>와 다문화사회 인도 엿보기: 음악과 이중언어의 역할을 중심으로」, 『철학과 문화』 제23집, 한국외국어대학교 철학연구소, 2012; 「사회적 정상성의 희화 또는 극복: <세 얼간이>를 중심으로」, 『철학연구』 제45집, 고려대학교 철학연구소, 2012 참조.

지역 서사의 중요성은 글로벌이라는 '지배 담론'에 묻히기 쉽다. '글로벌'이란 수사는 특히 젊은 세대의 욕망과 꿈을 대변한다고 해도 과언이 아니다. 하지만 바갓은 인도 젊은이들의 그러한 욕망과 꿈이 허상임을 누구보다 잘 아는 작가다. 그래서 참여적 작가 정신을 발휘해 그는 감히 비웃는다, 미국에서 학위를 받은 자들이 인도 사회의 지도층에서 영향력을 행사하는 모양새가 '정상적'인 것이냐고!

> "미치광이들 의사, 아참 정신요법의사치고는 상당히 젊어 보였다. 미국에서도 손꼽히는 대학들에서 받은 학위증들이 사냥꾼 집의 호랑이 머리처럼 벽을 장식하고 있었다. 그랬다, 또 한 명의 남인도 사람이 학문의 세계를 정복했다는 증거였다. 니타 이예르 박사, 뉴욕 바서 대학교 최우수 졸업생."(프롤로그)

이러한 바갓의 비판의식은 소설의 전편에 깔려 있다. 아나냐가 면접을 준비하면서 고민하는 크리슈에게 건네는 다음 대사에도 그의 비판의식은 명시적으로 표현되어 있다.

> 우리는 파오 바지(두툼한 빵을 치즈와 혼합 향료인 마살라로 끓인 갈색 소스에 찍어먹는 간식)를 파는 노점상 앞에 멈춰 섰다. 그녀가 2인분을 주문하며 버터를 줄여달라고 부탁했다.
>
> "넌 괜찮을 거야. 마케팅 회사들은 내일부터야 시작하잖아. 난 HLL하고 인터뷰가 있어. 하지만 긴장되지는 않아."
>
> "넌 합격할 거야. 너를 마다할 회사는 세상에 한 군데도 없을 거야." 그녀가 나를 바라보며 빙그레 웃었다.
>
> "모든 사람이 나를 좋아하지는 않는다는 걸 너도 깨달아야 하는 데."
>
> "너는 성적도 좋고 마케팅에 열정도 있잖아. 네가 곧 HLL이야. 네 얼굴에 그렇게 쓰여 있다고."
>
> "너도 내일 은행 두 군데하고 인터뷰가 있잖아."

"난 시티은행이 들어가고 싶어. '돈을 좋아합니다'라는 대답보다 나은 대답을 생각해내야 하는 데. 인터뷰에서는 거짓말을 더 잘해야 할 것 같아."

(…)

"그래, 그렇게 대답해라. 인도인들에게 세계적인 금융 서비스를 제공하기 위해서 시티은행에서 일하고 싶다고 말이야. 또 '괄목할 만한 성장', '전략적 잠재성'이란 그럴듯한 단어도 쓰고."

(…)

내가 이런 여자를 사랑하다니, 정말 운이 좋다는 생각이 들었다. 수년 후에는 HLL의 경영진에 들어갈 여자였지만, 지금은 내 어리숙한 얼굴에서 파오 바지를 닦아주는 게 급선무였다. 죄책감이 밀려왔다. 그녀는 미래에 대한 확실한 답변을 요구할 자격이 있었다.(§ 7)

서론에서 우리는 현대의 젊은이들이, 국적을 불문하고, 추구하는 지식이 곧 '부'와 '웰빙'을 제공하는 지식이라고 언급한 바 있다. 이는 물론 인간을 자본의 노예쯤으로 여기는 지식이다. 그런데도 전 세계 젊은이들의 욕망과 꿈은 점점 자본 쪽으로 기울어지고 있다. 자본이 자신들의 욕망과 꿈을 충족시켜줄 유일한 무기라는 믿음을 가지고 있는 것이다. 그리고 그렇기 때문에, 마치 한국 사회가 그렇듯, 출세를 위해서 온갖 술수가 동원되기도 한다. 상사의 눈치나 보며 간신히 자리를 연명하는 자들이 하는 행동은, 다음 면접 장면에서도 확인할 수 있듯, 너무도 유사하다.

"크리슈, 자네가 마음에 드네. 솔직히 말하겠네. 우리는 신입직원 모집을 거의 끝내서 한 자리만 남았네. 하지만 신입직원은 학부에서 7점 이상을 받아야 한다는 내부 규정이 있네." 제기랄! 과거의 죄가 나를 놓아주지 않았다. 이런 이유에서, 전날 다섯 은행도 나를 퇴짜 놓았던 것이었다. 라울이 학부 성적표를 툭툭 치며 말했다.

"그런데 학부 성적이 부족해서 …."

"정확히 말하면, 학부 저학년 성적입니다."

"어떻게 하면 좋겠나, 데베슈?" 데베슈는 인사부에서 일하는 여느 직원들과 마찬가지로 실질적인 결정을 내려본 적이 없었다.

"위에다 전화를 해보시지요."

"내 일인데 내가 결정해야지." 데베슈는 제안하는 것도 겁나는 듯이 조심스레 말했다.

"당연하신 말씀입니다. 하지만 인도 총괄사장님과 상의해보는 것도 괜찮을 듯싶습니다."

"내가 그 친구보다 선배야. 나는 뉴욕 출신이지만, 그 친구는 인맥이 좋아서 총괄사장이 된 거라고. 알겠나?"(§ 7)

세상이 부조리·부정의한 것은 인도만의 문제가 아니다. 빈익빈부익부 현상은 어느 사회에서나 극복해야 할 현안이며 과제다. 인도 사회의 부를 장악하고 있는 1%가 지배 담론을 형성하고 있다는 것, 펜이 칼보다 강하다는 것을 누구보다 잘 알고 있는 바깥의 앙분(昻奮)이 표출되는 것은 그래서 일견 당연해보이기도 한다. 크리슈가 어머니에게 끌려와 부잣집 딸과 '억지 선'을 보는 다음 묘사를 보라.

"라주, 간식 좀 준비하거라. 붉은 처트니와 푸른 처트니도 잊지 말고!" 라주와 다른 하녀가 어마어마하게 큰 쟁반에 사모사와 잘레비, 촐레 바투레, 밀크 케이크와 카초리를 수북히 담아 가져왔다. 물론 붉은 처트니와 푸른 처트니도 잊지 않았다. 2만 칼로리에 육박하는 간식거리들이 탁자 위에 놓여졌다.

"그렇지, 요즘 젊은이들은 커피를 마시지. 그런데 집에 커피가 있나? 잠깐만, 돌리야, 중앙지구에 새로 생긴 커피점이 뭐지? 아주 비싼 커피를 파는 곳이던데? 바르사트라던가?"

"바리스타요, 엄마." 돌리가 뭔가 유행한 것에 대해 질문을 받았을 때처럼 영국식 억양으로 말했다.

"맞다, 그거다. 혼다를 타고 크리슈와 함께 다녀오너라. 부인, 우리는 좀 현대식이랍니다."(§ 13)

돈으로 '사랑'과 '결혼'을 흥정할 수 있다고 믿는 자들이 있다. 그들에게 사랑과 결혼은 사고파는 물건과 하등 다를 것이 없다. 그들은 돈으로 모든 것을 '구매'한다. 사람까지도! 그래서 그들의 눈을 만족시키려면 일차적으로 계측 가능한, 수량화(數量化) 가능한 요건을 갖출 필요가 있는지 모른다. 크리슈와 아나냐의 사랑을 가로막는 결정적 요인도 기실은 여기에 있다.

물론 크리슈와 아나냐 각자는 나름 인도 최고의 신랑감, 신붓감이다. 그런데 문제는 앞서도 언급했듯 이들은 "같은 지방, 같은 계급, 같은 문화" 출신이 아니다. 즉 독립적으로 인도 최고의 대학과 대학원을 졸업한 일정 기준은 충족하고 있지만 주위 사람들(특히 상대 부모님들)이 바라는 최적의 요건을 갖춘 것은 아니라는 사실이다. 그래서 사랑과 결혼이 심판대에 오르게 된 것이며, 당사자들의 자유로운 의사결정과는 무관하게 더 좋은 요건을 갖춘 자에게로 판관들의 시선은 냉정히 이동한다. 같은 지방 출신인 데다 신분도 동일하고 미국의 유수 기업에서 일하며 취미도 고상한 신랑감을 원하는 것은 아나냐 부모는 물론이고 아나냐의 동생인 만주의 생각도 마찬가지다.

"하리슈는 인도 부모들이 아나냐 같은 딸의 적합한 신랑감에게 요구하는 모든 기준을 만족시켰다. 그는 무엇보다 타밀 사람이었고, 브라만이었으며 이예르였다(이 셋은 별개의 것으로 셋 중 하나라도 부족하면 자격상실이었다). 게다가 그는 첸나이 공과대학을 졸업했고, 평점이 무려 9.45였다. 하리슈는 전액 장학금을 받아 외과학 석사학위를 끝냈고, 지금은 미국 실리콘 밸리에서 떠오르는 회사인 시스코 시스템스에 근무하고 있었다. 그는 술을 마시지 않았고 육고기도 먹지 않았으며 담배도 피지 않았다(어쩌면 인생의 재미도 즐기지 않았을 것 같았다). 카르나티크 음악과 바라트나트얌(인도 남부의 전통춤)에도 조예가 깊었다. 또 1.3센티미터 정도의 완벽한 콧수염을 길렀고, 샌프란시스코 외곽에 자기 소유의 집과 흰색 혼다 어코드가 있었으며, 지난 석 달을 제외하면 12분마다 두 배로 뛰었던 스톡옵션까지 소유하고 있었다. 심지어 망원경까지 구입해서 주말이면 은하를 관찰했다. 만주는 망원경으로 은하를 관찰할 수 있다는 기대감에 들떠서, 그것만으로도 누이가 그 남자와 결혼해야 한다고 생각했다."(§ 24)

그런가 하면 크리슈 어머니의 생각도 아나냐가 타밀 사람이라는 것이 못마땅하다. 게다가 아들 크리슈가 아나냐의 고향인 첸나이에서 근무하는 것도 불만이다. 그래서 크리슈에게 다니고 있는 시티은행에 전근 신청을 하건 사표를 쓰건 둘 중 하나를 선택하라는 것이다. 어떻게든 크리슈를 아나냐로부터 떼어 놓으려는 심사로 말이다.

"아니면 사표를 써라. 다른 직장을 구하면 되니까. 우리집 건너편에 카나라 은행도 있더라."

"엄마, 내가 지금 다니는 은행이 시티은행이에요. 세계 최고의 다국적 은행이라고요."

"안다. 모두가 다국적 회사에 다니고 싶어 하지. 여하튼 전근 신청을 할 거라고 엄마한테 약속해라. 검은 사람들로 득실대는 도시에서 지내지 말고."

"엄마, 그 사람들이 전부 나쁘지는 않아요."

"상관없다. 전근 신청을 해라. 안 그러면 엄마가 네 상관에게 편지를 쓸 거다. 내가 늙었으니, 인도주의적인 차원에서 내 요청을 들어달라고 할 거다."(§ 32)

그러나 당사자가 아닌 외부로부터 부여되고 제기된 모든 갈등은, 앞

절에서도 이미 언급했듯, 주인공들의 '사랑'의 힘으로 극복된다. 사랑의 힘은 두 주인공 사이에 가로놓인 모든 문제(지역감정, 계급, 종교, 언어)를 하나씩 해결해 가는데, 그 에너지는 당연 '젊음'과 '패기'로부터 나온 것이다. 그리고 이 젊음과 패기가 저자 바갓은 인도 사회의 변화를 추동시킬 것이라고, 모든 편견과 차별을 해소시켜 결국 '하나의 인도'를 만들어야 한다는 노에시스가 작동되고 있다.

2-3. 변화의 물결: 전통/현대, 구세대/신세대의 경계를 허무는

인도는 대한민국보다 권력간 거리가 큰 사회다. 권력거리가 크다는 것은 인도의 독특한 신분체계인 카스트제도가 사회의 근간을 이루고 있다는 것과 무관하지 않다. 변화에 대한 열망보다 현재의 위치와 역할에 충실하라는 힌두교의 가르침도 인도에서 이러한 권력거리가 유지되는 데 일조하고 있다.

하지만 최근 들어 신분, 계급, 종교적 위계질서가 강했던 인도에서도 변화의 물결이 일고 있는데, 부와 재력에 근거한 새로운 위계가 형성되고 있다는 것이 바로 우리가 주목해보아야 할 점이다. 단적으로 말해 기존의 정신(종교)적 권력 관계가 물질적 권력 관계로 이동하고 있는 것이다.[27]

이렇게 물질적 권력 관계에 의해 새롭게 위계가 형성되고 있다는 것은 인도의 전통문화가 서서히 붕괴되고 있다는 증거다. 인도의 신세대들이 자신들의 부모 세대, 즉 구세대처럼 지역적·문화적 편견이 심하지 않는 것도 이런 이유 때문이다. 하지만 이들 신세대가 아직 사회의 중심에 선 세력은 아니라서 그들이 원하는 대로 자유롭게 사고하고 자유롭게 행동하는 것에는 여전히 제약이 따른다. 하지만 기회가 주어지기만 하면 이들은 전통, 관습, 사회적 금기 등에 도전하는 저력을 과시하며,

27 박치완·김평수 외, 『문화 콘텐츠와 문화 코드 – 글로컬 시대를 디자인하다』, 한국외국어대학교출판부, 2011, pp.142~143 참조.

그러한 사회적 제약과 금기가 정당한 것이 아님을 행동으로 보여주기도 한다.

> "나는 주변의 젊은이들을 지켜보았다. 부모부터 주정부까지 모두가 그들에게 **금지한 것을 좋아하며 과감하게 시도하는 젊은이들**이었다. 그랬다, 타밀 나두에서 오후의 디스코 파티가 가능하다면 편자브 사람이 타밀 사람과 결혼하지 못할 이유가 없었다. **규칙도 결국 인간이 만든 것이기 때문에 얼마든지 극복할 수 있었다**."(§ 25)[28]

뿐만 아니라 인도의 신세대들은 자신들 앞에 주어진 문제를 합리적으로 해결하는 능력도 겸비하고 있다. 부모 세대가 문제를 '전통'에 준해 수동적으로 해결하려 한다면, 이들은 대화와 설득을 통해 적극적으로 해결하는 차이를 보인다. 크리슈의 사촌인 민티와 듀크의 결혼식장에서의 아래 장면을 보라.

> 라지 외삼촌이 계속 권하자, 결국 듀크는 상자를 받아들였다. 그리고 그 검은 상자를 열었다. 현대자동차 로고가 새겨진 자동차 열쇠가 들어 있었다.
>
> "자동차를 선물한 거야?" 아나냐가 놀란 목소리로 물었다. 니키가 아나냐를 무도장으로 끌고 가며 대신 대답했다.
>
> "그래요, 은색 산트로예요. 빨랑 나가요, 언니."
>
> (…)
>
> "선물인데 그게 어때서요?" 어머니는 아나냐가 가족의 대화에 끼어들자 외람된 짓이라 생각했지만, 그 문제로 왈가왈부하기에는 당면한 문제가 너무 중대한 듯했다.
>
> "맞아, 깜짝 선물이 아니었나요?"

28 진하게 표시한 부분은 필자 강조.

"크리슈, 이게 뭐라고 생각하니? 생일잔치냐? 깜짝 선물이 있을 거라는 건 모두가 알았어. 그런데 듀크 부모가 친척들에게 액센트라고 미리 자랑했던 거야. 그래서 모욕당하고 속았다고 생각하는 모양이다." 세상에, 코끼리들에게 환영받고서도 어떻게 모욕당했다고 생각할 수 있는지 놀라울 뿐이었다.

"그래서 어떻게 할 거래요?"

"라지 삼촌이 차를 바꿔줄 때까지 결혼이란 말은 꺼내지도 말란다."

(…)

"그래서 저렇게 뚱한 얼굴을 하고 앉아 있는 거예요?"

"그런데 저들이 삼촌에게 약속을 보증해달라는 구나. 듀크 아버지가 차액을 당장 현찰로 내놓으라고 했단다."(…)

"앉으세요." 아나냐의 말에 듀크는 양순한 양처럼 곧바로 자리에 앉았다. 아나냐는 모두를 돌아보며 덧붙였다.

"듀크의 사촌분들, 잘 들으세요. 액센트는 없을 겁니다. 우리 쪽 어른들은 진심을 보여주었습니다. 이제는 듀크와 여러분의 책임입니다. 듀크가 진정으로 민티를 정중하게 맞아들이기를 바란다면 어른들에게 그렇게 말할 수 있어야 합니다. 그렇지 않으면, 듀크는 얼간이에 불과하기 때문에 우리는 이런 결혼을 바라지 않습니다."

"아나냐 …." 우리 회의가 너무 길어지자 라지 외삼촌이 우리를 찾아왔다.

"거의 끝났습니다, 외삼촌. 5분만요. 듀크, 결정하세요." 모두가 깊은 침묵에 빠져들었다. HLL의 브랜드 관리자이며 경영학 석사, 아베다바드 경영대학원의 인기투표에서 최고의 미녀로 꼽혔고, 나 자신의 생각에도 최고의 여자 친구이기에 손색이 없는 아나냐 스와미나탄은 듀크 가족의 젊은이들에게 냉정하게 생각하기를 강요했다.(§ 47)

뿐만 아니라 이들의 대화와 설득(작업)은 마침내 세대간, 지역 간에 가로 놓인 문화적 편견과 차별을 무너뜨린다. 그리고 대를 이어 유습된 문화적 격차를 극복하고 결혼이 "더 많은 사람을 사랑하게 되는 것"이란 아주 평범하지만 소중한 진리를 모든 사람이 공감하게 한다.

> 성직자가 말했다.
>
> "끝났습니다. 이제 하객들에게 가서 축복을 받으십시오." 나는 스와미나탄 씨와 그의 부인을 쳐다보았다. 그들은 더 이상 아나냐의 부모가 아니었다. 이제 그들은 내 장인과 장모였다. 나는 마침내 꿈을 이루었다. **펀자브와 타밀 나두가 하나가 되었다**.
>
> (…)
>
> 마침내 웨이터가 핸드벨을 울리며, 축사와 케이크 커팅 행사가 있을 거라고 알렸다. 친척들이 케이크 주변에 모여들어 의자에 앉았다. 타밀 사람들과 펀자브 사람들이 얼굴을 마주보고 앉았다. 그들은 더 이상 내 결혼식에 참석하려고 왔던 사람들이 아니었다. **그들은 이제 다른 지역 사람들과 어울리며 살아있는 인간 박물관을 빚어내고 있었다**.
>
> (…)
>
> 아나냐 아버지는 목을 축이려 물을 마셨다.
>
> "솔직히 말해서 내 안의 타밀 사람은 약간 실망했을 겁니다. 하지만 내 안의 인도 사람은 무척 행복합니다. 더구나 내 안의 인간은 한없이 행복합니다. 우리 부부가 이번 기회에 **더 많은 사람을 사랑하기로 결정한 덕분**입니다."(§ 63)[29]

2-4. 타문화에 대한 배려와 지역 서사로서 음식문화와 결혼문화

이 소설의 성공 요인은 여러 가지가 있을 수 있다. 그런데 필자는 이 소설에서 작가가 인도의 전통문화(특히 결혼문화)를 심도 있게 소개한 것 이외에도 인도 밖의 문화들에 대해 깊이 배려했다는 점을 간과해서

29 진하게 표시한 부분은 필자 강조.

는 안 된다고 본다. 물론 인도 밖의 문화들은 마치 풍경화처럼 주인공들이 이동하는 동선에 또는 대사 중에 스쳐 가는 이야기로 등장한다. 앞선 인용문에서 우리는 현대자동차 산트로와 액센트가 소개된 것을 기억하고 있을 것이다.[30] 뿐만 아니라 33장에 보면 일본산 오토바이 야마하 RX100가 등장하기도 하고, 먼지로 뒤범벅이 된 코카콜리 광고 간판을 비롯해 프렌치라는 상표의 속옷을 알리는 광고판, 프랑스 대표적 호텔 체인인 로리앙(Lorient), 그 호텔 프런트에서 일하는 푸른 눈을 가진 핀란드 태생의 다이애나 등도 언급하고 있다.

뿐만 아니라 결혼식 참여자들을 위해 만든 음식들도 중국식, 이탈리아식, 멕시코식, 레바논식 등 다양하게 준비하고 있다. 요는 다음 인용문에서 보듯, 바갓이 추구하는 철학이 인도를 문화적 격차, 갈등으로부터 통일시키는 것이 목표일 뿐만 아니라 결국 세계가 문화 다양성에 기반한 하나의 조화로운 세계가 되는 것을 꿈꾸고 있다는 사실이다.

> "음식을 담당한 책임자는 '**하나의 세계**'를 주제로 삼은 듯했다. 음식 진열대에는 펀자브, 중국, 태국, 이탈리아, 멕시코, 고아, 레바논 및 가정식 인도 요리까지 여덟 가지 전통음식이 각 종류마다 다섯 가지 이상이 놓여 있었다. 그 이외에도 챠트가 두 종류로 구분되어 진열돼 있었다. 하나는 일반적인 손님을 위한 것이었고, 다른 하나는 건강을 의식하는 손님을 위한 것이었다. 일반적인 손님을 위한 진열대에는 사모사와 티키(삶은 감자와 갖가지 향료로 만든 간식거리) 등이 놓여 있었고, 건강식을 위한 진열대에서는 싹양배추를 소스로 넣은 골가파가 눈에 띄었다. 외숙모들은 하나에서는 맛, 다른 하나에서는 건강을 얻기 위해 둘 모두를 선택했다."(§ 47)[31]

30 참고로 현대자동차 인도법인은 1998년에 설립되어 인도의 자동차시장에서 독자모델로 개발한 산트로(Santro)를 비롯해 액센트와 쏘나타를 판매하고 있다.
31 진하게 표시한 부분은 필자 강조.

그뿐 아니라 인도의 다양한 음식과 식습관까지 소개하고 있다.

> "펀자브 사람과 타밀 사람의 차이가 뷔페식당만큼 극명하게 나타나는 곳은 거의 없다. 타밀 사람들은 뷔페를 여느 식사와 똑같이 생각해서, 먼저 흰쌀밥을 담고 콩죽과 커드, 그리고 후추나 코코넛 혹은 커피잎처럼 작은 검은 점이 있는 음식들을 차례로 담는다. 그러나 펀자브 사람들은 음식을 보면 음악을 들을 때처럼 감정적 반응을 일으킨다. 따라서 그들에게 뷔페에 진열된 요리들은 필하모니 오케스트라와 비슷한 것이다. 대부분의 행사에서 음식 제공회사들이 사용된 접시의 수를 근거로 비용을 청구하기 때문에, 펀자브 사람들은 최대한 많은 칼로리를 접시 하나에 담으려 한다. 내가 어렸을 때부터 어머니에게 귀에 딱지가 앉도록 들었듯이, 집에서도 얼마든지 먹을 수 있고, 재료가 싸구려인 음식을 뷔페에서까지 먹을 이유는 없다. 따라서 노란 콩죽, 지겨운 고비 알루, 야채샐러드는 멀리하고, 닭고기나 견과를 사용한 요리와 색다른 디저트를 집중적으로 공략한다."(§ 52)

비평은 작품을 매개로 타자, 즉 작가를 이해하는 것(connaissance)이자 동시에 그 작품세계 속에서 자기 자신을 함께 탄생(co-naissance)시키는 것이라 했다.[32] 바르트의 이 정의는 비평과 비평가의 역할이 무엇인지를 적시하고 있다. "비평은 타자(un autre)에 대한 담론이며, 담론에 의거한 담론"이기에 주어진 문학작품 속에서 "진리(vérités)를 발견하는 것이 아니라 유효성(validités)을 발견한다."[33]

필자가 『투 스테이츠』에서 발견한 유효성은, 서론에서도 이미 밝혔지만, 이 소설이 글로컬 시대의 문화를 논함에 있어 중요한 전거로 삼을 수 있다는 직관적 믿음 때문이었다. 그리고 이 자리에 이르러 필자는 감히 이 소설을 '인도문화의 박물관'이라 평가하고자 한다. 이 소설에서 바

32 R. Barthes, *Essais critiques*, Seuil, coll.《Essais》, 1964, p.263.
33 *Ibid.*, p.264.

갖은 사랑과 결혼이라는 인류의 보편적인 주제를 작품의 중심에 두고 있으면서도 인도의 과거와 현재, 전통과 변화를 동시에 직조하면서 지역 서사의 면면들을 유감없이 표현하고 있다. 인도의 관습과 풍속 및 변화된 현재의 모습을 마치 세밀화처럼 묘사하면서도 인도 밖의 나라에 대한 문화적 배려 또한 잊지 않고 있다. 지역 간, 세대 간 갈등을 결국은 화해시키면서 해피엔딩으로 소설을 끝맺는 것도 맛살라 무비와 닮은 인도인의 선호하는 코드이다.[34]

이 모든 것들은 결국 바갓이 기본적으로 '글로컬 마인드'를 가지고 있었기에 가능한 성취라 할 수 있다. "서사는 모든 시간, 모든 장소, 모든 사회에 극히 무수한 형태로 존재한다."[35] 이런 기준에서 볼 때 『투 스테이츠』는 분명 인도라는 시공간을 무대로 한 지역 서사임에 틀림없다. 하지만 앞서도 강조했듯, 이 소설은 기본적으로 바갓의 글로컬 마인드가 작동되어 지역 서사가 지역을 월경하여 보편 서사로까지 확장되고 있다는 점을 놓쳐서는 안 된다. 비평을 "당대에 대한 지적 구성(construction de l'intelligible de notre temps)"[36]이라고 한다면, 우리는 바로 이 소설에서 '글로컬 시대'가 요구하는 인간관과 세계관의 밑그림을 발견한 셈이다.

3. 스스로 권위를 지닌 로컬 문화

"문화는", 리오타르의 지적처럼, "자신의 이야기를 정당화하기 위해 어떤 특별한 절차를 필요로 하지 않는다."[37] 다시 말해 문화는 외적인 규

34 박치완·김평수 외, *op. cit*, pp.161~164 참조

35 R. Barthes, *Introduction à l'analyse structural du récit*, Seuil, 1981, <서문> 참조. 이어지는 문장은 다음과 같다: "서사의 연원은 인류의 역사 그 자체이다. 세상 어디에도 서사가 없는 민족은 존재하지 않으며, 존재하지도 않았다."

36 R. Barthes(1964), *op. cit.*, p.266.

37 장-프랑수아 리오타르, 『포스트모던적 조건』, 이현복 옮김, 서광사, 1992, p.59.

모나 경제 발전의 정도가 권위를 부여하는 것이 아니라 그 "스스로 권위를 지닌다."[38]

그렇다. 모든 문화는 각기 스스로 권위를 지니고 있다. 스스로 권위를 지닌 문화는 작금의 글로벌 문화와 같은 획일성의 문화로 환원되지 않는다. 스스로 권위를 지닌 문화가 문화 다양성의 모태다. 이렇게 다양성이 문화의 본질이라는 전제를 수용하게 되면 중심문화/주변문화, 선진문화/후진문화, 농촌문화/도시문화, 로컬 문화/글로벌 문화와 같이 그동안 우리가 서구 유럽적, 근대적 시각 하에 감행했던 구분이 얼마나 폭력적이고 불공평한 것이었는지를 알 수 있다. 즉 이러한 구분법은 주어진 '현실-다양성'을 전혀 배려하지 않은 채 이러한 구분을 실행하는 자들의 의도를 철저히 반영한다. 그렇게 함으로써 결국 문화 간 위계를 세워 자신들의 타문화에 대한 지배를 정당화하려는 것이다.[39]

"위계적 인간(l'homme de la hiérarchie)"은 "문화의 적(l'ennemi de la culture)"이라 했다.[40] 부언컨대 21세기에 이르러 문화를 논하는 우리에게 중요한 것은 '분리·분의 정신'이 아니라 '종합의 정신'이다. 따라서 문화 다양성을 '동일성'과 '차이'라는 배타적 이분법을 무기 삼아 재단하는 누를 더 이상 범해선 안 된다.[41] 종합의 정신은 R. 베네딕트의 표현대로라면 '관용의 정신'이기도 하다. 그녀는 『문화의 패턴』에서 그동안 문화적 특징들의 분석에만 치중했던 전통의 인류학적 문화관, 즉 도

38 *Ibid.* 리오타르는 이야기(récit), 이야기적 지식(savoir narratif)과 관련하여 이와 같이 주장하고 있으며 "문화 속에서 무엇이 말해지고 행해질 권리를 갖는가를 규정하는 (…) 이야기는 문화의 일부이기 때문에 그로써 스스로 정당화된다(*ibid.*)고 강조한다.

39 비교철학자 줄리앙은 동양의 '지혜'와 서양의 '철학'을 비교하는 자리에서 "지혜가 사라지는 것은 바로 이러한 구분의 단계가 있고 난 이후이다"라고 지적한 바 있다 – F. Jullien, *Un sage est sans idée ou L'autre de la philosophie*, Seuil, 1998, p.136.

40 M. Meyer, *De la problématologie. Philosophie, science et langage*, P. Mardaga, 1986, p.348.

41 박치완, 「(문화-)세계화: 동일성의 폭력인가, 차이의 배려인가?」, 『이문논총』, 한국외국어대학교 대학원, 2009 참조.

식적 문화 분석에 대해 반기를 들고 문화의 통합적 연구, 즉 문화의 복합적 구성에 대해 진지한 고민이 필요한 때임을 강조하면서, "미래의 사회질서"를 위해 우리에게 필요한 것은 "훨씬 더 많은 관용"을 베푸는 일이라고 강조했다.[42] 그녀에 따르면 문화적 상대성은 서로 다른 문화들이 공존하면서 인류에게 희망을 안겨줄 수 있는 보다 현실성 있는 사회적 신념이다.

> "문화적 상대성을 인정한다는 것은 나름대로 가치가 있고, 그 가치가 반드시 절대주의 철학과 일치해야 할 필요는 없다. 사람들이 문화적 상대성을 비관적으로 바라보는 것은, 그 안에 본질적인 어려움이 있기 때문이 아니라, 그들이 옹호하는 제도를 혼란 속으로 빠뜨릴 것 같기 때문이다. 하지만 문화적 상대성을 새로운 의견으로 받아들이자마자, 그것은 선량한 생활의 또 다른 믿음직한 방패가 될 것이다. 그러면 우리는 더 현실적인 사회적 신념에 도달하고, 인류가 생존의 원자재에서 자신을 위해 만들어냈던, 공존하면서도 유효한 삶의 패턴을 희망의 토대와 관용의 새로운 기초로 받아들이게 될 것이다."[43]

종합의 정신과 관용의 정신으로 문화를 대할 때, 모든 문화는 각기 고유성, 독자성을 가지며, 바로 그런 기준에서 볼 때 모든 문화는 결국 '로컬 문화'라는 정식이 성립한다. 앞서 우리가 문화적 시공간은 장소성과 비장소성, 물질성과 정신성, 지역성과 세계성을 동시에 지니지만 후자가 결코 전자에 앞설 수 없다고 적시한 것도 이런 이유 때문이었다.

그런데 현실은 어떤가? 대부분의 세계화 옹호론자들, 다시 말해 문화제국주의적 시선을 가진 자들은 여전히 전자보다 후자에 더 무게 중심을 두며, '문화적 혼종성'을 내세워 세계화의 논리를 정당화하는 데만

42 루스 베네딕트, 『문화의 패턴』, 이종인 옮김, 연암서가, 2008, p.389.
43 *Ibid.*, pp.395~396.

분주한 것 같다.[44] 그들의 견해처럼 현상적으로는 그렇게 보일 수 있다. 하지만 그것은 어디까지나 '겉-현상'이 그렇다는 것일 뿐 서로 다른 문화의 심층, 즉 본질이 섞이는 것은 분명 아니다.[45] 작금의 초국가적 글로벌 문화는 로컬 문화를 탈영토화시킬 뿐만 아니라 문화의 고유성과 독자성을 인정하려 들지 않는다. 많은 사람이 글로벌 문화를 일종의 폭력, 위협으로 느끼는 이유가 여기에 있다. 피터 버크가 정확히 지목하듯, 현대문화를 분석함에 있어 눈에 띄는 혼종화의 경향, 즉 '피상적'으로 드러난 문화들 간의 접촉과 교류는 그 심층을 들여다보지 않고서는 핵심을 놓칠 수 있다. 한 문화의 뿌리, 즉 그 문화의 '무의식으로서 코드'를 파악하는 것이 중요한 것도 이 때문이다.

주지하듯, 문화적 유전자인 밈과 마찬가지로 문화 코드의 경우도 결코 일시적으로 형성된 것이 아니다. 밈과 문화 코드는 겉으로 드러난 문화 현상의 모태요 가히 해당 역사를 증언한다고 해도 과언이 아니다. 그 때문에 우리는 문화(특히 타문화)연구는 "과거만큼이나 현재를, 실천만큼이나 이론을, 특수한 사건만큼이나 일반적 과정을" 함께 고려해야 하며, 또한 "경제, 사회, 정치적 국면" 못지않게 "생활 태도, 정신 상태, 가치, 어법(expression), 상징 등에 이르기까지" 문화를 구성하는 제 요소를 고려하지 않으면 안 된다.[46]

우리가 M. 압달라-프렛세이의 문화, 상호문화에 대한 다음 정의에 필

44 크리스 바커도 그중 한 사람이다. 그는 <문화>를 설명하는 항목에서는 "문화는 장소의 문제가 아니라 세계의 공간으로 확장되며 혼종화되고 잡종화된 문화적 의미와 실천이 문제가 된다"고 정의하고 있다. 그에 따르면 "문화들은" "뿌리를 갖는 것이라기보다는 거쳐 가는 길을 새기는 것"에 불과하며, 따라서 "일시적인 결합체" 정도에 그친다 - 크리스 바커, 『문화연구사전』, 이경숙·정영희 옮김, 커뮤니케이션북스, 2009. p.119. 필자는 바로 이러한 시각이 곧 경제 강국 중심의 세계화 논리, 문화를 피상적으로 접근하는 방식이라고 본다.

45 M. M. Kraidy, *Hybridity: Or the Cultural Logic of Globalization*, Philadelphia, 2005 참조. 크리스 바커도 크래디와 동일한 입장을 취하고 있다: "〔문화적〕정체성은 결코 순수하지도 않고 고정되지도 않으며, 연령, 계급, 젠더, 인종 그리고 국적의 접합을 통해 형성된다." - 크리스 바커, *op. cit.*, p.388.

46 P. Burke, *Cultural Hybridity*, Cambridge: Polity Press, 2009, p.5.

자가 동의하는 것도 이런 까닭에서다. “문화는 사람들이 객관적으로 살펴볼 수 있는 사회적 실체 그 자체가 아니라 **의미를 재구성해야 하는 경험**이다.” 그런즉 타문화를 대하는 우리의 태도 역시 “선험적 이론을 표명하는 존재학”이 기준이 아니라 “타인과의 관계를 관찰하고 규명하면서 **서서히 구성되는 존재학**”으로 거듭날 필요가 있는 것이다.”[47]

역으로 말하면, 바로 이런 이유 때문에, 우리는 탈경계적·무국적적·현상적·초국가적 글로벌 문화의 이면과 그 폭력적인 시선을 현미경적으로 들여다볼 필요가 있다. 현미경적으로 글로벌 문화의 이면을 들여다보면, 글로벌 문화는 타문화와의 진정한 관계 개선이나 교류 및 소통을 중시하기보다는 일방적 전파를 통해 자신들의 초강문화를 더욱 확대·강화하고, 네트워크화를 통해 보다 강력한 형태의 문화단일화를 구축하려는 속셈을 가지고 있다. 자신들의 조직망 안에 타문화들을 구분·배치하여 일련의 비교를 시도하면서, 자신들의 그러한 접근방식, 태도의 문제는 무엇인지에 대한 아무런 반성 없이, 오직 자신들의 문화에 동화되지 않는 원인이 어디에 있는지 만을 감찰한다고나 할까.

직설적으로 이야기해 글로벌 문화는 다른 문화들과의 공유, 공존이 목표가 아니라는 것이다. 즉 경제 강국 중심의 글로벌 문화가 지향하는 논리는 여전히 지배/피지배라는 양가적 선택을 강요하는 근대적 논리의 연장일 뿐이다. 본 장에서의 화두와 이를 연결시켜보자면, 지역문화의 서사는 이렇게 강력하고 파괴적인 외부적 힘에 노출되어 있다. 그리고 그 결과는 심지어는 세계화 옹호론자도 직시하듯 로컬 문화의 ‘탈지역화’로 이어진다. 즉 외부적 힘에 의해 로컬의 문화적 정체성과 일상성이 붕괴된다.[48] 그럼에도 이들은 글로벌 문화의 문제점을 지적하기보다는 오히려 로컬 문화를 추문한다.

---

47 M. 압달라-프렛세이, 『유럽의 상호문화교육』, 장한업 옮김, 한울, 2010. pp.72~73 - 필자 강조.

48 요아나 브라이덴바흐, 이나 추크리글, 『춤추는 문화: 세계화 시대의 문화적 다원화』, 인성기 옮김, 영림카디널, 2003, p.151 이하 참조.

> "모든 차이는 합의를 봐야 하고, 자신의 입장을 옹호해야 하며, 큰 목소리를 갖지 못한 사람은 묻히고 만다. 글로벌 문화는 모든 문화의 동등한 참여 하에 생겨나지 않았으며, 그 자체가 공명정대한 세계로의 발전을 촉진하는 것도 아니다. 그 구조와 요소 대부분은 사실 서구에서 기인한 것이다. 그러나 이제 다른 문화들도 참여기회를 넓혀가며 서구의 척도와 관점에 도전하고 있다."[49]

본 장을 통해 필자가 독자들과 공유하고 싶었던 것이 있다면, 그것은 바로 로컬 문화의 탈지역화에 대한 성찰이다. 물론 로컬이 글로벌의 반대항이 되어야 한다고 말하려는 것은 아니다. 지역적인 것은 세계적인 것의 구성적 부분임은 틀림없다. 하지만 근본적인 문제는 늘 세계적인 것이 지역적인 것의 차이들을 인정하려 하지 않기 때문에 생긴다는 사실이다. 재삼 강조하지만, 문화와 서사는 지역에서 출발한다. 그런데 많은 학자들은 세계적인 것을 지역적인 것 위에 위치시키는 경향이 있다. 그리하여 결국 도달점도 출발점도 세계적인 것이 지배적 담론을 유인하다 보니 '세계는 하나!'라는 동어반복만이 계속되고 있다. 타인, 타문화는 안중에도 없고 오직 거울을 쳐다보며 나르시시즘에 빠져 있는 것이 세계화에 대한 일반론이라고나 할까.

작금의 세계화론은 이렇게 세계적인 것이 세계적인 것을 반사하는 거울 놀이를 일삼고 있다는 데 문제가 있다. 그 과정에서 다채색의 로컬 문화들은 단색의 글로벌시스템에 편입되기를 종용받는다. 글로벌시스템에 대해 침묵할 것인가 아니면 대항할 것인가의 양가적 선택 앞에 우리는 서 있다. 『투 스테이츠』에 대한 심찰을 통해 우리는 일정 부분 후자에 무게 중심을 두었다. 주지하듯, 이제 세계화는 한 두 나라가 나서서 그 흐름을 돌려놓을 수 있는 임계점을 이미 초월한 상태다. 문자 그대로 '지구촌 전체'를 무대로 그 파괴력을 행사하고 있는 것이 세계화의 흐름

49 *Ibid*, p.210.

이다. 그 과정에서 문화며 지식까지도 세계화의 제물로 전락했다. 특히 디지털 중심으로 변화된 환경하에서 그 파급력은 아무도 예측할 수 없는 상태라 해도 과언이 아니다. 상황이 이러하기에 타문화에 대해서는 말할 것도 없고, 설사 자문화 내에서라고 할지라도 문화적 개입과 폭력에 대해 저항하는 것은 정당하며, 차이들로부터 야기되는 모든 갈등과 대립을 최소화하려는 노력을 지속적으로 경주해야 할 것이다. 또 이런 노력 없이 우리가 결코 우리와 다른 '문화들'에 다가갈 수 없다.[50]

이러한 문화적 자각과 함께라면 지구촌의 삶은 이제 더 이상 <MacWorld>로 상징하는 '흰색'으로 획일화되지 않고[51] '알록달록한' 다채색을 본의로 하여 모든 지역의 문화를 살리고, 지구촌 시민 모두가 문화 다양성을 향유하는 수혜자가 될 수 있을 것이다.

---

50 본고에서 우리는 이런 취지로 『투 스테이츠』를 분석한 것이며, 신경숙의 『엄마를 부탁해』에 이어 케이릿(K-lit, 문학한류)을 개계(開啓)하는 데도 향후 많은 도움이 될 것으로 생각된다.

51 G. Ritzer, *The McDonaldization of Society*, Sage Publications/ Thousand Oaks, 1996 참조.

9

HOMO Glocalicus

문화 세계화 시대, 인문학도의 책무

"비교의 능력만이 서로 다른 문화들을 하나로 묶어준다. 그리고 그때 서로 소통하고 이해하는 결실이 맺어진다. 국가적이고 로컬적인 가치를 재발견하기 위해서라도 비교는 필수적이다." - V. 코로보프.

제9장

문화 세계화 시대, 인문학도의 책무

1. 글로벌화의 패러독스와 제3세계

우리의 일상은 글로벌화를 외치는 광고문구들로 가득 차 있다. 하지만 이들 광고 문구를 곧이곧대로 믿는 사람은 그리 많지 않을 것이다. 왜냐하면 그 속에는 진실보다 다분히 경제적 계산과 정치적인 의도가 숨어 있다고 판단하기 때문이다. 그런데도 불구하고 오늘날 '글로벌 문화(global culture)'는 마치 지난 세기의 '문명' 또는 '문화' 개념과 거의 동일한 가치와 의미처럼 통용되고 있다. 우리는 여기서 소위 '글로벌 문화'가 과연 다양한 로컬 문화들의 특수성과 고유성을 보호하고 존중하는 것을 모토로 한 것인지 진지하게 되새겨볼 필요가 있다.

글로벌 문화는 많은 사람이 특정 로컬의 경계를 초월하는 것, 즉 어떤 민족 공동체 혹은 국가를 초월한 '제3의 문화'로 이해하고 있는 게 '현실'이다. 피터스톤의 정의대로, "특정 문화가 표면적으로 전 지구적으로 확장되는 것"을 글로벌 문화로 이해하고 있다는 뜻이다.[1] 그러나 과연 그

1 M. Featherstone, "Localism, Globalism, and Cultural Identity", *Global/Local: Cultural Production and the Transnational Imaginary*, R. Wilson and N.

런 '문화'가 지구상에 존재할까? 피터스톤의 정의에서 우리가 주목해야 하는 것은 '특정 문화'이다. 돌려 말하면 이는 '로컬 문화'란 의미다. 즉 외래의 강한 문화가 로컬의 약한 문화를 지배해 가는 과정을 에둘러 표현한 것이 곧 글로벌 문화라는 뜻이다. 그렇게 특정 문화를 확장시켜 전 세계를 마치 '하나의 정부'처럼 통제하겠다는 의도가 글로벌 문화라는 개념 속에 장착돼 있다. 미국을 주도로 진행되고 있는 현금의 글로벌화 현상은 과거 식민주의 시절 영국이나 프랑스가 이와 같은 역할을 주도해왔고, 지구 반대편에서는 중국이나 일본이 이와 같은 역할을 주도해 왔다. N. 존의 지적이 옳다면, 이것이 바로 '글로벌 패러독스'이다.[2]

존이 작금의 글로벌화 현상을 '패러독스'라고 비판한 것은 글로벌화에 동참하지 못한 로컬들, 즉 글로벌 소비시장에서 경쟁력이 없는 국가 또는 사람에게는 불공평·불공정한 게임이 글로벌화의 본질이라는 것을 지적하기 위해서라고 할 수 있다. 인간의 타고난 개성은 말할 것도 없고, 그를 생육(生育)시킨 로컬 문화적 특수성과 다양성을 무한경쟁의 시장에 내맡긴 채 "개별 국가의 개개인들이 전 세계의 나머지 사람들과 같아지는 것"에 대해 크게 고민하지 않는 것이 글로벌화의 행보(行步)가 아니고 무엇이냐는 것이다. 부언컨대 '글로벌화된다'는 것을 '같은 상품을 소비하는 것'으로 많은 사람이 곡해하고 있다는 뜻이다.

먹고 싶은 음식도 같고, 바르고 싶은 화장품도, 듣고 싶은 음악도, 타고 싶은 자동차도, 살고 싶은 아파트도, 사귀어보고 싶은 이성상도 '같다'면, 이는 분명 '패러독스' 정도에 그치는 것이 아니라 인류의 미래에 대한 분명한 '위협'이라 아니 할 수 없다. G. 뒤랑은 이와 같은 동질화, 획일화, 균질화 현상의 점증에 대해 "호모 사피엔스(Homo Sapiens)에 대한 위협"이라 일찍이 경고한 바 있다.[3] 게다가 글로벌화는 지구촌의 전

Dissanayake (eds.), Durham, Duke University Press, 1996 참조.

2 N. John, *Global Paradox: The Bigger the World Economy, the More Powerful its Smallest Players*, New York: Willam Morrow & Company, 1998 참조.

3 G. Durand, *L'Imaginaire. Essai sur les sciences et la philosophie de l'image*, Hatier, 1994 참조. 뒤랑은 특히 논리, 과학, 기술에 대한 신실증주의적 믿음

체 시민에게 수혜가 돌아가는 것과는 무관하다는 점 또한 우리가 가벼이 여겨서는 안 될 점이다. 글로벌화에 앞장서는 대부분의 국가가 인류 전체가 아니라 자국 경제와 자국민에게만 혜택이 돌아가는 정책들로 일관하고 있다는 것이 그 반증이다. 글로벌 문화, 즉 문화적 글로벌화를 문화적 제국주의와 다르지 않다고 비판한 학자들이 늘고 있는 것도 이 때문이다.[4]

이러한 문화적 동질화, 획일화, 균질화가 단지 글로벌 소비시장에서만 나타나는 현상일까? 그렇지 않다. 이러한 현상은 문화상품의 소비 차원을 초월해 삶의 패턴, 사고의 패턴으로까지 연장·확대되고 있다. 이런 견지에서 보면 M. 맥루한이 가설(假說)한 '지구촌(Global Village)'은 로컬 문화들의 특수성, 다양성을 보호하고 존중하는 방향으로 항진(亢進)하지 않고 오히려 강한 문화가 더 강력해지는 모순적 상황이 전개되고 있는 셈이다. 설상가상으로 디지털 기술의 발달과 디지털 기기의 보급으로 시공간은 더욱 압축되어 가고 있으며, 이로 인해 거의 대부분의 로컬 문화들은 강한 문화의 지배 아래 종속되어 가고 있다. F. 줄리앙이 <보편적인 것 = 획일적인 것>이라고 감히 단언하듯, 이제야말로 문화들 간의 교류를 지배-종속의 논리에서 벗어나 '상호 공통적인 것'에서 재발견하는 노력을 해야 할 때가 아닌가 싶다.[5]

이런 시대 진단과 소명에 따르면, 소위 '글로벌 문화'는 21세기의 문명의 방향타라고 할 수도 없을뿐더러 더더욱 '선진 문화'라고 볼 연유도 없는 것 같다. 글로벌 문화는 기존의 제국주의, 식민주의가 문화라는 덧옷을 포개 입은 일종의 문화 침략의 새로운 형태와 다를 것이 없다고 판단

의 확대와 연관해 이와 같은 비판을 하고 있다.

4 D. Bombongan, Jr., "Cultural Globalization: Beyond the Homogenization Thesis", *Asia-Pacific Social Science Review*, Vol. 6, No. 1, 2006, p.2. 대표적으로는 다음 연구서가 있다: J. Tomlinson, *Cultural imperialism: a critical introduction*, Continuum International Publishing Group, 1991; E. Said, *Culture and Imperialism*, New York: Pantheon Books, 1993.

5 F. Jullien, *De l'universel, de l'uniforme, du commun et du dialogue entre les cultures*, Fayard, 2008 참조.

되기 때문이다. 따라서 V. 코로보프의 지적대로 "외부의 공격적인 문화의 침략 때문에 불리한 상황에 처한 〔로컬〕 문화 내부에서 그것에 저항하기 위해" 문화 정체성, 민족(인종) 정체성, (인류) 공동의 정체성에 대한 물음들이 제기되는 것은 당연한 반응이자 일종의 정당방위라 할 수 있다. 필자가 최근 10여 년간 <glocalization>, 즉 '지역 세계화'와 관련된 논문들을 통해 문화인식론에 대한 일신된 시각을 강조해왔던 것도 이런 취지에서였다.[6]

지역 세계화는 주지하듯 글로벌화(globalization)와 지역화(localization)를 동시에 아우르는 일종의 변증법적 개념이라 할 수 있다. 그동안 국내 학계에서는 이를 세방화, 지구 지역화, 세계 지역화 등으로 번역해 사용해왔다. 그러다보니 많은 사람이 <glocalzation>을 <globalization>의 변형태 또는 한층 강화된 <globalization>으로 오해하는 수가 허다했던 것 같다. 경제 강국들이나 글로벌 다국적 기업들 중 시장 확대를 위해 지역화(localization)에 힘을 쏟고 있지 않은 경우는 없다고 해도 과언이 아니다. 때문에 필자는 <glocalization>을 '세방화', '지구 지역화', '세계 지역화'와 같이 단지 어차(語借)를 우리말로 옮겨놓은 것으로는 그 의미와 지향하는 바를 충분히 살릴 수 없다고 판단해서 '지역 세계화'란 새로운 번역어를 제안하는 바이다.

지역 세계화 개념의 등장은 신자유주의적 시장 경제가 기승을 떨치기 시작하면서 이에 대한 일종의 대항·대안 이념으로 출현한 개념이라는데 일차적 의의가 있다. 지역 세계화 개념의 핵심은 결국 로컬 문화들을 경제적으로 재지배하려는 글로벌 문화와 달리 모든 문화는, 역사가 그러하듯, 각기 그 문화가 탄생한 해당 장소(topos)에 기반하고 있다는 데서 출발한다.[7] 인간의 삶도 철학도, 상상력과 예술도 특정 장소에 기

6 이에 대해서는 박치완, 「글로컬 시대, 문화 해석의 새로운 지평」, 『철학탐구』 제38집, 2015; 「글로컬 공공철학을 위한 문화인식론: 문화적 정체성의 물음을 중심으로」, 『동서철학연구』 제75호, 2015 참조.

7 나카무라 유지로, 『토포스- 장소의 철학』, 박철은 옮김, 그린비, 2012 참조.

반하고 있기는 마찬가지다. J. 말파스도 언급하고 있듯, "인간의 정체성은 장소와 로컬리티로부터 분리될 수 없다."[8]

고유성과 특수성을 대변하는 장소는 각 문화가 탄생한 모태이자 리얼리티이다. 장소는, 문화 탄생의 모태인 로컬은, 유클리트의 기하학적 공간에서처럼 추상화될 수 없고, 수학적으로 계량화되거나 치환될 수 없다. 모든 로컬 주체들의 '진정한 처소'로서 장소는 생활세계, 일상세계의 대변자이자 역사와 문화의 보금자리이기도 하다. '구체적 여기'로서 장소는 모든 개별 인간에게 있어 삶의 진(眞)자리이기에 구체성이 사상(捨象)된 '저기'로 대체가 불가능하다. 모든 로컬 문화는 기본적으로 서로 다른 장소를 배경으로 탄생된 것이란 뜻이다.

이런 이유 때문에 전 지구촌을 시장과 유통의 관점에서 단일시스템화하려는데 목표를 고정시키고 있는 글로벌 문화를 로컬 시민들은, 특히 저개발국이나 개도국의 피해자 입장에서, 장밋빛 환상으로 추종할 것이 아니라 자본의 '신종 이데올로기'에 꼭두각시 춤을 추어서는 안 된다는 각성이 필요하다.[9] D. 봄본간의 지적대로, "제3세계의 사람들이 서구세계의 사람들과는 사물을 다르게 보는" 까닭도 장소에 기인한 것이다. 이제는 "서구의 지배-착취 이야기(Story of the West)"의 그늘에서 벗어나 "제3세계의 이야기들(Third World stories)"에 귀 기울일 때가 된 것이다.[10]

글로벌 문화에 대한 새고 작업은 지구촌의 로컬 문화들을 동질화, 획일화, 균질화의 늪에서 어떻게 벗어나게 할 것인지와 맞물려 있는 물음이다. 외부로부터 유입된 강한 문화를 창의적으로 수용하는 것도 로컬 문화가 바로 서 있지 못한 상태에서는 불가능하다. 그리고 이처럼 모든 문화는 로컬-장소에 기반하고 있다는 것에 대한 인식 전환 못지않게 중

8 제프 말파스, 『장소와 경험- 철학적 지형학』, 김지혜 옮김, 에코리브르, 2014, p.247.
9 박치완, 「글로벌 문화는 둥근 사각형에 불과하다」, 『글로컬 창의문화연구』 제4권 1호, 2015, pp.1~2 참조.
10 D. Bombongan, Jr., *op. cit.*, p.4.

요한 것이 바로 문화는 첨단기술이나 국제통화처럼 '스탠더드'가 존재하지 않는다는 점이다. 즉 다양성이 문화의 본질이란 뜻이다. "모든 풀잎과 새와 벌레부터 수많은 문화 속의 고유한 개인의 정체성에 이르기까지, 모든 곳에는 다양성이 필요하다. 다양성이 없이 생명은 공존할 수 없다."[11]

바로 이런 까닭에 문화 교류의 초기 단계에서는, 심한 경우, 충돌이 야기될 수도 있다. 충돌하고 갈등하는 문화들 간의 '거리'는 단번에 좁혀질 수 없다. '보편-문화', '인류공통의 문화'와 같은 개념은 물론 하나의 이론적 지향으로 요청되고 있고 또 요청할 수는 있다. 하지만 그렇다고 해서 실제 그런 스탠더드로 작동하는 문화가 과연 존재하는지에 대해서는 의문의 여지가 많다. 문화적 우월의식과 편견으로부터 파생된 서양(선진)문화는 21세기에 접어들어 로컬 문화의 중요성에 대한 인식의 확대되면서 재고되어야 할 대표적인 개념이 되었다. 교류와 상호 수용이라는 쌍방성이 전제되지 않는 문화전파 또는 문화교류는 곧 문화적 폭력으로 변질될 가능성이 높다. 또한 문화는 문화상품과도 구분되어야 한다. 문화는 돈을 지불하고 사고파는 거래품과는 판연히 다른 것이기 때문이다.

거래되는 것은 물질이지 정신이 아니다. 문화는 장소의 정신이 배어있는 각 로컬의 상징체계이자 인류의 고유 자산이다. '정신-문화', '물질-문명'이 우연한 조합이라 할 수 없는 이유가 여기에 있다. 문화가 문화상품과 구분되어야 한다는 것은 바로 글로벌 시장에서 문화가 상품과 잡박(雜駁)해지는 것을 막아 내야 한다는 뜻이기도 하다.

2. 문화혼종화의 암계(暗計)와 문화적 정체성

글로벌 문화(보편 문화, 스탠더드 문화)라는 개념만큼 최근 사람들이

11 헬레나 노르베리 호지, 『로컬의 미래. 헬레나와의 대화』, 최요한 옮김, 남해의 봄날, 2018, p.84.

오해하고 있거나 과잉 의미를 부여하고 있는 개념이 바로 '혼종문화(문화의 혼종화, Hybrid Culture, Hybridization of Cultures)'이다. 21세기에 접어들어 사람들은 혼종문화를 너무도 당연시하는 경향이 있다. 그 이유는 실제 문화들 간의 교류가 그 어느 세기보다도 더욱 활발하게 진행되고 있고, 그 과정에서 서로 다른 문화들이 '믹스'되는 것이라고 생각하기 때문일 것이다. 거의 모든 종류의 문화(all kinds of culture)가 교잡(交雜)하고 있는 형국이라고 해도 과언이 아니니 이러한 오해가 가능해 보이기도 한다. 전 세계적으로 문화의 담지자요 향유자이자 생산자요 소비자인 노동이민의 증대, 시공간의 제약으로부터 자유로운 인터넷 사용자 및 디지털 기기 사용자의 증가, 대중문화 소비상품(음악, 영화, TV 등)의 탈경계적 공급과 소비 등 서로 다른 문화들이 표면적으로나마 '혼성'되는 경향을 누구나 목도하고 있기 때문이다. 이러한 현상은 과거의 세기와 비교할 수 없을 정도로 일반화되어가고 있는 것도 현실이다. 21세기를 소위 '문화변형의 시대(the cultural transformation of our times)'라고까지 평가한 까닭이 여기에 있다. 문자 그대로 '탈국경', '탈경계'의 시대가 전면화되면서 혼종문화는 '사실'의 단계를 넘어 마치 '당위'처럼 여겨지고 있다고나 할까.[12]

그런데 이러한 변화의 이면을 자세히 들여다보면 외부의 개입문화, 즉 대중문화 소비상품을 지구촌을 무대로 공급하고 유통시키는 강한 문화가 이를 수용하는 약한 문화의 시장 지배를 정당화하는 논리로 종종 혼종문화라는 개념이 사용되고 있다는 사실이다. V. 코로보프가 정확히 지목하고 있듯, 혼종문화는 "로컬의 작은 국가들, 약한 문화들 그리고 소비자들이 맹목적으로 미국의 또는 유럽의 인위적 생산품들을 소비하는 것을 놓고 새로운 문화적 정체성을 도입하고 수용하는 것으로 여긴다"는 데서 출발한다.[13] 이는 곧 소비자가 스스로를 기만하는 허위

12 P. Burke, *Cultural Hybrididty*, Cambridge: Polity Press, 2009 참조,

13 V. Korobov, "Models of Global Culture", *Globalization & Identity*, M. Tehranian & B. J. Lum eds., Transaction Publishers, 2006, p.49.

의식과 다르지 않다. 앞서 우리는 글로벌 문화를 기존의 제국주의, 식민주의가 문화라는 덧옷을 포개 입은 일종의 문화 침략의 형태라 했다. 혼종문화도 이렇게 보면 글로벌 문화의 파생물이라는 것을 알 수 있다. 문화가 자본 및 시장과 결합되면서 글로벌 상품의 소비자들에게서 발견할 수 있는 "'이상'현상"이 혼종문화의 본질이라는 것이다. 때문에 혼종문화를 단지 현금의 자유 시장 경제 시스템에 초점 두고서 새로운 문화 현상으로 일반화해서는 곤란하다.

문화적 혼종화 개념을, P. 버크를 비롯한 제일 세계의 학자들처럼, 현대인에게서 보이는 '새로운 문화적 정체성'이라도 되는 양 과장해서 해석해야 할 이유는 없다는 것이다. 앞서도 언급했듯, 이들은 무엇보다도 문화를 문화상품과 오인하고 있으며, 글로벌 경제구조가 기본적으로 로컬 문화의 정체성의 약화로 이어진다는 점을 전혀 배려하지 않은 주장이다. 그러다 보니 이러한 혼종문화의 소비족을 낭만적 시선으로 분석하면서 '신인류의 정체성'을 운운하는 학자까지 등장하게 된 것 아니겠는가.[14] 하지만 앞서 우리가 언급한 지역 세계화 개념에서와 마찬가지로 혼종문화에 있어서도 로컬 문화의 소비자들이 자신들만의 고유한 문화적 정체성을 유지하고 있느냐 그렇지 못하느냐가 관건이다. 자신들만의 고유한 문화적 정체성이 공고하지 않다면, 글로벌 다국적 기업들이 지구촌을 무대로 판촉하기에 여념이 없는 소비의 논리에 의해 문화적 토대마저 약화되거나 붕괴될 수 있기 때문이다.

주지하듯 작금의 대중 소비문화는 미국이 주도하고 있다고 해도 과언이 아니다.[15] 이는 가히 19세기의 유럽 제국주의가 주자(走者)를 바꾸

14 미셸 세르, 『엄지세대. 두 개의 뇌로 만들 미래』, 양영란 옮김, 갈라파고스, 2014 참조,

15 이 때문에 봄봄간은 문화적 글로벌화를 글로벌화 과정의 동질화와 연결시키면서 미국 주도의 글로벌화를 다음 개념들과 가족 유사어로 보고 있다: Americanization, Western Imperialism, Coca-colonization, McDonaldization. 이에 대해서는 D. Bombongan, Jr., *op. cit.*, p.2. 그런가 하면 G. 리쳐는 미국화를 아예 '맥도널드화'라고 못 박고 있다 – G. Ritzer, *The McDonaldization of Society*, Sage pablications / Thousand Oaks, 1996.

어 그때보다 더 폭넓고 더 깊숙이 로컬시장들을 옥죄어오고 있다는 말에 다름 아니다. 대중의 문화 소비가 과연 어떤 식으로, 어느 영역에까지 침투해 있는지, 아래 코로보프의 언급을 참고해보면 그 획일성을 충분히 인지하게 되리라.

> "맥도날드의 햄버거와 피자헛의 피자는 리투아니아 빌니우스의 거리에서도, 마치 모스크바나 메사추세츠에도 그 브랜드들이 어디에나 있는 것과 마찬가지로, 바로 쉽게 찾아볼 수 있게 되었다. 스파이스 걸스, 마돈나 같은 가수들 또는 레이지 어게인스트 더 머신, 퍼블릭 에너미, 메탈리카 같은 밴드들의 팬 같은 경우에는, 그들 국가에 팬이 있는 것만큼이나 싱가포르에서도 그들의 팬을 쉽게 찾아볼 수 있다. 그리고 아놀드 슈왈츠제네거, 실베스터 스탤론, 레오나르도 디카프리오, 새론 스톤, 위노나 라이더, 안젤라 베셋 그리고 스파이크 리 같은 배우가 등장하는 영화는 전 세계에 걸쳐서 상영되고 있다."[16]

문화 식민주의적 지배력은 이렇게 지구촌 곳곳에 침투해 있다. 문화적 토대가 약한 국가일수록 강한 문화의 영향력 하에 놓일 수밖에 없는 이유가 여기에 있다. 그리고 젊은 세대일수록 문화적 정체성에 관한 고민 등에는 연연해하지 않는다는 것도 문화의 혼종화 현상이 날로 확대되는데 일조한다고 볼 수 있다. 이렇듯 문화의 혼종화 현상은 〔로컬 소비자 < 글로벌 상품〕의 형태로 힘의 균형이 깨지면서 받아들이는 쪽이 아닌 공급하는 쪽에서만 상리(商利)가 발생하는 게임이라는 것을 잊어선 안 된다. 그리하여 결국 개입문화의 공격성을 견디지 못한 로컬 문화들은 토대마저 붕괴되고 있는 것이다. 우리가 희망하는 "'진정한' 혼종문화"의 형태가 〔로컬 소비자 = 글로벌 상품〕과 같이 힘의 균형이 유지되는 상태를 전제한 것이라면, 현실은 역설적으로 늘 〔로컬 소비자 < 글로

---

16 V. Korobov, *op. cit.*, p.49.

벌 상품]의 형태로 진행된다는 점이 문제라는 것이다.

이러한 힘의 불균형 상태가 힘의 균형을 되찾는 방식으로 전개될 날이 올 것이라 기대할 수 없기 때문에 저개발국가나 개발도상국에서는 문화적 혼종화 현상을 두 손 들고 반길 일인지 고민해보아야 한다는 것이다. 역설적으로 말해, 강한 문화를 소유한 경제 강국들에서 드러내놓고 선전하는 '스토리텔링' 속에 '식민적 욕망'이 도사리고 있다는 점을 직시하지 않으면 안 된다는 뜻이다.[17] 문화의 혼종화와 글로벌 문화는 이렇듯 '경제'라는 한 뿌리에서 태어난 형제처럼 동종이형일 뿐 '문화', '문화교류'와는 거리가 있다. M. 크레디가 문화혼종화를 "'글로벌화'의 문화적 결과(cultural effect of globalization)"라고 진단한 이유가 여기에 있다.[18] 다시 말해 글로벌화가 진척될수록 문화는 경제에 예속된다는 뜻이다. 때문에, Z. 사르다르가 정확히 지목하고 있듯, 저개발국가나 개발도상국에서는 자신들이 결코 글로벌 시장의 '수혜자'가 될 수 없다는 점을 자각하는 것이 무엇보다 필급(必急)한 일이라 하겠다. 역설적으로 말하면, 글로벌 시장의 '희생양'인 저개발국가나 개발도상국에서는 심지어는 자신들이 사고 싶은 것도 맘대로 살 수도 없고, 존재하고 싶은 방식대로 존재할 수도 없는 상황이 되었다는 것을 남의 일처럼 여길 때가 아니라는 것이다.

"[제3세계의 사람들은] 그들이 존재하고 싶은 바(what they want to be)를 선택할 수 있는 것도 아니고, 그들이 존재해왔던 것(what they have always been) 역시도 자신들이 선택한 것이 아니다. (…) [게다가] 그들은 그들이 살기로 마음먹은 것처럼(as they choose to live) 살 수도 없다. 그 이유는 역시 그들의 삶을 지지해주는 과학, 기술, 의료 시스템,

---

17 R. Young, *Colonial Desire: Hybridity in Theory, Culture and Race*, Putnam, 1995 참조.

18 M. Kraidy, *Hybridity: or the cultural logic of globalization*, Philadelphia: Temple, 2005 참조.

농업, 자연적 주거지역들이 파괴되고 망가져 있기 때문이다. 그리고 그들은 그들이 사고 싶은 것을 마음대로 구매할 수도 없다. 왜냐하면 그들의 생산 방식이 수입된 서구적 소비재와 서비스들로 대체되어 버렸기 때문이다. 그들은 지배 문화의 희생자가 되지 않겠다는 것조차 마음대로 선택할 수가 없다. 그들이 희생양이 되어야 한다는 사실 자체가 이미 글로벌 경제와 글로벌 정치 시스템 속에 내재화 되어 있기 때문이다."[19]

'문화'로 포장된 세계화, 문화의 혼종화는 경제와 시장의 장악이 최종 목표라는 것을 왜 저개발국가나 개발도상국의 정치가들은 망각하고 있는 것인가? 경제 강국 주도의 글로벌화가 새로운 유형의 식민화와 다르지 않다는 것을 왜 지각하지 못하고 있는 것인가? 앞서 우리는 "모든 문화는 장소에 기반한다"고 했다. 이를 부연하면 결국 모든 로컬 문화는 각기 고유한 문화적 뿌리를 가지고 있다는 말과 다르지 않다. 그런데 그러한 로컬 문화가 타국가에 일시적·표면적으로 소개되거나 수용되었다고 해서 그것이 곧바로 "제3의 글로벌 문화"라고 단정하는 것은 위험한 발상이다.[20] 더더군다나 타국가의 국경을 종횡무진하며 유통·소비되고 있는 대중문화 소비상품들이 과연 문화의 본질과 맞닿아 있는지도 고민해보아야 한다. F. 제임슨의 분석이 옳다면, 후기자본주의의 문화 논리는 로컬 시장을 교란시켜 다국적 기업들을 배불릴 뿐 타문화를 보호하고 존중하는 것과는 아무런 관련이 없다.[21]

문화의 혼종화 현상은 특정 지역에서 국지적으로 또는 일시적으로

19 Z. Sardar, *Postmodernism and the Other: The New Imperialism of Western Culture*, London: Pluto Press, 1998, pp.19~20.

20 V. Korobov, *op. cit.*, p.50

21 F. Jameson, "Postmodernism and Consummer Society", *The Cultural Turn: Selected Writings on the Postmodern, 1983-1998*, London & New York: Verso. 1998, chap. 1; *Postmodernism, or the Cultural Logic of Late Capitalism*, Durham, Duke University Press. 1991 참조.

나타난 현상임에는 틀림없다. 하지만 이는 문화 소비의 트렌드일 뿐 결코 문화 코드처럼 집단의 무의식으로까지 터를 잡은 것이라고 할 수는 없다. 트렌드는 심층의 문화 코드와 달리 늘 유행을 좇으며 유행이 지나면 자취를 감춘다.[22] 일례로 한국의 10대들이 기성세대에 비해 영어 사용에 대한 두려움이 적고, 아파트 이름이 죄다 영어, 프랑스어, 독일어 등이 뒤범벅인 외래어로 되어 있다고 해서 이를 두고 그들이 영미권문화, 프랑스문화, 독일문화를 깊이 이해하고 있다고 말할 수 없는 것과 같이 문화 코드는 문화 트렌드와 구분되어야 한다. V. 코로보프가 「글로벌 문화의 모델들」이란 논문에서 누차강조하고 있듯, 모든 로컬 문화들을 조화롭게 아우르는 글로벌 문화는 아직 존재한 적이 없고, 또 존재할 수도 없다. 따라서 정신문화의 교류나 확산보다 오직 대중문화상품의 소비 증대에 초점이 맞추어진 혼종문화에 관한 담론은 단지 "글로벌 경제를 대표"[23]하는 피상적 지표이자 트렌드 분석일 뿐이며, 세계의 중심국과 주변국, 제일 세계와 제3세계 간의 정치·경제·문화적 불평등 관계를 여실히 보여주는 척도라는 점을 직시할 필요가 있다.

재삼 강조하지만, 글로벌화는 '경제의 지배'를 모토로 한 21세기적 보편 이념이다. 문제는 경제적 부를 창출하기 위한 거래품목 속에 '인간'도 포함되어 있다는 사실에 대해 우리 모두가 깊이 반성해야 한다. A. 맥그루가 정확히 보고 있듯, 세계화 시대를 맞이해 "상품, 자본, 사람, 지식, 이미지, 범죄, 공해, 약품, 의상 그리고 신념 등 모든 것이 지역의 경계를 넘나들고 있다."[24] 맥그루의 분석에서 우리가 주목해야 하는 것은 과연 로컬의 경계를 자유롭게 넘나드는 주체가 '누구'냐는 것이다. 두말할 것도 없이 그것은 지구촌을 쥐락펴락하는 경제 강국과 그들의 기업이며 그들의 비즈니스맨들이다. 그들에 의해 상품도 자본도, 심지어는 범죄

22 박치완·김평수 외, 『문화 콘텐츠와 문화 코드』, 한국외국어대학교 출판부, 2011 참조.

23 V. Korobov, *op. cit.*, p.46.

24 A. McGrew, "A Global Society?", S. Hall, D. Held and A. McGrew(eds), *Modernity and its Futures*, Cambridge: Polity Press, 1992, p.65.

도 공해도 여타의 로컬들에 전달되고 이식된다. 그뿐인가. 바로 그들에 의해 종교적 신념도 디지털 지식도 이종(移種)되고 있다. 상황이 이러한데, 다시 말해 글로벌화라는 비가역적인 시대적 흐름은 "그 어떤 기술적·사회적 변형으로도 떨쳐낼 수 없는 현상"[25]이라는 것이 우리를 더욱 슬프게 한다.

세계화 추종자들의 계략을 직시해야 하는 이유가 여기에 있다. 주지하듯 그들은 국가 위에 군림하는 거대 자본가들이다. 자본가는 상품의 공급을 통해 이익을 최대화하려는 자이지 결코 문화의 상호 교류나 사회적 약자, 경제적 피해자, 문화적 소외자들을 위해 고민하는 '위인'이 아니다. 그들이 원하는 것은 단 하나다. 즉 글로벌 시장이 지금보다 더 개방되고 활성화되어 자신들에게 회환(回還) 되는 이득을 극대화시키는 것, 다시 말해 사적 소유를 자신들의 국경 밖에서 최대한 늘리는 것! 이러한 목적 달성을 위해서는 수단과 방법을 가리지 않고 무역 제재와 관세 등을 철폐시키고, 그들의 지식재산권까지 보호를 받는 것! 그리고 그것만이 인류가 함께 잘 사는 길이라고 혹색선전하면서 민주주의와 인권의 전도사를 자처하는 것![26]

문제는 자본과 시장의 이와 같은 글로벌화 현상을 그 어떤 국가도 제어할 수 없는 단계에 이르렀고, 그 어떤 국가도 직접 나서서 이 문제를 해결하려 하지 않는다는 점이다.[27] 양적 완화와 소비의 진작을 통해 경제성장을 이끌어내겠다는 웃지 못할 정책들만 쏟아내고 있는 것이 현실이다. 창조경제의 논리도 마찬가지다.[28] T. 아도르노를 비롯한 비판이론가들이 문화의 산업화(상품화)를 일찍이 경고했음에도 불구하고

---

25 존 톰린슨, 『세계화와 문화』, 김승현·정영희 공역, 나남출판, 2004, p.15.

26 경제적 권력자인 이들에게는 민주주의도 뒷전이라는 비판은 D. Held, A. McGrew, D. Goldblatt, and J. Perraton, *Global Transformations: Politics, Economics and Culture*, Stanford University Press, 1999 참조.

27 조지 소로스, 『미국 패권주의의 거품』, 최종욱 옮김, 세종연구원, 2004, 제11장 참조.

28 김기홍·박치완, 「한국형 '창조경제' 담론의 논의사」, 『인문콘텐츠』 제31호, 2014 참조.

표 1. 소유경제와 공유경제 비교 - kazaza.com(2012)

소유 경제	공유 경제(공유 사회)
Me Individual Ownership Global Centralized, 1% Competition Market, Advertising Money, Capital	We Shared Access Local Distribution, 99% Collaboration People Value

늘 이렇게 현실은 계몽의 정신, 이성을 거역하는 방향으로 흘러만 간다.[29] H. 아렌트는 문화가 상품화되는 것을 '문화의 위기'라고 진단한 바 있다.[30] 교역 대상에서 문화는 예외로 하자는 주장이 프랑스 등 유럽 각지에서 제기된 것도 필경 이 때문일 것이다. R. 빠쎄의 책 제목 그대로 '신자유주의의 환상'에서 벗어나는 것이 급선무라 아니 할 수 없다.[31] 오로지 상업적 이익 추구에만 혈안이 된 글로벌화를 '서양중독증(westoxication)'이라고 비판한 A. 아마드의 지적이 제3세계의 국가들에게 시사적인 이유가 여기에 있다.[32] 물론 G. 소르망의 말대로, 오늘날 "글로벌화되지 않았다는 것은 더 이상 행운이 아닐" 수도 있다. 그러나 이보다 더 중요한 것은, 앞서도 누차 강조했듯, "문화에는 그런 글로벌 문화가 존재하지 않는다"는 사실을 깨닫는 데 있다.[33] '글로벌 문화'가 존재하지 않는다는 소르망의 말은 결국 문화적 특수성 및 문화적 다양성이 존중되어야 하는 이유이기도 하다. 넘나듦이나 이동보다 뿌리가 중

29 테오도르 W. 아도르노, 『계몽의 변증법』, 김유동 옮김, 문학과 지성사, 2001 참조.

30 H. Arendt, *La crise de la culture. Huit exercices de pensée politique*, trad. de l'anglais sous la dir. de P. Lévy, Gallimard, 1972 참조.

31 R. Passet, *L'illusion néolibérale*, Fayard, 2000 참조.

32 A. Ahmad, "Globalization, Without Global Consciousness", *Humanity & Society*, No. 27, 2003, pp.125~142 참조. 물론 '미국중독증', '중국중독증'도 같은 맥락이라 할 수 있다.

33 기 소르망, 「해외칼럼: 글로컬로 가는 한국문화」, 『중앙일보』(2006. 9. 28) 참조

요하기에 그도 '글로컬'이라는 형용어까지 사용해가며 로컬 문화의 중요성을 우리에게 환기시키고 있는 것이리라.

이러한 관점에서 볼 때 다음 질문들은, 본 장의 말미에 이르러 이렇게 재질문하는 것이 역설 같기도 하지만, 우리에게 여전히 필수 불가결한 것이라 생각된다: 글로벌 문화, 나아가 문화의 혼종화는 '인류의 공생공영의 미래 문화'를 앞당기는 방향으로 진척될까 아니면 더 강력한 형태의 자본 제일주의나 기술제일주의를 통해 로컬 문화의 다양성을 황폐화시키는 방향으로 나아갈까? 로컬 문화가 황폐화된 상태에서도 혼종 문화며 글로벌 문화란 말이 유효할까? 그렇게 되면 개개인의 문화적 정체성은 어디에서 찾아야 하는 것일까?[34] 문화적 정체성 따위는 전혀 중요하지 않고 오직 무한경쟁에서 승자가 되는 것만이 중요한 것인가? 이러한 상황이 더 악화되면 지구촌의 시민들은 장소에 기원을 둔 문화 정체성을 갖는 것이 아니라 자본에 뿌리가 들린 부랑아 신세로 전락하지 않을까?

3. 문화 세계화 시대의 인문학도의 책무

문화학자 D. 듀크는 현금의 경제와 문화의 세계화를 주시하며 다음과 같은 일갈을 남긴 바 있다.

> "글로벌리스트들은 우리 모두를 다 같은 음악을 듣고 다 같은 음식을 먹고 다 같은 방식으로 살게 만들고 싶어 한다. 그들이 바로 진정한 의미에서 다양성의 적이며 또한 자유의 적이다. 정부가 커질수록 자유는 줄어든다. 취리히에 있는 사람이 저 멀리 카시미르에 있는 사람에게 무엇이 제일 좋은 것인지 어떻게 확신할 수 있는가? 진정한 자유는 작

34 이에 대해서는 아민 말루프의 다음 책 참조: 『사람 잡는 정체성』, 박창호 옮김, 이론과 실천, 2006.

은 정부로부터 오는 것이지 글로벌화된 정부로부터 오는 것이 아니다. 자유 중에서도 가장 중요한 자유는 (…) 우리 부모가 살았던 것처럼 살 권리이다. 우리는 우리 고유의 땅과 우리 고유의 문화, 우리의 국민들과 조화를 이루며 살아갈 수 있어야 한다.[35]

최소한 인문학도라면, 듀크의 위 언급에서, 일종의 사회적 책무가 느끼리라 생각한다. 문화상품의 기획자나 판촉맨이 아닌 인문학도는 자신이 나고 자란 장소, 조상들로부터 물려받은 고유한 문화유산과 전통, 역사 그리고 자국민이 현재보다 더 자유롭게 행복하게 살 수 있는 길에 대해 그 누구보다도 더 고민하고 연구해야 한다는 것! 이를 망각하고 자본주의 늪, 글로벌화의 먹구름 하에서 수동적으로 연명하는 데 그치는 것은 스스로 자신의 사회적 책무를 방기하는 처사일 뿐만 아니라 스스로에게 부여된 지식 추구의 자유마저 포기하는 것이나 다름없다.

'안방퉁수'가 음악의 대중성을 포기한 채 자신의 예술성만을 고집하며 방 안에 칩거하는 것을 비꼬는 말이듯, 요즘 우리 주위에는, 필자를 포함해, 시대와 사회가 요구하는 변화에 무감한 것은 물론이고 시민 대중이 갈구하는 학문의 사회적 역할에 대해 감각을 잃은 '인문 서생'들이 즐비한 것 같다. 이들은 인문학도로서 현실-학(現實-學)의 중요성과 가치를 간과한 것은 물론이고 지식인으로서의 사회적 책무, 즉 지식의 공적 기능에 대한 고민도 게을리 한다. 타인의 고통과 불행에 대해서는 이미 공감 능력을 상실한 상태이며, 지난한 과거의 문자의 성에 갇혀 세상과 소통할 기회마저 잃고 있다. 이것이 대한민국의 무참(無慚)하기 그지없는 인문학도의 모습이라면 과장된 표현일까. 자신이 전공하는 분야나 추종하는 학자만이 보편의 길을 안내한다는 믿음, 아니 그런 착각 속에서 칸트 전공자는 칸트에서 벗어나지 못하며, 공자 전공자는 공자에서 벗어나지 못한 채 자신이 서 있는 시공간을 몰각하기 일쑤다. 서생 인문

35 V. Korobov, *op. cit.*, p.46에서 재인용.

학에 침혹한 학자들은 자신을 생양(生養) 시켜준 로컬 문화와 현실을 글로벌 환상(학문적 보편주의)에 양여(讓與)하고서도 아무런 부끄러움이나 책임 의식도 느끼지 못한다. '모든 사람을 위해' '자기모순'을 감내해야 하는 것이 지식인의 역할임에도 한국의 인문 서생들은 현실, 역사, 시민 대중과 단절된 채 "내부 망명 상태(internal exile)"에서 벗어나지 못하고 있다.[36]

그렇다면 이들에게 우리가 지식인의 역할, 로컬에서의 학문함의 책무가 무엇이냐고 물을 수 있을까? 이들 보편-객관의 하늘을 신앙처럼 추앙하는 자들에게 그대가 지금 어디에 서 있는 거냐고, 인문학문의 로컬성과 독립성에 대해 어떻게 생각하느냐고 물을 수 있을까? 이 자리에서 필자는 인문학도의 책무를 문화의 글로벌화를 저지·유보시키는 것과 연관해 아래에서 몇 가지 제안을 해볼까 한다.

1) 인문학도가 자신의 로컬 문화를 수호하고, 그 가운데 자신에게 주어진 책무를 다하기 위해서 무엇보다도 외부의 강한 문화, 즉 제일 세계의 문화가 보편주의의 모델이라는 환상에서 깨어나야 한다. 대한민국과 같이 제3세계에서 학문을 하는 학자들일수록 이와 같은 자각이 급선무다. 문화적 지역성에 천착한 인문학문만이 문화적 정체성의 유지·강화에 기여할 수 있기 때문이다. 한국불교 철학은 19세기 불문학과 이미 그 출발점과 배경이 다르며, 영미 실용주의는 독일관념론과 그 지향점, 즉 추구하는 가치와 이념이 다른 것이다. 그런데 왜 유독 대한민국에서 인문학을 전공하는 학자들은 문화적 지역성을 간과한 채 '세계철학', '보편학문'에만 매달리는 것일까?

오늘날과 같은 탈영토화와 탈경계의 시대에는 더더욱 타자의 흉내 내기나 타자의 모방만으로 자신을 지켜낼 수 없다. V. 코로보프도 직시하고 있듯, "정체성을 유지할수록 오히려 개방성과 유대성의 반경이 확장

36 장 폴 사르트르, 『지식인을 위한 변명』, 박정태 옮김, 이학사, 2007 참조.

되며, 더욱 강화된 다양성이 나타날 것"이라는 인식 전환이 시급한 이유이다. 문화적 정체성이 흔들리거나 붕괴된 상태에서 "개방성은 곧 굴복이 되고, 교환성은 곧 감시가 되며, 상호작용은 곧 패배가 된다."[37] 이에 더해 스피박의 하위주체 개념에 관한 관심 또한 대한민국과 같은 제3세계의 인문학도라면 한 번쯤 깊이 새김질해볼 만 하다. 스피박의 말을 응용해 부연하자면, 식민주체인 하위주체의 '말'은 제1세계(the First World)로 전달되는 통로가 아예 막혀 있다.[38] 그렇다면 우리는 감히 선택해야만 한다, 수신자도 없는 '말'을 안방퉁수나 인문 서생처럼 계속 되뇌며 제1세계로의 논리를 따를 것인지 아니면 자신의 문화적 특수성과 지역성을 토대로 로컬 동족들과 함께 고민해가면서 학문의 뿌리를 찾을 것인지? 허나 제일 세계로의 탈출 내지 피신은 결코 자신이 속한 로컬의 문제를 해결해주지 못한다는 것을 잊어선 안 된다. 이러한 현실을 직시한다면 필경 인문학도는, 공학도나 자연과학도와는 달리, 자신의 연구가 자국의 문화적 정체성 유지에 도움이 될 수 있는 나름의 길을 탐색해야만 할 것이다. 필자는 한 논문에서 이를 이차함수 y=f(x)에 비유해 설명한 적이 있는데, y값(보편성)은 x값(지역성)이 결정하는 것이지 그 역은 성립하지 않는다.[39] 로스트비프를 즐겨 먹는 영국인들에게 밥과 김치를 매끼 먹으라고 강요하면 그걸 그들이 맛있게 먹을 수 있겠는가? 따라서 최소한 문화의 지역성만은 로컬 인문학도들이 주도적으로 사수해야 한다. 듀크의 말대로, "부모가 살았던 것처럼 살 권리"를 유지해가는 것은 후손된 자의 의무이기 때문이다.

---

37 반성택, 「이방인과 시민」, 『철학과 현상학 연구』 제28집, 2006, p.84에서 재인용. '내부 망명 상태'는 매킨타이어가 아리스토텔레스의 폴리스(구체적 공동체) 개념에 빗대 현대의 파편화된 개인들, 즉 '그 어디에도 속하지 않고 오직 자신 안에 칩거하는' 자들을 비판적으로 언급하면서 사용한 개념이다.

38 G. C. Spivak, "Can the Subaltern Speak?", Cary Nelson and Larry Grossberg(eds.), *Marxism and the interpretation of Culture*, University of Illinois Press, 1988 참조.

39 박치완, 「지역과 세계, 상대성과 보편성의 경계에 선 철학」, 『철학과 문화』 제26집, 한국외국어대학교 철학문화연구소, 2013 참조.

2) 최소한 인문학도라면 자신의 문화를 판단기준으로 삼아 '타문화들'의 이질성을 곡해하거나 '차이'로 선규정하는 일은 삼가야 할 것이다. 19세기에 성행한 서구의 문화진화론이 지구상에 존재하는 제 문화의 특수성을 보편성이라는 잣대로 재단하고, 특히 문명과 야만의 이분법을 조작했다는 것을 모르는 사람은 아마 없을 것이다.[40] 20세기 중후반에 이르면 이러한 서구 중심주의적 문화론은 월러스틴, 줄리앙 등에 의해 지구촌을 아우르는 보편주의적 문화론이었다기보다 오히려 유럽적-상대적 문화론일 뿐이었다는 점이 서구 내부에서 비판되고 있다는 것은 고무적이라 하겠다. 이러한 인식 전환으로부터 '문화상대주의'라는 로컬 문화들에 대한 기존의 부정적 평가는 단지 문화 보편(우월)주의자들의 농구(弄具)일 뿐 다양한 문화를 설명하는 유효한 개념일 수 없다는 점 또한 기억해야 한다. 로컬 문화의 다양성이 서구의 '위계적 문화과학'으로 재편되어야 할 이유는 없다. 각 로컬 문화는 구성원들에게 '삶터'이자

표 2. 종교별 이념과 가치 비교

유교	기독교	이슬람교
천명(天命)사상	인권(人權) 사상	천명(天命)사상
감성 중시	이성 중시	사회정의 중시
집단주의(공동체주의)	개인주의	공동체주의
가족이 모든 제도의 원형	개인이 모든 제도의 출발점	범인류적 형제애가 출발점
인격주의, 특수 관계 중시	보편주의, 사회규범 중시	형제애, 사회정의 중시
조화와 협동(순응성)	차이와 경쟁(독창성)	평등과 협동
지식보다 덕행을 중시	과학과 기술 중시	윤리와 도덕 중시
분배의 강조	생산과 교환의 강조	분배의 강조

40 유명기, 「문화상대주의와 반문화상대주의」, 『비교문화연구』 창간호, 서울대 비교문화연구소, 1993, p.34 참조.

'꿈틀'이다. 당사자의 삶터와 꿈틀까지 남의 판단에 권한을 일임할 수 없지 않은가. 유네스코가 앞장서서 전파하고 있는 문화 다양성이 보호되고 또 보호되어야 하는 이유이다. 그렇지 않으면 문화적 차이에 대한 인식 또한 제대로 성사될 수 없다. 아래 표에서도 확인할 수 있듯 인류는 이렇듯 서로 다른 문화와 가치관 하에서 살아왔고, 또 살아갈 것이다.[41]

이와 같이 문화들 간에 현격한 차이가 엄연히 존재함에도 불구하고 세계화론자들은, 앞서 코로보프를 통해 살펴보았듯, "우리 모두를 다 같은 음악을 듣고, 다 같은 음식을 먹고, 다 같은 방식으로 살게 만들고 싶어 한다." 하지만 월러스틴도 비판하고 있고[42] 또 줄리앙도 지적하고 있듯, 기독교, 이성, 과학에 기반한 서구의 합리성은 단지 서구인들을 위한 합리성일 뿐이다. 이는 곧 서구의 문화 보편주의자들에 대해 홀대 받아온 문화상대주의가 결코 정당화될 수 없다는 말과 통한다. 유명기가 「문화상대주의와 반문화상대주의」라는 논문에서 현대문화론을 비판적으로 재구성하면서 문화상대주의의 대(對) 개념으로 '문화 보편주의' 대신 '반문화상대주의'를 선택한 이유가 뭐겠는가.[43] 반문화상대주의는 기본적으로 초문화적이고 보편적인 문화의 평가 규준을 선험적으로 전제하고 있다는 점에서 보면 물론 문화 보편주의와 유사한 한계를 지니고 있다. 하지만 그렇다고 해서 우리가 문화상대주의의 극단적 형태인 지적 허무주의나 타문화 이해의 불가능성에 침혹(沈惑)하고 있을 수만은 없다. 우리에게 필요한 것은 여전히 통문화(通文化)적이고 간문화(間文化)적인 문화들 간의 교류·이해·소통에 있기 때문이다.

이런 점에서 보면 극단화된 문화상대주의나 반문화상대주의는 각기 한계를 가지고 있다고 말할 수 있다. 두 진영 모두 자기 변신이 필요할

---

41 이 표는 김중관의 「이슬람 경제사상의 원리와 경제 정의의 개념」(『한국이슬람학회논총』 제19권 3호, 2009)에서 인용한 것으로, 논지에 맞추어 재구성한 것임.

42 이매뉴얼 월러스틴, 『유럽적 보편주의』, 김재오 옮김, 창비, 2008 참조.

43 반문화상대주의는 문화상대주의처럼 다원주의를 지향하거나 지적 허무주의에 빠지지 않고 '서구의 합리성'에 기초해 개별 문화의 타당성을 초문화적 보편 규준에 의해 설명 가능하다는 믿음에 기초하고 있다 - 유명기, *op. cit.*, p.48.

때라고나 할까. 그 변신의 기본 전제는 개별-특수, 보편-일반이라는 서구의 문화론에서 제시한 문화의 구분 틀을 잠시 놓아두고 문화들이 서로 얼마나 차이가 나는지부터 차분하게 관찰해야 할 것이다. 그러자면 장시간에 걸쳐 타문화와 접촉하는 것이 필수적이며, 따라서 새로운 이론체계를 세우려는데 조급해하기보다 타문화의 깊이(원형, 유전자, 코드 등)에 다가가는 노력이 수반되어야 할 것이다.[44] 이런 기준에서 보면, 문화연구에 있어 "보편성과 법칙성보다 개별성과 지역성이 우선적으로 고려되어야 한다"[45]는 것은 너무도 자명하다. 역설적으로 말하면 서구와는 다른 문화, 다른 문명권에서도 각기 그들만의 방식대로 보편성과 법칙성을 추구해왔고, 현재에도 여전히 이를 추구하고 있다는 사실에 천착할 필요가 있다는 뜻이다.[46]

모든 문화는 기본적으로 "무한하게 특수한 조건들의 총합"이다.[47] 따라서 우리가 '문화'를 논할 때는 최소한 형식논리를 논할 때나 과학을 이야기할 때와 같은 방식으로 접근해서는 곤란하다. 타문화를 먼발치에 서서 분류하고 평가하기보다 직접 다가가서 이해하고 공감하는 것이 중요하다는 뜻이다. 문화연구에 있어 보편성과 법칙성은 바로 그 과정에서나 머릿속으로 그려볼 수 있는 것이다. 하지만 이 보편성과 법칙성이 선험적으로 주어진 것이라 착오해선 안 된다. 오히려 이 보편성과 법칙성은 끝없는 상호접촉과 상호이해 과정에서 '언젠가'는, 비록 그때를 단정할 수는 없지만, 성취되리라는 믿음만은 그럼에도 가지고 있을 필요가 있다. 문화연구는 이런 측면에서 볼 때 단위 사물의 인식이나 지각에서처럼 단순화시킬 수 없다는 것을 알 수 있다. E. 모랭이 20세기로부터의 탈출은 사고의 단순

---

44 박치완, 「한국인의 문화 유전자, 그 연속성과 단절의 변화 추이 탐색」, 『인문학논총』 제34집, 경성대학교 인문과학연구소, 2014 참조.

45 유명기, *op. cit.*, p.53에서 재인용. 이어지는 문장은 다음과 같다: "따라서 개별문화의 고유한 의미체계를 파악하기 위해서는 단일의 의미로 전문화된 보편적 용어에 대한 범주화의 기도보다는 개개의 사례 내지 문제에 부딪치며 이해를 추구하는 문화상대주의적 입장은 여전히 유효하다고 생각한다."

46 F. Jullien, *op. cit.*, pp.104~105 참조.

47 *Ibid.*, p.226.

성(simplicité)에서 복합성(complexité)으로 이행할 때 비로소 가능하다고 했듯,[48] 이제 우리는 문화의 다양성을 해당 문화의 복합성, 다차원성, 상호의존성에 준해, 마치 생명체의 비밀을 밝히듯이, 편견이나 선입견 없이 아주 느긋한 태도로 접근하고 이해해야 할 것이다.

3) 첫 번째 제안과 두 번째 제안을 종합해 볼 때, 인문학도는 문화 비교론 또는 비교문화론의 재정립에 관심을 기울일 필요가 있다. 문화 비교론은 문화들 간의 상대성과 특수성은 십분 인정하면서도 문화들 간에 공통적인 것, 상호적인 것을 가정하고 있다. 만일 문화들 간에 공통적인 것이 전무(全無)하다면, 당연 문화들 간의 교류·이해·소통·공감은 불가능할 것이다. 교류·이해·소통·공감의 불가능성에 방점을 찍는 것은 타문화에 대한 이해나 접근을 원천적으로 거부하는 처사나 다를 바 없다. 해서 우리는 현실적인 문화 교류를 이해하기 위해서라도 그리고 문화 비교를 앞서 언급한 모랭의 복합성 차원에서 탐구하기 위해서라도 문화들 간에 과연 어떤 공통적인 것이 있는지를 살펴볼 필요가 있다. 줄리앙이 문화들 간의 '대화(le dialogue)'를 문화 획일주의를 극복할 수 있는 유일한 방법으로 제시하면서 "대화는 곧 '문화적인 것(le culturel)'의 교류이다"[49]라고 정의했던 것도 이 때문이다.[50]

줄리앙은 이 '문화적인 것'만이 기존의 문명/야만, 보편/특수, 글로벌/로컬이라는 이분법을 초극할 수 있는 인문학적 대안이라고 강조한다. 그는 바로 이 문화적인 것이 문화들 간에 가로 놓인 갈등과 충돌의 요

48 E. Morin, *Pour sortir du XXe siècle*, Points, 1984; *Introduction à la pensée complexe*, Seuil, 1991 참조.

49 F. Jullien, *op. cit.*, pp.50~51 참조.

50 로버트 스탬이 「문화연구와 인종」이란 논문에서 전통적인 '문화연구(cultural studies)'로부터 '다문화연구(multicultural studies)'로의 관점 변화를 촉구하면서 '반성적이고 대화적인 인류학(reflexive and dialogical anthropology)'을 주창하고 있는 것도 같은 맥락에서 이해할 수 있다 – R. Stam, "Cultural Studies and Race", T.Miller(ed.), *A Companion to Cultural Studies*, Blackwell Publishers Ltd, 2001, p.486 이하 참조.

소들을 완화시켜줄 것이라고 본 것이다. 그가 문화적인 것의 교류를 통해 최종적으로 추구하고자 했던 것은 "탐색으로서 인간(l'humanité en quête)"이다. 즉 새로운 인본주의를 문화적으로 건설해 "보편적 시민공동체(*civitas universa*)"를 건설해보자는 것이다.[51] 그가 구상하는 공동체는 문화적으로 이질적인 것들이 끝없이 도래하는 상황을 기본조건으로 하는 공동체이다. 줄리앙이 '이미 주어진 것'보다 '과정'을 중시하고,[52] 그 과정에서 '무한정 분유(分有) 가능한 것들'이 발굴되어, 공통세계마저도 "열린 공통세계(le commun ouvert)"[53]가 되어야 한다고 강조한 이유가 여기에 있다.[54] 그렇다. 우리 후손들이 살아갈 '미래 문화'는 문화적인 것의 교류가 활발한 그런 열린 세계여야 한다. 해서 우리는 문화들 간의 상호소통과 미래의 인류 공동체를 위해 자문화를 타문화와 편견 없이 비교하고 서로가 서로에게서 배우는 열린 자세가 필요한 것이다. 코로보프의 말대로, 문화 비교는 문화들 간의 '상호이해'를 위해 '필수적'인 것이다.

> "문화들 간의 비교(comparative studies)는 일종의 학술적 놀이터마냥 생각하는 것은 실수다. 비교주의적 연구는 게임이 아니라 상호 이해를 위한 적절한 장치다. (…) 비교의 능력(the power of comparison)만이 서로 다른 문화들을 하나로 묶어준다. 그리고 그때 서로 소통하고 이해하는 결실이 맺어진다. 국가적이고 로컬적인 가치를 재발견하기 위해서라도 비교는 필수적이다."[55]

---

51 *Ibid.*, p.149.
52 같은 맥락에서 M. 압달라-프렛세이가 타자와의 관계를 "서서히 구성되는 존재학"으로 재구성되어야 한다고 강조한 것도 시사적이라 판단된다 - 마르틴 압달라-프렛세이, 『유럽의 상호문화교육』, 장한업 옮김, 한울, 2010, pp.72~73 참조.
53 F. Jullien, *op. cit.*, p.213.
54 이런 까닭에 줄리앙은 서구 유럽의 이성 개념보다는 중국의 리(理) 개념이 자신의 논지를 전개하는 데 있어 유익하다고 강조하고 있다.(*ibid.*, pp.216~217)
55 V. Korobov, *op. cit.*, p.53 일부 번역은 필자가 가첨한 것임.

이상에서 우리는 문화 세계화 시대의 인문학도의 책무에 대해 3가지 제안을 해보았다. 이를 요약한다면, <글로벌화로 인해 게토화된 로컬 문화의 특수성, 고유성을 회복하는 것>이 될 것이다. 기본적으로 로컬 존재인 인문학도의 책무도 자신의 로컬 문화-지키기에서 찾지 않으면 안 되는 이유가 여기에 있다. 이 자리에서 우리가 인문학도에게 이렇게 사회·현실적, 실천·윤리적 '책임'을 묻는다는 것은 그만큼 대한민국의 인문학도들이 거지중천(居之中天)하고 있다는 역문(逆問)을 포함하고 있다. 일상세계로 내려와 왜 자신의 책무를 다하지 않느냐는 것![56] 인문학도에게는 모름지기 고고한 형이상학적 탐구도 필요하겠지만 그와 동시에 민주주의, 인권, 새로운 세계질서, 인류의 미래 등에 대해서도 늘 고민해야 한다는 것이다.[57] 스스로 이제껏 섬겨온 탈시간적·탈장소적 텍스트들(lettres mortes)에서 눈을 떼지 못하는 한 인문 서생들은 플라톤의 '동굴의 수인'과 크게 다를 것이 없다. J. 스티글리츠의 정확한 표현대로, 탈시간적·탈장소적 관찰과 분석도 중요하지만 그보다 더 중요한 것은 그 연구내용을 자신이 나고 자란 곳, 서 있는 곳에서 실행에 옮기는 데 있다.[58] 인문학도를 상대로 한 이 글에서 필자가 굳이 경제학자를 인용하는 것은, 필자를 포함해, 인문학도의 '사회적 해이'와 지식 실천의 공공성을 다시 한 번 환기하자는 의미에서다.

56 필자의 조사에 따르면 책임의 인문학에 관한 국내 자료는 그리 많지 않은 편이었다. 그중 몇 편만을 소개하면 다음과 같다: 우기동, 「소외계층과 호흡하는 인문학」, 『시대와 철학』 제18권 4호, 2007; 손선애, 「'로컬에 대한 윤리'에서 '로컬의 윤리'로」, 『로컬리티인문학』 제8집, 2012; 문성훈, 「타자에 대한 책임, 관용, 환대 그리고 인정」, 『시대와 철학』 제21집, 2011 참조.

57 N. Chomsky, *Resposabilités des intelllectuels. Démocratie & marché, Nouvel ordre mondial, Droit de l'homme*, Traduit de l'américain par F. Cotton, Agone, 1998 참조.

58 J. Stiglitz, "Scan Globally, Reinvent Locally: Knowledge Infrastructure and the Localization of Knowledge", D. Stone(ed), *Banking on Knowledge: The Genesis of the Global Development Network*, Routledge, 2000 참조.

4. 탈영토화의 교훈과 다양성의 윤리

세계화론자들의 눈에는 자본주의와 시장만이 유일하게 '새로운 문화'로 비칠 것이다. 자유무역협정(FTA)이란 감언이설로 '국경 없는 시장(sans frontières du marché)'을 만들어 세계경제시스템을 단일화시키고자 하는 이들이 바로 세계화론자들이다. 그리하여 이들은 국가 단위의 세계가 하나의 시장을 중심으로 재편되어 "소비자-세계(consommateur-monde)", "시장-세계(marché-monde)"를 구축하는 것을 목표로 한다.[59] 그리고 재미난 사실은 유독 이들만이 경제-문화의 글로벌화가 "자유화, 현대화, 지구화"를 앞당기는 지름길이란 신념을 가지고 있다는 사실이다.[60] 우리가 이들의 로컬시장과 국가의 경계를 허물고, 로컬 문화의 정체성을 교란시키는 상술(商術)에 더 이상 속아서는 안 되는 이유가 여기에 있다. 오늘날처럼 천박한 자본주의가 판을 치는 세상에서는, R. 세넷도 지적하듯, 개인도 공동체도 위기에 직면할 수 있기 때문이다.

> "노동은 가족의 삶을 엉망으로 만들었고, 일터는 예전 동네와 같은 공동체가 아니라 낯선 이방인들이 스쳐 지나가는 간이역처럼 돼버렸다. 한곳에 정착하고 살기보다는 이리저리 옮겨 다니는 유목민처럼 떠돌이 삶이 글로벌 시대의 상징으로 자리 잡았다."[61]

오늘날 탈영토화의 경향은 특정 지역, 특정 국가에 국한되지 않고 전

---

59 S. de Iulio, "La publicité transnationale entre universalisme marchand et ancrage territorial", *Les enjeux de l'information et de la communication*, 1/2002, pp.10~11.

60 구춘권, 『지구화, 현실인가 또 하나의 신화인가』, 책세상, 2000, p.67. 저자는 이런 이유 때문에 자본의 증식만을 목표로 삼는 신자유주의를 "매우 잡다한 이데올로기의 혼합물"이라고 평가하고 있다.

61 리차드 세넷, 『뉴캐피털리즘』, 유병선 옮김, 위즈덤하우스, 2009, pp.5~6.

지구촌으로 확대되고 있다. 어떻게 해야 할까? 로컬 문화들의 정체성을 훼손이 갈수록 심해지고 있는 상황에서 글로벌 거버넌스 차원의 문제 해결을 마냥 기다릴 수만은 없다. 그렇다고 로컬 문화들의 특수성과 고유성의 존중만이 문제 해결의 실마리라고 대립각을 세우고 있을 수만도 없다. 해서 필자는 최소한 탈영토화를 지연시키는 방법으로 문화적-윤리적 척도를 마련해야 하는 것 아니냐는 제안을 해본다.

하나의 국가 속에도 다양한 개성을 가진 개별자가 존재하듯이, 세계에는 다양한 빛깔을 가진 문화가 존재한다. 이것이 문화에 대한 일차적이고 본질적인 시각이다. 문화 다양성 논의가 문화상대주의의 이름으로 비판받기보다 더 활발하고 진지하게 논의되어 사람들 사이에서 공감의 폭을 넓혀가야 하는 이유가 여기에 있다. 이에 대해서는 그 누구보다도 하름 데 블레이가 『분노의 지리학: 공간으로 읽는 21세기 세계사』에서 문제의 핵심을 잘 비유하고 있다. "세계는 평평한 것이 아니라 울퉁불퉁하다!"[62]

블레이가 이렇게 세계를 울퉁불퉁한 것에 비유한 것은 단지 지리적으로 뿐만 아니라 정치, 외교, 경제, 사회, 문화 등 모든 면에서 그렇다는 뜻이다.[63] 필자가 이 글을 마무리하는 자리에서 글로벌화의 모토인 경제와 문화의 탈영토화 경향에 대해 제동을 걸면서 문화적 재영토화의 필요성을 거론하지 않을 수 없는 이유가 여기에 있다. 문화는 기본적으로 국가와 국민이 그 중심에 있다. 그런데 신자유주의는, 누차 강조해왔지만, 국민을 보호해야 하는 국가 위에 군림하면서 전횡을 일삼고 있다. 그리하여 G. 드보르가 일찍이 경고했듯, '상품의 세계화'를 통해 '세계를 상품화'하려는 것이다. 그들이 선전하는 낙원은 따라서 '거짓 낙원'일 뿐이며, 그들이 퍼뜨리려는 가치는 물질과 자본으로 전화(轉化)된 것이라

62 하름 데 블레이가 『분노의 지리학: 공간으로 읽는 21세기 세계사』, 윤나영 옮김, 천지인, 2007 참조.

63 D. 스믹 역시도 데 블레이와 같은 입장이다 - 데이비드 스믹, 『세계는 평평하지 않다』, 이영준 옮김, 비즈니스맵, 2009 참조.

는 사실을 잊어선 안 된다.[64] 문화가 상품화되면 결국 세계는 더욱 더 획일화될 것이다. 그렇게 되면 앞서 듀크가 염려하기도 했듯, 인간의 사고방식도 생활패턴도, 가치관과 우주관도, 취향과 욕망도 동질화, 획일화, 균질화될 것이다. 이는 미래의 인간사회에 대한 구상이 아니라 어쩌면 SF영화 등에서 간혹 등장하곤 하는 기술공화국에서나 볼 수 있는 끔찍한 세계인지 모른다. 이런 끔찍한 사태가 도래하는 것을 사전에 막기 위해서라도 문화를 '소유' 개념으로부터 이격시켜 공유 개념으로 재인식하는 것이 무엇보다 시급해 보인다. 이것이 바로 필자가 생각하는 문화-윤리적 척도 개념의 핵심이다.

신자유주의 경제가 "공유의 경제(economy of sharing)", "공동체의 경제(economy of community)"를 통해 거듭나야 하듯,[65] 문화도 이제는 소유하는 것에서 공유하는 것으로 발상의 전환을 꾀해야 할 때라는 것이다. 모피드가 "시장도 경제 영역에 국한된 것이 아니라 인간 정신의 공간(a region of the human spirit)"이라고 역설한 것도 이 때문이리라.[66] 재삼 강조하지만 표준화, 획일화의 논리는 문화 향유의 공공성, 인류의 공동선을 훼손하는 제일의 적이다.[67] 지구공동체의 미래를 염려한다는 것, 이는 곧 인간의 지성과 이성을 믿는다는 말과 다르지 않다. 줄리앙이 강조하듯, 이제 '인간의 지성'은 일개인의 것이 아니라 인류 공동(le commun de l'humain)의 것이다.[68]

인류가 공동의 노력을 통해 21세기를 예비하고 준비하는 것, 필자는 그 중심에 문화적 불모지화에 대한 윤리적 성찰이 있어야 한다고 생각한다. 레비나스의 윤리학으로서 제일철학을 응용해 타인과의 연대성을

64 기 드보르, 『스펙타클의 사회』, 이경숙 옮김, 현실문화연구, 1996 참조.
65 K. Mofid, "Globalization for the Common Good", *Globalization & Identity*, New Brunswick & London: Toda Institute for Global Peace and Policy Research, 2006, p.28.
66 *Ibid.*, p.27.
67 F. Jullien, *L'écart et l'entre. Leçon inaugurale de la Chaire sur l'altérité*, Galilée, 2012, p.46 참조.
68 *Ibid.*, pp.46~47 참조.

강조하고 있는 M. 압달라-프렛세이의 다양성의 윤리에서 우리는 문화적 불모지화를 막을 수 있는 하나의 길을 찾을 수 있다.

> "윤리는 타인을 타인으로 만나는 것이다. 이런 만남은 타인의 자유 요구, 복합성, 불투명, 모순에 대한 존중을 토대로 한다. 다양성의 윤리는 타인에 대한 행동이 아니라 타인과의 관계를 그 고유한 영역으로 삼는다. (…) 중요한 것은 타인에 대해서 타인과 함께 행동하는 것이다. 이는 결국 연대성의 실행 문제에 속하는 데, 이 실행은 어렵고 결코 완결되는 법이 없어 늘 새롭게 재구성해야 한다."[69]

압달라-프렛세이가 강조하고 있는 것은 역설적으로 인류가 아직 타문화와 함께 추구하는 문화 향유의 공공성, 인류의 공동선을 고민해본 적이 없다는 말과도 같다. 하지만 이제 문화는 생물 다양성이 보호되어야 하는 것 이상으로 보호되어야 한다는 데 이의를 제기할 사람은 없으리라. 문화 다양성의 보호를 위해 지불해야 할 것이 있다면, 이를 우리는 기꺼이 지불해야 한다. 그것이 인류가 함께 잘 사는 길이라면, 그것은 대가를 기대한 지불이 아니라 정당한 투자다.

69 마르틴 압달라-프렛세이, *op. cit.*, pp.88~89.

에필로그

거부할 수 없는 세계화, '문화적 재영토화'로 대처해야!

"문화는 곧 민족혼이다. 문화를 잃어버리면 민족혼과 민족의 창조력을 잃어버리게 된다. 남의 정신, 남의 혼으로 사회를 구성할 수 없는 법이다. 그래서 우리 문화가 중요한 것이고 우리 문화를 가꾸고 지켜야 하는 것이다. (…) 문화가 없는 민족은 정체성도 주체성도 가질 수 없다." - 최연구, 『문화 콘텐츠란 무엇인가』.

남반부의 개발과 북반부의 성장을 모토로 내세우고 있는 세계화는 감히 어떤 국가도 거부할 수 없는 도도한 물줄기를 형성해 흐르고 있다. 그런 점에서 세계화는 전 세계의 모든 국가를 휘어잡고 있는 단일 이데올로기라 해도 과언이 아니다. 하지만 세계화는 우리가 반드시 추종해야만 하는 그런 피할 수 없는 운명은 아니다. 더더욱 자연스런 현상이라 할 수도 없다. 실제 "시장의 논리에 의한 강제도 아니다."[1] 그런데 왜 세계화의 흐름으로부터 벗어나려는 노력들을 하지 않는 것일까? 개발과 성장의 단맛을 본 탓일까? 개발과 성장만이 국민들에게 행복을 담보해 주는 조건이자 요건일 것일까?

개발과 성장만이 사람들에게 행복을 담보해 주는 조건이자 요건이 아니라는 증거는 많다. 영국신경제단(New Economics Foundation)의 발표에서도 확인할 수 있듯, 실제로는 개발과 성장에 뒤처진 후진국의 국민들이 선국국의 국민들보다 자신의 현재 삶에 대해 훨씬 더 행복감을 느낀다는 것이 일반적 평가다. 전 세계에서 국민들이 가장 행복감을 느끼는 국가 1위는 태평양 남서부에 있는 13개의 섬으로 구성된 열도 비투아누[2]라고 한다. 2002년 심리학자 캐럴 로스웰과 상담가 피트 코언이 이 처음 공표한 바 있는 이 행복지수에 따르면 결국 경제적 부나 소득수준(GDP)은 인간의 행복과 직접적 관련이 없다는 것을 우리에게 주지시켜주는 결정적 자료가 아닌가 싶다.[3]

국부(國富)의 총량인 GDP는 돈의 총량을 말해줄 뿐이다. 지출이 증가하면 GDP도 증가한다. GDP는 돈이 오가는 거래만 계산할 뿐 가족, 공동체, 환경의 기능은 산정하지 않는다. 산림을 벌목해서 펄프를 만들

1 구춘권, 『지구화, 현실인가 또 하나의 신화인가』, 책세상, 2000, p.110.
2 공식 명칭은 바누아투공화국(Republic of Vanuatu)임.
3 캐럴 로스웰과 피트 코언이 제시한 행복지수에는, 필자의 판단엔 여전히 연구자 본인들이 소속된 서구적인 시각으로 보이기는 하지만, 다음과 7가지가 있다: i) 가족과 친구 그리고 자신에게 시간을 쏟아라, ii) 홍미와 취미를 추구하라, iii) 밀접한 대인관계를 맺어라, iv) 새로운 사람들을 만나고, 기존의 틀에서 벗어나라, v) 현재에 몰두하고 과거나 미래에 집착하지 말라, vi) 운동하고 휴식하라, vii) 항상 최선을 다하되 가능한 목표를 가져라.

면 GDP가 상승하지만 생태계의 건강을 책임지는 산림은 GDP에 포함시키지 않는다. GDP가 성장하면 억만장자가 몇 백 명 늘어날 수 있지만 중산층을 포함한 대다수의 삶의 질은 꾸준히 하락한다. 해서 GDP에 환경·사회적 요소를 포함한 실질진보지표(GPI, Genuine Progress Indicator)가 제시되기도 했고, 비투아누와 행복지수로 1위를 다투는 부탄에서는 1972년에 창안해 1978년부터 국민총행복(GNH, Gross National Happiness)을 국제적 운동으로 전개하고 있다.[4]

이런 단적인 예만 보더라도 개발과 성상이 국가 경영의 제일 목표인 시대는 지났다. 요인즉 국가 단위의 '사회적 시스템'의 구축, 다시 말해 부의 분배나 복지 시스템을 가동시키는 것이 국민들의 입장에서는 훨씬 더 중요하고, 국민이 국가에게 바라는 정책이라는 것이다. 개발과 성장 위주의 정책은 오히려 부의 양극화 현상만을 가속화시켰고, 이는 실제 선진국들과 개발도상국 및 후진국들 할 것 없이 일반적으로 나타나는 현상이다. 한쪽에서는 계속 부가 쌓이고, 다른 쪽에서는 더욱 빈곤해지는 불균형, 불평등 구조가 결국 고착화되어가고 있는 것이 오늘날 지구촌의 현실이라고나 할까.

결국 세계의 거의 대부분의 국가들이 부득불 경제적으로는 세계화에 보조를 맞추고 있다고는 하지만 그로 인해 제기되는 사회적인 문제들 또한 결코 간과할 수 없는 이중의 고민에 시달리고 있는 셈이다. 한 국가의 통수권자라면 당연 국제관계 속에서의 국력과 국격(國格)을 중요하게 여겨야 할 것이다. 그런데 바로 이 국력과 국격을 제대로 유지하기 위해서도 두 마리 토끼를 잡아야 하는 딜레마에 빠지게 된다. 2000년대 접어들어 경제 성장이 둔화되고 경제 위기가 닥치자 기축통화라는 달러의 특권을 남용해 이를 모면해보려는 미국의 태도와 대내외적 경

4 헬레나 노르베리 호지, 『로컬의 미래. 헬레나와의 대화』, 최요한 옮김, 남해의봄날, 2018, pp.100~101 참조. 최근에는 UN 산하 자문기구에서도 매년 세계행복보고서(World Happiness Report)를 발표하고 있으며, 산업화된 경제선진국보다 인구수가 적고 쾌적한 자연환경을 보유한 핀란드, 노르웨이 등 북유럽국가가 상위군을 차지하고 있다.

제적 성장 기류의 혜택을 한 몸에 받고 있는 중국을 비교해보면 금세 그 상(像)이 그려질 것이다.

물론 하나의 국가가 다른 국가들과의 경제 관계 속에서 성장하는 문제와 대내외적으로 창출된 부를 자국민들에게 공평하게 배분하는 문제가 그리 쉬운 일만은 아니다. 바로 이 지점에서 '정치적 수사학'이 등장한다. 통수권자는 국민에게 진실을 말하는 대신 늘 개발과 성장이라는 장밋빛 플랜만을 반복해서 이야기하면서 국민들에게 꿈과 희망을 심어주어야 하기 때문이다. 하지만 세계화론자들은 집요하게 '국경 없는 시장(sans frontières du marché)'만을 요구한다. 국가를 단위로 글로벌 자본의 이동이 방해받는 것을 세계화론자들은 원치 않는다. 세계화론자들의 꿈은 시장을 통해 초국가를 건설하는 데 있다. 자본의 이동과 축적을 방해하는 것은 모두 타파해야 할 적일 뿐이다. 이들은 국경이 없어야만 인류의 안녕과 평화가 가능하다며 인간의 건전한 상식을 계속해서 기만하고 있다. 그것이 "자유화, 현대화, 지구화"를 앞당기는 길이라는 고도의 전략 전술까지 동원해 가면서 말이다.[5] 이들에게 국경, 즉 국가의 개입은 자신들이 욕망하는 시장을 자유화하고 확대해나가는 데 있어 걸림돌이자 장애물일 뿐이다. 때문에 이들의 수사학은 단지 시장이나 금융 분야에만 국한되지 않고 정치, 외교, 문화의 영역까지 침투해 교란 작전을 편다. 오직 세계화에 편승하는 길만이 지역과 국가의 개발 및 성장의 기회라고 말이다. 이들에게는 오직 자본주의만이 '새로운 문화'인 것이며, 여타의 주의나 주장들은 모두 자본주의의 이름으로 폐기되어야 할 것들에 불과하다.

21세기에 이르러 이렇게 무적함대와도 같이 지구촌을 휘젓고 있는 슈퍼자본주의는 신자유주의와 일란성 쌍생아나 다름없다. 바로 이 암수한몸인 '괴물'이 세계화를 초국가적으로 운용해가는 두 수레바퀴인 셈이다. 그리고 바로 이 두 수레바퀴가 다국적(초국적) 기업들의 시녀가

5 구춘권, *op. cit.*, p.67. 이런 이유 때문에 구춘권은 자본의 증식만을 목표로 삼는 신자유주의를 "매우 잡다한 이데올로기의 혼합물"이라고 평가하고 있다.

되어 모든 국가의 영토적 경계까지 쥐락펴락하고 있다. 40여 년 가까이 라다크와 같은 오지에서 세계화에 맞서 지역화 운동을 이끌어온 H. L. 호지가 세계화를 "〔초국적〕 기업화의 암호명"이라고 비판한 이유가 여기에 있다.[6]

호지에 따르면 기업의 이윤을 최우선으로 하는 글로벌 경제는 "인간 생활의 모든 것, 심지어는 생명까지도 상품으로 만든다."[7] 그런즉 각 로컬에서는 '지역화 운동', 들뢰즈의 용어로 '재영토화 운동'을 통해 "정의롭고 지속가능한", "빈부 격차를 줄일 수 있는" 새로운 경제철학이 필요하다고 역설하는 것이다.[8] 그녀의 말대로 "지역화는 고립화가 아니다."[9] "지역화는 과거로의 회귀가 아니다."[10] 지역화는 "경제를 지역으로 가져오기(bring the economy home)"이다. 그리하여 "최종적으로" "인간과 인간, 인간과 사회, 인간과 자연의 관계를 회복"시켜 우리 모두가 "더불어 살아갈 안전한 미래를 열어주는 것"이 지역화의 목표이다.[11]

아무리 글로벌 시대가 되었다고 해도 정치는 여전히 국가와 국민을 기본단위로 한다. 그 때문에 정치가는 글로벌 기업만을 배불리는 정책을 펴는 대신 국민을 위한 정책을 우선해야 한다. 국민(시민)은 한 국가와 한 문화의 핵심 구성원이다. 국민에게 구체적 현실 공간이자 일상적 삶의 터전인 지역은 행행본처(行行本處)요 지지발처(至至發處)다. 쉽게 설명해 어디를 가던, 어떤 명예를 얻던 한 인간이 출발한 바로 그곳, 즉

6 헬레나 노르베리 호지, *op. cit.*, p.20.
7 *Ibid.*, p.10.
8 *Ibid.*, p.11.
9 *Ibid.*, p.15.
10 *Ibid.*, p.85.
11 *Ibid.*, p.15. 이런 점에서 호지의 '지역화 운동'은, 그녀가 직접 표현한 바는 없지만 의미상으로는 본 장에서 필자가 제창하고자 하는 '지역 세계화 운동'과 맥이 닿는 부분이 있다. 그 전거를 우리는 다음 인터뷰에서 확인할 수 있다:
"이 모든 위기〔글로벌 모노컬쳐의 위기〕를 해결하기 위해 우리에게 가장 필요한 것은 바로 지역화를 세계화하는 것입니다. 바로 대대적으로 소규모가 되는 것이죠. 즉시 경제활동의 규모를 줄이고, 분산하여 지역사회와 로컬 경제가 인간의 사회적 요구를 포함한 스스로의 필요를 최대한 충족할 수 있는 권한을 주어야 합니다."(*ibid.*, p.162)

지역이 그의 마음의 고향이요 회귀처라는 점이다. 비록 시장·금융 영토는 국경 없이 개방되어 있는지 모르지만 지역에 뿌리를 둔 문화영토는 이렇듯 작금의 경제 강국 중심의 일방적이고 폭력적인 세계화에 함몰되지 않기 위해, 결국 자국 문화의 뿌리를 보존하고 자국민의 문화적 자존심을 지키기 위해, 필수 불가결한 요소라는 것은 재론의 여지가 없다. 기 소르망의 말대로, "세계화되지 않았다는 것은 더 이상 행운이 아닐" 수는 있다. "그러나 문화에는 그런 세계적 문화가 〔있을 수〕 없다."

그렇다. 필자가 이 책에서 누차 강조했듯 '세계적 문화(global culture)'는 존재하지 않는다. 경제 강국들이 지구촌을 무대로 전파하고 있는 그들의 소위 '문화 모델', 아니 문화를 상품화로 가장한 '경제 모델' 속에는 예외 없이 "개입자의 가치"가 은폐되어 있다. 이는 문명/야만을 구분했던 19세기적 발상과 비교할 때 크게 달라진 것이 없다. 더욱 문제가 되는 것은 그들의 모델을 인류를 위한 "보편적 가치"인 양 정당화시키려 한다는 술수에 있다.[12] 이 역시 윤리적이고 인본주의적이기보다는 정치경제적 권세를 빌미로 한 폭력 행사에 다름 아니다. 다시 말해 이들의 "개입의 권리는 무자비한 권력의 사용을 정당화하기 위한 독트린"과 다르지 않다.[13] 경제 강국의 경제 소국들에 대한 "개입", "개입의 권리" 주장은 어디까지나 "강자에 의해 전유된 권리"일 뿐이라는 것을 잊어선 안 된다. 바로 이 점에 있어서 그들의 주장은 당연히 "정당화되기 힘든 권리이고, 따라서 정치적·윤리적 도전"에 직면할 수밖에 없다.[14]

---

12 이매뉴얼 월러스틴, 『유럽적 보편주의: 권력의 레토릭』, 김재오 옮김, 창비, 2008, pp.55~56 참조. 저자는 이 책에서 서구가 줄곧 주창해온 '보편주의적 가치', 예를 들어 16세기의 자연법과 기독교, 19세기의 문명화의 사명, 20세기 후반과 21세기의 인권과 민주주의를 '유럽'이라는 특정한 세계체제의 조건에서 만들어진 사회적 산물에 불과하기 때문에 유럽 중심적 보편주의의 위계질서는 이제 그 인식론적 토대를 의심할 때가 되었다고 주장한다. 미국식의 글로벌리즘도 마찬가지다. 그렇지만 "보편적 보편주의"는 그의 말대로 "성취 가능성은 있으나 자동적으로 혹은 필연적으로 실현될 거라는 보장"은 없는 "진행형"이다.

13 *Ibid.*, p.127.

14 같은 맥락에서 월러스틴은 막강한 군사력을 앞세워 전 세계를 쥐락펴락하고

이메뉴얼 월러스틴의 정확한 지적대로, 편파적이고 왜곡된 서구식(미국식) 보편주의가 "보편적 보편주의(universal univeralism)"로 재탄생하지 않으면 안 되는 이유가 여기에 있다.[15]

> "전 지구적 보편가치는 우리에게 주어진 것이 아니라 우리가 창조하는 것이다. 그러한 가치를 창출하려는 인간의 기획은 인류의 위대한 윤리적 기획이다. 그러나 그것은 우리가 강자의 이데올로기적 관점을 넘어서 선(善)에 대한 신정한 공통의 인식으로 향해 갈 때 비로소 성취의 희망이 있는 것이다. 그러한 전 지구적 인식은 (…) 우리가 지금까지 구축해왔던 어떤 것보다 훨씬 평등한 구조를 요구한다."[16]

월러스틴이 제안한 보편적 보편주의는 계속해서 권위와 지도력을 유지·행사하려는 왜곡된 서구식(미국식) 보편주의는 물론 초특수주의적 입장(super-particularist), 즉 극단적 상대주의를 동시에 극복하면서 "우리가 지금까지 지식의 체계로 구축해놓은 그 어떤 것보다 훨씬 평등한 구조"를 요구한다는 점에 그 핵심이 있다. 그리고 그 때문에 그가 제시한 보편적 보편주의는 이미 우리 앞에 펼쳐져 있는 그 어떤 주의·주장과도 구분된, 우리가 '창조해가야 야만 할 어떤' 것이라고 강조하고 있는지 모른다.

이런 시각에서 볼 때 왜곡된 보편주의처럼 개입의 정당성만을 주장하면서 그들만의 이익과 편의를 위해 만든 기준을 '글로벌 스탠더드'[17]로

있는 미국 헤게모니의 부상과 몰락의 궤적을 추적한 책 『미국 패권의 몰락』(한기욱 외 옮김, 창비, 2004)을 출간하기도 했다.

15 이매뉴얼 월러스틴, *op. cit.*, pp.9~11 참조.

16 *Ibid.*, pp.56~57.

17 <global standard>란 작게는 첨단산업의 기술에서부터 크게는 금융 및 회계를 포함하는 경제 전반에까지 적용되고 있다. 여기서 중요한 것은 세계표준이라 해봐야 결국은 강자의 논리이자 기준이라는 점이며, 그것은 시대에 따라서 변한다는 점을 간파해야 한다. 현재는 미국의 '로컬 스탠더드'가 글로벌 스탠더드로 통용되고 있을 뿐이다.

삼아야 한다고 요구하는 것은 어불성설에 가깝다는 게 필자의 생각이다. 왜냐하면 그 기준은 단적으로 말해 "강자들에게는 〔전혀〕 적용되지 않은" 것이라는 점 때문이다. 따라서 강자들을 예외로 하는 '보편주의'를 우리는 '보편적인 것'이라고 말할 수도 없지만, 그 자체로도 "가치가 거의 없는"[18] 그런 것이다. 그들은 철저히 자신들이 만든 규범에서 예외이며, 오직 약자에게만 강요되는 이중적인 규범이야말로 상대주의의 전형이 아니고 무엇인가?

월러스틴이 문화적 평등, 문화들 간의 동등성을 인정하지 않고 늘 자신들, 즉 특정 소수에게만 혜택이 돌아가는 서구식 보편주의 모델을 강하게 비판하면서 인류 전체에게 이득이 환류(還流)되는 새로운 문화 모델을 꿈꾸는 이유가 여기에 있다. 그의 보편적 보편주의는 당연 타자나 타문화를 배제하는 기존의 논리를 극복하고 타자와 타문화를 적극적으로 포섭하는 새로운 논리를 지향하며, 그는 이를 이름하여 "어떤 것도 배제하지 않는 중도론(unexcluded middle)"이라고 명명하고 있다.[19]

요인즉 타자와 타문화를 부정하는 전통의 동일성의 논리나 동일성의 논리와 마찬가지로 타자와 타문화를 중심에 위치시킨 채 역으로 동일성의 논리를 무조건 비판하기만 하는 극단적 차이의 논리를 모두 극복하려는 것이 곧 월러스틴의 문화론이라는 것이다.

조금 더 부언하자면, 그가 제시한 중도론은 "특수한 것의 보편화"와 "보편적인 것의 특수화"라는 "변증법적 교환"을 통해서만 성립된다.[20] 물론 이러한 그의 제안 자체가 과연 밑절미가 단단한 것이라고 할 수 있을지에 대해서는 충분히 의문을 제기할 수는 있다. 변증법적 교환이란 용

---

18 이매뉴얼 월러스틴, *op. cit.*, p.57.

19 *Ibid.*, p.141. 이에 대한 보다 상세한 언급은 그의 책, *The Uncertainties of Knowledge*, Temple University Press, 2004, pp.71~72 참조.

20 *Ibid.*, p.90: "우리는 일종의 끊임없는 변증법적 교환 속에서 우리의 특수한 것을 보편화하면서 동시에 우리의 보편적인 것을 특수화할 필요가 있고, 이를 통해 우리는 〔비록 쉬운 게임은 아니지만〕 새로운 종합에 다가갈 수 있을 것이다."

어 자체가 식상해 보이기 때문이며, 여전히 추상적인 것으로 여겨질 수 있기 때문이다. 하지만 그럼에도 불구하고 필자의 생각엔 이론적인 차원에서 볼 때 이 밖의 다른 대안이 있을 것 같아 보이지는 않는다. 문화 경쟁, 아니 문화 전쟁이 갈수록 심해질 수밖에 없는 상황에서 '주고받는', '받고 주는' 것은 무편(無偏)한 원칙이라 할 수 있고, 그 과정에서 '새로운 종합'을 도모할 수밖에 없기 때문이다.

변화는 결국 일방적 개입이나 수동적 편입에 의해서가 아니라 자국 문화와 외래문화 양쪽 모두에서 쌍방향적으로 순작용을 할 때 기존의 개입과 편입이 야기했던 갈등들을 줄일 수 있을 것이다. 그리고 바로 그때 비로소 호미 바바가 미래지향적으로 제안한 "제3의 공간"도 열릴 수 있으리라. 제3의 공간은 "문화의 혼종성의 기입과 절합(節合)에 근거한 것"으로 상대방 문화의 "의미의 짐을 나르는 상호(inter)의 공간이다." "그 같은 제3의 공간을 탐색함으로써, 우리는 양극성의 정치학을 벗어날 수 있으며, 우리가 우리의 자아의 타자들로서 나타날 수 있는 것이다."[21] 소위 '퓨전 콘텐츠'의 대명사라고 할 수 있을 글로컬 문화 콘텐츠도 H. 바바가 언급한 제3의 공간에서 "모순의 융합"[22]을 실현했을 때 비로소 창조될 수 있다. 또 그래야만 "타자의 〔문화〕공간"에 "이교도, 야만인, 혼돈 등의 개념이 들씌워지는" 편견과 폐단을 피할 수 있다.[23]

글로벌과 로컬의 화학적 합성어인 '글로컬'이 설 자리도 바로 이 지점이다. 문화산업을 어떻게 육성하고 또 어떠한 콘텐츠를 개발해야 할지의 물음을 해결해줄 이론적 기틀도 필자는 역시 이러한 글로컬적 관점에서 출발해야 한다고 본다.

하나의 국가 또는 문화 속에도 다양한 빛깔을 가진 개별자가 존재하듯이, 세계에는 다양한 빛깔을 가진 문화가 엄연히 존재하고, 또 그것이

21 호미 바바, 『문화의 위치: 탈식민주의 문화이론』, 나병철 옮김, 소명출판, 2002, p.93.
22 *Ibid.*, p.92.
23 *Ibid.*, p.207.

문화를 대하는 일차적이고 기본적인 시각이어야 한다. 문화적 다양성에 대한 이해가 글로컬 문화 시대를 앞당길 수 있기 위한 관건이란 뜻이다. 문화 다양성의 이해가 왜 중요한 것인지를 하름 데 블레이가 『분노의 지리학: 공간으로 읽는 21세기 세계사』에서 비유적으로 아주 잘 표현하고 있다. "세계는 평평한 것이 아니라 울퉁불퉁하다"고!

블레이가 세계를 울퉁불퉁하다고 언급한 것은 세계가 단지 지리적으로만 울퉁불퉁한 것이 아니라 당연 정치, 경제 등 모든 면에서 그러하다는 뜻이다.[24] 필자가 이 글을 마무리하는 자리에서 세계화의 모토인 시장·금융의 탈영토화의 폭력을 비판하면서 문화적 재영토화의 필요성을 거론한 이유가 바로 여기에 있다. 문화 개념 속에는 기본적으로 국가, 국민이 포함되어 있기 때문에 이를 중심으로 시장·금융의 탈영토화를 막아야 한다는 의미에서다. 국가라는 영토 자체를 원천적으로 멸시(蔑視)하는 신자본주의, 신자유주의는, 앞서도 누차 강조해왔지만, 시뮬라크르의 사회, 스펙타클의 사회를 원할 뿐이다.[25] 다시 말해 보드리야르가 말한 가상세계가 실제 세계보다 우선하는 그런 세계를 이들은 원한다.[26] 보드리야르가 꿈꾸는 소비의 천국에서 소비가 신화가 되는 세계를[27] 기 드보르는 이를 거짓 낙원이자 모든 가치가 거꾸로 뒤바뀐 세계로써 '상품의 세계화'를 통해 '세계를 상품화'하는 것에 다름 아니라고 아주 정확히 비판하고 있지 않는가.[28]

세계화의 이데올로기가 시뮬라크르나 스펙타클을 통해 전 세계를 거짓과 허위로 뒤덮고 있다는 것은, 일찍이 포이에르바하가 『기독교의 본

24 D. 스믹 역시도 데 블레이와 같은 입장이다 - 데이비드 스믹, 『세계는 평평하지 않다』, 이영준 옮김, 비즈니스맵, 2009 참조.
25 박치완, 「스펙타클의 지배와 인간의 (자기)소외」, 『철학연구』 제33집, 고려대학교 철학연구소 편, 2007; 박치완, 「J. 보드리야르의 시뮬라크르, 시뮬라시옹 개념에 대한 일 반역(反譯)」, 『해석학연구』 제21집, 2008 참조.
26 장 보드리야르, 『시뮬라시옹』, 하태환 옮김, 민음사, 2003 참조.
27 장 보드리야르, 『소비의 사회』, 이상률 옮김, 문예출판사, 2002, pp.304~305 참조.
28 기 드보르, 『스펙타클의 사회』, 이경숙 옮김, 현실문화연구, 1996 참조.

질』 제2판 서문에서 지적했듯, 원본보다 복사본이, 현실보다 환상이, 본질보다 외양이 지배적이라는 것과 다르지 않으며, 복사본, 환상, 외양이 새로운 이데올로기로서 기능하고 있다는 말과 같다.

우리는 이렇게 전통적인 모든 가치들이 전도되고 윤리가 부재한 시대에 살고 있다. 또한 자본가가 통치자를 무능력하게 만드는 시대에 살고 있다. 세계화는 공간(지역, 영토)을 평평하게 만들 뿐만 아니라 인간의 가치와 사고, 취향과 욕망, 행동과 소비 행태까지 동질화시킨다. 국가 단위의 '문화적 재영토화' 운동이 시급한 것도 바로 이 때문이다. 국가만이 국민을 책임질 수 있고, 그곳 로컬로서의 지역이 역동적으로 살아나야, 결국 모든 국민이 정체성을 지키면서 행복하게 잘 살 수 있다.

문화적 재영토화는 시장·금융의 세계화에 의해 탈영토화되어 있는 국가 단위의 영토를 문화적으로 재건하는 것을 의미한다. 여기서 '문화적으로 국가를 재건'한다는 것은 결국 문화의 조직체, 즉 사회 구성원 각자의 정신·영혼의 집결체라고 할 수 있는 국가가 중심이 되어 세계화의 위협에 역동적으로 대처해야 한다는 뜻이다. 그러기 위해서는 일차적으로 거래 가능한 것과 거래가 불가능한 것을 최소한 구분해야 할 줄 알아야 할 것이다. 모든 것을 상품화하려는 시장·금융의 세계화에 종속되어서는 개인도 국가도 온전히 살아남을 수 없다. 그렇다면 세계화가 국가의 지상 과제일 수 없다는 것은 너무도 자명하지 않는가.

많은 국제기구들, NGO 단체들이 존재하지만, 그것들이 한 국가의 존폐나 경제적 안녕, 복지를 책임질 만큼 영향력을 행사하지는 못하고 있다. 우리가 문화적 재영토화 개념을 화두로 선택한 것은 이런 점에서 하나의 불가피한 선택이라고 할 수 있다. 우리가 기대를 거는 마지막 보루는 결국 국가의 번영과 국민의 안녕에 있다는 뜻이다. 만일 국가가 사라진다면 문화가 사라지는 것은 일순간의 일이다. 국가의 정책이 문화를 지키려고 할 때만이 기관 없는 신체(corps-sans-organes)처럼 욕망 부풀리기에 여념이 없는 시장·금융의 세계화라는 광풍을 잠재울 수 있을 것이다.

문화는 기본적으로 로컬에 뿌리를 두고 있다. 그 정도로 특수한 것이 문화이며, 문화는 결국 로컬의 초월을 위해서가 아니라 로컬을 위해서 존립하는 것이다.[29] 따라서 문화는 실제 고정된 단위로 범주화/계량화할 수도 없지만, 표준화하기도 어렵다. 문화의 뿌리는 하늘에 이상적으로 존재하는 이념이 아니라 구체적 로컬에 터하고 있는 삶의 자양분이기에 더더욱 그렇다. 우리가 21세기를 '문화의 세기'라고 형용하곤 할 때, 또는 문화의 저력이 곧 '국가 경쟁력'이라는 의견을 개진할 때 착각해서는 안 되는 것이 바로 이 점이다. 더 정확히 말하면 바로 이런 이유 때문에 산업(상업)적으로 문화상품을 '어떻게' 개발할 것인지 보다 대체 '무엇'이 우리 문화의 핵심인지를 더 진지하게 고민해야 한다. 수단인 '어떻게'가 '무엇'인 토대나 목적을 앞설 수는 없다. 바로 그 '무엇'이 하드웨어로서 한 국가의 문화적 정체성을 지탱시켜주면서 재구성하게 하는 문화적 토대이다.

비폭력저항운동을 통해 인도를 영국의 식민지배로부터 독립시키는 데 공헌한 마하트마 간디가 생존 시 어느 서구의 기자와 주고받은 우문현답을 인용하며 이 글의 마무리를 장식해볼까 한다.[30]

> "간디씨, 서구 문명에 대해 어떻게 생각하십니까?"
>
> "글쎄, 그런 게 있기나 한지요?"

---

29 최경섭, 「엄밀한 학이 아닌 엄연한 지역학으로서 철학(제2부) - 학문과 예술의 초월론적 근간으로서 '지역'과 철학의 근본 문제들」, 『철학』 제104집, 2010, p.160 참조. 저자는 이러한 자신의 주장에 입각하여 예술과 학문도 '지역'과 결코 무관하지 않음을 강조하고 있다. 특히 훗설의 현상학과 관련해서 그는 다음과 같이 과감한 해석을 내리고 있다: "'지역'을 현상학적으로 연구한다 함은, 다시 말해 '초월론적 지역 현상학을' 수행한다 함은 동시에 그 '지역과' 연루되어 있는 '나' 혹은 '우리'라는 주체성을 연구하는 셈이 된다. 더 나아가 어느 개별적인 '지역'이든 그 안에 본질적으로 나타나고 있는 '보편 지역'을 연구한다 함은 결국 '나'라는 주체성의 본질적이고도 보편적인 모습을 연구하는 셈이 된다."(*ibid.*, p.161)

30 이매뉴얼 월러스틴, *op. cit.*, p.32에서 재인용

간디의 반어적 대답은 존재하지도 않는 글로벌 문화라는 유령의 노예가 되지 말라는 것 아니겠는가. 하물며 국가가 나서서 실체도 없는 세계화라는 가상의 싸움에 국민을 내몰아야겠는가. 서구 문명에 의해서건 미국문화에 의해서건 토대가 약한 국가는 세계화의 유혹에 흔들릴 수밖에 없다. 그러나 간디의 충고에서 보듯, 정신이 바로 서 있으면, 타문화와 떳떳하게 상대할 수 있는 문화적 자긍심만 있다면, 그 흔들림을 곧바로 멈추게 할 수 있다. 이것이 바로 문화 의식의 발현이고, 문화가 국가를 지탱하는 마지막 보루라는 것의 참된 의미이다. 글로컬 시대의 문화인, 호모 글로칼리쿠스는 자신이 서 있는 곳을 늘 살피면서 동시에 바깥세상도 살피는 자가 되지 않으면 안 되는 이유가 여기에 있다.

참고문헌

강형기, 『지역창생학』, 생각의 나무, 2010.

공종구, 이혜자, 장영철, 『경계인을 통해서 본 동아시아의 근대 풍경』, 선인, 2005.

구춘권, 『지구화, 현실인가 또 하나의 신화인가』, 책세상, 2000.

국제전략문제연구소(CSIS) 스마트파워위원회, 『스마트 파워』, 홍순식 옮김, 삼인(도)(+호미), 2009.

그로세르(A.), 『현대인의 정체성』, 심재중 옮김, 한울, 2002.

기든스(A.), 『현대사회학』, 김미숙 · 김영학 외 옮김, 을유문화사, 2003.

김기봉 외, 『29개의 키워드로 읽는 한국문화의 지형도』, 한국출판마케팅연구소. 2007.

김기홍·박치완, 「한국형 '창조경제' 담론의 논의사」, 『인문콘텐츠』 제31호, 2014.

김성곤, 「21세기 문화와 세계화의 과제」, 『계간 사상』, 2001 봄호.

김성도, 『호모 모빌리쿠스』, 삼성경제연구소, 2008.

김성수, 「글로컬적 관점에서 본 한류에 대한 재평가」, 『인문콘텐츠』 제18호, 2010.

김성수·박치완, 「영국의 다문화성향과 다문화주의」, 『EU연구』 제23호, 2008.

김성해·이동우, 『세계는 울퉁불퉁하다』, 민음사, 2009.

김승호, 「한류와 인도풍, 문화 교류의 현장」, 『Chindia Journal』, 포스코경영연구소, 2009년 4월호.
김열규, 『한국의 문화 코드 열다섯 가지 』, 마루, 1997.
김윤희·박치완, 「인도의 문화 코드와 글로컬 문화 콘텐츠」, 『국제지역연구』 제14권 4호. 2011.
김정하, 「이탈리아의 문화코드와 의사소통방식」, 『EU연구』 제17호, 2005.
김중관, 「이슬람 경제사상의 원리와 경제 정의의 개념」, 『한국이슬람학회논총』 제19권 3호, 2009.
김찬완, 「정치·안보 분야 협력이 아쉬운 韓印 관계」, 『Chindia Journal』, 포스코경영연구소, 2009년 4월호.
김평수, 「한국의 문화 코드와 문화 콘텐츠」, 『해석학연구』 제27집, 2011.
김현미, 『글로벌 시대의 문화번역 - 젠더, 인종, 계층의 경계를 넘어』, 또 하나의 문화, 2005.
김현택, 「포스트 소비에트 러시아 문화와 민족 정체성」, 『슬라브학보』 제21권 2호, 2005.
김현혁, 「<괴물>과 <디 워>, 인도 개봉이 남긴 교훈」, 『KOFIC 해외 통신원 리포트』, 2008년 12월.
나카무라 마유, 「일본인의 시각에서 재조명한 한류」, 『글로벌 문화 콘텐츠』 제5호, 2010.
나카무라 유지로, 『토포스- 장소의 철학』, 박철은 옮김, 그린비, 2012.
노르베리-헤지(H.), 『오래된 미래: 라다크로부터 배운다』, 김종철 등 역, 녹색평론사, 2001.
______, 『로컬의 미래. 헬레나와의 대화』, 최요한 옮김, 남해의 봄날, 2018.
도킨스(R.), 『이기적 유전자』, 홍영남 옮김, 을유문화사, 2005.
돌퓌스(O.), 『세계화』, 최혜란 옮김, 한울, 1998.
드보르(G.), 『스펙타클의 사회』, 이경숙 옮김, 현실문화연구, 1996.

라모네(I.), 까생(B.), 부르디외(P.), 가타리(F.), 페로(M.) 외, 『프리바토피아를 넘어서』, 최연구 옮김, 백의, 2003.
레비스토로스(C.), 『슬픈 열대』, 박옥줄 옮김, 한길사, 1998.
로버트슨(R.), 「세계 지역화: 시간-공간과 동질성-이질성」, 윤민재 편역, 『근대성, 탈근대성, 그리고 세계화』, 사회문화연구소, 2000.
리오타르(J.-F.), 『포스트모던적 조건』, 이현복 옮김, 서광사, 1992.
립셋(S. M.), 『미국 예외주의 - 미국에는 왜 사회주의 정당이 없는가』, 문지영, 강정인·하정복 옮김, 후마니타스, 2006.
말루프(A.), 『사람 잡는 정체성』, 박창호 옮김, 이론과 실천, 2006.
말파스(J.), 『장소와 경험- 철학적 지형학』, 김지혜 옮김, 에코리브르, 2014.
맥루한(M.), 파워스(B. R.), 『지구촌』, 박기순 옮김, 커뮤니케이션북스, 2005.
무이(M. de), 『글로벌시대의 국제광고론』, 김유경 외 옮김, 나남, 2003.
문성훈, 「타자에 대한 책임, 관용, 환대 그리고 인정」, 『시대와 철학』 제21집, 2011.
문시연, 「프랑스의 "문화적 예외"에 관한 연구」, 『프랑스문화예술연구』 제5집, 2001.
미뇰로(W. D.), 『라틴아메리카, 만들어진 대륙: 식민적 상처와 탈식민적 전환』, 김은중 옮김, 그린비, 2010.
바갓(C.), 『세 얼간이』, 정승원 옮김, 북스퀘어, 2011.
______, 『투 스테이츠』, 강주헌 옮김, 북스퀘어, 2012.
바르트(R.), 『기호의 제국』, 김주환·한은경 옮김, 산책자, 2008.
바바(H. K.), 『문화의 위치: 탈식민주의 문화이론』, 나병철 옮김, 소명출판, 2002.
바슐라르(G.), 『풍경』, 이가람 옮김, 열화당, 1982.
바커(Ch.), 『문화연구사전』, 이경숙·정영희 옮김, 커뮤니케이션북스, 2009.
박노자, 『당신들의 대한민국』, 한겨레출판사, 2001.
______, 『당신들의 대한민국 2』, 한겨레출판사. 2002.

박재복, 『한류, 글로벌시대의 문화경쟁력』, 삼성경제연구소, 2005.

박정일, 『재패니메이션의 변천과 의미』, 부산외국어대학교출판부, 2004.

박지향, 『영국사, 보수와 개혁의 드라마』, 까치, 1997.

박치완, 「스펙타클의 지배와 인간의 (자기)소외」, 『철학연구』 제33집, 고려대학교 철학연구소 편, 2007.

______, 「J. 보드리야르의 시뮬라크르, 시뮬라시옹 개념에 대한 일 반역(反譯)」, 『해석학연구』 제21집, 2008.

______, 「(문화-)세계화: 동일성의 폭력인가, 차이의 배려인가?」, 『이문논총』 제29집, 2009.

______, 「소비사회와 예술(작품)에 대한 두 견해 - 장 보드리야르와 한나 아렌트의 가상 대화」, 『정치와 평론』 제6집, 2010.

______, 「질베르 뒤랑의 제3의 논리와 시니피에의 인식론」, 『철학연구』 제39집, , 고려대학교 철학연구소, 2010.

______, 「왜 글로컬 문화 콘텐츠인가?」, 『인문콘텐츠』 제20호, 2011.

______, 「탈영토화된 문화의 재영토화」, 『철학연구』 제42집, 고려대학교 철학연구소 편, 2011.

______, 「지식의 세계화에 대한 재고」, 『해석학연구』 29집, 2012.

______, 「글로컬 시대의 철학: 세계화와 한국철학의 정체성에 대한 물음을 중심으로」, 『철학과 문화』 제25집, 한국외국어대학교 철학연구소, 2012.

______, 「문화/콘텐츠 연구의 현안과 과제 - 세계화에서 지역 세계화로, 문화 대차에서 문화 다양성으로」, 『동서사상』 제13집, 경북대학교 동서사상연구소, 2012.

______, 「영화 <세 얼간이>와 다문화사회 인도 엿보기: 음악과 이중언어의 역할을 중심으로」, 『철학과 문화』 제23집, 한국외국어대학교 철학연구소, 2012.

______, 「사회적 정상성의 희화 또는 극복: <세 얼간이>를 중심으로」, 『철학연구』 제45집, 고려대학교 철학연구소, 2012.

______, 「지역과 세계, 상대성과 보편성의 경계에 선 철학」, 『철학과 문화』 제26집, 한국외국어대학교 철학문화연구소, 2013.

______, 「개입가치로서 공공선과 그 이면」, 『해석학연구』 제34집, 2014.

______, 「글로컬 시대가 요구하는 지식의 새로운 지형도」, 『철학논집』 제38집, 서강대 철학연구소, 2014.

______, 「F. 줄리앙의 신문화론과 글로컬 공공선」, 『동서철학연구』 제37호, 2014.

______, 「글로벌 문화는 둥근 사각형에 불과하다」, 『글로컬 창의문화연구』 제4권 1호, 2015.

______, 「글로컬 공공철학을 위한 문화인식론: 문화적 정체성의 물음을 중심으로」, 『동서철학연구』 제75호, 2015.

______, 「글로컬 시대, 문화 해석의 새로운 지평」, 『철학탐구』 제38집, 2015.

박치완·김성수·조소연 외, 『글로컬 문화 콘텐츠, 어떻게 그리고 왜?』, 한국외국어대학교 출판부, 2009.

박치완·김평수 외, 『문화 콘텐츠와 문화 코드』, 한국외국어대학교 출판부, 2011.

반성택, 「이방인과 시민」, 『철학과 현상학 연구』 제28집, 2006.

백승국, 『문화기호학과 문화 콘텐츠』, 다홀미디어, 2004.

버거(P. L.) & 헌팅턴(S. P.), 『진화하는 세계화』, 김한영 옮김, 아이필드, 2005.

버만(M.), 『미국문화의 몰락』, 심현식 옮김, 황금가지, 2002.

베네딕트(R.), 『문화의 패턴』, 이종인 옮김, 연암서가, 2008.

벨로(W.), 『탈세계화』, 김공희 옮김, 도서출판 잉걸, 2004.

변광배, 『사르트르의 존재와 무 - 자유를 향한 실존적 탐색』, 살림, 2005.

변광배·신규섭·이명희 외, 『탈식민주의의 안과 밖』, 한국외국어대학교 출판부, 2013.

보드리야르(J.), 『소비의 사회』, 이상률 옮김, 문예출판사, 2002.

______, 『시뮬라시옹』, 하태환 옮김, 민음사, 2003.

복거일, 『국제어 시대의 민족어』, 문학과 지성사, 1998.
브라이덴바흐(J.), 추크리글(I.), 『춤추는 문화: 세계화 시대의 문화적 다원화』, 인성기 옮김, 영림카디널, 2003.
브뤼크네르(P.), 『번영의 비참』, 이창실 옮김, 동문선, 2003.
블랙모어(S.), 『밈』, 김명남 옮김, 바다출판사, 2010.
블레이(H. de), 『분노의 지리학: 공간으로 읽는 21세기 세계사』, 윤나영 옮김, 천지인, 2007.
______, 『공간의 힘』, 황근하 옮김, 천지인, 2009.
뻴리옹(D.), 『신자본주의』, 서익진 역, 경남대 출판부, 2006.
사르트르(J.-P.), 『지식인을 위한 변명』, 박정태 옮김, 이학사, 2007.
사이드(E. W.), 『프로이트와 비유럽인들』, 주은우 옮김, 창비, 2003.
______, 『문화와 제국주의』, 박홍규 옮김, 문예출판사, 2005.
______, 『오리엔탈리즘』, 박홍규 옮김, 교보문고, 2007.
사피르(A.), 『기로에선 경제 거인. EU의 도전과 과제』, 연세-SERI EU센터 옮김, 삼성경제연구소, 2010.
색스(J.), 『차이의 존중』, 임재서 옮김, 말·글빛냄, 2010.
서킨(H. L.) 외, 『글로벌리티』, 김광수 옮김, 위즈덤하우스, 2010.
세넷(R.), 『뉴캐피털리즘』, 유병선 옮김, 위즈덤하우스, 2009.
세르(M.), 『헤르메스』, 이규현 옮김, 민음사, 1999.
소로스(J.), 『미국 패권주의의 거품』, 최종욱 옮김, 세종연구원, 2004.
소르망(G.), 『진보와 그 적들』, 이진홍·성일권 옮김, 문학과 인식, 2003.
손선애, 「'로컬에 대한 윤리'에서 '로컬의 윤리'로」, 『로컬리티인문학』 제8집, 2012.
송두율, 『경계인의 사색』, 한겨레신문사, 2002.
스믹(D.), 『세계는 평평하지 않다』, 이영준 옮김, 비즈니스맵, 2009.
스콧 버거슨(J), 『발칙한 한국학』, 주윤정 역, 이끌리오, 2002.

스콧 버거슨(J.)과 친구들, 『더 발칙한 한국학』, 은행나무, 2009.

시정곤 외, 『한국어가 사라진다면』, 한겨레출판사, 2003.

신수진·최준식, 『현대 한국 사회의 이중가치체계』, 집문당, 2004.

신옥근, 「한국과 퀘벡의 다문화주의와 문학: 이주문학과 타자의 문제」, 『프랑스문화예술연구』 제26집, 2008.

신현숙, 「한국어교육의 어제와 오늘」, 『한국어문학연구』 제53집, 2009.

쓰지 신이치, 『행복의 경제학』, 장석진 옮김, 서해문집, 2009.

아도르노(T. W.), 『계몽의 변증법』, 김유동 옮김, 문학과 지성사, 2001.

압달라-프렛세이(M.), 『유럽의 상호문화교육』, 장한업 옮김, 한울, 2010.

야마와키 나오시, 『공공철학이란 무엇인가?』, 성현창 옮김, 이학사, 2011.

오화석, 『사리 속치마를 벗기다』, 매일경제신문사, 2010.

와쓰지 데쓰로우, 『풍토와 인간』, 박건주 옮김, 장승, 1993.

왕 샤오링, 『왕 샤오링의 한국 리포트』, 가람기획, 2002.

우기동, 「소외계층과 호흡하는 인문학」, 『시대와 철학』 제18권 4호, 2007.

월러스틴(I.), 『미국 패권의 몰락』, 한기욱 외 옮김, 창비, 2004.

______, 『유럽적 보편주의: 권력의 레토릭』, 김재오 옮김, 창비, 2008.

워터스(M.), 『세계화란 무엇인가?』, 이기철 옮김, 현대미학사, 1998.

유명기, 「문화상대주의와 반문화상대주의」, 『비교문화연구』 창간호, 서울대비교문화연구소, 1993.

윤종록, 『호모디지쿠스로 진화하라』, 생각의 나무, 2009.

이기상, 『콘텐츠와 문화철학』, 북코리아, 2009.

이문영, 「현대 러시아 영화 산업의 변화와 블록버스터」, 『슬라브학보』 제17권 2호, 2007.

이승영, 유승균, 『비교문화경영』, 보명BOOKS, 2010.

이어령, 『문화 코드』, 문학사상사, 2006.

이케하라 마모루, 『맞아죽을 각오를 하고 쓴 한국, 한국인 비판』, 중앙 M&B, 1999.

장시복, 『세계화 시대 초국적기업의 실체』, 책세상, 2006.

장정희, 「러시아의 문화 코드와 문화 콘텐츠」, 『이문논총』 제30집, 한국외국어대학교 대학원 편, 2010.

전수연, 「빅토르 위고의 유럽합중국」, 『歷史學報』 第192輯, 2006.

조부근, 『글로벌 시대의 문화산업과 문화교류』, 민속원, 2009.

조홍식, 「유럽 정체성의 형성에 관한 고찰」, 『국제·지역연구』 제14권 3호, 2005.

주창윤, 『대한민국 컬처코드』, 21세기북스, 2010.

최경섭, 「엄밀한 학이 아닌 엄연한 지역학으로서 철학(제2부) - 학문과 예술의 초월론적 근간으로서 '지역'과 철학의 근본 문제들」, 『철학』 제104집, 2010.

최광식, 『한류로드: 전통과 현대의 창조적 융합』, 나남, 2013.

최연구, 『문화 콘텐츠란 무엇인가』, 살림, 2006.

최영수, 「브라질의 문화 코드와 의사소통방식」, 『중남미연구』 제23권 2호, 2004.

쿱산(Ch. A.), 『미국시대의 종말』, 황지현 역, 김영사, 2005.

킨들버거(Ch. P.), 『광기, 패닉, 붕괴: 금융위기의 역사』, 김홍식 옮김, 굿모닝북스, 2006.

탁석산, 『한국의 정체성』, 책세상, 2000.

톰린슨(J.), 『세계화와 문화』, 김승현·정영희 공역, 나남출판, 2004.

파농(F.), 『검은 피부, 하얀 가면』, 이석호 옮김, 인간사랑, 1998.

______, 『대지의 저주받은 자들』, 남경태 옮김, 그린비, 2004.

폴렛(R.), 「글로컬 브랜딩의 위력」, 『富의 재편 - 세계지식포럼 리포트』, 매일경제신문사, 2009.

푸코(M.), 『헤테로피아』, 이상길 옮김, 문학과 지성사, 2014.

프리드먼(Th. L.), 『세계는 평평하다』, 김상철·최정임·이윤섭 옮김, 창해, 2006.

프리드먼(J.), 『지구화 시대의 문화 정체성』, 오창현·차은정 옮김, 당대, 2009.

플로리다(R.), 『도시와 창조계급 - 창조경제 시대의 도시 발전 전략』, 이원호·이종호·서민철 옮김, 푸른길, 2008.

피시먼(T.), 『21세기 차이나드림, 그 빛과 그림자』, 정준희 옮김, 김영사, 2005.

하비(D.), 『포스트모더니티의 조건』, 구동회·박영민 옮김, 한울, 2009.

______, 『파리, 모더니티』, 김병화 옮김, 생각의 나무, 2010.

하용삼, 「모던·포스트모던문화 그리고 로컬 문화」, 『대동철학』 제52집, 2010.

핸디(C.), 『정신의 빈곤』, 노혜숙 옮김, 21세기북스, 2009.

한병철, 『피로사회』, 김태환 옮김, 문학과 지성사, 2012.

헌팅턴(S.), 『문명의 충돌』, 이희재 옮김, 김영사, 1997.

헬드(D.) 외, 『전 지구적 변환』, 조효제 옮김, 창비, 2002.

호프스테드(G.), 『세계의 문화와 조직』, 차재호·나은영 역, 학지사, 1995.

홍종열, 「유로의식으로 보는 유럽의 문화 정체성」, 『외국학연구』 제15집, 중앙대학교 외국학연구소 편, 2011.

______, 「EU의 문화 코드와 문화정책」, 『글로벌 문화 콘텐츠』 제5호, 2011.

______, 「EU의 문화정책 아젠다 속에 나타난 글로컬라이제이션」, 『인문콘텐츠』 제20호, 2011.

히라노 겐이치로, 『국제문화론』, 장인성 외 옮김, 풀빛, 2004.

히라타 유키에, 『한국을 소비하는 일본 - 한류, 여성, 드라마』, 책세상, 2005.

부산대학교 한국민족문화연구소, 『로컬리티 인문학의 새로운 지평』, 혜안, 2009.

______, 『로컬리티』, 혜안, 2010.

______, 『로컬의 문화지형』, 혜안, 2010.

KOTRA, 『중남미의 비즈니스 문화 코드』, 한국외국어대학교출판부, 2009.

한국콘텐츠진흥원 국가심층보고서, 「영국」, 2009.

IBM, 『IBM 한국보고서』, 한국경제신문사, 2007.

小倉紀藏, 小針進, 『韓流 ハンドブック』, 東京: 新書館, 2007.

川島宙次, 『滅び行く 民家ー屋根·外観』, 東京: 主婦と生活社, 1973.

毛利嘉孝, 毛利 嘉孝, 『日式韓流ー「冬のソナタ」と日韓大衆文化の現在』, せりか書房, 2004.

Ahmad(A.), "Can Science Lead the Way? - Profile of the Univesal Man", *Journal of Human Relations*, 20, 1972.

______, "Globalization, Without Global Consciousness", *Humanity & Society*, 27, 2 May 2003.

Antonioli(M.), "Reterritorialisation et obsession sécuritaire dans la mondial isation", *L'Homme et la société*, Nos. 165~166, 2007.

Arendt(H.), *La crise de la culture. Huit exercices de pensée politique*, trad. de l'anglais sous la dir. de Patrick Lévy, Gallimard, 1972.

Attali(J.), "Le septième continent", *Le monde*, 7 août 1997.

Banús(E.), "Cultural Policy in the EU and the European Identity", *European Integration in the 21st century: Unity in Diversity?*, Sage Publications, 2002.

Barthes(R.), *Essais critiques*, Seuil, coll. 《Essais》, 1964.

Bell(D.) and Valentine(G.), *Consuming Geographies: We are Where We eat*, Routledge, 1997.

Bloom(A.), *The Closing of the American Mind*, New York: Simon & Schuster, 1987.

Bombongan(D.), "Cultural Globalization: Beyond the Homogenization Thesis", *Asia-Pacific Social Science Review*, Vol. 6, No. 1, 2006.

Burke(P.), *Cultural Hybrididty*, Cambridge: Polity Press, 2009.

Chomsky(N.), *Resposabilités des intelllectuels. Démocratie & marché, Nouvel ordre mondial, Droit de l'homme*, Traduit de l'américain par F. Cotton, Agone, 1998.

Cohen(R.) & P. Kennedy, *Global Sociology* (2nd ed.), New York University Press, 2007.

Craig(T. J.) and King(R.)(ed.), *Global Goes Local: Popular Culture in Asia*, Univ. of Hawaii Press, 2002.

Crystal(D.), *English as a Global Language*, Cambridge University Press, 2003.

Davidson(D.), *Problems of rationality*, Oxford: Clarendon Press; New York: Oxford University Press, 2004.

Deleuze(G.) & Guattari(F.), *L'Anti-Oedipe - Capitalisme et schizophrénie*, Minuit, coll. ≪Critique≫, 1972.

De Montbrial(Th.), *La guerre et la diversité du monde. Les Etats-Unis contre l'Europe puissance*, L'Aube, 2004.

Dirlik(A.), "The Global in the Local", R. Wilson and W. Dissanayake(eds.), *Global Local*, Duke University Press, 1996.

Dostaler(G.), Maris(B.), *Capitalisme et pulsion de mort. Keynes et Freud*, Albin Michel, 2009.

Droit(R.-P.), "≪Le courage de la vérité≫, l'ultime leçon de Michel Foucault", *Le Monde* 23 janvier 2009.

Durand(G.), *L'Imaginaire. Essai sur les sciences et la philosophie de l'image*, Hatier, 1994.

Faujas(A.), "Le démantèlement progressif du 'consensus de Washington'", *Le Monde Economique*, 7 avril 2010.

Featherstone(M.), *Undoing Culture: Globalization, Postmodernism and*

Identity, Sage Publications, 1955.

______, "Localism, Globalism, and Cultural Identity", *Global/Local: Cultural Production and the Transnational Imaginary*, R. Wilson and N. Dissanayake (eds.), Duke University Press, 1996.

Fontaine(P.), *Europe in 12 lessons*, European Communities, 2006.

Foucault(M.), *Surveiller et punir. Naissance de la prison*, Gallimard, 1975.

______, *Le courage de la vérité*, Gallimard/Le Seuil, coll. 《Hautes Etudes》, 2009.

Friedman(Th. L.), *The World is Flat*, Farrar, Straus and Giroux, 2005.

______, *Code Green: Hot, Flat, and Crowded*, Farrar, Straus and Giroux, 2007.

Geertz(C.), *Local knowledge. Further Essays in Interpretive Anthropology*, New York: Basic Books, 1983.

George(S.), *Food for Beginners*, New York: Writers and Readers, 1982.

Gilroy(P.), "Sounds Authentic: Black Music, Ethnicity, and the Challenge of a 'Changing' Same", *Black Music Research Journal*, Vol. 11, No. 2. 1991.

Guilhot(N.), *The Democracy Makers: Human Rights and International Order*, Columbia University Press, 2005.

______, *Financiers, pilanthropes: sociologie de Wall Street*, Seuil, 2006.

Guillebaud, J.-C., *La refondation du monde*, Seuil, coll. ≪Points≫, 1999.

Hall(S.), "Cultural Identity and Diaspora", *Identity, Community, Culture, Difference,* J. Rutherford (ed.), London: Lawrence & Wishart. 1990.

Haseman(B.), "Creative Economy", J. Hartley(ed.), *Creative Industries*, Blackwell, 2005.

Hopper(R.), *Understanding Cultural Globalization*, Polity Press, 2007.

Howkins(J.), *The Creative Economy*, Penguin Books, 2001.

Jameson(F.), "Postmodernism and Consummer Society", *The Cultural Turn: Selected Writings on the Postmodern, 1983-1998*, London & New York: Verso. 1998.

______, *Postmodernism, or the Cultural Logic of Late Capitalism*, Durham, Duke University Press. 1991.

Jean-Marc(O.), "Les territoires de l'action publique locale: fausses pertinences et jeux d'écarts", *Revue française de science politique*, Vol. 56, No. 1, 1994.

Jennifer(W.) et Michael(D.)(éd.), *The power of geography. How territory shapes social life*, Boston: Unwin Hyman, 1989.

John(N.), *Global Paradox: The Bigger the World Economy, the More Powerful its Smallest Players*, New York: Willam Morrow & Company, 1998.

Jones(R. W.), "India's Strategic Culture", *Comparative Strategic Cultures Curriculum*, SAIC, 2006.

Jullien(F.), *Un sage est sans idée ou L'autre de la philosophie*, Seuil, 1998.

______, *De l'universel, de l'uniforme, du commun et du dialogue entre les cultures*, Fayard, 2008.

______, *L'écart et l'entre. Leçon inaugurale de la Chaire sur l'altérité*, Galilée, 2012.

Kastoryano(R.)(éd.), *Quelle identité pour l'Europe?: Le multiculturalisme à l'épreuve*, Presses de Sciences Po, 1998.

Korobov(V.), "Models of Global Culture", *Globalization & Identity*, New Brunswick & London: Toda Institute for Global Peace and Policy Research, 2006.

Kraidy(M.), *Hybridity: or the cultural logic of globalization*, Philadelphia: Temple, 2005.

Krugman(P.), *Pourquoi les crises reviennent toujours?*, Seuil, 1999.

Lahire(B.), *La culture des individus. Dissonances culturelles et distinction de soi*, La Découverte, 2004.

Lash(S.) & Lury(C.), *Global Culture Industry*, Polity Press, 2007.

Levinas(E.), *Totalité et Infini: essai de l'extériorité*, Nijhoff, 1974.

Levy(P.), *World Philosophie*, Odile Jacob, 2000.

Lupton(D.), *Food, the Body anf the Self*, Sage Publications, 1996.

McGrew(A.), "A Global Society?", S. Hall, D. Held and A. McGrew(eds), *Modernity and its Futures*, Cambridge: Polity Press, 1992.

Meyer(M.), *De la problématologie. Philosophie, science et langage*, P. Mardaga, 1986.

______, *Qu'est-ce que la philosophie?*, Librairie Générale Française, coll. 《Le livre de Poche》, 1997.

______, *Petite métaphysique de la différence. Religion, art et société*, Librairie Générale Française, coll. 《Le livre de Poche》, 2000.

Mofid(K.), "Globalization for the Common Good", *Globalization & Identity*, New Brunswick & London: Toda Institute for Global Peace and Policy Research, 2006.

Montero(C. Cl.), "Differentiated Integration and Flexibility in the EU under the Lisbon Treaty: challenges for the Trio Presidency", *Think Global Act European II*, Milan: Notre Europe, 2010.

Morin(E.), *Pour sortir du XXe siècle*, Points, 1984.

______, *Introduction à la pensée complexe*, Seuil, 1991.

Neil(B.), Bob(J.), Martin(J.) et Gordon(M.)(éd.), *State/Space*, Malden: Blackwell, 2003.

Nye(J.), *The Paradox of American Power*, Oxford University Press, 2002.

Ohnuki-Tierney(E.), *Rice as Self: Japanese Identities Through Time*, Princeton: Princeton University Press, 1993.

Passet(R.), *L'illusion néolibérale*, Fayard, 2000.

______, *Eloge du mondialisme par un anti-présumé*, Fayard, 2001.

Peemans(J.-P.), "Territoires et mondialisation: enjeux du développement", *CETRI*, Vol 15, 2001.

Pennycook(A.), *English and Discourses of Colonialism*, Routledge, 1998.

Peyrelevade(J.), *Pour un capitalisme intelligent*, Grasset, 1993.

Phillipson(R.), *Linguistic Imperialism*, Oxford University Press, 1992.

Pinder(J.) & Usherwood(S.), *The European Union: A Very Short Introduction*, Oxford University Press, 2007.

Rapaille(C.), *The Culture Code*, New York: Broadwa Books, 2006.

Regourd(S.), *L'exception culturelle*, P.U.F., coll. ≪Que sais-je?≫, 2004.

Rifkin(J.), *The European Dream*, Penguin Books, 2005.

Ritzer(G.), *The McDonaldization of Society*, Sage Publications / Thousand Oaks, 1996.

Ryan, M., *Cultural Studies. A Practical Introduction*, Wiley-Blackwell, 2010.

Said(E. W.), *Culture and Imperialism*, New York: Pantheon Books, 1993.

______, *Reflections on Exile and Other Essays*, Harvard University Press, 2001.

Sandel(M.), *Liberalism and the Limits of Justice*, Cambridge University Press, 1982.

Sapir(J.), *Les Economistes contre la Démocratie: Pouvoir, mondialisation et démocratie*, Albin Michel, 2002.

Sardar(Z.), *Postmodernism and the Other: The New Imperialism of Western Culture*, London: Pluto Press, 1998.

Schmidt(E.) and Cohen(J.), *The New Digital Age.* John Murray, 2013.

Scholte(J. A.), *Globalization*, Palgrave Macmillan, 2005.

Smith(C.), *The Creative Britain*, Faber and Faber, 1998.

Spivak(G. C.), "Can the Subaltern Speak?", Cary Nelson and Larry Grossberg(eds.), *Marxism and the interpretation of Culture*, University of Illinois Press, 1988.

Stam(R.), "Cultural Studies and Race", T.Miller(ed.), *A Companion to Cultural Studies*, Blackwell Publishers Ltd, 2001.

Stiglitz(J.), "Scan Globally, Reinvent Locally: Knowledge Infrastructure and the Localization of Knowledge", Diane Stone(ed), *Banking on Knowledge: The Genesis of the Global Development Network*, Routledge, 2000.

Tapscott(D.), *Grown Up Digital: How the Net Generation is Changing Your World,* McGraw-Hill, 2008.

Tomlinson(J.), *Cultural imperialism: a critical introduction*, Continuum International Publishing Group, 1991.

Triandis(H. C.), "Culture and Conflict", Larry A. Samovar, Richard E. Porter, Edwin R. McDaniel(eds), *Intercultural Communication: A Reader*, Wadsworth Pub Co., 2008.

Urry(J.), *Consuming Places*, London: Routledge, 1995.

Young(R.), *Colonial Desire; Hybridity in Theory, Culture and Race*, London and New York: Routledge, 1995.

Yves(B.), "Le social et ses territoires", *Espaces, jeux, enjeux*, éd. par Frank Auriac et Roger Brunet, Fayard, 1986.

Wallerstein(I.), *The Uncertainties of Knowledge*, Temple University Press, 2004.

Warnier(J.-P.), *La mondialisation de la culture*, La Découverte, 2004.

White(M.), *Une philosophie de la culture. Du point de vue pragmatiste*,

J. Vrin, 2006.

Wilkinson(B.), Morris(J.) and Oliver(N.), "Japanizing the World: the Case of Toyota", J. Marceau(ed.) *Reworking the World*, Berlin: De Gruyter, 1992.

Wunenburger(J.-J.), *La raison contradictoire: sciences et philosophie modernes: la pensée du complexe*, A. Michel, 1990.

______, *L'imaginaire*, P.U.F., coll. 《Que sais-je?》, 2003.

European Commission, *The Economy of Culture in Europe*, Brussel: EUR-OP, 2006.

UNCTAD(United Nations Conference on Trade and Development), *Creative Economy Report 2008*, 2008.

찾아보기

ㄴ

ㄷ

ㅂ

ㅇ

ㅈ

※ 이 책은 한국외국어대학교 BK21+ 에스닉-코리아타운 도시재생 전문인력양성 사업단의 교재 발간 지원을 받아 <문화콘텐츠학총서>로 출판된 것이며, 그간 필자가 쓴 다음 논문에 기초한 것임을 밝힌다: 1) 「왜 글로컬문화 콘텐츠인가?」, 『인문콘텐츠』 제20호, 인문콘텐츠학회, 2011: 9~33/ 2) 「문화/콘텐츠 연구의 현안과 과제」, 『동서사상』 제13호, 경북대학교 동서사상연구소, 2012: 93~120/ 3) 「글로컬 시대의 지역서사: 체탄 바갓의 『투 스테이츠』를 중심으로」, 『세계문학비교연구』 제42집, 한국세계문학비교학회, 2013: 5~34/ 4) 「글로컬 시대, 문화해석의 새로운 지평」, 『철학탐구』 제38집, 중앙대학교 중앙철학연구소, 2015: 243~274/ 5) 「글로컬 문화 다양성의 인식과 인문학도의 책무」, 『시민인문학』 제31호, 경기대학교 인문학연구소, 2016: 101~134/ 6) 「똑똑한 바보, 호모 글로칼리쿠스」, 『로컬리티의 인문학』 제57호, 부산대학교 한국민족연구소, 2017: 1.

호모 글로칼리쿠스

HOMO
Glocalicus

호모 글로칼리쿠스

왜 세계화, 세계 지역화가 아닌 지역 세계화인가?

초판 인쇄	2019년 10월 31일
초판 발행	2019년 11월 7일

지은이	박치완
발행인	김인철
총괄 · 기획	가정준 Director, University Knowledge Press
편집장	신선호 Executive Knowledge Contents Creator
기획 · 물류	이현진 Planning Expert
사전 · 도서편집	정준희 Contents Creator
전자책 · 도서편집	장혜린 Contents Creator
도서편집	이병철 Contents Creator
	이근영 Contents Creator
재무관리	강현주 Managing Creator
발행처	한국외국어대학교 지식출판콘텐츠원 02450 서울특별시 동대문구 이문로 107 전화 02)2173-2493~7 팩스 02)2173-3363 홈페이지 http://press.hufs.ac.kr 전자우편 press@hufs.ac.kr 출판등록 제6-6호(1969. 4. 30)
디자인 · 편집	(주)이환디앤비 02)2254-4301
인쇄 · 제본	네오프린텍 02)718-3111

ISBN 979-11-5901-618-9 93100　　정가 25,000원

*잘못된 책은 교환하여 드립니다.

HUiNE은 한국외국어대학교 지식출판콘텐츠원의 어학도서, 사회과학도서, 지역학 도서 Sub Brand이다. 한국외대의 영문명인 HUFS, 현명한 국제전문가 양성(International +Intelligent)의 의미를 담고 있으며, 휴인(携引)의 뜻인 '이끌다, 끌고 나가다'라는 의미처럼 출판계를 이끄는 리더로서, 혁신의 이미지를 담고 있다.